Fatima Dyduch Tissafi
Erich Häusler

Aufstehen und weitermachen

Ein Leben für die Kochkunst

Biografie

Bibliografische Information der Deutschen Nationalbibliothek: Die Deutsche Nationalbibliothek verzeichnet diese Publikation in der Deutschen Nationalbibliografie; detaillierte bibliografische Daten sind im Internet über http://dnb.dnb.de abrufbar.

Lektorat: Jan Dyduch
Covergestaltung: Bodo Bertuleit, dein-buchcover.de

Verlag: BoD · Books on Demand GmbH, In de Tarpen 42, 22848
Norderstedt Druck: Libri Plureos GmbH, Friedensallee 273, 22763 Hamburg
ISBN: 978-3-7597-5297-0

Fatima Dyduch Tissafi

Erich Häusler

Aufstehen und weitermachen

Ein Leben für die Kochkunst

Biografie

WIDMUNG

Für all diejenigen, die den Mut haben, aufzustehen und weiterzumachen, wenn alles verloren zu sein scheint.
Für all diejenigen, die mich durch die verschiedenen Stationen meines Lebens begleitet und unterstützt haben.
Für all diejenigen, die stets an mich geglaubt haben, und all diejenigen, die trotz Niederlagen an die Kraft in sich selbst und an das Gute im Menschen glauben.

Erich Häusler

Inhaltsverzeichnis

Wie alles begann

Am 12. Januar 2023 besuchte ich unseren Familienfreund Erich Häusler. Nach einem köstlichen Abendessen ›à la Erich Häusler‹ sagte er plötzlich: »Vor einigen Jahren hast du mich ermutigt, meine Lebenserfahrungen aufzuschreiben.«
Ich erinnerte mich gut daran. Seine außergewöhnliche Resilienz hatte mich stets beeindruckt. In meinem Beruf bin ich mit vielen Lebensgeschichten in Berührung gekommen und weiß, wie wertvoll es ist, diese zu bewahren.
Doch was dann geschah, überraschte mich. An diesem Abend fragte er mich, ob ich bereit wäre, seine Biografie zu schreiben.
Am 24. Februar 2023 entschied ich mich, diese Herausforderung anzunehmen. Eine spannende, literarische Reise begann.
Ich danke Erich Häusler für sein Vertrauen und die gelungene Zusammenarbeit während des Schreibprozesses.
Ich wünsche allen, die dieses Buch lesen, viel Vergnügen und Inspiration.

Fatima Dyduch Tissafi

»Unsichtbare Wegweiser«

Patrick Diehr, Inhaber & Geschäftsführer *DIE KOCHfabrik GmbH*, Hamburg

Es ist eine besondere Fügung des Lebens, wenn uns Menschen begegnen, die uns auf unserem Weg begleiten und prägen. Sie sind wie unsichtbare Wegweiser, die uns leiten, stärken und ermutigen, auch wenn wir es erst viel später erkennen.
Für mich ist Erich genau das: mein Mentor. Jemand, der mir während meiner Lehrzeit begegnet ist und der mich dazu ermutigt hat, mein Potenzial zu entfalten. Denn manchmal reicht ein einziger Satz, um uns zu zeigen, dass wir mehr sind, als wir glauben: »Bleib am Ball, Junge, aus dir wird mal was!«
Ich erinnere mich noch ganz genau an Erichs Worte und hatte damals schon das Gefühl, dass dieser Moment bedeutungsvoll für meine Zukunft werden sollte. Gerade hatte ich als 15-jähriger Lehrling meine erste Seezunge filetiert und mit Kräutersauce und tournierten Kartoffeln zubereitet. Für seinen Zuspruch und seine Fähigkeit, mir den Glauben an mich selbst zu schenken, bin ich Erich für immer dankbar. Er hat nicht nur meine kulinarischen Fähigkeiten geformt, sondern auch meinen Blick auf die Welt und meine Einstellung zu Herausforderungen. Wäre er Schreinermeister gewesen, wäre ich heute sicherlich ein guter Tischler. Aber glücklicherweise war mein Vorbild Koch, und ich konnte meine Leidenschaft zu meinem Beruf machen. Als Köche kreieren wir nicht nur Gerichte, sondern inspirieren Menschen und berühren Herzen.

PROLOG

Ich liege erschüttert und gelähmt im Bett, als 1988 der Präsident in der südkoreanischen Hauptstadt Seoul der Welt zuruft: »Ich erkläre die Spiele von Seoul für eröffnet.« Mit diesen Worten wird die 24. Olympiade der modernen Zeitrechnung feierlich eröffnet. Das Olympiafeuer wird entzündet, und 2.400 weiße Tauben steigen als Boten des Friedens in den Himmel auf.

Ich gehöre nicht zu den rund 3 Milliarden Menschen, die voller Spannung und Sportgeist die Eröffnungszeremonie im Fernsehen mitverfolgen. An diesem dramatischen 17. September erlebe ich im wahrsten Sinne des Wortes, wie mir der Boden unter den Füßen weggerissen wird. Ich sehe keine Friedenstauben, sondern einen Himmel schwarzer Schauerwolken über mir zusammenbrechen.

»Sie werden nie wieder laufen können!«, höre ich die Worte des Arztes, als er in mein Zimmer zur Visite kommt. »Sie werden Ihr Leben lang behindert bleiben, es tut mir leid. Wir haben während der OP alles getan, was möglich war!«

Seine Worte dringen in mich ein wie ein unbarmherziger Bohrer in eine harte Betonmauer. Doch bevor sie sich tief in mein Hirn bohren, entgegne ich bestimmt: »Ich werde wieder laufen können!« Und ich wiederhole voller Überzeugung: »Ich werde wieder laufen können!«

Unnachgiebig, doch mit einem kurzen Hauch von Mitgefühl, zieht er schweigend die Decke von meinen Füßen weg und fordert mich auf: »Dann bewegen Sie doch bitte die Zehen.«

Ich schaue auf meine Füße und verstehe die Welt nicht mehr. Ich gebe ihnen den Befehl, sich zu bewegen, doch nichts passiert. Das kann doch nicht sein! Das ist unmöglich! Ich sehe meine Füße, aber ich spüre sie nicht. Bestürzt höre ich mich ängstlich und verzweifelt zum Arzt sagen: »Ich bin gelähmt. Ich kann mich nicht bewegen! Was haben sie gemacht?«

Als die Fackel des Olymps das Stadion bei der Eröffnungsfeier in Seoul erreicht, ist es die dunkelste Stunde meines Lebens. Ich bin im Schock und weine bitterlich. In Seoul wissen alle Beteiligten: 16 Tage lang wird die Flamme die Athleten an den olympischen Geist appellieren. Das Feuer erinnert an

Apollon, der in der Antike als Sonnengott verehrt wurde. In der griechischen Mythologie wird ihm die Kraft zugeschrieben, mit seinem strahlenden, klärenden Licht die Welt von Übel, Dunkelheit und Krankheit zu reinigen. Seine Kraft – im olympischen Feuer versinnbildlicht – mahnt zu sportlichem Wettkampf und Fairness, wenn um die 237 Goldmedaillen gerungen wird.

An jenem Samstag, den 17. September 1988, entscheide ich mich, den Kampf gegen die vernichtende Diagnose aufzunehmen. »Ich werde wieder laufen können!«, so mein fester Entschluss.

Kindheit – Hoffnungszeichen der Nachkriegszeit

Da bin ich

Klein, zart, abhängig und neugierig auf das Leben. Die Kriegsschauer und Schrecken liegen noch in der Luft, als ich 1946 das Licht der Welt erblicke – das gleiche Jahr, in dem die berühmten Bregenzer Festspiele ihre Geburtsstunde haben. Nur ein Jahr nach dem Zweiten Weltkrieg.

Es ist ein Jahr voller Widersprüche in der österreichischen Stadt Bregenz am Bodensee: überall sichtbare Spuren des Krieges, des Leids, aber auch der Hoffnung. Menschen, gezeichnet von den Strapazen und Entbehrungen, kommen aus der Gefangenschaft zurück. Darunter mein Vater und mein Onkel. Menschen, hungrig nach Kultur und Musik, die voller Sehnsucht den Klängen des ersten Festspieles lauschen. Menschen wie ich, die weder Gestern noch Morgen kennen und im gleichmäßigen Rhythmus ganz im Heute versunken die ersten Atemzüge machen. Als ich von meiner Mutter in warme Kissen gehüllt, unter einen duftenden Nadelbaum, bunt mit Kugeln geschmückt und mit Silberlametta behängt, gelegt werde, ist Freude und Hoffnung in der Luft. Die achtstündige schwere Geburt scheint vergessen zu sein. Es ist ein klirrend kalter und schneereicher Dezember in Bregenz. Der Heilige Abend steht bevor.

»Eine schöne Bescherung, ein Christkind ein Geschenk des Himmels«, ruft Onkel Josef, mein späterer Taufpate, entzückt.

Wir wohnen in einem einfachen Zuhause bei Oma und Opa. Es stehen zwei Kühe und drei Ziegen im Stall. Milch und Fleisch ist garantiert, und niemand in der Familie muss Hunger leiden. Essen wird im Topf oder in der Pfanne zubereitet. Es wird einfach auf den Tisch gestellt. Alle essen mit dem Löffel oder der Gabel direkt aus dem Topf.

Heute am Festtag stellt Oma nach und nach die Hähnchen auf den Tisch. In der Wohnküche gibt es einen Laufstall unter einem Lampenschirm mit Glühbirne. Die Lampe ist auf 4 Ziegelsteine gestellt, so können sich die 20 Küken wärmen und munter unter dem Licht tummeln. Meine Eltern sind glücklich. Sie haben zwar noch kein Einkommen und sind mittellos, doch heute fühlen sie sich reich und stolz. Sie sind stolz, einen Sohn zu haben, mich Erich, dessen Abenteuer des Lebens an dem heutigen 21.12.1946 beginnt.

Ich will ein guter Junge sein

Die Nachkriegsjahre sind geprägt von Aufbau, Arbeit und dem Streben nach einem besseren Leben. Meine Eltern sind sehr fleißig, sparsam und wissen, was richtig und falsch ist – sie kennen es nicht anders.

Nach einer kurzen Ausbildung ist mein Vater Lehrer in einer Dorfschule nahe Bregenz. Meine Mutter, gelernte Säuglingsschwester, ist eine hingebungsvolle und gehorsame Frau und sorgt für unser Wohl. Ich fühle mich behütet, doch am liebsten bin ich inmitten der Natur. Von Klein auf beobachte ich alles, was kriecht, kreucht, blüht, quakt und singt. Das Leben ist spannend. Ich entdecke schon bald, wie viel spannender es ist, es mit jemandem zu teilen.

1950, in dem Jahr, in dem Bregenz erstmals eine Holzbühneninsel für kulturelle Aufführungen erhält, bekomme ich einen Bruder. Die Stadt und ihre Bewohner befinden sich in Aufbruchstimmung. Auch ich spüre Euphorie, als meine Mutter mir eines Tages mitteilt: »Erich, du bekommst ein Geschwisterchen.«

Ich bin stolz wie Oskar. Mit 4 Jahren sage ich am Tag seiner Geburt: »Ich bin dein Beschützer!«

Ich bestaune den kleinen Wolfgang und sehe ihn ununterbrochen an. Keiner darf ihm zu nahekommen. Eines Tages nehme ich meinen Mut zusammen und spaziere mit dem Kinderwagen ins nächste Dorf. »Hör mal, Wolfgang, wie wunderbar die Vöglein singen«, sage ich zu ihm. In mein Glück versunken, werde ich durch eine laute Stimme von der anderen Straßenseite aus meinen Gedanken gerissen.

»Du bist doch der Sohn des Lehrers.« Große Aufregung um mich herum, kein liebliches Vogelgezwitscher mehr. Die Nachbarin ist sichtlich ungehalten, belehrt mich, dass ich nie weglaufen darf, reißt mir den Kinderwagen aus der Hand und bringt mich und Wolfgang pflichtbewusst nach Hause.

»Mach das nie wieder!«, belehrt mich mein Vater verärgert. Ich wollte Wolfgang doch nur beschützen und ihm die Landschaft sowie die Vögelein zeigen. Ab diesem Tag darf ich nicht mehr alleine mit ihm spazieren gehen.

An einem regnerischen Nachmittag will ich Mama helfen. Ich nehme eine

Dose Nivea-Creme von der Kommode und verstreiche sie vorsichtig und voller Tatendrang über das ganze Gesicht meines Bruders. Mama macht dies jeden Tag, dann muss sie es heute nicht mehr tun. Ich bin stolz und überzeugt, dass Mama sich freut. Leider ist weder sie noch mein Vater glücklich darüber. Einige Wochen später starte ich einen dritten Versuch. Vorsichtig und konzentriert schneide ich Wolfgang seine erste Lockenpracht ab. Ich verstehe weder Mamas entsetztes Gesicht, als ich ihr mein Werk zeige, noch verstehe ich, dass auch das nicht gut ist. Mama schneidet mir ja auch die Haare. Ich lerne zu gehorchen und mich anzupassen. Ich will ein guter Junge sein.

Papa ist der Lehrer – ich kann nicht weg

Ich komme in die öffentliche Volksschule und bin stolz. Endlich kann ich zeigen, dass ich ein guter Junge bin. Die Schule ist kostenlos. Ich bin der Einzige in der Klasse, der 24 Stunden seinen Lehrer um sich hat. Ich weiß noch nicht, was das bedeutet.

In der Nachkriegszeit gibt es aus Mangel an qualifizierten Lehrern und aufgrund der geringen Schülerzahl eine Form von Gesamtschule. Bis zu vier Klassen mit Schülern unterschiedlichen Alters tummeln sich am ersten Schultag in einem Klassenzimmer. Ein Lehrer unterrichtet alle Fächer von Lesen, Rechnen, Sport bis hin zu den Naturwissenschaften.

Ob ein Lehrer mit Schlägen die Schüler bestrafen darf, weiß in dieser Zeit keiner so recht. Schaden soll es nicht, so die allgemeine Volksmeinung.

Ich freue mich auf meinen ersten Schultag. Papa ist mein Lehrer, und mein Schulweg dauert nur eine Minute, weil wir beim Schulhaus wohnen. Andere Kinder müssen viele Kilometer zu Fuß laufen. Ich bin privilegiert, so sagen meine Mitschülern. Im ersten Schuljahr gibt es viel zu beobachten und nachzuahmen, mit all den Schülern unterschiedlichen Alters in einer Klasse. Ich vermisse die freie Zeit in der Natur, die zirpenden Grillen, die gackernden Hühner, aber es macht mir Spaß, das ABC zu lernen und mit einem Griffel auf die Schiefertafel zu schreiben. Ich will besonders schön schreiben, dann hat Papa Freude. Ich sitze mit meinen Kameraden im Schulflur und übe die Buchstaben.

»Jetzt will ich das Einmaleins üben«, sage ich zu meinem Nachbarn, und wir stehen auf und gehen in das Klassenzimmer. Dort übt eine Gruppe am Rechenbrett mit Perlen, und eine andere Gruppe auf der gegenüberliegenden Seite liest laut vor. Mir gefällt es, von einer Gruppe zur nächsten zu gehen. Das finde ich aufregend. Es gibt so viel zu lernen und zu entdecken.

Eines Morgens möchte ich zu Hause bleiben. Ich habe Angst, in die Schule zu gehen. Ich möchte wieder zu Oma und Opa, dort ist es schön. Das leise Wimmern und Schluchzen von gestern vernehme ich nach wie vor in meinen Ohren. Ich sehe, wie Papa in der Mitte des Klassenzimmers steht. Er sieht aus wie ein Riese, mein Blick ist ängstlich auf ihn gebannt. Mein gleichaltriger Freund muss ihm die Hände hinhalten. Es gibt 10 Tatzen mit dem Rohrstock auf den Handrücken. Ich schaue zu und empfinde bei jedem Schlag zuckende Schmerzen, als ob mir diese Schläge gelten. Ich möchte weglaufen, aber Papa ist der Lehrer. Ich kann nicht weg!

Ein Ort, wo ich frei bin

Wenn Papa zum Stock greift, vergesse ich alles. Ich spüre, wie ich die Kontrolle über die Situation verliere, dann kann ich weder rechnen noch schreiben. Innerhalb von Sekunden ist alles verschwunden.

Aus innerer Not heraus finde ich einen Ort, wo Papa nicht hinkommt. Wenn ich träume, kann nur ich dort hin und fühle mich da sicher. »Hör auf zu träumen!« ist ein Satz, den ich immer öfter höre.

Ich bin wieder einmal in meine Tagträume versunken, als ich von unserer Wohnstube aus nahe am Waldrand ein riesiges Wildschwein aus dem Wald auf unser Haus zurasen sehe. Es läuft durch den Garten am Gebäude vorbei und auf der anderen Seite mit voller Wucht durch den Naturzaun hindurch bis in die Moorwiese. Dort verschwindet es in meinem geliebten Moor. Auf der Moorwiese blühen Sumpfdotterblumen, Trollblumen und Schwertlilien. Oft pflücke ich für Mama einen Wiesenblumenstrauß, denn sie liebt die bunten Sommerblumen.

An einem warmen Sommertag beobachte ich an einem Wegrand die Insekten auf den Blumen und sehe neben mir plötzlich eine Schlange eingerollt in der Sonne liegen. »Mama, schau mal, die Schlange«, rufe ich ihr zu. Sie rennt in Windeseile zu mir, reißt mich fort und ruft erschrocken: »Die darfst du niemals anfassen!«

»Aber Opa hat mir doch eine Schlange auf den Bauch gelegt. Er hat gesagt, sie ist harmlos«, erwidere ich.

Mama erklärt mir: »Das war eine Blindschleiche, aber dies ist eine giftige Kreuzotter.« Von diesem Tag an fürchte ich mich vor jeder Schlange. Trotzdem bleibt Opa mein bester Lehrer. Ich verbringe viel Zeit mit ihm. Er erklärt mir die verschiedenen Tiere: Schmetterlinge, Käfer, Eidechsen und Insekten. Er begeistert mich mit seinem Wissen über die Tiere und die Natur.

Von Oma lerne ich viel über die Blumen, Sträucher und Bäume. Wenn die Beerenfrüchte reif sind, zeigt sie mir, wie sie gepflückt werden. Ich bin glücklich, alles zu erforschen und auszuprobieren.

Mit der Zeit fange ich an zu erkennen, dass die Natur neben den vielen schönen auch gefährliche Seiten hat. Als meine kleine Freundin Herta vom Bauernhof eines Tages eine Schachtel getrockneter Zwetschenkerne mitbringt, sitzen wir auf der Steintreppe der Schule und schlagen diese mit einem Stein auf, um an die Nüsse zu gelangen. »Hm, die schmecken aber gut«, sage ich zu Herta. Nach dem Genuss einiger Kerne fühle ich mich elend, mir ist schlecht und ich verliere das Bewusstsein. Mama sieht zufällig aus dem Fenster, wie ich ohnmächtig zu Boden sinke. Sie eilt sofort herbei und ruft einen Arzt. Kurze Zeit später wache ich in meinem Bett auf und habe starke Kopfschmerzen. Der Arzt diagnostiziert eine Blausäurevergiftung, die ich glimpflich überstehe. Ich esse nie wieder Zwetschgenkerne. Doch mein Forscherdrang bleibt unersättlich. Alles ergründe ich mit Neugier und Leidenschaft, doch die Folgen meines Tuns sind mir oft nicht bewusst. So wie an jenem Donnerstag, als ich in der Pause ein nasses Gummiband an eine brennende Glühbirne drücke. Die Glühbirne zerplatzt vor meinem Gesicht in 1000 Scherben und Splitter. Glücklicherweise bin ich nicht verletzt. Doch die Schelte meines Papas empfinde ich als ebenso heftig wie das Zerplatzen der Glühbirne. Wenn die Angst in eine Kinderseele Einzug hält, breitet sie sich aus wie ein Spinnennetz. So war es bei mir.

Traumata der Kindheit

Bregenz ist Teil der französischen Besatzungszone. Die Bevölkerung ist zunächst nicht begeistert von der Vorstellung, unter einer ausländischen Macht zu leben. Im Laufe der Zeit verbessern sich die Beziehungen zwischen den Franzosen und der Bevölkerung. Die Soldaten bemühen sich, beim Wiederaufbau zu helfen und Hand anzulegen, wo Hilfe gebraucht wird. Manchmal greifen sie zu ungewöhnlichen Mitteln, die mich zutiefst traumatisieren.

An einem warmen Maitag sehe ich viele Soldaten in Tarnanzügen mit Mulis. Der Altreuteweg führt an Omas Haus vorbei. Jeder Soldat hält sich am Schwanz eines Mulis fest, um sich den steilen Weg zum Pfänder hochziehen zu lassen. Aus der Ferne höre ich die hell klingenden Kirchenglocken. Sie vermögen es nicht, die gequälten Laute der Esel zu übertönen. »Ihr Tierquäler!«, schreie ich die Soldaten erbost an. »Lasst sofort die Tiere los!« In diesem Moment richtet einer der Franzosen drohend sein Gewehr auf mich und ruft: »Fous le camp petit Bastard!« (Verschwinde, kleiner Bastard). Verzweifelt und voller Angst renne ich um mein Leben.

Einige Wochen später, ich bin gerade mit meinen Freunden in Gedanken versunken auf dem Heimweg vom Baden im Bodensee, höre ich eine laute Männerstimme schreien: »Hände hoch!« Vor uns steht ein Soldat. Er richtet sein Gewehr auf uns und wird begleitet von einer Gruppe Soldaten, die plötzlich hinter den angrenzenden Schützengräben hervorstürmen. Wir sind umringt. Vor Schreck bleiben wir wie angewurzelt stehen. Nach einigen Sekunden, die mir wie Stunden vorkommen, lachen uns die Männer laut aus, und der Soldat lässt sein Gewehr sinken. In einem aggressiven Ton droht er: »Faites attention les enfants!« (Passt bloß auf, ihr Kinder.)

Ich vergesse niemals, wie wir voller Angst und ohne anzuhalten nach Hause rennen. Diese Schreckensbilder sind für immer in mir eingebrannt. Noch heute empfinde ich eine abgrundtiefe Abneigung gegenüber Krieg, Gewalt und aufgezwungenem Gehorsam.

Mama muss stark sein

Die wirtschaftliche und politische Lage entwickelt sich in Bregenz und Vorarlberg langsam, aber stetig. Es ist eine Zeit des Wiederaufbaus und der Erneuerung. Um die Region auf eigene Beine zu stellen, werden das Straßennetz ausgebaut, Häuser renoviert und der Tourismus als Wirtschaftszweig entdeckt. Die Schönheit der Landschaft, die Sauberkeit der Luft und das kulturelle Angebot tragen dazu bei, dass sich Bregenz zu einem wirtschaftlichen und kulturellen Zentrum entwickelt. Obwohl es viele Herausforderungen gibt, zeigt die Bevölkerung Entschlossenheit und Gemeinschaftssinn, um eine neue Zukunft zu gestalten.

Von dieser Aufbruchstimmung sind auch meine Eltern erfasst. Meine Großeltern mütterlicherseits verfügen über ein ansehnliches Grundstück. Sie verteilen an jedes ihrer drei Kinder einen Bauplatz. Es entsteht eine Familienstraßensiedlung. Im ersten Haus wohnen Oma und Opa, auf dem angrenzenden Grundstück bauen meine Tante Else und Onkel Josef ein neues Haus. Meiner Mama wird das Grundstück im Tobel am Tannenbach zugewiesen, wo das Haus unserer Familie entstehen soll. Dorthin führt nur ein schmaler Feldweg mitten in der Natur zu einem nach Wiesenblumen duftenden Feld. Es existiert keine Straße, sie muss noch gebaut werden. Ein Traumplatz für mich. Wolfgang und ich sind in dieser Zeit viel bei Oma und Opa, denn meine Eltern sind bis aufs Äußerste gefordert, um einen straßenähnlichen Zugang zum Baugrundstück zu schaffen und die Kellerräume auszuheben. Dank ihres eisernen Willens und der beharrlichen Disziplin sind sie an jedem Wochenende und in der Ferienzeit mit dem Straßen- und Hausbau beschäftigt. Viele Entbehrungen sind der Preis, die sie für ihre enormen Leistungen zahlen.

Mein jüngerer Bruder leidet oft an schweren Anfällen von Atemnot und läuft blau an. Meine Eltern sind ratlos, und kein Arzt ist zur Stelle. Verzweifelt sehe ich meinen Vater, wie er ihn an den Füßen festhält und ihn kopfüber heftig schüttelt – meistens hilft diese robuste Behandlung. Als meine Mama erfährt, dass sie mit dem dritten Kind schwanger ist, weiß sie, dass es nur einen Weg gibt, um die zahlreichen Herausforderungen mit dem Hausbau und der Familie zu meistern. Sie muss stark sein!

Ich bin schockverliebt

Die beschwerliche Zeit des Wiederaufbaus nach den harten Kriegsjahren bringen ungeahnte Kräfte in meiner Mutter zum Vorschein. Gegen die Hingabe einer Mutter für ihre Kinder scheint nichts bedeutsam – außer der Zukunft! Sie ist der Leuchtturm in unserer Familie und schenkt uns Licht und Wärme, wo und wann immer sie kann. Ich bin ein braves, dankbares Kind. Ich fühle, empfinde und erlebe die Liebe und den Schutz meiner Mutter intensiv. Oft hält sie meinen Kopf an ihren schwangeren Bauch: »Komm, Erich, willst du dein Geschwisterchen mal hören?«

Ich bin aufgeregt und vergesse zu atmen, denn ich will nichts überhören. Als ich leises Rauschen höre und einen leichten Stoß gegen mein Ohr spüre, bin ich begeistert. Ich bin sofort schockverliebt, obwohl ich meine Schwester noch nicht sehe.

Ursula kommt an einem Donnerstag als Hausgeburt zur Welt. Nach dem chinesischen Sternzeichen ist sie, so wie J. F. Kennedy, Anne Frank, Audrey Hepburn und viele andere, im Jahr der Schlange geboren. Es heißt, es sind stolze Menschen. Mit meinen sieben Jahren pflücke ich an diesem warmen Septembertag einen bunten Strauß Wiesenblumen; die gelben Trollblumen gefallen mir besonders. Auf dem Weg zurück nach Hause hüpft mein Herz, und ich freue mich, bald mein stolzes Schwesterchen sehen zu können.

Die Haustür ist offen und ich höre aufgeregte und glückliche Stimmen: »Was für ein hübsches Mädchen!« Ich laufe in das Zimmer meiner Mama, die Hebamme begrüßt mich freundlich, und ich sehe das kleine Baby, mein Schwesterchen, in den Armen meiner Mutter. »Oh, wie süß! Und sie hat schon dunkle Haare«, sage ich entzückt, als ich sie sehe.

In diesem Moment bin ich, wie bereits bei meinem jüngeren Bruder Wolfgang, stolz wie Oskar. »Für dich, Mama, dass du mir Ursula geschenkt hast!«, sage ich und reiche ihr dankbar meinen bunten Spätsommerstrauß. Ich bin das glücklichste Kind der Welt!

Schreckensfahrt mit Papa

Mein Vater fühlt sich wie ein König, wenn er auf seinem Motorrad sitzt. Am hinteren Sitz dämpfen die zwei Sprungfedern an den Seiten die Erschütterungen beim Fahren ab. Der Sitz hat einen Griff zum Festhalten. Oft fährt Papa nach der Arbeit mit seinem geliebten Puch-Motorrad zum Grundstück nach Bregenz. Er liebt diese Fahrten von der Schule zum Altreuteweg. Endlich ein Gefühl von Freiheit! Wir drei Kinder bringen Leben in die Familie. Jeden Tag gibt es etwas Neues zu entdecken und zu erkunden. Das Leben ist intensiv, auch für unsere Eltern. Nach dem Motto *Erst die Arbeit, dann das Vergnügen* geht der Bau zügig voran. Ihre Nerven liegen oft blank, und sie arbeiten bis zur Erschöpfung. Papa scheint nur noch von einer Idee besessen zu sein, schnell ins neue Zuhause einziehen zu wollen, ungeachtet der körperlichen Grenzen, die bei einer solchen Dauerbelastung spürbar werden.

Es regnet ununterbrochen, als der Keller des Hauses endlich ausgehoben ist. Auf dem Lehmboden bildet sich in Kürze eine Art See, da das Wasser nicht absickern kann. Bereits nach einigen Tagen tummeln sich Kaulquappen und zappelnde Mückenlarven im seichten Wasserbecken. Normalerweise ist dies ein wahres Naturspektakel für mich, und ich kann stundenlang dem Treiben zuschauen. Doch heute ist alles anders.

Nach dem Frühstück ruft mich mein Vater zu sich und sagt bestimmt: »Erich, wir fahren nach Bregenz zum Grundstück.« Ich weiß, dass Papa keinen Widerspruch duldet. Ich hasse diese Fahrten auf dem Motorrad abgrundtief. Es ist nicht das erste Mal, dass ich mitfahren muss. Papa hilft mir, auf dem hinteren Sitz Platz zu nehmen, und fährt los. Voller Angst halte ich mich verkrampft am Haltegriff fest. Wir tragen keine Helme, und der Wind weht mir um meine Ohren.

»Nicht so schnell, Papa!«, rufe ich ängstlich und spüre, wie sich kalter Schweiß auf meiner Stirn bildet. Das Unheil bahnt sich an, denn ein Lkw missachtet die Vorfahrt. Es geht alles sehr schnell. Als mein Vater die Gewalt über das Motorrad verliert, fliege ich im hohen Bogen auf die Straße. Wie ferngesteuert richte ich mich auf und laufe zurück. Ich bin im Schock! Papa reißt seine Augen weit auf und sieht dem flüchtenden Lkw nach. Gott sei Dank sind wir unverletzt, doch diese Schreckensfahrt sitzt noch lange in meinen Knochen.

Angst vor dem betrunkenen Opa

Schon 1949 ist im Grundgesetz festgelegt, dass Männer und Frauen gleichberechtigt sind. Aber die Wirklichkeit sieht in den 1950er-Jahren anders aus. Die Frau muss alles in ihrer Macht stehende tun, um die Ehe am Laufen zu halten und über die Vergehungen des Mannes hinwegzusehen. Ansonsten – so die Volksmeinung – ist der gesellschaftliche und wirtschaftliche Ruin vorprogrammiert. Dem tüchtigen Mann steht es zu, nach harter Arbeit am freien Sonntag zu entspannen, auch wenn die Familie eine schwere Bürde trägt.

Als ich heute am Sonntag aufwache, ist Opa gut gelaunt. Ich bin gerade bei meinen Großeltern und höre, wie er sich von Oma mit den Worten verabschiedet. »Bis später, ich gehe jetzt in die Herz-Jesu-Kirche und treffe mich nach der Messe noch mit Freunden.«

Auch in vielen anderen Familien gehen die Männer am Sonntag ihren sogenannten gesellschaftlichen Verpflichtungen nach: Kirchenbesuch mit anschließendem Herrenstammtisch im Wirtshaus. Die Frauen kümmern sich um die Kinder und bereiten das Mittagessen vor. Meist warten sie zum Essen vergeblich auf die Herren des Hauses. Opa ist vermutlich nach der Wandlung leise aus der Kirche geschlichen, um sich mit seinen drei Freunden zu treffen. Im Wirtshaus wird gelacht, geredet, diskutiert, politisiert und getrunken. Erst ein, dann zwei, dann zehn Gläser. Laut singend und schaukelnd torkeln die Freunde oftmals über die Feldwege heimwärts. Da sie sturzbetrunken sind, finden sie den Weg nicht mehr nach Hause.

So ist es auch an diesem Sonntag, als ich Opa und seine Freunde schlafend vor sich hin schnarchend an der Straßenseite im Gras finde. Ich traue mich nicht, auf dem Weg an ihnen vorbeizugehen. Oma weiß, was sie in solchen Momenten zu tun hat. Sie verschließt die Fensterläden und betet, dass es nicht allzu heftig wird, wenn ihr Ehemann zurückkommt. Sie weiß, was ihr blüht, wenn die Tür nicht verschlossen ist. Jähzornig und unberechenbar schlägt Opa auf sie ein. Einmal schmettert er mit einer schweren Eisenkette laut gegen die

Tür und brummt unverständliche und beleidigende Wortfetzen vor sich her. Mir machen solche Bilder Angst. Wenn ich könnte, würde ich Oma beschützen.

Ich erinnere mich an ein Erlebnis, als Opa betrunken am ersten Weihnachtstag in die Stube stürzt. Ein großer Tannenbaum, festlich geschmückt mit Kugeln, Engelshaar und Lametta, steht ihm im Weg. Er stößt ihn um, Chaos und Aufregung ist die Folge. Wir Kinder sind eingeschüchtert, haben panische Angst und sind entsetzt. Nüchtern ist Opa ein Herz und eine Seele.

Ich begreife in dieser Zeit, dass Alkohol den Charakter verändert, und schwöre mir, niemals Alkohol zu trinken und so zu werden, wie ich den Opa im betrunkenen Zustand erlebe.

Eng, bedrückend, lebensfeindlich

Der autoritäre Erziehungsstil jener Zeit ist durch eine starke hierarchische Ordnung in der Familie geprägt. An der Spitze steht der Vater. Er stellt die Regeln auf, übt Kontrolle aus, bestraft Fehlverhalten und hat die alleinige Entscheidungsgewalt in allen Lebenslagen. Dabei stellt er hohe Anforderungen an Kind und Frau, welche diesen zu folgen haben. Das Männerbild, welches mir von meinem Opa und Vater vermittelt wird, hinterlässt tiefe Spuren in mir. Ich bin noch in der Volksschule und kenne es nicht anders.

Mein Vater ist mein Lehrer. Statt mir die Freude am Lernen zu vermitteln, bringt er mir bei, zu gehorchen, zu parieren und zu lernen. Lob und Ermutigung erhalte ich von meinem Papa nie. Wozu auch? Das könnte mich verweichlichen, so seine Überzeugung, die er selbst von seinen Eltern übernommen hat.

Obwohl meine Noten am Ende jedes Schuljahres in der Volksschule gut sind, bin ich unglücklich. Es liegt eine schwere Last auf meinen Schultern. Der Druck und die Schulangst wachsen von Tag zu Tag. Ich habe Angst, zu versagen. Ich habe Angst, den Erwartungen nicht gerecht zu werden und zu enttäuschen. Dem Vater werde ich nie gerecht, so mein kindliches Gefühl der Ohnmacht. Früh lerne ich, nach Perfektion und Unfehlbarkeit zu streben, doch leichter fühle ich mich dadurch nicht. Selbst Mama kuscht und widerspricht nie.

Es scheint also richtig zu sein. Ich fühle mich wie ferngesteuert. Papa ist der, der das Sagen hat, und was er sagt, ist das Allerheiligste. Schließlich verdient er das Geld. Wenn es am Ersten des Monats die Lohntüte gibt, kauft Papa ein und verteilt die Brötchen und die abgezählten Wurst- und Käsescheiben an uns Kinder.

Am Sonntag gibt es Hähnchen, und wir Kinder bekommen die Flügelstücke zum Abnagen. Fleisch gibts nur einmal in der Woche – Fleischwurst mit Zwiebeln in Soße oder Geschnetzeltes mit Reis. Fast täglich gibt es Stopfer, entweder mit Apfelmus oder salzig. Stopfer ist ein in Wasser gekochter, gequollener Grieß, der danach in der Pfanne geröstet wird. Typisch für die Region Vorarlberg. Irgendwann meckere ich über das langweilige Gericht und bekomme eine gehörige Standpauke dafür. Ich bin undankbar und aufmüpfig, das duldet der Herr Lehrer nicht.

Wenn wir Kinder im Bett sind, wird er von Mama bekocht. Der köstliche Bratengeruch des Fleischs duftet aus der Küche und zieht in unser Kinderzimmer. Uns läuft das Wasser im Mund zusammen. Enttäuscht schlafen wir irgendwann ein.

Das tue ich alles aus Liebe zu dir

Geborgenheit und Trost braucht jedes Kind, um nicht zu verkümmern. In einer Zeit der Strenge und Autorität ist dies lebenserhaltend. Mama hat nicht viel zu sagen; sie soll uns erziehen, so die Regel in unserem Hause. Geborgenheit und Trost finde ich bei Oma und Mama. Ohne die Geschichten von Mama, die sie uns vor dem Zubettgehen vorliest, hätte ich nicht zu Träumen gelernt. Sie schafft es, mich in eine Welt voller Geschichten und Märchen einzuführen, die meine Fantasie und meinen Glauben an das Gute stärkt. Dies brauche ich wie die Luft zum Atmen. Mein Mitgefühl für die Tiere und meine Neugier für die prachtvolle Pflanzenwelt kann ich nur fern vom strengen Blick meines Vaters entwickeln. So wie auch meine Mutter nur dann aus voller Kehle klangvolle Schlager singen kann, wenn Papa außer Haus ist.

Eines Nachmittags sind wir Kinder mit Mama vergnügt in der Stube und hören Radio. Mama beginnt laut mitzusingen, als Papa plötzlich früher als geplant nach Hause kommt. »Mach sofort diese verwerfliche Musik aus! Wie kommst du dazu, vor den Kindern diese abtrünnigen Lieder mitzusingen?«, schäumt er vor Wut, als er die Stube betritt.

Wir erstarren, in Bruchteilen von Sekunden kippt die fröhliche in eine frostige Stimmung. Er dreht das Radio aus. Die melodischen Klänge von Peter Alexanders *Das tue ich alles aus Liebe zu dir* verklingen schlagartig. Zucht und Ordnung hat in der häuslichen Stube zu herrschen, so die Regel. Eng, kalt und lebensfeindlich empfinde ich diese Atmosphäre.

Als Kind werde ich früh mit dem Tod konfrontiert. Mit knapp acht Jahren sehe ich, wie Opa beim Hinausgehen auf den Weg wie ein Sack umfällt. Er ist ohnmächtig, und ein Arzt weist ihn ins Krankenhaus ein. Ein Herzinfarkt wird diagnostiziert – er ist gerade 63 Jahre alt. Ein Jahr später verstirbt Opa unerwartet – ein Schlaganfall mit Todesfolge. Plötzlich merke ich, das Leben ist endlich und Opa kommt nie mehr zurück. Er wird in der Leichenkapelle auf dem Friedhof aufgebahrt. Als ich ihn mit Oma besuche, liegt er wie eine Wachsfigur da, ein zarter Schleier bedeckt sein Gesicht. Oma verabschiedet sich, indem sie den Schleier beiseiteschiebt und Opa auf die Stirn küsst. Sie fordert mich auf, dasselbe zu tun. Ich verweigere mich. Opa ist für mich in diesem Zustand fremd und nicht mehr von dieser Welt. Oma verzeiht mir das nie.

Der andere Opa, Papas Vater, verstirbt ein Jahr später an Gelbsucht – auch mit erst 64 Jahren. An ihn habe ich wenig Erinnerung. Er war Schlossermeister, ein großer, stattlicher Mann mit dunklen, vollen Haaren und einem gezwirbelten, buschigen Schnauzbart. Ich sehe, dass er im Flur aufgebahrt ist. Viele Kerzen brennen, und bunte Blumen sind in großer Fülle um den Sarg platziert.

Ich habe Angst, den toten Opa zu berühren. Die Stimmung im Schein der Kerzen berührt mich unangenehm. Ich spüre eine aufsteigende Kälte in mir, die mich erschreckt.

Die Häusler-Oma ist mir sehr nahe. Eine kleine, gedrungene, eher unbeholfene, aber sehr gutmütige Frau. Sie behütet uns Kinder, wenn Mama mal im Krankenhaus oder zur Kur nach Bad Gastein ist.

Die Kunst der Improvisation

Das Jahr 1954 ist in vielerlei Hinsicht ein bewegtes Jahr. Der erste Mercedes Benz 300 SL Flügeltürer und der Jaguar D-Typ kommen auf den Markt. Die Geburtsstunde des Rock 'n' Rolls beginnt, als Elvis die Weltbühne betritt, und es entsteht das berühmteste Bild des Jahrhunderts von Marilyn Monroe mit ihrem fliegenden Cocktailkleid über den Lüftungsschacht. Und wir sind stolze neue Hausbesitzer am Altreuteweg.

Endlich ist es so weit! Meine Eltern und wir drei Kinder beziehen nach den Sommerferien 1954 den Rohbau unseres neuen Hauses. Viele harte Monate liegen hinter uns. Die Küche ist fertig und ein Matratzenlager im Erdgeschoss dient zum Schlafen für alle. Toilettenpapier wird aus Zeitungspapier in handgerechte Stücke geschnitten und mit einer Schnur gebündelt. Papa wird von der Dorfschule nach Bregenz versetzt, und ich absolviere das 4. Schuljahr in der Volksschule in der Belruptstraße. Immer noch halte ich dem Druck meines Vaters und Lehrers stand und bin ein Glanzschüler mit vielen Einsen im Zeugnis.

In diesem Jahr ist ein strenger, schneereicher Winter. Wir haben uns angewöhnt, mit der Einfachheit zurechtzukommen, und ich lerne früh zu improvisieren. Doch die Kälte zerrt an den Nerven. Es ist einer der kältesten Winter, an die ich mich erinnern kann. Die Lawinenkatastrophe, die Vorarlberg in diesem Jahr heimsucht, gehört zu den Schlimmsten, die diese Region erlebt hat. Oft haben wir kein fließendes Wasser, weil die Wasserrohre eingefroren sind. In der Nacht ist die warme Atemluft die einzige Wärmequelle im kalten Erdgeschoss, da nur in der Küche der Herd mit Holz und Kohle befeuert wird.

Nach und nach beziehen wir die anderen Zimmer. Fast alle sind noch ohne Dämmung und Innenverschalung, sodass man die Balken des Fachwerks sehen kann. Mein Vater füllt die Zwischenräume der Balken über mehrere Jahre mit Schlackenbeton aus und verschalt sie dann endgültig. Eine harte, irrsinnige Knochenarbeit. Doch meine Eltern sind froh, dass sie die Schlacke von der Maggi-Fabrik in Bregenz umsonst abholen können. Die Schlacke-Ablage in Bregenz verfügt über einen eigenen Bahnzugang zu den Fabrikhallen.

Der penetrante und durchdringende Geruch von Maggi liegt mir noch heute in der Nase. Mit der Zeit ist es wohnlich und gemütlich in unserm Heim. Mama hat einen grünen Daumen, und ich erfreue mich im Garten an jedem Blümchen, das seinen Blütenkelch zur Sonne streckt. Sie pflanzt auch Gemüse und Kartoffeln für uns an.

Papa ist künstlerisch sehr begabt. Nach dem Hausbau kann er sich endlich wieder dem Malen zuwenden. Wenn mein Vater früh morgens mit der Staffelei unterwegs ist, kommt er nachmittags mit dem Bild nach Hause und fragt nach unserer Meinung. Kritik hört er nicht gerne. Er ist grantig und verstimmt, wenn Mama das Bild nicht gefällt.

Es muss alles nach seiner Pfeife tanzen. Um Punkt 12 Uhr muss das Mittagessen auf dem Tisch stehen. Nach dem Essen gibt es italienischen Mokka, ein Nickerchen und eine Zigarette, und um 14 Uhr gehts dann ab in die Schule. Denn ein unpünktlicher Lehrer ist in seinen Augen kein brauchbarer Lehrer!

Gehorsam – das oberste Gebot

Gehorsam ist das oberste Gebot, und wehe dem, der es bricht. Als Sohn meines Vaters lerne ich Pünktlichkeit, Strebsamkeit und Gehorsam. Alles Tugenden, die zur damaligen Zeit nicht infrage gestellt wurden. Sogar an Festtagen und in den Ferien gibt es in unserer Familie keine Ausnahme.

Es ist wieder einmal Weihnachten. Unter dem Tannenbaum liegen kleine, bunt verpackte Päckchen. Sie sehen schön aus, aber meine kindliche Freude und die meiner Geschwister ist gedämpft. Durch die Größe der Päckchen ahne ich bereits, was sich darunter verbirgt. *Bestimmt ist es wieder ein Buch, das Papa ausgesucht hat,* denke ich still, als ich das Päckchen in die Hand nehme und vorsichtig auspacke. Was sonst, wir bekommen an Weihnachten immer Bücher geschenkt. Augenblicklich spüre ich den steigenden Druck und die Unlust, die sich in mir ausbreitet.

»Danke«, sage ich zu meinen Eltern emotionslos.

»Freust du dich denn nicht? Das ist ein interessantes Buch, und ich bin schon gespannt, was du mir darüber erzählen wirst«, höre ich meinen Vater sagen. Mir ist schlagartig klar, dass ich wieder keine Zeit haben werde, mit meinen Freunden in den Weihnachtsferien zu spielen.

Am 1. Weihnachtsfeiertag sitzen wir alle in der Wohnstube und lesen mit gesenkten Köpfen die geschenkten Bücher. Jedes Kind wird nacheinander aufgefordert, die Handlung und den Inhalt der Geschichten zu erzählen. Papa will schließlich wissen, ob wir sie wirklich gelesen haben. Wieder einmal beuge ich mich gehorsam dem Druck und der Schikane. Und kurze Zeit später stimmen meine Eltern das deutsche Weihnachtslied an, welches wir jedes Jahr singen: »*Alle Jahre wieder, kommt das Christuskind, auf die Erde nieder, wo wir Menschen sind. Kehrt mit seinem Segen ein in jedes Haus, geht auf allen Wegen mit uns ein und aus …*« Ich singe inbrünstig und laut mit. Das habe ich in der Kirche gelernt. Wenn der Pfarrer ein Lied anstimmt, heißt es für alle: mitsingen!

Am Palmsonntag gehe ich zur Erstkommunion in unserer katholischen Kirche. Vom Pfarrer wird mir die Hostie auf die Zunge gelegt zum Zeichen der Reinheit ohne Sünden. Es ist sehr feierlich, und ich halte eine lange, mit Dekor verzierte, brennende Kerze. Die darf ich als Andenken mit nach Hause nehmen. Wir Kinder sind festlich gekleidet. Der erste Anzug und Hemd mit Mascherl oder Krawatte. Ab heute heißt es, jeden Sonntag zur Kirche zu gehen und möglichst oft zu beichten und zu kommunizieren. Ich lerne die zehn Gebote auswendig, und es wird mir das Beichten für den Nachlass der Sünden erklärt. Allerdings begreife ich nicht, wann und wo ich in Gedanken gesündigt habe. Da müsste ich meinen Vater, den Lehrer, fragen. Der Pfarrer weiß es auch! Als ich als Ministrant vergessen habe, die Glöckchen zu klingeln, schaut er mich strafend an und zischt durch seine zusammengepressten Lippen: »Klingle jetzt, du Träumer!«

Mit Miniholzsarg durch die Straßen

Die Familie wird zum Dreh- und Angelpunkt in einer zunehmend wachsenden bürgerlichen Bildungsschicht in der Region. Lehrer, Pfarrer, Polizisten und all jene Berufe mit Vorbildcharakter sind ein Garant für die Vermittlung der »richtigen« Werte und des »sittsamen« Verhaltens – so die allgemeine Volksmeinung. Es gehört zum guten Ton, dass in einer gutbürgerlichen Familie musiziert wird. So ist es auch in unserer Familie. Meine Eltern entscheiden ohne meine Zustimmung, dass ich Geige lernen soll. »Du bist musikalisch«, bestimmen sie ohne weitere Erklärung. Als Leihgabe bekomme ich eine dreiviertel Geige, und sie schicken mich zur Lehrerin, Grete Urbanek.

»Erich ist so ein gehorsamer und braver Schüler«, sagt sie zu meinem Vater, als sie ihn nach einigen Wochen auf der Straße trifft. In jedem Halbjahr gibt es in der Musikschule Noten. »So ist es richtig, Junge, weiter so«, sagt mein Vater, als er voller Zufriedenheit und Stolz die *Eins* für Musik in meinem Zeugnis sieht.

Ich bin jedoch unglücklich und möchte lieber Gitarre spielen lernen. Doch Frau Urbanek ist eine liebenswerte Dame, und ich will sie nicht enttäuschen. Wieder einmal beuge ich mich den Erwartungen der anderen. »Sie ist ja nett und ich lerne das Notenlesen und die Takte«, sage ich mir, auch wenn ich von meinen Worten nicht überzeugt bin, denn ich hasse es, Noten zu lernen.

Für mich gleicht der Geigenkasten einem Miniholzsarg, der meine Träume und Wünsche in sich begräbt. Meine Mitschüler lachen mich aus und verspotten mich, wenn ich auf dem Weg zur Musikschule bin. Ich fühle mich gemobbt. »Du bist halt was Besseres, du verwöhntes Söhnchen«, rufen mir die Mitschüler hinterher. Trotz allem mache ich mit der Zeit große Fortschritte. Das Geigenspielen im Orchester und an den Festgottesdiensten zu Weihnachten und Ostern macht mir inzwischen Spaß. Auch die Matineeaufführungen am Sonntag im Theater in Bregenz sind Highlights für mich. Meine Eltern sind stolz.

Eines Tages schenken mir meine Eltern eine ganze Geige. Sie haben für das Instrument viel Geld bei einem berühmten Geigenbauer in Vorarlberg bezahlt. Die neue Geige gleicht einer *Stradivari.* Sie ist schön und klangvoll. Trotz meiner anfänglichen Abneigung spiele ich insgesamt elf Jahre Geige. Ich lerne, dass nicht alles schlecht ist, was ich anfänglich verachtete. Ich lerne aber auch, dass ein lang gehegter Traum wie ein Vulkan wieder zum Leben erwachen kann. Und so geschieht es! Mein vergrabener Traum, einmal Gitarre zu spielen, ist wieder lebendig. Insgeheim leihe ich mir von einem Freund eine Wandergitarre aus, übe die ersten Barré-Griffe und singe Schlager dazu. Natürlich alles im Versteck. Mein Lehrer darf es nicht wissen, aber meine Freunde bewundern mich, und ich fühle mich großartig. Wie gut ist es, seinen Träumen zu vertrauen und sie nicht zu vergessen.

Jugendzeit – Aufbruch
Pinkfarbener Plastikumschlag

Ich erinnere mich noch lebhaft an den Tag, an dem ich zufällig meinen Onkel Emil in der Stadt treffe. Heute weiß ich, dass es kein Zufall war. Denn ich bin zutiefst davon überzeugt und habe es erfahren, dass unerwartete Begegnungen unser Leben schlagartig verändern können. Manchmal braucht es nur einen Funken, um ein Feuer zu entfachen. Mein Onkel ist der Funken, der in mir das Feuer entfacht! Doch auf den Moment, bis das Feuer brennt, muss ich noch einige Jahre warten.

»Erich, wir haben beschlossen, dich auf das humanistische Gymnasium zu schicken. Deine Noten sind gut«, teilen mir meine Eltern mit, als ich mit meinen Freunden zum Baden gehen will.

Ich nehme die Entscheidung zur Kenntnis, ohne zu ahnen, was dies heißt, denn ich bin gerade einmal elf Jahre alt. Leider hat das Gymnasium nichts mit der antiken Vorstellung gemeinsam. Das *Gymnasion* im alten Griechenland war ein Übungsplatz für Leibesübungen. Später wandelte es sich zu einem Versammlungsort für Philosophen. Erst danach entstand der Begriff Gymnasium – eine Lehranstalt, wie wir sie heute kennen.

Mein erster Schultag im Gymnasium lässt mich schnell erahnen, dass weder die körperliche noch die geistige Schulung im Zentrum steht, vielmehr die monotone, wortgetreue Repetition von Lehrinhalten, die der zuständige Lehrer zu vermitteln beauftragt ist.

Das Fach Latein beginnt für mich zu einer regelrechten Qual zu werden. An dem Tag, an dem ich die grammatikalischen Fälle dieser toten Sprache für eine Klassenarbeit repetiere, fühle ich mich sterbenselend.

Bei meinem Vater, dem unfehlbaren Lehrer, schrillen die Alarmglocken, als er von seinem Freund, Dr. Reichart, meinem Lateinlehrer, vernimmt: »Erich hat weder Interesse noch begreift er die lateinische Sprache.«

Mein Vater ist erschüttert. Nun bin ich sein Opfer, an dem er seine im Eigenstudium erworbenen Kenntnisse erprobt. Er hofft, dass sein Heimunterricht meine Lage verändert – leider ohne Erfolg. Ich bin paralysiert und blockiert; meine schulischen Leistungen fallen in den Keller. Bei der letzten

Übersetzungsarbeit gibt es erneut ein *ungenügend.* Wenn wir eine Klassenarbeit zurückbekommen, ist es für mich ein Horror. Mein Heft hat einen pinkfarbenen Plastikumschlag, den mir meine Mutter eingebunden hat, damit es sich nicht so schnell abnutzt. Wenn Herr Reichart die Hefte aus seiner Aktentasche nimmt und auf sein Pult legt, sehe ich schon von Weitem, an welcher Position meines liegt. Die beste Arbeit liegt ganz oben. Dieser Schüler bekommt eine Tafel Milka-Schokolade. Zu diesen Glücklichen zähle ich während meiner Schulzeit nie.

Die schlechteste Arbeit liegt ganz unten. Es ist mein pinkfarbenes Heft. Ich weiß, was dies heißt. Wie üblich muss jede zurückgegebene Arbeit von einem Elternteil unterschrieben werden. Normalerweise unterschreibt Mama meine Arbeiten, aber diesmal ist sie gerade im Krankenhaus. Am Nachmittag schleiche ich um das Krankenhaus, um Zugang zu meiner Mutter zu finden. Jedoch haben Kinder ohne Begleitung von Erwachsenen keinen Zutritt, und so verwerfe ich meinen Plan, Mama um ihre Unterschrift zu bitten.

Der Zeitdruck, den ich empfinde, ist unerträglich: *Was mache ich nur? Morgen muss ich die Arbeit unterschrieben Herrn Reichart abgeben*, wiederholen sich meine verzweifelten Gedanken wie eine regelmäßig tickende Uhr, ohne einen Ausweg aus meiner misslichen Lage zu finden. Meine Angst vor der Strafe des Vaters steigert sich ins Unermessliche, sodass ich zu einem Plan greife, über dessen Konsequenzen ich mir in diesem Moment nicht bewusst bin. Der einzige Ausweg, den ich sehe, ist, die Unterschrift meines Vaters zu fälschen, um mich von diesem übermäßigen Druck zu befreien. An diesem Abend übe ich die Unterschrift so lange, bis sie der seinen gleicht.

Erschöpft nach einer fast schlaflosen Nacht gebe ich das Heft am nächsten Morgen mit der gefälschten Unterschrift ab. Allerdings vergesse ich vor lauter Aufregung, den Aufgabenzettel mit den Korrekturen ins Heft zu kleben. Die Katastrophe ist vorprogrammiert, denn wenn jemand vergisst, den Zettel hineinzulegen, gibt es für die ganze Klasse eine Stunde Nachsitzen.

Als mein Lehrer die Stimme hebt, weiß ich, dass es kein Zurück gibt: »Wo ist dein Aufgabenblatt?«

»Ich habe es vergessen«, erwidere ich kleinlaut.

Ohne weiter Notiz von mir zu nehmen, wendet er sich hämisch an die

Mitschüler: »Ihr wisst, wem ihr es zu verdanken habt, nach dem Unterricht nachzusitzen?«

Am liebsten würde ich mich in Luft auflösen, als ich die entrüsteten Augen meiner Mitschüler von allen Seiten auf mich gerichtet spüre.

»Eurem Mitschüler Erich! Es scheint mir nur recht und billig, wenn ihr ihm Klassenprügel verabreicht«, fährt Herr Reichart fort.

Ich traue meinen Ohren nicht und beschließe, nach dem Unterricht in die Toilette zu verschwinden und dort zu warten, bis alle fort sind. Nach einer gefühlten Ewigkeit nehme ich einen großen Umweg von der Schule nach Hause und komme ohne Prügel vor dem Abendessen an.

Schlimmer kann es nicht werden

Alles wird nur noch schlimmer. Meine Mama muss länger als erwartet im Krankenhaus bleiben. Beim Elternsprechtag legt Dr. Reichart meinem Vater die missratene Lateinarbeit vor und sagt in mitleidigem Ton: »Du weißt ja, wie es um die Lateinnote bestellt ist. Du hast sie selbst unterschrieben.«

Ohne auf Papas Antwort zu warten, auf die er lange hätte warten können, da mein Vater erstarrt, bietet er ihm freundschaftlich an: »Ich kann Erich einige Stunden Nachhilfeunterricht geben, wenn du willst. Vielleicht hilft das.«

Mein Vater glaubt zu wissen, was mir hilft. Ich leide schon den ganzen Tag an chronischen Magenschmerzen. Als er vom Elternsprechtag in die Küche kommt, fordert er mich auf, mit ihm in den Waschkeller zu gehen. Ich folge ihm wie ein treues Schaf seinem Hirten. Als ich die steile Treppe zum Keller hinuntergehe, ahne ich, dass dies nichts Gutes verheißt. Im Waschkeller zieht mein Vater den kurzen Wasserschlauch vom Hahn ab, und bevor ich realisiere, was passiert, peitscht er damit wie vom Teufel besessen auf mich ein und faucht: »Du Unterschriftenfälscher, du beschmutzt meinen Namen! Na warte, Bürschchen, ich werde dir zeigen, was sich gehört.«

Ich halte instinktiv die Hände über dem Kopf, kauere auf dem Betonboden in Embryostellung auf dem Ablaufsieb des Waschkellers und verliere nahezu die Besinnung. Während pausenlos die Schläge auf meinen Körper prasseln, empfinde ich keinerlei Schmerzen. Mit jedem Schlag werde ich abgestumpfter und fühle mich verletzt. Die seelische Qual ist so groß, dass ich ihm lautstark die Worte entgegen schmettere: »Schlag mich doch tot, dann habe ich es hinter mir!«

In diesem Moment erwacht mein Vater aus seiner schäumenden Wut. Augenblicklich hört er auf, unkontrolliert auf mich einzuschlagen, und brüllt in hilfloser Verzweiflung: »Einen Monat Hausarrest und ab jetzt Nachhilfe bei Dr. Reichart!«

Insgesamt gehe ich nur zwei Stunden zu der Nachhilfe bei meinem Erzfeind. Meine Eltern geben mir das Geld auf die Hand, um jede Stunde bar zu bezahlen. Die weiteren geplanten Nachhilfestunden schwänze ich permanent. Egal, welche Konsequenz das für mich hat. Von dem Geld kaufe ich meiner Mama Kakteen, verbunden mit der Lüge, ich habe sie von einem Freund geschenkt bekommen. Kakteen als Symbol für verletzte Liebe. Meine Liebe ist so stark verletzt und die seelischen Wunden so tief in mir eingegraben, dass ich an diesem Tag meinen Vater verliere. Seit dem Vorkommnis im Waschkeller ist das Vertrauen in meinen Vater gestorben. Das zerbrochene Verhältnis zu ihm zeigt sich Wochen später in einer solchen Intensität, die nur aus dem Trauma der vergangenen Geschehnisse zu verstehen ist.

An einem sonnigen Sommertag in den Schulferien begleitet mich mein Vater zum Bodensee, um mir das Schwimmen beizubringen. »Halte dich an meinem Rücken fest, ich gehe langsam ins Wasser«, so seine Anweisung.

Wie auf Befehl kralle ich mich mit all meinen Kräften an ihm fest. Als mir das Wasser bis zum Hals steht und ohne Erbarmen meinen Mund erreicht, verschlucke ich mich elend und zappele. Ich kralle mich an Papas Hals fest wie ein Ertrinkender, der um sein Leben bangt. Ich schlucke Wasser. Es kommt mir aus den Ohren und der Nase raus und ich erlebe erstmals Todesangst.

Sofort bricht mein Vater den Versuch ab und stammelt: »Wie dumm bist du! Willst du, dass wir beide ertrinken? Wie kannst du mich so würgen? Stell dich gefälligst nicht so an!«

Nach mehreren weiteren Versuchen beendet er die Schwimmaktion. Schlotternd und voller Panik steige ich aus dem Wasser. Ich beschließe, mir das Schwimmen selbst beizubringen.

Ich kann ihn nicht riechen

Der Geruchssinn ist der älteste Sinn, der schon im Mutterleib geprägt wird. Er ist der einzige Sinn, der einen direkten Zugang zum Zentrum der Erinnerungen und der Emotionen im Gehirn hat, zum sogenannten Hippocampus und zum limbischen System. In der Evolution hat er sich noch vor dem Sehen und Hören entwickelt. Das Sprichwort, *jemanden nicht riechen zu können*, kann ich nur bestätigen.

Nachdem meine Mutter aus der Klinik zurück ist und sieht, wie meine Unbeschwertheit und Fröhlichkeit von Tag zu Tag mehr verkümmern, sucht sie tatkräftig nach einer Lösung. Über die Vorkommnisse im Waschkeller verlieren wir in der Familie kein Wort. Ich weiß nicht, ob Papa es ihr erzählt hat. In meiner kindlichen Unschuld beschließe ich, den Nachmittag aus meinem Leben zu streichen. Natürlich ohne Erfolg, wie sich bei der Schwimmaktion gezeigt hat.

Als ich meinen Eltern erzähle, dass die Nachhilfestunden bei meinem Erzfeind Dr. Reichart ohne Aussicht auf Erfolg sind und ich da niemals mehr hingehen möchte, sorgt Mama dafür, dass ich einen neuen Nachhilfelehrer für Latein bekomme. Schnell wird mir klar, dass ich auch ihn nicht riechen kann! Bereits auf dem Weg zu ihm wird mir schlecht und ich fühle mich unwohl. In seiner Wohnung stinkt es muffig, es ist dunkel, ihm tropft ständig die Nase, welche er mit einem feuchten Taschentuch regelmäßig abzuwischen versucht. Und er hat zottige, fettige Haare. Den ekelig penetranten Geruch, der von ihm ausgeht, kann ich in meiner Erinnerung noch heute identifizieren.

Dessen ungeachtet bestehe ich Latein in diesem Jahrgang knapp. Meine stetig wachsende Schulangst nimmt jedoch keineswegs ab. Das gibt mir den Rest und ich kapituliere. Mein Körper sucht nach einem Ventil, sich von dem permanenten Stress zu befreien. Zunächst bekomme ich eine schwere Mumpserkrankung und bin dann mit einer Gastritis ans Bett gefesselt. Ich erhole mich nur langsam. Obwohl alle Anzeichen dafürsprechen, dass die Schule nicht die Richtige für mich ist, gibt es für mich keinen Ausweg aus dem Dilemma. Mein Vater besteht darauf, dass ich das Schuljahr wiederhole.

Nach 4-jähriger Tortur scheide ich schlussendlich aus dem humanistischen Gymnasium aus und komme in die Abschlussklasse der Hauptschule. Meine Mutter sucht nach allen erdenklichen Mitteln, um mir bei der geistigen Entfaltung zu helfen. Eines Tages überredet sie mich zu einer Walnuss-Kur. »Erich, ich bin überzeugt, das hilft dir! Ich habe gelesen, dass die Kur die Nerven beruhigt. Sie fördert die Lernkonzentration und das Lernverhalten.«

Am 1. August, kurz vor Schulbeginn in der Hauptschule, fange ich mit einer geschälten Walnuss an. Jeden Tag kommt eine weitere Nuss hinzu, insgesamt 31 Tage lang. Im kommenden Monat zählt die ganze Prozedur rückwärts. Nach der zweimonatigen Kur kann ich keine Nuss mehr sehen, riechen, geschweige denn essen. Ein Intelligenzschub hat ebenfalls nicht stattgefunden.

In der Hauptschulklasse muss ich mich glücklicherweise nicht mehr mit Latein herumschlagen. Nun heißt es, Geschichte nachzuholen. Ich kenne zwar die römische und griechische Geschichte, aber ich habe keine Ahnung vom 1. und 2. Weltkrieg. Das Rechnen fällt mir in der Hauptschule plötzlich sehr schwer. Bislang hatte ich im Gymnasium die Rechenarten verstanden. Mein Vater ruft mich in sein Arbeitszimmer. Er versucht, mir die Dreisatzrechnung beizubringen, und ich verstehe nichts.

»Wie blöd bist du, begreifst du denn gar nichts?« Seine Bemühung, mir Nachhilfe zu geben, scheitert. In seiner Gegenwart bin ich blockiert und kann mich nicht dagegen wehren, selbst wenn ich es wollte. Sofort knallen die Ohrfeigen in mein Gesicht, und sein Versuch, mich zur Vernunft zu bringen, scheitert kläglich. Mein lautes Heulen dringt in die Küche, und meine Mutter stürzt ins Arbeitszimmer: »Werner, lass es doch gut sein. Hör auf!«

Ihre beschwichtigenden Worte scheinen ihn nur noch mehr anzutreiben. Verzweifelt über seine Ohnmacht, mir die fehlende Intelligenz einzutrichtern, bekomme ich weitere Watschen (Ohrfeigen). Ich laufe schließlich verheult und mit roten Wangen in mein Zimmer.

Jugendstreiche können böse enden

Wenn ich keine Schule habe, treffe ich mich mit einer Clique von Gleichaltrigen. Wir unternehmen etwas zusammen, fast immer harmlose Dinge. Wir gehen baden, reden meist belangloses Zeug, spielen Karten oder gehen im Sommer angeln. Es tut gut, den Schulalltag zu vergessen. Eines Tages, es ist ein Mittwoch im September, sagt einer meiner Kollegen: »Lasst uns doch zum stillgelegten Sandsteinstollen gehen.«

Wir alle sind Feuer und Flamme, keiner will das Gesicht verlieren und als Weichei dastehen. Mit brennenden Fackeln betreten wir mutig den unbeleuchteten Sandsteinstollen. Kein Schild weist darauf hin, dass wir ihn nicht betreten dürfen. Untereinander heizen wir die Stimmung auf, und jeder von uns versucht eine gruseligere Geschichte als der andere an den Mann zu bringen. Unsere kindliche Fantasie nimmt Fahrt auf, und wir beschließen, uns im Sandsteinstollen zu regelmäßigen Ritterspielen zu verabreden. Viele Nachmittage treffen wir uns dort zum Spielen. Mit dem brüderlichen Ehrenschwur bekräftigt einer nach dem anderen: »Ich schwöre, dass ich meinen Eltern niemals von unseren Treffen erzähle.« Nachdem jeder von uns Jungen den Spruch mit ernster Miene laut ausgesprochen hat, verstecken wir unsere Fackeln in der Höhle und gehen mit unserem Geheimnis nach Hause.

An einem Herbsttag treffen wir uns wie so oft nach der Schule im Stollen. Erschrocken zucken wir zusammen, als unser Freund Jochum plötzlich stehen bleibt, den Zeigefinger nach oben richtet und flüstert: »Schaut, was ist denn das?« Wir alle bleiben abrupt stehen. Wie auf Befehl heben wir gleichzeitig unsere Köpfe. Ich erkenne sofort, was er meint.

Erleichtert sage ich: »Ach, das sind nur riesige Trauben von Fledermäusen, die an der Stollendecke zum Überwintern hängen. Von meinem Opa weiß ich, dass die nachtaktiven Tiere sich tagsüber ausruhen.«

Voller Übermut verwandeln wir uns innerhalb weniger Sekunden in unbarmherzige Ritterkämpfer. Wie kopflose und dumme Tierquäler halten wir die brennenden Wachsfackeln unter die Tiere. Nach kurzer Zeit fallen einige abgefackelt und angebrannt von der Decke. »Gemeinsam sind wir stark«, bekräftigt Jochum im ritterlichen Ton, als wir wie von Sinnen auf die verletzten, zappelnden Tiere schlagen, um sie von ihrer Qual zu befreien. Ich bin schockiert und schäme mich zutiefst für diese gnadenlose Aktion. Wenn ich könnte, würde ich sie ungeschehen machen. An diesem Abend schwöre ich mir: »So etwas darf nie wieder passieren!«

Einige Wochen später, als wir gerade auf dem Nachhauseweg vom alten Stollen sind, stoßen wir auf eine Gruppe älterer Schüler, die dabei sind, auf der Wiese vor dem Stollen einen Ringkampf zu veranstalten. Die 17-Jährigen rufen: »Hey kommt her, hier gibt es was zu sehen.«

Nachdem unser Kollege Rainer in die Richtung der Rabauken geht, folgen wir ihm, das ist schließlich Ehrensache. Wir, die 12-Jährigen, stellen uns in gebührendem Abstand im Kreis um die Kämpfenden. Mir gefällt nicht, was ich sehe. Zwei Halbstarke schlagen sich gerade die Nasen blutig, doch auch ich beklatsche das Geschehen, wie es alle anderen tun. Wir wollen gerade weitergehen, als plötzlich einer der Jugendlichen direkt auf uns zukommt und uns ein Bündel filterlose Zigaretten unter die Nase hält. Er nimmt mich und meinen Freund Jochum ins Visier: »Hier! Raucht die Zigaretten in einer Minute«, so sein Befehl.

Mutig und zugleich ängstlich nehmen wir die 10 Filterlosen und stecken sie uns in den Mund, ohne zu ahnen, was nun folgt. Das Gesicht des Anstifters hellt sich auf, als er uns alle Zigaretten auf einmal anzündet und sagt: »Jetzt müsst ihr die Luft einziehen.«

Es dauert keine Minute und mir wird schwarz vor Augen. Sofort schmeiße ich die Stängel in weitem Bogen davon und spucke Gift und Galle. Wie erbärmlich und armselig ist diese Aktion. Ich fühle mich schlecht und beschließe: Nie wieder im Leben rühre ich eine Zigarette an.

Beim Abendessen in der folgenden Woche höre ich, wie mein Vater meiner Mutter von einem skandalösen Vorfall erzählt, der in der Nacht zuvor in der Leichenkappelle beim Friedhof passiert ist. Die ganze Stadt spricht inzwischen davon, und es breitet sich aus wie ein Lauffeuer, welches den verstecktesten Winkel mit seinen zerstörerischen Flammen erfasst. Eine Gruppe Jugendlicher hat gewettet, zur Geisterstunde auf dem Friedhof um Mitternacht einen Sargdeckel zu öffnen und eine Leiche hochzuheben. Es war gerade Vollmond. Wie die lokalen Zeitungen berichten, sind sechs halbwüchsigen Burschen in die öffentliche Kapelle eingedrungen, wo zwei Särge aufgebahrt waren. Um die Wette zu gewinnen, nahm einer der Jugendlichen den Sargdeckel hoch und stellte ihn an die Kapellenwand. An der Tür beobachtete die restliche Gruppe das Geschehen und hielt Wache. Er umklammerte den Toten und hob den starren Körper kurz aus dem Sarg. Die Wette schien gewonnen. Doch dann geschah das Unfassbare. In dem Moment, als er den Toten zurücklegte, rutschte der Sargdeckel von der Wand und fiel auf seinen Rücken. Der Bursche zuckte zusammen und stürzte zu Boden. Er blieb leblos und ohne Reaktion liegen. Er ist tot! Jede Hilfe kam zu spät. In Todesangst flüchteten die anderen Burschen. Einer aus der Gruppe meldete den Vorfall der Polizei, und alle Beteiligten wurden gefasst. Die jungen Burschen sind nun aktenkundig, angeklagt und bestraft. Lange Zeit ist dieser Vorfall der Leichenschändung in aller Munde. Im Schulunterricht ist er ebenfalls Thema. Meine Eltern arbeiten dieses dramatische Ereignis mit uns Kindern niemals auf. Es heißt nur: Jugendstreiche können böse enden!

Geschenk mit unabsehbaren Folgen

Mit meinem besten Schulfreund Gebhard kann ich alles teilen. Wir unterstützen uns, wo immer wir können, und reden natürlich auch über das Drama in der Leichenkapelle, das unsere ganze Klasse bis ins Mark erschüttert hat. Unsere Zusammenkünfte im alten Stollen sind seitdem weniger geworden.

An einem Sonntag im April laufe ich entspannt von der Kirche mit Gebhard nach Hause, als er mir einen Mercedes-Stern zeigt. »Den schenke ich dir, ich brauche ihn nicht mehr«, meint er, ohne weitere Worte darüber zu verlieren. Dankend nehme ich die Trophäe als Andenken an, obwohl ich nicht weiß, was ich damit machen soll. Ich erinnere mich, dass unser Nachbar, der Konsul aus der Schweiz, auf seinem schwarzen Mercedes 280 SE ebenfalls einen Mercedes-Stern hat. Der Konsul ist ein liebenswerter älterer Herr. Wenn er mich auf der Straße zufällig trifft, hält er an und fragt, ob er mich in die Schule mitnehmen kann. Ich bin mächtig stolz und fühle mich wie ein Auserwählter, wenn ich mitfahren darf.

Eines Morgens höre ich neben mir leises Motorgeräusch, und aus dem offenen Fenster fragt mich der Konsul freundlich: »Grüß dich, Erich, soll ich dich bei der Schule absetzen?«

Das lasse ich mir nicht zweimal sagen und steige stolz und mit geschwellter Brust ins Auto. Als ich neben ihm Platz nehme, sehe ich, dass sein Mercedes-

Stern am Auto fehlt. Ich spreche ihn darauf an, und er ärgert sich, dass er diesen Stern, das Statussymbol von Mercedes, schon mehrmals ersetzen musste.

»Solche Rabauken, die so etwas machen! Das kostet mich jedes Mal viel Geld«, erwähnt er gedankenversunken.

In der festen Überzeugung, ein wahrer Freund und Helfer in der Not zu sein, ziehe ich meinen Mercedes-Stern aus der Hosentasche. Der Herr Konsul ist immer so nett zu mir, und ich möchte ihm den schenken, damit er nicht mehr traurig ist. Ich halte ihm den Stern hin und sage vertrauenswürdig: »Den habe ich geschenkt bekommen. Sie können ihn besser gebrauchen als ich!«

Augenblicklich sehe ich, wie der Kopf des Konsuls rot anläuft. Darf ich einem Konsul nichts schenken? Doch bevor ich weiter darüber nachdenke, will er wissen: »Von wem hast du ihn bekommen?«

Wahrheitsgetreu antworte ich: »Von meinem Schulfreund.«

Der Konsul ist aufgebracht. So habe ich ihn noch nie gesehen. Mir ist auf Anhieb klar, dass es wohl keine gute Idee war, ihm helfen zu wollen. Ohne mich weiter erklären zu können, insistiert er vehement darauf, dass ich ihm den Namen meines Freundes mitteile: »Das hat Konsequenzen! Das melde ich der Schule«, ruft er mir aufgebracht nach, als ich aussteige.

Heiliger Schwur

Noch am gleichen Tag kommt ein Polizeibeamter in die Klasse, und jeder von uns wird einzeln verhört. Der Konsul hat Anzeige erstattet. Der vermisste Stern an seinem Auto ist exakt der Stern, den er von mir bekommen hatte. Er passt haargenau an die Bruchstelle seiner Fassung.

Ab dem Moment, als ich gezwungen bin, der Polizei zu gestehen, dass ich ihn von meinem Freund geschenkt bekommen habe, beginnt eine lawinenartige Fahrt in den Abgrund. Ich bin zwar nicht Täter, jedoch Opfer dieses fatalen Vorfalls. Mein Vater, der bei Ankunft der Polizei gerade Unterricht hat und den Tumult im Schulhaus mitbekommt, unterbricht seine Stunde und kommt ohne Umschweife zum Verhör. Natürlich habe ich ihm nie meine Trophäe gezeigt. Er reagiert entschieden und ohne Verständnis: »Ab sofort verbiete ich dir jeglichen Kontakt mit diesem Chaoten, und zur Strafe bekommst du drei

Wochen Hausarrest!«, so die Order des Lehrers, der in Anwesenheit der Polizei weiß, was er zu tun hat. Und als ob es nicht genug ist, dass ich nichts Unrechtes getan habe, meiden mich von diesem Tag an die Schüler und beschimpfen mich: »Du elender Verräter!«

Ich bin für den Diebstahl nicht verantwortlich, aber nun werde ich als Verräter verurteilt! *Ist dies nicht noch schlimmer?*, frage ich mich, als ich von der Schule nach Hause zum bevorstehenden Hausarrest gehe.

Plötzlich stürzt mein Freund Gebhard mit drei seiner Freunde von hinten auf mich, wirft mich zu Boden und beschimpft mich aufs Übelste. »Du gemeiner, hinterhältiger Verräter. Das wirst du mir büßen. Unsere Freundschaft ist für immer gestorben!«, schreit er wütend. Weitere heftige Beschimpfungen folgen, aber ich spüre nur noch die Tritte in den Bauch und die Schmerzen im Gesicht. Die Jungen lassen mich mitten auf der Straße liegen und suchen das Weite. Ich schleppe mich unter Stöhnen zu einem befreundeten Mitschüler, der in der Nähe der Schule wohnt. Er benachrichtigt meine Mutter, die sofort einen Krankenwagen ruft.

Im Krankenhaus heißt es: Verdacht auf Leber- oder Milzriss! Ich bleibe zwei Tage zur Beobachtung. Danach darf ich eine Woche nicht in die Schule. Zum ersten Mal bin ich froh um den Hausarrest, denn alles wehrt sich in mir, als »verurteilter Verräter« in die Schule zu gehen. Mein Herz und mein Vertrauen sind zutiefst verletzt. Nun habe ich nicht nur meinen Vater, meine Freunde und meinen Konsul verloren, sondern ebenso meine jugendliche Ehre im Klassenverband sowie mein Vertrauen in die Gerechtigkeit.

An diesem Abend weiß ich tief in meinem Herzen: Trotz größter Bloßstellung und Demütigung kann ich mich selbst nicht verleugnen. Ich kann es nicht! Aufrichtigkeit, Fairness und Ehrlichkeit lasse ich mir von nichts und niemanden nehmen, egal was kommt, so der »heilige Schwur«, den ich in dieser Nacht ablege.

Mein Kartenhaus bricht zusammen

Der innere Drang, meinem Versprechen Folge zu leisten, zeigt sich immer öfter in meinem Verhalten. So ist es auch an einem Sonntagmorgen, als Mama und

Papa einen heftigen Streit miteinander haben. Ich sehe Papa, wie er sich vor Mama aufbäumt und mit Drohgebärden seine Hand hebt, in der Absicht, ihr eine Ohrfeige zu geben. Spontan und ohne zu zögern, dränge ich mich zwischen die beiden. Ich stelle mich schützend vor meine Mutter und schreie zornig mit aufgebrachter Stimme: »Du schlägst Mama nicht!«

Im gleichen Moment tritt Totenstille ein, der Streit hört augenblicklich auf. In der Überzeugung, Mama vor einem schmerzhaften Schlag ins Gesicht bewahrt zu haben, drehe ich mich zu ihr um. Sie hebt die Hand, gibt mir eine heftige Ohrfeige und sagt unmissverständlich und mit Nachdruck: »Du musst Achtung und Respekt vor deinem Vater haben!«

»Was?«, frage ich sie fassungslos und entsetzt. »Er wollte dich gerade schlagen!«

Meine Gefühle fahren Achterbahn, und es ist, als ob in rasender Geschwindigkeit mein Kartenhaus von falsch und richtig in mir zusammenbricht und ich die Welt nicht mehr verstehe. Nicht nur, dass in der Schule jede aufrichtige Wertvorstellung mit Füßen getreten wird, zusätzlich kommt nun die verachtende Reaktion meiner eigenen Mutter hinzu.

Liebe auf den ersten Blick

Nachdem das zerbröckelnde Vertrauen nun auch in meine Mutter wie morsches Holz von innen zerfressen ist, besinne ich mich erneut auf mich selbst und meinen Traum, eine eigene Gitarre zu besitzen. Doch wie komme ich an das nötige Geld? Ich habe nie etwas sparen können, denn Taschengeld habe ich niemals erhalten. Im Gegenteil, wenn ich kleine Ferienjobs ausgeführt habe, hat mein Vater das Geld kassiert.

Eines Nachmittags, als ich einen früheren Schulkollegen treffe, der mir von einer Speditionsfirma *Gebrüder Weiß* erzählt, sehe ich Licht am Horizont aufschimmern. Sie suchen immer Hilfen. »Ich jobbe da und muss aus Güterwaggons Waren unterschiedlicher Art mit einer Sackkarre in ein Zwischenlager entladen. In der Stunde verdiene ich 2 DM, das sind 14 Schilling«, erzählt er mir begeistert und nennt mir den Namen des Spediteurs, an den ich mich wenden soll.

Bereits am nächsten Tag gehe ich zu ihm. »Die Arbeitszeit beträgt drei Stunden, du kannst morgen anfangen«, sagt er. Ich bin begeistert, obwohl ich bereits um 6 Uhr früh auf der Matte stehen muss. Zu Hause gebe ich vor, dass ich zum Fischen gehe, da früh morgens die Fische am besten anbeißen. Die Notlüge funktioniert. Ich spare das Geld gewissenhaft und verstecke es sorgfältig in meinem Schlafzimmerschrank.

Einem älteren Freund aus der Schweiz, Rudi Schmidt, erzähle ich von meinem kühnen Vorhaben, dass ich mir eine Gitarre kaufen möchte und eisern dafür spare. Er hat bereits ein Auto und beschließt spontan, mit mir nach Ulm zu fahren, wo er ein bekanntes Musikhaus kennt. Es ist Liebe auf den ersten Blick, als ich das Geschäft betrete und bei den Ausstellungsmodellen eine hellfarbene Gitarre sehe. Sie kostet 250 DM und ist mit Elektroabnehmer versehen. Im Preis enthalten sind ein Kabel für den Verstärker und die Gitarrentasche. Ich habe nur 200 DM.

»Hey Erich, wenn du mir was vorspielst, schenke ich dir 50 Mark«, sagt Rudi großzügig und betont: »Ich verdiene gut, und du kannst dir damit deinen Traum erfüllen!« Voller Dankbarkeit nehme das Geschenk an. Als stolzer Gitarrenbesitzer gehe ich mit ihm zusammen aus dem Geschäft.

Als ich mit der Gitarre nach Hause komme, flunkere ich: »Die Gitarre habe ich von einem Freund leihweise zum Üben bekommen.«

Einer für alle – alle für einen

Dank meiner langjährigen Geigenpraxis mache ich im Gitarrenspiel schnell Fortschritte, und schon bald gründe ich mit drei musizierenden Freunden das Bodenseequartett. Ohne Noten lernen wir vom Abhören der Schallplatten und studieren und trainieren die Stücke ein. Wir üben beinahe täglich. Zu Hause duldet mein Vater die Gitarre nicht, deshalb bleibt sie immer in unserem Proberaum, den wir von den Eltern unseres Handorgelspielers, Reinhard Wildner, zur Verfügung gestellt bekommen.

Der Vater unseres Klarinettisten Huber ist bei der Bodensee-Schifffahrt angestellt. Als er uns eines Tages beim Üben zuhört, meint er: »Wenn ihr wollt, könnt ihr ein Wochenende kostenlos mit dem Bodenseeschiff Austria mitfahren. Die einzige Bedingung: Ihr müsst auf dem Schiff spielen.«

»Klar, wir sind dabei«, sagen wir einstimmig.

Ich bin wie elektrisiert. Das erste Mal auf Tournee: »Ein irres Gefühl!«, erzähle ich meinem Gitarren-Sponsor Rudi.

Meinen Eltern teile ich begeistert mit, dass wir eingeladen sind, und sie stimmen zu: »Benimm dich, du bist schließlich der Sohn des Lehrers«, ruft mir mein Vater nach, als ich losziehe.

Positioniert am Bug des Schiffs spielen wir als Band mit Handorgel, Klarinette, Trompete und Gitarre Instrumentaltitel von den Shadows und den Sputniks und auch Oberkrainer Volksmusik. Die Passagiere sind begeistert, während wir in den Hafen von Lindau einfahren. »Zugabe, Zugabe«, rufen sie, und wir greifen auf unseren Zugabe-Song *In the Mood* zurück, einem Klarinettensolo.

An Land spielen wir weiter, wann immer wir Lust und Zeit haben. Ein Freund aus Tuttlingen organisiert für uns einen Auftritt auf der *Hohen Burg*, ein bekanntes Ausflugsziel in der Gegend. Auf dem Weg dorthin passieren wir einen schmalen Feldweg, der gerade über ein Wildblumenfeld führt. In diesem Augenblick traue ich meinen Augen nicht. »Schaut mal!«, rufe ich begeistert.

Wir sind Zeugen der Geburtsstunde von Hunderten Maikäfern, die auf einem Quadratmeter aus der Wiese entschlüpfen. Die warme Luft zittert, es brummt und summt und unzählige Käfer schwirren behäbig über unsere Köpfe. Ein überwältigendes Naturereignis, wie ich es nie mehr erlebt habe.

Viele Menschen sind bereits auf der Burg, und als wir zu spielen beginnen, breitet sich die beschwingte Stimmung raketenartig aus. Eine Münze nach der anderen fällt klirrend in einen aufgestellten Schuhkarton. 105 DM sind für unsere Darbietung gespendet worden. Als wir die Münzen am nächsten Tag in der Tuttlinger Sparkasse wechseln, spricht uns ein Banker an: »Seid ihr nicht die Jungs, die gestern auf der Burg gespielt haben?«

»Ja«, erwidern wir einstimmig, während sich sein Gesicht erhellt und er fortfährt: »Ihr wart großartig! Ich zahle euch das Doppelte drauf. Mein Dankeschön an euch flotte Kerle.« Wir schweben mit dem Honorar förmlich aus der Bank und fühlen uns an diesem Sommertag wie Schneekönige, die vor Stolz, Übermut vor Freude dahinschmelzen.

An diesem Tag befolgen wir nicht das geflügelte Wort: *Man sollte aufhören, wenn es am schönsten ist.*

»Lasst uns noch einen Tag bleiben und erst morgen fahren«, schlägt unser Trompeter vor. Spontan stimmen wir zu.

Beinahe wären wir alle von der Schule geflogen, doch wir haben nochmals Glück gehabt und es bleibt bei einer letzten Verwarnung. Mein Vater kann es nicht lassen und brummt mir einen Monat Hausarrest auf: »Nun ist Schluss mit Musik und Proben!«, so seine Worte. Doch ich lasse mich nicht unterkriegen. Das habe ich mir hart erkämpft. Mein nächstes Ziel ist, einen Gitarrenverstärker und ein Mikrofon mit Stativ zu kaufen.

Diese Zeit hinterlässt glückliche Spuren in meinem Leben. Mein Glaube an den Spruch *Einer für alle – alle für einen!* ist in meinem Herzen noch nicht ganz erloschen. In diesem Moment erinnere ich mich an die Worte von Ernest Hemingway aus dem Deutschunterricht: *Die Welt ist so schön und wert, dass man um sie kämpft.*

Ein Hauch von Freiheit

Am 22. Juli 1959 verzaubert die Premiere *1001 Nacht* von Johann Strauss auf der Seebühne Bregenz die Zuschauer von nah und fern. Auch ich tauche in eine Geschichte ein, von der ich mir wünschte, dass sie mich, wie die berühmte 1001-Nacht-Sammlung von Geschichten, lange verzaubert.

Ich verbringe die Sommerferien bei Freunden meines Vaters. Bereits am Tag meiner Ankunft realisiere ich, dass es Familien mit anderen Wertvorstellungen gibt als die, mit denen ich aufwachse. Meine Gasteltern, Heidi und Heinz Neuendorf, sind Textilunternehmer und haben einen Versandhandel in Wuppertal. Im Austausch verbringt ihr Sohn Markus den Sommer bei meinen Eltern in Bregenz. Seine 14-jährige Schwester Claudia bleibt zu Hause. Als wir uns begegnen, verstehe ich mich auf Anhieb mit ihr. Ihre Unkompliziertheit und die Entdeckerfreude machen es mir leicht, mich sofort mit ihr zu befreunden und mich wohlzufühlen. Mit ihr kann ich ein Stück unbeschwerte Kindheit nachholen. Schon nach drei Tagen vergesse ich den von permanenten Erwartungen geprägten Familien- und Schulalltag in Bregenz. Claudia ist für mich wie eine große Schwester, und sie bleibt für immer meine Freundin. Wir spielen, quatschen, machen Blödsinn und freuen uns jeden Tag, etwas zu unternehmen. Wir verbringen viel Zeit auf dem geräumigen Dachboden, wo sie eine Miniaturküche mit einer kleinen Kochplatte installiert hat. Wir wiegen ab, messen, rühren und verkosten Müslis, die nach Schokolade schmecken. Ich entdecke eine unbändige Lust und Leidenschaft zu experimentieren und neue Kreationen auszuprobieren.

Es geschieht alles mit einer Leichtigkeit, die ich zuvor nicht kannte, und zugleich mit einer Absichtslosigkeit, die eine grenzenlose Fantasie für das Gestalten und Erschaffen in mir weckt. Vielleicht wurde bereits damals die 1001-Nacht-Sammlung meiner Geschichte als passionierter Koch geboren.

Als wir wieder einmal hoch konzentriert eine neue Mischung aus Mehl, Butter und Schokolade kreieren, hören wir von Ferne die Stimme der Angestellten der Neuendorfs: »Aufräumen Kinder! Was ist das für ein Sauhaufen!« Sie schafft es regelmäßig, uns aus unserer Welt des Zaubers herauszukatapultieren. Sowohl Claudia als auch ich, dem solche Töne von zu Hause vertraut sind, verachten ihre Erziehungsmethoden. Da gibt es nur eines, und wir sind uns einig: Madame Besserwisserin und Antreiberin bis zur Weißglut zu ärgern. Selbst darin verstehen wir beide uns bestens. Wir schaffen es, uns ihren Anweisungen permanent zu widersetzen und sie zum Schweigen oder zum Weinen zu bringen. Dies bereue ich ein Jahr später zutiefst, als Claudia mir mitteilt, dass die Angestellte bei einem Verkehrsunfall tödlich verunglückt ist. Ich bin sehr traurig darüber und wünschte, dass ich mein Verhalten rückgängig hätte machen können.

Heidi, Claudias Mutter, hört im Wohnzimmer oft laut Musik. Unbeschwert und ohne Angst, ganz im Gegensatz zu meiner Mama, summt sie einen populären Schlager beschwingt mit. Ich genieße die Atmosphäre und die Klänge. Noch viele Jahre später versetzt mich der Gummimambo binnen Sekunden in eine andere Stimmung.

Nach einer Woche Aufenthalt in Wuppertal fahren wir in den Sommerurlaub auf die Insel Juist an die Nordsee. Es ist das erste Mal, dass ich das Meer, Windmühlen, endlose Alleen und Dünen sehe. Als wir auf der autofreien Insel ankommen, atme ich den typischen Meeresgeruch nach Algen tief in mich ein, höre das Rauschen der Wellen, die sich überschlagen, beobachte die kreisenden und laut kreischenden Möwen und bin der glücklichste Mensch der Welt. Diese Zeit in meiner Gastfamilie ist unbeschwert und anders. Jeden Tag verbringen wir am Strand, erleben, wie sich Priele bilden, in denen wir mit dem Kescher und einem gefüllten Meerwassereimer noch lebende Krabben fangen. Wenn die Flut kommt, schwimme ich, so viel ich kann. Die Wellen sind zum Teil hoch und überschlagen sich. Eines Tages ist es sehr windig und beim Schwimmen erfasst mich unerwartet eine Welle und reißt mich mit in die Tiefe. Ich glaube zu ertrinken und habe Todesangst, als ich mit dem Kopf auf dem Sandboden aufschlage. Ich schwimme um mein Leben. Danach kann ich für immer schwimmen.

An eines muss ich mich allerdings gewöhnen. Als Claudia und ich nach einem warmen Strandtag endlich müde und glücklich im Bett liegen, kommt plötzlich die Mutter splitternackt ins Zimmer. Sie holt etwas aus dem Schrank und sagt uns gute Nacht. Sofort ziehe ich die Bettdecke über den Kopf. Da sie es sieht, kommt sie zu mir, zieht mir die Decke aus dem Gesicht und meint: »Du, wir sind hier nicht verschämt, du musst dir nichts dabei denken. Für uns ist es natürlich.«

Ihre ehrlichen Worte beeindrucken mich, und die Sache ist für mich geklärt. Bisher habe ich meine Eltern niemals in Unterwäsche oder gar nackt gesehen. Diese Unbeschwertheit ist mir fremd, denn die Erziehungsmethoden meiner Eltern sind im Vergleich verklemmt und autoritär. Wie ich später höre, hat Markus, als er in Bregenz ankommt, erst einmal seine Schuhe im weiten Bogen in die Ecke geworfen und ist tagelang begeistert barfuß durch die Gegend gelaufen.

Nachdem ich in diesem Sommer einen Hauch von Freiheit erlebe, heißt es für mich am Ende der Ferien, Abschied zu nehmen. Ich gehe mit der leisen Hoffnung nach Hause, dass das Morgen anders sein wird als das Gestern, welches ich vor drei Wochen verlassen habe, und dass der Aufbruch in eine neue Ära beginnt.

Ruf des Abenteuers

Zurück in Bregenz bin ich, dank der Zeit in Wuppertal, gut gelaunt und beschwingt. Das Leben ist schön, so mein Gefühl, als ich durch die Stadt laufe und zufällig meinen Onkel Emil treffe.

»Hallo, Onkel Emil, was machst du denn in Bregenz?«, begrüße ich ihn.

»Hallo Erich, schön dich zu sehen. Ich musste etwas besorgen, hast du Lust auf ein Hähnchen?«

»Ja, gerne!«, erwidere ich.

Emil ist Koch im Bayrischen Hof in Lindau, und ich mag seine lustige und lebensbejahende Art. Spontan nehme ich seine Einladung in den Wienerwald in Bregenz an. Als wir das Restaurant betreten, wachse ich um einige Zentimeter, denn ich fühle mich königlich, mit Onkel Emil essen zu gehen. Er bestellt zwei halbe Hähnchen mit Beilage für uns. Was für ein Fest das für mich ist, denn wann hatte ich jemals ein halbes Hähnchen für mich allein? Onkel Emil fragt mich, ob ich denn schon einen Berufswunsch in Erwägung ziehe. »Vielleicht Dekorateur oder aufs Mozarteum«, erwidere ich.

»Koch zu sein, ist das Größte, was es gibt. Du bist in der ganzen Welt zu Hause und kannst überall arbeiten. Es war die beste Berufsentscheidung, die ich treffen konnte.« Ich berichte ihm von meiner schweren Schulzeit und von den Erwartungen meiner Eltern. »Ach, du musst deinen Eltern nur sagen, dass die Menschen in der ganzen Welt immer etwas essen wollen, egal in welchem Land. Mit diesem Beruf lernst du etwas von der Welt kennen und verdienst gleichzeitig viel Geld. Was will man mehr!«

»Das hört sich gut an, aber mein Vater will, dass ich die Aufnahmeprüfung zur Lehrerbildungsanstalt mache«, entgegne ich ihm.

»Du wirst deinen Weg schon noch machen, mein Junge. Kopf hoch!«, ermutigt er mich, während er das köstliche Essen bezahlt. Als er aus seiner Hosentasche ein dickes Bündel Banknoten hervorholt, bin ich beeindruckt. »Siehst du, das kannst du auch mal haben, wenn du Koch bist«, so seine Worte, als er der Kellnerin ein saftiges Trinkgeld obendrauf legt.

Als wir uns verabschieden, bin ich auf eine besondere Art und Weise beglückt. Das Gespräch mit ihm hat mir in der Seele gutgetan. Sind seine

Ansichten und seine Lebensart doch so anders, als ich es von zu Hause her kenne. Er hat den Ruf des Abenteuers in mir geweckt. Er ist der Funke, der das Feuer in mir zum Aufbruch in eine unbekannte Welt entflammt. Er ist mein geheimer *Lehrer*, der mich überzeugt, so wie es mein Vater nie schaffte. Leider ist Onkel Emil viele Jahre später bei einem Autounfall ums Leben gekommen. Doch er bleibt für mich zeitlebens ein Mentor, an den ich mich dankbar immer wieder erinnere.

Weg in eine unbekannte Zukunft

Die Aufnahmeprüfung zum Lehrer mache ich gezwungenermaßen und falle prompt durch. Für mich steht fest, dass ich den Beruf Koch erlernen möchte. Mein Vater schäumt vor Wut: »Welche Flausen hat dir dein Onkel in den Kopf gesetzt! Wie blöd bist du? Du setzt dein Studium aufs Spiel und musst hart arbeiten. *Schwellen picken und den Blaumann anziehen.*«

Als mein Vater merkt, dass seine Worte mich nicht umstimmen können, faucht er mich an: »Wer nichts ist und wer nix ka, got zur Poscht oder Isebah.« (Wer nichts ist und wer nichts kann, der geht zur Post oder Eisenbahn.) Für ihn, den Lehrer, bricht eine Welt zusammen. Das Unglück kann nicht größer sein. Sein erstgeborener Namensträger ist *ein schulischer Versager.* »Wenn du nicht hörst, musst du halt fühlen«, faucht er mich an, als er an einem bewölkten Sonntagabend vom Malen nach Hause kommt. »Ab jetzt bist du für dich selbst verantwortlich!« Worte, die er wohl eher aus Ohnmacht als aus Überzeugung sagt. Denn wirklich selbstständig zu sein, traut er mir weder zu, noch glaubt er, dass ich als Koch überleben kann. Eine Kochlehre, der Sohn des Lehrers – was für eine Schmach! So ist seine feste Auffassung.

Inzwischen habe ich gelernt, aus eigener Kraft meinen zarten Träumen Raum zu geben. Ich bin nicht mehr bereit, an der emotionalen Kälte und Unbeugsamkeit meines verständnislosen Vaters zu zerbrechen. So entscheide ich mich, die Mittlere Stufe ohne Matura, welche ich mit einem guten Durchschnitt absolviere, zu verlassen und mich auf den Weg in eine unbekannte Zukunft zu begeben.

Lehrzeit in der aufstrebenden Nachkriegszeit

Die Stunde der Entscheidung

Als während der Bregenzer Festspiele am 7. August 1962 die Premiere *Stunde der Entscheidung* von Hermann Ferdinand Schell aufgeführt wurde, ist auch für mich die Stunde der Entscheidung gefallen. Meine Mutter hat für mich ein Vorstellungsgespräch im Hotel Central in der Kaiserstraße in Bregenz organisiert.

Das Hotel ist das zweitbeste in der Stadt und für die gute Küche bekannt. Zum Gesprächstermin erscheint eine korpulente Frau, die mich unablässig mustert, regelrecht scannt, während sie das Einstellungsgespräch führt. Sie ist die Hotel-Chefin und gibt den Ton an. Sie klärt mich auf, dass die Familie Pfittscher aus Italien eingewandert ist. Ihr Ehemann leitet das Hotel sowie die Rezeption, ihre beiden Töchter lernen im Service. Die Küchenchefin, Franziska Thonis, kommt aus Bad Gastein, und ihr Stellvertreter heißt Robert und ist der Geselle in der Küche. Es gibt noch einen weiteren Lehrbub: Ernst Scarlet, der bereits im dritten Lehrjahr in der Küche ist und bald seine Abschlussprüfung hat. Die Schwester der Hotelchefin heißt Ida und ist für den Einkauf und das Magazin verantwortlich. Gearbeitet wird täglich von 9 bis 15 Uhr und von 18 bis 21 Uhr. Am Nachmittag ist Zimmerstunde. Das Baden im See ist in der Zimmerstunde verboten. Ebenso ist das Skilaufen im Winter am Nachmittag strikt untersagt.

Ohne Worte höre ich aufmerksam zu, das habe ich von klein auf gelernt. Noch vor knapp dreißig Minuten bin ich hierhergekommen in der festen Überzeugung, dass ich von nun an selbst bestimme und für mich selbst verantwortlich bin. Da habe ich mich wohl getäuscht. *Nun fangen die Repressalien und Vorhaltungen aufs Neue an*, denke ich im Stillen.

Dann stellt mir die Hotelchefin die Frage, auf die ich vorbereitet bin: »Warum möchtest du denn Koch werden?«

Wahrheitsgetreu antworte ich ihr: »Es war mein Onkel Emil, der den Funken in mir entzündet hat. Er ist Küchenchef in Lindau im *Bayerischen Hof*, und er hat mir viel über den Kochberuf erzählt und von seinem Beruf geschwärmt.«

Sie mustert mich konzentriert. Um dem strengen Blick zu entkommen, füge ich schnell hinzu: »Außerdem helfe ich meiner Mutter gerne bei den Kochvorbereitungen für das Essen in der Küche.«

Ich scheine sie überzeugt zu haben, denn statt mir weitere Fragen zu stellen, macht sie mir klar: »Du wirst hart arbeiten müssen, und du musst Freude am Beruf haben, das ist die Voraussetzung für einen erfolgreichen Berufsabschluss. An Sonn- und Feiertagen ist die meiste Arbeit zu erledigen, da gibt es selten frei.«

Der Schwall ihrer Worte prasselt auf mich ein; ich warte geduldig, was sie mir alles unterbreitet.

»Du lernst drei Jahre lang, und einmal im Jahr für zwei Monate besuchst du das Internat und die Gastronomieschule Schloss Hofen in Lochau. Dort wird dein Vater dein Lehrer sein, denn er arbeitet in der Schule als Dozent. Er unterrichtet Arbeitsrecht und Schriftverkehr.«

Augenblicklich erstarre ich innerlich, lasse es mir jedoch nicht anmerken. Das wusste ich nicht! Ich lächle die Hotelchefin charmant an, damit sie meine aufsteigende Nervosität nicht spürt.

Schon wieder wird mein Vater mein Lehrer sein, realisiere ich, während sie mich eindringlich fragt: »Hast du wirklich Lust auf diesen Beruf? Ist es dir ernst? Überlege es dir gut, mein Bub.«

Immer noch mit dem Gedanken beschäftigt, dass mein Vater mein Lehrer sein wird, sage ich ohne zu zögern: »Ja, ich will Koch werden!«

Sie gibt mir nun zu verstehen, dass das Vorstellungsgespräch beendet ist, und entlässt mich mit den Worten: »In einer Woche hörst du von mir, ob ich dich als Lehrling aufnehme.«

Ich verabschiede mich höflich und verlasse halb siegessicher, halb gedrückt den Raum.

Aufnahmeprüfung

Die Woche scheint unendlich zu sein. Wie wird sich Frau Pfittscher entscheiden? Sie hat bereits einen Lehrling. Ich bin fest entschlossen, Koch zu werden, und sage mir:

»Wenn es im Central nicht klappt, dann versuche ich es woanders.«

Am Dienstag gegen 14.00 Uhr klingelt es plötzlich an der Tür meines Elternhauses. Der junge Mann stellt sich vor. Er ist der Geselle Robert aus dem Hotel Central, der mich freundlich begrüßt. Er trägt einen verschlossenen Korb in der Hand und bittet mich, einen Moment vor die Haustür zu kommen.

Vielleicht bringt er mir die Entscheidung der Chefin, hoffe ich gespannt.

»Hier in diesem Korb habe ich ein lebendes Huhn mitgebracht. Du musst es vor meinen Augen schlachten, es ist deine Aufnahmeprüfung als Koch«, sagt er pflichtbewusst, ohne die Miene zu verziehen.

Ich bin sprachlos, denn darauf war ich nicht gefasst. *O je, wie soll ich das machen?*, denke ich verzweifelt.

Schlagartig kommt mir in den Sinn, dass mein Vater hinter dem Haus einen Block für das Holzhacken benutzt. Robert folgt mir. Das Hackbeil steht seitlich hinter dem Block versteckt. Als ich das zappelnde Huhn aus dem Korb nehme, wird mir etwas mulmig. Meine Hand fängt an zu zittern. In diesem Moment unterdrücke ich die in mir aufsteigenden Emotionen von Mitgefühl und meiner zugleich tiefen Abneigung, einem Tier Leid zuzufügen. Kommt mir doch blitzartig die Fledermausgeschichte in den Sinn.

Jetzt heißt es, ruhig Blut zu bewahren, denke ich mir, als ich mich bücke, um das Beil in die Hand zu nehmen. Ich höre Roberts Stimme: »In dem Augenblick, wo du den Kopf abhackst, musst du das Huhn festhalten, weil es noch eine Weile zappelt.«

Er nimmt mir das Huhn aus der Hand und fasst es an den Beinen, schwingt es zweimal durch die Luft und legt das nun bewegungslose Tier mit dem Hals direkt auf den Hackblock. »So musst du das machen und dann mit dem Beil den Kopf abtrennen.«

Als er mir das Huhn reicht, halte ich kurz inne, um es ebenso festzuhalten, und fange mit der linken Hand an, es zu schwingen. In der rechten Hand halte ich das Beil und folge monoton der Anweisung des Gesellen. In dem Moment, als ich das gestreckte Huhn betäubt und erstarrt auf den Bock lege, haue ich das Beil zielsicher in seinen Hals. Ich sehe, selbst erstarrt, wie der Kopf zwei Meter weiter ins Gras fällt. In diesem Augenblick reißt sich das kopflose, blutende, aber kraftvoll zappelnde Huhn aus meiner linken Hand und flattert in die

Büsche. Alles spielt sich innerhalb von Sekunden ab. Aber mir kommt es wie eine Ewigkeit vor. Nach kurzer Zeit kippt es leblos um.

O jemine, dieses Drama, nun bin ich sicher durchgefallen, schießt es mir durch den Kopf. Ohne weiter darüber nachzudenken, gehe ich zu dem Busch, hole das geköpfte Huhn heraus und laufe damit zur Wiese, um auch noch den Kopf aufzusammeln.

Mama hat sich das Spektakel von Weitem mit angeschaut und bringt mir einen Eimer mit heißem Wasser. »Du musst das Huhn mit dem Federkleid in das heiße Wasser stecken und überbrühen«, erklärt sie mir.

Robert spricht weiter: »Fünf Minuten später ist das Huhn abgekühlt, und du kannst die Federn spielerisch abrupfen.«

Fachgerecht befolge ich den Rat, und nachdem alles vollbracht ist, überreiche ich dem Gesellen mein erstes geschlachtetes und gerupftes Huhn. »Fürs Erste hast du schon gut gearbeitet. Das Huhn darfst du zum Essen für die Familie behalten, es ist ein Geschenk der Chefin«, erklärt er und trägt mir auf: »Komm morgen Nachmittag um 15 Uhr ins Central – da wird dich Frau Pfittscher erwarten.«

Ich sehe Robert einen Moment nach, bevor ich mit meinem Schlachtopfer in die Küche gehe und ein Glas Wasser trinke.

Wie verabredet bin ich am folgenden Tag pünktlich um 15 Uhr im Hotel. Die Chefin begrüßt mich freundlich und erklärt mir: »Du hast deine Aufnahmeprüfung bestanden. Du kannst morgen deine Ausbildung zum Koch bei uns beginnen. Hier sind die Papiere für deinen Ausbildungsvertrag.«

Nun kann es losgehen

Bereits um 7.50 Uhr stehe ich vor dem Hotel Central. Ich bin aufgeregt und freue mich auf den ersten Arbeitstag. Nachdem mich die Hotelchefin in ihrem Büro begrüßt hat, leitet sie mich an den Gesellen Robert weiter mit den Worten: »Ihr kennt euch ja bereits, er wird dich einführen und dir alles Nötige zeigen.«

Robert führt mich in den Personalraum und zeigt mir meinen Spind. »Hier sind deine Arbeitskleider«, erklärt er, während ich anfange, mein Hemd auszuziehen und die Kochjacke mit weißen Kugelknöpfen über mein T-Shirt zu streifen. Die karierte Kochhose passt mir wie angegossen. Dann reicht er mir die Schürze und ein Tuch: »Die Schürze ist ein Vorbinder. Besorge dir am besten eine feine Gliederkette zum Festbinden. Jetzt genügt erst einmal ein dicker Bindfaden. Und hier noch das Halstuch, es dient als Schwitztuch und schützt vor Erkältung, wenn du in den Kühlraum oder den Tiefkühler gehst.«

Was für ein Zeremoniell, denke ich, als er mir zeigt, wie ich das Dreiecktuch als Halstuch zur Krawatte binden muss. Ich werfe noch einen kurzen Blick in den Spiegel: »Nun kann es losgehen«, sage ich mir und folge Robert, der mich der Küchenchefin Franziska Thonis vorstellt. Sie ist eine kleine, gedrungene Person mit besonders dünnen Beinen. Ihre schwarzen Haare sind unter einem weißen Kopftuch zusammengebunden. Resolut heißt sie mich willkommen und hofft auf eine gute Zusammenarbeit. »Du bist der Sohn des Lehrers«, erwähnt sie beiläufig, als sich Ernst Scalet, der Lehrling aus dem dritten Lehrjahr, zu uns gesellt.

»Dies ist also die Küchen-Crew«, registriere ich aufmerksam und versuche, mir alle Namen einzuprägen. Kaum wiederhole ich sie im Kopf, führt mich Robert weiter zur Servicebrigade, damit ich auch dort alle Beschäftigten kennenlerne. Danach geht es in den Kohlenkeller, in dem ein großer Haufen Eierbriketts liegt. Der Lehrling meint in lakonischem Ton: »Da müssen wir gelegentlich schaufeln.«

Der ewig lange Kellerflur ist mit einer Notbeleuchtung ausgestattet, sodass man gerade noch den Fußboden erkennen kann. An den Stangen hängen Fassungen, in die jeweils eine 60-Watt-Birne für die Beleuchtung eingeschraubt ist. *Eine nicht gerade heimelige Arbeitsatmosphäre*, schießt es mir durch den Kopf.

Als wir zum Magazin kommen, erklärt mir Frau Ida, die Schwester der Chefin: »Das Erfassen der Ware erfolgt einmal am Tag bis spätestens 11 Uhr vormittags.«

Während der Begehung des Hotels kommen wir an der Rezeption vorbei. Der Hotelchef, Herr Pfittscher, begrüßt mich freundlich: »Einen guten Start in den Kochberuf und viel Spaß an deinem ersten Arbeitstag.«

Dann gehts ab in die Küche zur Feuertaufe. Ernst erklärt mir die Bedienung und den Umgang mit der Kartoffelschälmaschine: »Das ist ab sofort deine tägliche Arbeit. Die Kartoffeln werden ungewaschen in eine Trommel gefüllt. An den Seitenwänden ist eine grobe, scharfkantige Reibe, die während des Schälvorgangs die Kartoffeln mit viel kaltem Wasser reinigt und die Schale wegraspelt. Trotzdem müssen alle Kartoffeln nochmals kontrolliert werden, um die tief sitzenden dunklen Augen manuell mit einem Messer auszustechen.«

Robert, der für das Kochen verantwortlich ist, führt mir vor, wie ich Salzkartoffeln schneide und zum Kochen vorbereite: »Kommt nur noch Salz rein, dann ungefähr fünfzehn Minuten gar kochen«, meint er fachmännisch.

Nachdem ich mich eine gute Stunde um die Kartoffeln kümmere, geht es an das Putzen der Champignons. Ich befreie sie von Erde und Strunk und schneide sie danach in dünne Scheiben. Diese Arbeit ist mir aus Mamas Küche vertraut, und stolz erwähne ich: »Wenn die Champignons leicht mit Mehl bestäubt werden, dann gibt es feine Champignons à la Creme.«

Robert ist begeistert, als er das Resultat sieht. Dem Lehrbub Ernst aus dem dritten Lehrjahr ruft er laut zu, sodass es alle hören können: »Schau mal, so wird es gemacht. Erich hat seinen ersten Tag und kann es schon besser als du, der kurz vor dem Abschluss steht.«

O je, hoffentlich gibt das kein böses Blut, der arme Ernst, denke ich. Mir wird schlagartig klar, dass die Arbeit in der Küche kein Honigschlecken ist. Ich muss gleichzeitig an mehreren Stellen arbeiten, mich an die vielen Routinearbeiten gewöhnen und dann noch die zwischenmenschliche Seite innerhalb des Teams berücksichtigen.

Mein Stigma

In den ersten Wochen gibt es auf allen Ebenen viel zu lernen und auszuhalten. Gleich am zweiten Arbeitstag ruft Frau Thonis den Lehrbub Ernst und mich in den Keller. Ernst weiß bereits, was dies zu bedeuten hat, und füllt einen 10-Liter-Eimer mit warmem Wasser und Spülmittel.

Im Flur des dunklen Kellers schüttet die Chefin das Wasser mitten in den dunklen Gang mit der Anweisung: »So Jungs, nun schrubbt mal ordentlich den Boden mit dem Schrubber sauber.«

»Das ist doch sinnlos, man kann doch kaum sehen, wo es schmutzig ist«, erwidere ich. »Lehrjahre sind keine Herrenjahre«, antwortet sie prompt, ohne weiter auf meine Worte einzugehen. »Die Hygiene, die perfekte Reinigung und das Putzen sind jeden Tag eure Pflicht. Keine Diskussion.«

Schnell begreife ich, dass ich solche Kommentare in Zukunft unterlassen muss, denn Frau Chefin gibt hier den Ton an.

Ich bin froh, nach dem Schrubben wieder in die Küche zu dürfen. Hier ist der Ort, wo ich mich wohlfühle. Augenblicklich steigen mir die verschiedenen Gerüche in die Nase, die ich zeitlebens nicht mehr vergesse. Kurz vor zehn Uhr kommt die Fischfrau und bringt fangfrische Bodensee-Felchen, Barsche und Zander. Robert nimmt die Ware in Empfang und will mir die Fische erklären.

»Die kenne ich alle und ich kann sie auch filetieren, wenn ich darf. Meine Mutter hat es mir beigebracht. Ich fische bereits viele Jahre im Bodensee«, bemerke ich. Robert ist froh, mich nicht weiter einführen zu müssen, und überlässt mir das Filetieren eines Felchens.

»Super, perfekt gemacht! Ernst, komm her. Da kannst du im dritten Lehrjahr noch was lernen. Nimm dir ein Beispiel an Erich«, sagt Robert begeistert und kritisierend zugleich.

Ernst ist sichtlich verärgert und kommentiert mit den Worten: »Er ist ja auch der Sohn des Lehrers.«

In diesem Moment spüre ich den Hass, den ich durch meine Leistung in ihm schüre. Das Stigma, der *Sohn des Lehrers* zu sein, klebt an mir wie ein Sekundenkleber, der schwer zu entfernen ist.

Vom Mittagsgeschäft bekomme ich nicht viel mit. Die Eindrücke und Informationen erschlagen mich sowie die Tatsache, dass der Lehrling im dritten Ausbildungsjahr nicht mein Freund wird. Jeden Tag muss ich mit ihm den Keller schrubben. Bereits nach einer Woche darf ich in der Küche das Mittagsgeschäft mit Robert vorbereiten, Ernst muss weiter den Keller schrubben. Keine gute Basis für eine kollegiale Freundschaft.

In der darauffolgenden Nacht habe ich einen Albtraum. Ich träume, dass ich meine geraspelte, blutige Hand aus der Kartoffelschälmaschine ziehe. Mit diesem schauerlichen Bild wache ich wie vom Blitz getroffen auf.

Eines Tages erscheint mittags ein kleines Männchen, begleitet vom Oberkellner, in der Küche. Mit einer Fistelstimme lobt er das Mittagessen, das ihm besonders gut schmeckt. Es ist Hans Moser, eine Filmberühmtheit in Österreich. Er ist während der Festspielzeit Gast im Hotel. Hans gilt im Hotel als ein unbeliebter Zeitgenosse, weil er mit dem Zimmerpersonal ständig nörgelt und immer Sonderwünsche äußert – so nach dem Motto: »Im vierten Stock ist im Flur das Fenster auf und mir zieht es hier in der zweiten Etage.«

Die Küchencrew ist überrascht und erfreut über das Lob aus seinem Munde. Im Hotel Central wohnen in der Festspielzeit viele Künstler, u. a. Peter Weck, Dirigenten und Opernsänger. Der Bundespräsident von Österreich wohnt nicht im Hotel, aber er speist zur Festspieleröffnung bei uns im Restaurant. Da ist das gesamte Hotel Sperrbezirk und nur für geladene Gäste zugänglich. Polizeibeamte und Leute für die Sicherheit sind in dieser Zeit in der Küche postiert, sie schauen uns auf die Finger und kontrollieren, dass alles seine Ordnung hat. Ich bin jedoch so sehr in meine Arbeit vertieft, dass ich sie kaum wahrnehme.

Wer nicht hören will, muss fühlen

Da um diese Jahreszeit das Bodenseeklima schon etwas kühler ist, bekommen die Gäste Appetit auf etwas Deftiges. Deshalb gibt es seit vielen Jahren eine Traditionsveranstaltung im Hotel Central: die Schlachtwoche.

Die Hauptspeise besteht aus Schweinefleisch von einjährigen Schlachttieren. Das Fleisch ist sehr zart und wohlschmeckend. In diesen Tagen servieren wir ebenfalls Geselchtes, Blut- und Leberwurst, Wiener Würstchen und durchwachsenen Speck auf Sauerkraut mit Salzkartoffeln. Alle Fleischsorten werden in einem 80-Grad-Räucherfond heiß gelegt. Das heiße Fleisch wird zum Aufschneiden und Anrichten aus der Brühe gefischt und die verschiedenen Würste mit einer Zange aus dem Sud genommen. Diese Sauerkrautplatten sind mit verschieden Fleischsorten und Schweinewürsten garniert.

An einem Donnerstag Ende Oktober sagt Robert zu mir: »Erich, heute richtest du alleine deine erste Fleischplatte an.«

Erfreut über das mir entgegengebrachte Vertrauen mache ich mich sogleich an die Arbeit. Alles läuft reibungslos bis zu dem Punkt, als ich mit der Gabel in die Blutwurst steche, um sie aus dem Sud zu fischen. Ein Zischlaut und ein Teil der Wurstfüllung spritzen aus dem Darm. Ich gebe nicht auf, doch beim nächsten Versuch passiert mir dasselbe. Die Küchenchefin, die das Zischen hört, kommt zu mir und kontrolliert, was passiert ist. Die Wurstfüllungen schwimmen verteilt in der Brühe. Sie ermahnt mich verärgert: »Hol die unversehrte Wurst mit der Hand aus dem Sud.« Als sie sich umdreht, erlaube ich mir erneut einen Versuch mit der Gabel. Zschhh-zschhh tönt das nicht zu überhörende Geräusch aus dem Kochtopf.

Wie von der Tarantel gestochen, stürzt Frau Thonis erneut auf mich zu, nimmt mir die Gabel aus der Hand und drückt meine gesamte Hand in die heiße Brühe. »Autsch! Das tut weh!«, schreie ich vor Schmerz.

»Das soll dir eine Lehre sein!«, fährt sie mich an, lauter als das noch eben ertönte Zischen der geplatzten Wurst. Ich schüttle gepeinigt vor Schmerzen meine Hand und sehe, wie sie sich augenblicklich rot verfärbt. Sie ist angebrüht! »Wer nicht hören will, muss fühlen«, setzt sie nach. »Hol niemals mit einer Gabel eine Wurst aus einer heißen Brühe!«

Natürlich hätte Frau Thonis mir zeigen müssen, wie es richtig geht, und hätte nicht einfach meine Hand verbrühen dürfen. Aber ihre brüske Lehrmethode zeigt Wirkung. Nachdem der Schmerz nachlässt, gibt es für mich und mein *Versagen* einen kleinen Trost. Die Wurstbrühe mit Einlage ist eine besondere Delikatesse und wird als »Extrasuppe« auf der Karte angeboten.

Butterbrot mit fatalen Folgen

In den Schlagzeilen einer Bregenzer Regionalzeitung heißt es: *Hungern muss in den 60er-Jahren keiner mehr! Butterbrote sind der übliche Pausensnack für Schüler und Lehrlinge.*

Ich erinnere mich gut an diese Zeilen, da ich im Winter des Jahres 1962 eines Besseren belehrt werde.

Inzwischen bin ich bereits seit drei Monaten in der Ausbildung. An die Routinearbeiten habe ich mich gewöhnt. Ich kenne meine Vorlieben und die weniger geliebten Arbeiten und weiß, was zu tun ist. Bis zum Mittag vergeht die Zeit sehr schnell. In der Mittagsausgabe gibt es viel zu tun und ich kann mir keine Verschnaufpause erlauben. Umso mehr bin ich froh, wenn ich mich während der Zimmerstunde ab 15 Uhr ausruhen kann, um für die Abendschicht erneut fit zu sein.

An einem besonders trüben und bewölkten Tag im Dezember komme ich nach einer intensiven Mittagsausgabe nach Hause. *Heute war echt die Hölle los*, denke ich auf dem Heimweg. Als ich die Tür zum Haus öffne, verspüre ich eine Heißhungerattacke. Nach dem Mittagsservice hätte ich wie gewöhnlich mit den anderen Lehrlingen essen können, aber heute wollte ich nur noch nach Hause. Der Stress hat mir den Appetit verschlagen. Hätte ich gewusst, was mich zu Hause erwartet, wäre ich mit den anderen Lehrlingen im Central geblieben.

Zu Hause gehe ich direkt in die Küche zur Brotschublade, um mir einige Scheiben Graubrot abzuschneiden. Ich beschmiere sie gerade mit Butter, als mein Vater in die Küche kommt. »Was machst du da?«, fragt er mich, ohne mich zu begrüßen, geschweige denn zu sagen, dass er sich freut, mich zu sehen.

»Ich mache mir ein Brot, ich habe Hunger«, erkläre ich und fahre fort, meine Brotscheibe mit Butter zu bestreichen.

Plötzlich blufft er mich aus dem Nichts heraus an: »Wenn du im Hotel fürs Essen bezahlst, dann will ich dich nicht noch zu Hause durchfüttern. Ab sofort unterlässt du das. Ich möchte dich in der Küche nicht mehr sehen.«

Erstarrt halte ich inne, bin fassungslos! »Was? Habe ich gerade richtig gehört?«

»Solange du zu Hause wohnst und die Füße unter meinen Tisch stellst, bestimme ich den Takt«, legt er nach, ohne zu realisieren, was er damit bewirkt.

Ich bin sprachlos und fühle, wie sich seine Worte direkt in mein Herz bohren und mich zutiefst verletzen. Die Heißhungerattacke ist augenblicklich verschwunden. Statt ihrer breitet sich eine seelische Qual wie plötzliche Nebelschwaden an einem trüben Herbsttag in mir aus, und ich verspüre einzig und allein abgrundtiefe Enttäuschung. Wortlos gehe ich aus der Küche. Als ich in der Tür stehe, wandelt sich innerhalb einer Sekunde meine Enttäuschung in Verzweiflung. Ich drehe mich zu meinem Vater um und werfe ihm wütend an den Kopf: »Dann verschwinde ich sofort aus dem Haus. Wenn ich mir nicht einmal ein Butterbrot machen kann, habe ich hier nichts mehr verloren.«

Meine Mutter, die meine Worte hört, kommt angelaufen und will den Streit schlichten. Mein Vater brüllt noch lauter, worauf sich nun meine Eltern streiten.

Für mich ist alles gesagt! Ohne ein weiteres Wort gehe ich zur Haustür, greife mir einen der vielen Schirme, die am Eingang stehen, da es zu regnen angefangen hat. Ich verlasse mit leerem Magen und ohne Hab und Gut das Elternhaus.

Meine Mutter rennt mir verzweifelt hinterher. »Mein Junge, der Papa meint es nicht so, du kennst ihn doch, wo willst du denn hin?« Ihre Worte prasseln an mir herunter wie der Regen auf dem aufgespannten Schirm.

»Mach dir keine Sorgen um mich, ihr seid mich los«, rufe ich ihr zu und gehe meines Weges.

Neues Zuhause

Nachdem ich mehr als eine Stunde ziellos durch den Regen laufe, ohne zu merken, dass meine Hose und meine Schuhe inzwischen ziemlich durchnässt sind, entscheide ich mich, bei meinem Freund Egon vorbeizugehen. Kurz vor fünf klingele ich an seinem Elternhaus. Er ist zu Hause!

Als er mich sieht, wie ich mit tropfendem Schirm vor seiner Tür stehe, zögert er nicht lange und führt mich in die Küche. Ich erzähle ihm, was passiert ist. »Du, kann ich bei dir übernachten? Ich gehe heute nach der Abendschicht nicht mehr nach Hause.«

Bevor ich meine Erklärung beende, gesellt sich seine Mutter Emma zu uns und hört mir aufmerksam zu. Verständnisvoll versucht sie mich zu beruhigen. »Erich, natürlich kannst du bei uns übernachten. Ich möchte aber erst deine Eltern informieren, damit sie sich keine Sorgen machen.«

Da ich mit 16 Jahren noch minderjährig bin, willige ich ein. Hauptsache, ich muss heute Abend nicht meinem Vater begegnen. Als ich auf die Uhr schaue, ist es bereits knapp nach halb sechs.

»Ich muss wieder los, die Abendschicht beginnt gleich. Kann ich nach der Arbeit kommen?«, frage ich noch schnell, während ich zur Tür gehe.

»Natürlich kannst du das, ich rede nachher noch mit deinen Eltern.«

Ich verabschiede mich höflich und gehe pflichtbewusst und ohne Gewissensbisse ins Central. Während ich meinen Spind öffne, um mich umzuziehen, ahnt niemand, dass der heutige Tag nicht wie die bisherigen Tage für mich ist. Nach der Abendschicht gehe ich nicht wie gewohnt nach Hause zu meiner Familie und schlafe in meiner vertrauten Umgebung. Die heutige Notschlafstelle bei meinem Freund wird zu meinem zukünftigen neuen Zuhause. Von meinen Geschwistern, sie waren viel jünger, habe ich mich nie richtig verabschiedet. Sie konnten meine Entscheidung nie verstehen und nicht ahnen, was ich für einen qualvollen Kampf mit meinem Vater hatte. Später konnten sie es mir nie verzeihen. Für sie war ich der Querulant, ungehorsam, und ich brachte Schande über die Familie. Mein Bruder nahm mir den Schlüssel vom Elternhaus ab mit den Worten: »Du bist bei uns nicht mehr willkommen!«

Emma hält eine schützende Hand über mich und lässt mich während der gesamten Lehrzeit im Anbau einer geschlossenen Garage wohnen. Mein Bett ist eine Sonnenliege, darauf mehrere Wolldecken als Polsterung. Die Zudecke ist ein schwerer Fleckenteppich mit einem Stoffüberzug. Es gibt keine Heizung, und wenn sich im Winter bei Minustemperaturen Raureif bildet, zeichne ich Blüten an die Wände.

Statt Trübsal zu blasen, empfinde ich Freiheit und Unabhängigkeit. Ich vermisse nichts und bin glücklich und unbeschwert. Endlich fort aus dem Dunstkreis meines autoritären und herrschsüchtigen Vaters. Meine Lehre absolviere ich voller Ehrgeiz, Engagement und Freude. Es fällt mir leicht zu lernen. Sämtliche Lernblockaden sind, wie der Dampf eines erhitzten Dampfkochtopfes, in Luft aufgelöst.

Lass dich durch nichts abschrecken

Nachdem das geschichtsträchtige Schloss Hofen in Lochau aus dem 13. Jahrhundert verschiedene Epochen durchlebt hat, wird es von 1951 bis 1972 als Berufsschule für das Gastgewerbe mit Internat sowie als Hotel im Sommer genutzt.

Ich bin nun schon einige Monate Lehrling im Central und beherrsche die unterschiedlichen Aufgaben mit Erfolg. Wie die Hotelchefin im Einstellungsgespräch erwähnte, gehört es zu meiner dreijährigen Ausbildung, einmal jährlich für zwei Monate die Gastronomieschule im Schloss Hofen zu besuchen und während dieser Zeit im Internat zu wohnen. Mein Vater ist dort

Dozent und mein Lehrer. Bereits eine Woche vor der Abreise nach Lochau verspüre ich Bauchschmerzen und wache nachts schweißgebadet auf. Ich wälze mich von einer Seite zur anderen. Wenn ich daran denke, erneut meinen Vater als Lehrer vor mir zu sehen, steigt nackte Angst in mir auf. Mir ist schwindelig und unwohl, mein Kreislauf spielt verrückt.

An einem Sonntagnachmittag verabschiede ich mich von Emma. Zusammen mit Jürgen Köppel, Lehrling im Service im Central, gehen wir für zwei Monate ins Internat. Beide sind wir darauf gespannt, was uns erwartet. Wir erzählen uns auf dem Weg viele Geschichten und freuen uns auf eine gemeinsame Zeit.

Der Direktor und die Mentoren und Lehrer empfangen uns feierlich. Direktor Michler erklärt uns die Hausordnung. Die Unterbringung, Mädchen- und Jungstrakt, sind strikt voneinander getrennt. Der Unterricht findet jedoch in gemischten Klassen gemeinsam mit den Mädchen statt.

Gemäß dem täglichen Ablauf bereitet eine Schülergruppe für ca. 80 Schüler abwechselnd das Frühstück, Mittag- und Abendessen vor. Die Essenszeiten sind festgelegt, und nach dem Abendessen gibt es eine gemeinsame Studierstunde. Danach ist eine Stunde Freizeit, und ab 22 Uhr herrscht strikte Nachtruhe, die jeweils ein Lehrer kontrolliert. Am Samstag dürfen wir Schüler bis Sonntag um 17 Uhr nach Hause fahren.

Bereits am kommenden Tag steht das Fach Schriftverkehr auf dem Plan; Werner Häusler ist mein Lehrer. Mit Herzklopfen und Frosch im Hals begegne ich meinem Vater. Er ist mir gegenüber gefasst, keine Vorhaltung und Beschimpfung – das erleichtert mich. Sein einziger Kommentar: »Dir scheint es ja gut zu gehen!«

Ich besuche pflichtbewusst seinen Unterricht und mache wie alle anderen Schüler mit. Er nimmt kaum Notiz davon und spricht nur das Notwendigste mit mir. Keiner meiner Mitschüler weiß zu diesem Zeitpunkt, dass unser Lehrer mein leiblicher Vater ist. Sein Unterricht ist faszinierend, und alle Mitschüler schätzen die pädagogische Art, wie er den Lernstoff vermittelt.

Der Küchenchef im Schloss Hofen ist Adalbert Cottas. Er ist eine richtige Koryphäe. Zuletzt war er Küchenchef im berühmten Hotel Sacher in Wien und unterrichtet jetzt als Praxislehrer Kochen und Speisenkunde. Allerdings muss er noch die pädagogische und didaktische Eignung zum Fachlehrer erreichen. Mein Vater ist sein Mentor und bereitet ihn auf die anstehende Prüfung vor. Cottas freundet sich mit meinem Vater an und hilft ihm beim Bau der Garage für das Auto im Altreuteweg. Ich bin sicher, dass mein Vater es nicht unterlässt, ihm seine Probleme mit mir unter die Nase zu reiben. Die späteren Reaktionen des Küchenchefs deuten darauf hin.

Unter Cottas Anleitung muss im Praxisunterricht eine eingeteilte Schülergruppe für ca. 80 Schüler die Vollverpflegung zubereiten. Zum Abendessen gibt es Pellkartoffeln mit Rahmspinat und Spiegelei. Wir sind fünf Kochlehrlinge im ersten Lehrjahr. Mit dem Schälen der noch heißen Pellkartoffeln und dem Braten der Spiegeleier sind wir völlig überfordert. Die Sonne scheint, und das Fenster zum Hof ist angelehnt. Cottas schiebt das Fenster auf, und wir sehen, wie er sich die Hände reibt und uns grinsend anheizt: »Dann gebt mal ordentlich Gas, sonst schafft ihr es nicht.«

Wie so oft bewahrheitet sich das Sprichwort *nomen est omen*! Wir schaffen es nicht pünktlich zur Essensausgabe. Das hat Cotta bereits prophezeit. Doch statt Verständnis für unsere missliche Lage zu zeigen, tobt er wie ein Irrer: »Was seid ihr für unfähige Tölpel! Ihr seid zu nichts zu gebrauchen.«

In diesem Moment wäre es besser gewesen, mir auf die Zunge zu beißen. Doch heldenhaft schütze ich meine Kollegen und erwidere: »Wir reißen uns den Wertesten auf. Wir tun und machen, was wir können, aber es ist unmöglich, in dieser kurzen Zeit diese Aufgabe zu schaffen. Sie haben doch geahnt, dass wir mit der Arbeit nicht fertig werden. Sie hätten uns ja unterstützen können.«

Schlagartig steht die Luft still. Jegliches Geräusch erstarrt, wie vor einem tosenden Gewitter.

»Was erlaubst du dir, so mit mir zu reden! Du respektloser Klugscheißer!«, brüllt er und schleudert im Zorn einen Porzellanteller quer durch die Küche nach mir.

Ich weiche gerade noch aus, bevor der Teller klirrend auf dem Boden zerschellt. »Du hast gefälligst die Klappe zu halten!«, doppelt er nach.

Geschockt und entsetzt binde ich augenblicklich meine Schürze ab und gehe zum Schuldirektor, um den Vorfall zu melden. Beim Direktor wird mir sofort klar, dass dies ein Fehler war. »Dem Küchenleiter wird nicht widersprochen, du entschuldigst dich bei ihm für dein Verhalten vor der Klasse!« So seine Anweisung. Um ein Haar wäre ich von der Schule geflogen. Ich bin als aufmüpfig und Querulant eingestuft und muss in dieser Zeit ganz kleine Brötchen backen.

Im Gegensatz zu den mir bekannten Machtdemonstrationen meines Vaters, an denen er sich hochzuschaukeln vermag, lädt mich Cottas am Sonntag zu einem Ausflug nach Möggers zum Picknick ein. »Wir müssen über den Vorfall reden und uns aussprechen.«

Das Gespräch ist ehrlich, vertraut und intensiv. Sehr erleichtert und ohne Druck im Magen sind wir pünktlich zum Abendessen zurück im Internat. Mit der Zeit wird Cottas mein Vertrauenslehrer, und ich bin einer seiner Glanzschüler.

Erste Liebe

Ob in der Kochausbildung im Central oder in der Berufsschule, die 60er-Jahre sind geprägt von Umbruch und Revolte. Es ist ein Jahrzehnt des Übergangs, in dem vieles erstmals denkbar, erstmals möglich, erstmals erkämpft wird. Das erlebe ich überall. Jung steht gegen alt, modern gegen spießig, liberal gegen autoritär. Es ist vor allem ein Konflikt der Generationen, und er zieht sich durch Familie, Gesellschaft und Bildungsinstitutionen.

Obwohl die Mädchen und Jungs im streng getrennten Trakt untergebracht sind, spornt es uns regelrecht dazu an, Wege zu finden, wie wir uns trotzdem treffen können. Nach dem Motto *Alles, was verboten ist, macht besonders viel Spaß* schaffen wir es immer wieder, trotz Überwachung, miteinander Zeit zu verbringen und die Neuigkeiten des Tages und der Woche auszutauschen.

In der Schule gibt es jeden Tag viel Neues zu lernen. Die Aufgaben erfülle ich pflichtbewusst. Ich bin wissbegierig und lerne leicht. Danach haben wir eine Stunde Freizeit. Bei gutem Wetter treffen wir uns auf der Terrasse im Schulhof, spielen Gitarre und singen Schlager. Manchmal singen wir besonders laut, um den Mädchen, die uns von den Fenstern aus beobachten, zu imponieren.

Die meiste Zeit bleibe ich am Wochenende in der Schule. Ich fühle mich wohl in meinem Einzelzimmer und genieße die Natur ohne aufreibende

Auseinandersetzungen und Konflikte. Eines samstagabends höre ich leises Knistern in meinem Papierkorb. Als ich nachschaue, woher es kommt, sehe ich ein kleines graues Mäuschen, welches dabei ist, an dem von mir entsorgten Apfelstrunk zu knabbern. Ich beobachte es, ohne mich zu bewegen, um es nicht zu erschrecken, und beginne mit ihm zu reden. Es ist sehr zutraulich und spitzt seine Ohren, als es spürt, dass keine Gefahr von mir droht. Emil, so nenne ich meinen kleinen Zimmergenossen, wird während meiner Zeit im Internat mein guter Freund. Täglich besucht er mich. Ich füttere ihn, und er wird so zutraulich, dass ich ihn vorsichtig streicheln kann. Ich freue mich, wenn er am Papierkorbrand aufgeregt tänzelt und mich mit seinen kleinen Knopfaugen neugierig anschaut.

Als Emil am nächsten Tag schnurstracks zu einem kleinen Käsestückchen läuft, was ich ihm von meinem Essen mitgebracht habe, ist er der Erste, der von meinem Geheimnis erfährt. »Emil, stell dir vor, ich bin verliebt.« Er würdigt mich eines kurzen Blickes und knabbert aufgeregt an seinem Leckerbissen. »In meiner Parallelklasse ist ein Mädchen, sie heißt Elfriede. Sie ist wunderschön, groß gewachsen und sehr fraulich. Wenn ich sie sehe, muss ich sie immer anschauen«, schwärme ich Emil vor. »Heute habe ich sie gefragt, ob wir am kommenden Wochenende zusammen auf dem Bodensee Ruderboot fahren wollen – und sie hat Ja gesagt. Ich bin schon ganz aufgeregt.«

Drei Tage später treffe ich mich mit Elfriede vor dem Internat. Das Wetter ist sonnig, und wir gehen viele Kilometer am See spazieren. Wir verstehen uns auf Anhieb, und der Nachmittag vergeht blitzschnell, während wir uns unerschöpflich Geschichten erzählen und sie mir anvertraut, dass sie die Schule ebenfalls abgebrochen hat.

»Ich war auf dem Mädchenpensionat Riedenburg, einer höheren Töchterschule, aber die Schwestern waren herrisch und haben ständig Druck gemacht und mit Strafen gedroht. Da hat mich mein Vater hierhergeschickt. Meinen Eltern gehört die Gasthof-Pension Breitspitz im Montafon. Ich soll später einmal in den Betrieb einsteigen.« Ich höre ihr aufmerksam zu, um nichts zu versäumen, was sie mir anvertraut. Als es bereits kurz nach 17 Uhr ist und wir zurück ins Internat gehen, schwebe ich auf Wolke sieben. Höflich und respektvoll verabschiede ich mich von Elfriede. Ich reiche ihr freundschaftlich die Hand, bevor sie hinter dem Eingang in den Mädchentrakt verschwindet. Danach gehe ich in mein Zimmer und kann es kaum erwarten, meinem kleinen Freund von meinem Bootsausflug zu erzählen: »Oh, ich bin so glücklich verliebt und ich kann über Gott und die Welt mit ihr reden«, sprudelt es aus mir heraus, als ich Emil mit einer Brotkrume anlocke.

Auf Wolke sieben

Zwei intensive Monate des Lernens, Entdeckens und neuer Freundschaften neigen sich dem Ende zu. Nach dem ersten Gastronomieblock in Schloss Hofen heißt es Abschied nehmen von Elfriede und meinem Hausfreund Emil. Es fällt mir schwer. Zum Abschied lege ich Emil einen extra Leckerbissen Hartkäse hin, damit er lange etwas zum Knabbern hat. Elfriede ist beeindruckt, dass mein Vater ein bekannter Maler in der Region ist und Ölbilder malt. »Bevor ich gehe, möchte ich deinem Vater unbedingt einige Bilder für unsere Pension abkaufen«, signalisiert sie mir. »Ich liebe Kunst!«

Um Elfriede nicht zu enttäuschen, bleibt mir nichts anderes übrig, als meinen Vater aufzusuchen, um ihm zu berichten: »Eine Schülerin, ihr Name ist Elfriede, interessiert sich für deine Bilder und möchte dir welche abkaufen.«

»Ach, die Elfriede aus deiner Parallelklasse, ein aufgewecktes Mädchen«, antwortet er. »Dann kommt vorbei, bevor sie wieder nach Hause fährt. Sie kann sich die Bilder anschauen«.

Elfriede ist begeistert von seinen Werken und kauft ihm drei Ölbilder ab. Ich begleite sie anschließend zum Zug und wir vereinbaren, dass ich bald nach Partenen ins Montafon komme, um sie zu besuchen.

Endlich ist es so weit. Bereits zwei Wochen habe ich Elfriede nicht gesehen. Als ich in Bregenz in den Zug steige, bin ich voller Vorfreude. Ich habe das Gefühl, dass nicht nur der Sommer in seiner ganzen Lebenskraft, sondern auch mein Herz erblüht ist und bei jedem Quietschen des Zuges in die Luft hüpft wie die Geißlein auf der Wiese. Ich schaue aus dem Fenster und bin begeistert von der Pracht der Landschaft, die an mir vorbeizieht. Den Duft des blühenden Tals kann ich förmlich durch die Fensterscheibe riechen. Gegenüber von mir sitzt eine ältere Frau und lächelt mir freundlich zu: »Bischt mit dem Montafoner

Bähnle scho gfahre? Isch die schönschte Strecke von Bludenz nach Schruns.«

Die Gebirgskette der Silvretta-Gruppe sehe ich das erste Mal und bin beeindruckt. Kurze Zeit später bremst der Zug mit lautem Getöse. Alle Passagiere steigen aus. Trotz der Menschenmasse fällt mein Blick sofort auf Elfriede, die neben einer braunen Holzbank steht und sich in dem Moment umschaut, als ich auf sie zugehe. Wir begrüßen uns freudig, als ob wir uns ein halbes Jahrzehnt nicht mehr gesehen haben. Sofort erzählen wir uns, was in der Zwischenzeit alles passiert ist.

»Schön, dass du da bist. Ich bin mit dem Auto gekommen, um dich abzuholen. Ich habe seit Kurzem den Führerschein; mit 21 Jahren kann ich jetzt hinfahren, wohin ich will«, lacht sie, während ich einsteige und wir uns auf den Weg zum elterlichen Gasthof machen.

Ich bin bereits aufgeregt, ihre Eltern kennenzulernen. Doch Elfriede beschwichtigt mich und meint: »Keine Angst, die beißen nicht. Ich habe ihnen gesagt, dass wir platonisch befreundet sind und uns gut verstehen.«

Der Gasthof Breitspitz ist mehr eine Herberge für Wanderer und Touristen. Die 12 Zimmer sind nach und nach mit Waschbecken und fließendem Wasser ausgestattet worden. Im Matratzenlager unterm Dach können bis zu 50 Personen preiswert übernachten. Wandergruppen und Schulklassen nutzen dieses Angebot im Sommer wie im Winter. Es ist permanent ausgebucht, und im Sommer sind auch die Gästezimmer sehr begehrt.

Für die Rundumverpflegung sorgt die Mutter. Sie kocht einfache, schmackhafte Hausmannskost. Elfriede ist die treibende Kraft. Sie spricht fließend Französisch und Englisch und kümmert sich um den Schriftverkehr sowie die Reservierung der Gästezimmer. Sie deckt das Geschirr, Besteck und Gläser ein und serviert das Frühstück, Mittag- und Abendessen im Gastraum. Elfriede ist das Mädchen für alles und rund um die Uhr beschäftigt. Für sie bleibt kaum Freizeit. Ihre Eltern sind liebenswert und freundlich zu mir, doch sie wirken auf mich bereits wie zwei Senioren. In den drei Tagen packe ich an, wo ich kann, ob in der Pension oder in der Küche, wo Frau Kleinszig verantwortlich ist. Ich bereite kalte, mit Aufschnitt belegte Platten für den Abend sowie das Frühstück vor. Elfriedes Mutter ist begeistert von meiner professionellen Arbeit.

In der wenigen Freizeit, die uns am letzten Tag meines Besuches bleibt, zeigt mir Elfriede den Ort Partenen, die historische Kirche, und wir fahren zu den Silvretta-Stauseen über die Hochalpenstraße, die über dem Pass nach Tirol Landeck führt. Es ist ein wunderschöner Tag, und beseelt steige ich am späten Abend in den Zug zurück nach Bregenz. Beim Abschied versprechen wir uns, dass wir uns schreiben und die Briefe postlagernd senden, damit wir sie persönlich erhalten. Verliebt über beide Ohren schreiben wir uns gegenseitig fast täglich einen Liebesbrief. Mein Herz klopft jedes Mal höher, wenn ich am Postschalter nach einem Brief für mich frage.

Sich selbst treu bleiben

Ich fühle mich immer noch auf Wolke sieben, und mir geht alles, was ich anpacke, leicht von der Hand. Das bleibt nicht unbemerkt bei meinen Kollegen und Kolleginnen. Nicht allen gefällt das. Ernst sieht mich weiterhin als Konkurrenten und mobbt mich, wo er kann. Nachdem er die Kochprüfung erneut nicht besteht, lässt er seinen Frust an mir aus. Er muss weiterhin jeden Tag im Keller putzen, während ich mit Robert in der Küche das Essen zubereite. Eine verzwickte Situation. *So wird er es nie schaffen*, denke ich und empfinde Mitleid mit ihm.

Waltraud, eine sehr zierliche und hübsche junge Frau, leitet den Service im Stübchen des Hotels. Sie ist 26 Jahre alt, sehr gepflegt und sieht viel jünger aus. Sie plaudert oft und gerne mit, und wir schäkern miteinander. Wir sind inzwischen gute Freunde geworden. Ich scheine ihr zu gefallen. Viele Wochen vergehen, bis sie mich eines Tages an einem verschneiten Wintertag fragt, ob ich nach der Arbeit mit zum Schlitteln komme. Wir verabreden uns gegen 22 Uhr am Hang. Waltraud kommt pünktlich mit ihrem Schlitten, den wir zusammen benutzen. Als wir etwa 500 Meter den Berg hinaufwandern, haben wir eine Mordsgaudi und eine romantische Atmosphäre. Waltraud meint: »Ich sitze hinter dir, nimm du vorne Platz.« Ungeniert setzt sie sich von hinten dicht an mich. Ein irres, aufregendes Gefühl steigt in mir hoch, während wir eng umschlungen den Hang herunterfahren. Was für ein Vergnügen. Wir können nicht genug davon kriegen, und die Rodelparty läuft bis nach Mitternacht, als wir uns mit roten Wangen auf den Heimweg begeben. Ein wohliges Gefühl durchströmt mich, noch nie saß eine Frau so dicht bei mir, der Puls klopft mir im Hals. Es ist völlig normal und ich denke mir nichts weiter dabei.

Einige Tage später gesteht mir Waltraud, dass sie in mich verliebt ist. Sie will sich erneut mit mir verabreden. Ich gestehe ihr, dass ich gerne mit ihr zusammen Zeit verbringe. Die Rodelparty war wunderbar und bleibt unvergessen. Aber ich bin noch lange nicht reif für eine Liebesbeziehung. Ich will mir selbst treu bleiben und erzähle ihr von Elfriede, meiner Freundin aus Partenen. Das akzeptiert sie ohne schmollen, und wir begegnen uns weiterhin mit Respekt und in Freundschaft.

Jürgen Köppel, der am gleichen Tag wie ich die Lehre im Service begonnen hat, wohnt in Dornbirn. Wir sind befreundet und teilen das gleiche Schicksal, einen autoritären Vater zu haben. An einem Sonntagnachmittag lädt er mich zu einer Hausparty nach Dornbirn ein. Seine Eltern sind weggefahren und er hat sturmfreie Bude. Ich freue mich sehr darauf. Wie er mir später erzählt, verbietet ihm sein Vater den Umgang mit Mädchen, obwohl er bereits 19 Jahre alt ist.

Als ich bei ihm ankomme, sitzt Jürgen mit zwei attraktiven Mädchen in der Stube. »Hallo Erich, toll, dass du gekommen bist. Das sind Elsa und Lisa, zwei Schwestern. Komm, setz dich zu uns«, meint er einladend. Ohne weiter von mir Notiz zu nehmen, wendet sich Jürgen Lisa zu, legt den Arm um ihre Schulter und sie beginnen sich zu küssen und zu schmusen. Eine groteske Situation entsteht, und ich fühle mich äußerst unwohl. Obwohl die Sonne scheint, zieht er die Vorhänge zu und verschwindet plötzlich mit Lisa in das Elternschlafzimmer. »Mit Elsa kannst du dich beschäftigen und mit ihr Spaß haben«, meint er, bevor er die Tür schließt.

O Gott, wo bin ich denn hier gelandet? Ich dachte, ich komme zu einer Hausparty. Na, wenn er das unter »Party« versteht, bin ich hier wohl nicht richtig, denke ich und schaue schüchtern zu Elsa, die ebenso schüchtern zurückschaut. Da sitzen wir beide im Dunkeln, halten uns unverbindlich die Hand und wissen nichts miteinander anzufangen. Wir kennen uns erst seit ein paar Minuten und haben uns nichts zu sagen. Stumm sitzen wir Händchen haltend nebeneinander. Erneut erinnere ich mich an mein Credo. Ich will mir selbst treu bleiben und beende nach einigen Minuten des Schweigens die groteske Situation und verabschiede mich. »Elsa, du bist ein liebes, hübsches Mädchen. Aber bitte sei mir nicht böse, wenn ich wieder nach Hause fahre. Ich wünsche dir alles Gute, tschüss«.

Ich lasse sie sitzen und gehe. Am nächsten Tag ist Jürgen verärgert, weil ich einfach gegangen bin. Trotzdem bleiben wir während der gesamten Ausbildung gute Freunde. Er singt, spielt Schlagzeug und ist, wie ich, bekennender Beatles-Fan. In der Freizeit musizieren und singen wir zusammen mit anderen Jungs in einem Proberaum. Über die merkwürdige Hausparty verlieren wir nie wieder ein Wort.

Täglicher Nervenkrieg

Ich nehme meine Ausbildung sehr ernst und fehle keinen Tag. Die Küchenchefin Franziska Thonis ist weiterhin kritisch und reserviert zu mir. Sie lehrt mich, Zuckercouleur herzustellen. »Damit macht man die Soßen braun«, erklärt sie mir. Ich nehme es zur Kenntnis, aber es ist nicht im Sinne der modernen Kochkunst, so habe ich es von Cottas in der Berufsschule gelernt. Auch das Andicken von Soßen mit glatt gerührtem Mehl entspricht nicht dem, was wir in der Schule praktizieren. Dort lerne ich die Zubereitung von Consommé und Kraftbrühe.

Frau Thonis ist eine gute Köchin, kocht sehr schmackhaft, ist aber neuen Kocharten gegenüber wenig aufgeschlossen. Das lässt sie mich spüren. Seitdem der Geselle Robert vor zwei Wochen gekündigt hat, ist sie sichtlich überfordert und gereizt. Die Köchin sowie Ida, verantwortlich für Magazin und Einkauf, Ernst, der unglückliche Geselle im dritten Lehrjahr, und ich, der Jüngste im Team, schmeißen den Laden mit vollem Einsatz.

Es herrscht wieder einmal Hektik. Der tägliche Nervenkrieg startet. Alle paar Sekunden erschallt laut die Stimme von Frau Pfittscher, die zum Service zum Annoncieren kommt. Jedes neu bestellte Gericht kündigt sie allen Posten in der Küche klar an, sodass es nicht zu überhören ist. »Zwei Geflügelpasteten im Teigmantel, Tisch neun! Dreimal Käsknöpfle, Tisch zwei! Sechs Pflaumenchüchle, Tisch sechs!«

Die Luft bebt vor Konzentration, Präzision, Adrenalin und Dopamin, denn wir sind alle voll konzentriert und gestresst.

»DI FIGG I A NO« (Dich fick ich auch noch) schreit uns Thonis an. Ich bin gerade dabei, die Käsknöpfle aus dem Topf zu nehmen, und lasse wohlweislich die Beschimpfungen an mir vorbeiziehen.

Am darauffolgenden Tag erscheint Frau Pfittscher nicht zum Annoncieren. Sie ist krank, so wird gemunkelt. In meiner Zimmerstunde kommt mir die Idee, ihr eine Consommé (Rinderkraftbrühe) zu kochen. Ich bitte ihre Schwester Ida, ihr die Brühe zu bringen. »Sie gibt ihr Kraft und stärkt das Immunsystem.« Mit Wünschen zur Besserung überreiche ich Ida die Suppe und ruhe mich anschließend bis zum Abenddienst aus.

Am nächsten Tag lässt mir Ida ausrichten: »Frau Pfittscher hat die Suppe vorzüglich geschmeckt - du sollst ab jetzt täglich eine Kraftsuppe für sie kochen.«

Als die Köchin das am Nachmittag erfährt, schäumt sie vor Wut: »Was fällt dir ein, du Schlaumeier! Du hast mich gefälligst zu fragen, wenn du hinter meinem Rücken etwas kochst.« Sie kann sich gar nicht beruhigen. »Eine Suppe mit so viel Fleisch – was für eine Verschwendung und Missachtung von gutem Material«, zischt sie mich an. Und um zu zeigen, wer in der Küche das Sagen hat, fährt sie fort: »Der Kläransatz wird aber nochmals weiterverwendet, als Füllung für Ravioli.«

»Aber das Fleisch ist wertlos, wenn es so lange ausgekocht ist«, erwidere ich ruhig, so wie ich es gelernt habe.

»Du bist und bleibst ein Besserwisser und Querulant«, so ihr hilfloser Wortschwall, um mich zur Einsicht zu bringen.

Inzwischen weiß ich, wie in der Küche der Hase läuft. Ich darf mir keine Dummheit mehr erlauben, sonst gibt es eine Abmahnung.

In der Festspielzeit ist viel zu tun. Die Köchin beauftragt mich, die Zimmerstunde zu nutzen, um Blätterteig-Pasteten vorzubereiten. Am Mittag ist Hochbetrieb, und ich bin voll im Stress-Modus.

Als ich die Pasteten endlich im Ofen habe, vergesse ich, sie rechtzeitig wieder herauszunehmen. »O nein!«, rufe ich verzweifelt. Sie sind alle schwarz und verbrannt.

In Windeseile vergrabe ich sie im Nassmüll und mache mich sofort erneut an die Arbeit. Die Köchin darf das auf keinen Fall erfahren, deshalb setze ich mich direkt vor den Ofen, um die duftenden, knusprigen Pasteten rechtzeitig herauszunehmen.

Gerade hole ich sie aus dem Rohr, als die Köchin nach der Freistunde in der Küche erscheint. *Da habe ich nochmals Glück gehabt*, atme ich erleichtert auf.

»Hol für heute Abend die Bodenseefelchen aus der Kühlung«, so ihr weiterer Auftrag.

Als ich die Felchen zu ihr bringe, steigt mir ein strenger Fischgeruch in die Nase. Die Fische sind alt und stinken. Ich rümpfe die Nase, als ich ihr den Teller reiche. Sie sieht mein Gesicht und meint eindringlich: »Selbst wenn Fisch überfällig ist, kannst du ihn geschmackvoll zubereiten. Lass dich niemals davon abhalten.« Sie presst eine frische Zitrone aus, fügt eine getrocknete Kräutermischung hinzu und reibt die Fische damit großzügig ein. »Der fischige Geruch verschwindet beim Braten«, meint sie bestimmt, als sie die Bodenseefelchen in die heiße Pfanne legt und sie mit schäumender Butter übergießt.

Ich muss meine Übelkeit unterdrücken und gelobe mir: Jede Speise, die ich in meinem Leben zubereite, möchte ich selbst mit Appetit essen!

Als am kommenden Tag die Sahne ausgeht und wir bis zum Sonntag keine frische mehr geliefert bekommen, weiß die Köchin erneut einen Rat. Diesmal ein wertvoller Tipp. Wir machen aus Milch und Margarine eine köstliche Sahne. Wir kochen 1 Liter Milch mit 600 g Margarine auf und lassen das Gemisch im Starmixer anschließend fünf Minuten emulgieren. Nach einer Nacht im Kühlraum ist die Sahne gebrauchsfertig. Einfach aufgeschlagen schmeckt sie wie frisch und ist sehr standfest. Ich bin begeistert vom Resultat und bekräftige, dass sie sehr gut kochen kann und einen guten Geschmack hat. Als ich sie frage, wie sie die schöne Farbe vom Gulasch bekommt, erklärt sie mir willig: »Neben Paprika füge ich zusätzlich Zuckercouleur hinzu und verwende für die Bindung Wasser mit eingerührtem Mehl.«

Ich gebe mich mit der Antwort zufrieden. Im Großen und Ganzen führt sie mich gut in die Grundregeln des Kochens ein. Wie es richtig gemacht wird, lerne ich allerdings in der Schule. Ich erinnere mich lebhaft, wie mir Cottas, der Berufsschullehrer, das erste Mal sagte: »Du lernst erst nach der Ausbildung richtig zu kochen.«

Das kann ich bestätigen, denn ihre Art des Kochens ist nicht mehr zeitgerecht, was ich ihr natürlich, aufgrund meiner bisherigen Erfahrungen nicht sage. Der tägliche Nervenkrieg in der Küche ist latent gegenwärtig.

Die Küchenchefin und die Köchin mahnen mich fast jeden zweiten Tag zur Sparsamkeit. Statt ein neues Streichholz zu nehmen, greife ich zu dem alten, bereits benutzten, und entfache es an der Zündflamme, sammle den Kaffeesatz von der Espressomaschine und klopfe ihn in einen Sammelbehälter. In einem Topf kocht die Köchin den bereits gebrühten Kaffeesatz dann 20 Minuten auf, und nach dem Abseihen ist dies der Bohnenkaffee fürs Personal. Wir alle trinken ihn. Auch den süßen Kompottsaft sammelt sie aus verschieden Kompottkonserven. Er wird mit Kohlensäuresprudel aus dem Siphon angereichert und ist unser Personalgetränk.

Eines Morgens bekomme ich starke Magenschmerzen und heftige Krämpfe. Ich muss sofort zum Arzt. Als er mich fragt, was ich esse und trinke, wird er hellhörig, als ich ihm die Geschichte mit dem Bohnenkaffee und dem Kompottsaft-Personalgetränk erzähle. Ich bekomme Medikamente und die Anweisung, den Kaffee und den Saft sofort zu meiden. Der Doktor ruft im Hotel an, spricht mit der Chefin, schildert ihr mein Problem und ordnet einen Tee oder eine Kakaoversorgung für mich an. Die Ansage des Doktors geht nicht spurlos an mir vorbei.

»Was fällt dir ein, den Doktor auf uns zu hetzen!«, wirft man mir an den Kopf, als ich mich zur Schicht zurückmelde. Die Chefs von Küche und Service und das gesamte Personal beschimpfen mich als undankbar, verwöhnt und verhätschelt. »Des Lehrers Söhnchen bekommt nun eine Sonderbehandlung«, so die bissigen Bemerkungen.

Nicht nur mit Worten werde ich bestraft, auch meine freien Tage werden mir für einen Monat gestrichen und meine Eltern sind zum Gespräch ins Hotel vorgeladen. Meine Nerven sind zum Zerreißen gespannt, als Frau Pfittscher zu verstehen gibt: »Solche Extrabehandlungen können wir uns nicht leisten. Wenn es dem Erich nicht passt, dann müssen wir den Lehrvertrag auflösen und dann ist hiermit seine Lehre beendet.«

Unfassbar geschockt höre ich ihre Worte. Mir ist klar, Widerspruch ist nicht geduldet. Ich beiße mir auf die Zunge, doch meine Gefühle laufen Amok.

»Wieder einmal bin ich der ungezogene und ungehorsame Junge, der unbequem ist und sich nicht richtig verhält. Dabei kann ich nichts dafür, dass ich von den Getränken krank geworden bin und der Doktor mir verboten hat, sie weiterhin zu trinken.«

Es bleibt bei einer Abmahnung, aber ich weiß, dass ich in Zukunft auf ganz dünnem Eis laufe. Ab diesem Tag trinke ich in den Pausen nur Leitungswasser und verhalte mich angepasst und unauffällig.

»Tout es possible«

Viele Monate leide ich unter den Vorhaltungen und dem Mobbing einiger Mitarbeiter, die in mir eine perfekte Zielscheibe sehen, ihren eigenen Druck loszuwerden, ohne von der Chefin eine Abmahnung zu erhalten. Ich bin froh, als endlich der zweite Block in Schloss Hofen startet. Im Schulbetrieb kann ich aufatmen. Es fällt mir alles in den Schoss, und ich lerne so gut wie nie. Sicherlich eine Kompensation nach dem Stress der letzten Monate. Meine Noten sind hervorragend, und alles, was ich kann, habe ich durch Beobachtung gelernt.

Eine neue Herausforderung fordert meine ganze Aufmerksamkeit: Französisch – die Küchensprache! Wir lernen, uns in der Küche auf Französisch zu unterhalten.

»Ca sont des légumes: das Gemüse; la viande: das Fleisch; le poisson: der Fisch. Nicht zu verwechseln mit le poison: das Gift. Das könnte böse ausgehen«, schmunzelt der Lehrer.

Natürlich lernen wir auch Geschirr, Gläser und Besteck als Vokabeln. Im Service werden wir angehalten, die französischen Bezeichnungen zu nennen und laut auszusprechen. Ich bin fasziniert von dieser klangvollen, schönen Sprache und lerne oft bis spät in die Nacht Vokabeln aus dem Service und der Weinkunde. Es ist, als ob die Sprache in mir eine unbekannte Welt eröffnet, die Welt der »Grande Nation«, die Welt der Düfte und Geschmäcker, die Welt der Kreativität und des geistigen Erbes der großen Kochkünste: tout est possible! Alles ist möglich!

In mir reift eine Idee: Ich will nach der Ausbildung sofort nach Paris, um die französische Küche perfekt zu lernen.

Erster Kuss

Ich bin regelrecht beflügelt von dem Gedanken: Tout est possible! Dies treibt mich an, die Beziehung mit Elfriede meinen Eltern offen zu gestehen. Beide sind entsetzt. »Wie kannst du mit einer vier Jahre älteren Frau zusammen sein. Das geht gar nicht! Wir sind absolut dagegen, sie wickelt dich nur um den Finger und du merkst es nicht einmal.«

Ich lasse mich von ihren Worten nicht einschüchtern. Tout est possible!, so mein neuer Leitspruch. Und er wirkt! Von Elfriedes Eltern werde ich mit offenen Armen aufgenommen. Sie mögen mich, als ob ich ihr eigener Sohn wäre. Bisher durfte Elfriede keinen Freund mit nach Hause bringen. Der Vater hat die Briefe ihres verflossenen Freundes beim Grafologen untersuchen lassen, damit er den Charakter untersucht. *Sicher wird er auch von meiner Handschrift ein grafologisches Gutachten erstellen. Derbe Sache!*, denke ich mir, doch letztlich ist es mir egal. Unsere Freundschaft ist ehrlich, und ich habe keine Hintergedanken. Dies scheinen die Eltern zu spüren und akzeptieren mich ohne Vorbehalte. Sie merken schnell, dass meine Anwesenheit viele Vorteile mit sich bringt.

Meine gesamte Freizeit opfere ich über mehrere Monate hinweg, um Elfriede und ihre Eltern zu unterstützen. Während meines Aufenthaltes in Partenen schlafe ich in einem Gästezimmer. An einem Nachmittag im August beschließen Elfriede und ich, einen Ausflug zu machen. Wir fahren zum Bieler Stausee in der Silvretta-Region und besteigen einen Berggipfel. Oben angekommen genießen wir schweigsam die wunderschöne Aussicht.

Vollkommen unerwartet fängt Elfriede plötzlich an zu weinen. Instinktiv nehme ich sie in den Arm, um sie zu trösten. Als sie sich zu mir wendet und mich anschaut, küsst sie mich leidenschaftlich auf den Mund. Ich bin verdattert, und mein Verstand braucht einige Zeit, um zu begreifen, was da gerade passiert.

Der erste Kuss, und sie weint ja gar nicht mehr, sondern spielt mit ihrer Zunge in meinem Mund, denke ich, bevor ich mich dem Geschehen hingebe und Gefallen daran finde. Ab diesem Zeitpunkt beginnen die gegenseitigen nächtlichen Besuche, und wir werden ein Liebespaar. Meine Welt hängt voller Geigen, Träume, Vorsätze und Illusionen. Ich fühle mich wie der wach geküsste

Frosch im Froschkönig, der sich zu einem Prinzen verwandelt. Als Dank pflücke ich am Morgen einen frischen Wiesenblumenstrauß und reiche ihr die duftenden, bunten Sommerblumen durchs Fenster im Parterre. Tout est possible! Doch mein Vater und meine Mutter sind weiterhin der festen Überzeugung: Rien est possible! Nichts ist möglich!

Eines Tages steht die Polizei vor der Tür des Gasthofes Breitspitz und verlangt, dass ich umgehend nach Bregenz fahre. »Du bist minderjährig und deine Eltern haben das Sorgerecht«. Nachdem die Eltern von Elfriede die Polizei beschwichtigen und ihnen versichern, dass sie mit meinen Eltern Kontakt aufnehmen und dass ich bei ihnen in guten Händen bin, ziehen die Polizisten mit den Worten ab: »Dann machen sie dies aber noch heute, sonst liegt eine Anzeige vor.« Das Gespräch mit meinem Vater ist, wie zu erwarten, erfolglos. Bereits am kommenden Abend steht meine Mutter mit meinem Onkel Hermann vor der Tür, um mich abzuholen und nach Hause zu bringen.

»Mein Zuhause ist nicht mehr bei euch. Das wisst ihr! Ich wohne schon lange bei Wolfurt in der Garage und nicht im Altreuteweg«. Meine Mutter weint und fleht mich an, augenblicklich mitzukommen. Auch mein Firm-Onkel Herrmann versucht, mich umzustimmen. »Ich bleibe!«, so meine letzten Worte.

In dieser Nacht mache ich kein Auge zu. Mir geht es schlecht und ich fühle mich unwohl. Geplagt von Selbstzweifeln erinnere ich mich, wie verzweifelt meine Mutter war, mich nach Hause zu bringen. Mir ist bewusst, dass ich sie mit meinem Verhalten enttäuscht und bestraft habe. Doch auch ich fühle mich bestraft: Warum verstehen mich meine Eltern nicht? Warum akzeptieren sie mich nicht, wie ich bin? Warum glauben sie immer noch, dass sie mich durch Zwang und Druck umstimmen könnten? Fragen über Fragen, die für mich wohl immer unbeantwortet bleiben.

Abschluss im Hotel Central

Ich trete zu meinem letzten Prüfungsblock an und bin beseelt von der eisernen Absicht: »Jetzt gebe ich alles!« Ich werde informiert, dass mein Lehrverhältnis mit sofortiger Wirkung beendet ist, wenn ich die Prüfung bestehe. Ich kann sofort aufhören und mich woanders bewerben. Doch nun konzentriere ich mich erst einmal auf den Tag der Abschlussprüfung zum Koch.

Meine Aufgaben sind Kalbskopf nach Schildkröten-Art und ein marinierter Obstsalat mit Maraschino. Während der Zubereitung der Speisen scheine ich in ein anderes Universum einzutauchen. Voller Konzentration vollziehe ich präzise und gewissenhaft einen Arbeitsschritt nach dem anderen. Ich halte mich exakt an die Zeitvorgabe und präsentiere mein Ergebnis. Es kann sich sehen lassen, und ich bin überzeugt, Geschmack und Präsentation sind beeindruckend. Ich verlasse den Raum und warte auf das Resultat des Prüfungskomitees. »Herr Erich Häusler, Sie haben die Prüfung mit Bravour bestanden. Herzliche Gratulation! Hiermit erhalten Sie Ihr Vorzugszeugnis«, verkündet mit pathetischer Stimme der Prüfungsvorsitzende und reicht mir feierlich die Hand. Zum ersten Mal in meinem Leben spüre ich, dass ich es aus eigener Kraft, ohne fremde Hilfe, mit eisernem Durchhaltewillen und professionellem Können geschafft habe, eine Prüfung mit Bravour zu bestehen. Der Sohn des Lehrers, der hoffnungslose Versager, weiß, was er kann und was er will. Keine Hürde und kein Druckmittel haben es geschafft, meinen Willen zu brechen, um wie mein Onkel Emil ein Koch zu werden. Ich bin stolz auf mich!

Selbstbewusst und zielstrebig zeige ich meinen Chefs im Central mein Zeugnis: »Ich habe die Prüfung mit Bravour bestanden. Mich kann nichts mehr aufhalten. Ich betrachte meine Ausbildung ab sofort als beendet.« Statt Freudenrufe höre ich einen entsetzten Aufschrei. »Das geht auf keinen Fall mitten in der Saison. Was erlaubst du dir, nachdem wir dich all die Jahre durchgefüttert haben. Welch eine Rücksichtslosigkeit und Frechheit, das hat noch niemand mitten in der Saison gewagt. Wenn du gehst, bekommst du kein Lehrzeugnis!« Die drohenden Worte der Hotelchefin halten mich nicht zurück. »Das ist mir egal, darauf lege ich keinen Wert. Mein Vorzugsabschlusszeugnis von der Berufsschule reicht mir!« Ich verabschiede mich von meinen Kollegen und Kolleginnen, leere meinen Spind und verlasse erhobenen Hauptes das Hotel Central – hinaus in eine unbekannte Zukunft. Mein Lehrzeugnis habe ich nie erhalten, und der Nachruf für den »Sohn des Lehrers« ist Stadtgespräch. Doch unerschrocken und furchtlos gehe ich hinaus in die Freiheit.

Paris – eine unbekannte Zukunft
Ruf des Abenteuers

Am Abend dieses aufregenden Tages falle ich glücklich und erschöpft ins Bett. Die Worte, die ich meinem Prüfer vor der Prüfung anvertraut habe, sind mir gegenwärtig: »Wenn ich die Prüfung schaffe, fahre ich nach Paris!«

»Das schaffst du nie«, so seine lapidare Antwort.

»Ich schon!«, erwiderte ich knapp. Dann gleite ich sanft hinüber in einen Traum, der so realistisch und lebendig erscheint, sodass ich mich beim Aufwachen an jedes Detail erinnere.

In meinem Traum befinde ich mich in einer großen, geschäftigen Küche mit funkelnden Kupfertöpfen, sorgfältig polierten Arbeitsflächen und einer beispiellosen Atmosphäre von Hektik und Kreativität. Die Küchenbrigade ist in ihren präzisen Bewegungen und ihrem Fachwissen beeindruckend synchronisiert. Plötzlich entdecke ich Auguste Escoffier, den legendären Koch und Vater der modernen französischen Küche, inmitten dieses wunderbaren Chaos. Er sieht mich an, lächelt warm und winkt mich zu sich herüber. Ich nähere mich ihm mit Ehrfurcht, mein Herz pocht vor Aufregung. Als ich vor ihm stehe, legt er seine Hand auf meine Schulter und spricht mit fester, freundlicher Stimme: »Junge, ich sehe die Leidenschaft in deinen Augen und das Feuer in deinem Herzen. Du träumst davon, die französische Küche zu erlernen und ein Meister der Kochkunst zu werden.«

Ich spüre, wie mich eine Welle von Mut und Entschlossenheit erfüllt.

Escoffier fährt fort: »Paris, die Stadt der Lichter, erwartet dich. Dort wirst du eine Welt voller kulinarischer Wunder entdecken. Lass dich von der Leidenschaft, die in dir brennt, leiten und dich zu neuen kulinarischen Höhen treiben.«

»Ich kann es kaum erwarten, in Paris zu sein und die Geheimnisse der französischen Küche zu ergründen«, antworte ich dem legendären Meisterkoch.

Escoffier lächelt erneut und spricht mit einer ermutigenden und weisen Stimme: »Vergiss nie, dass Hingabe, Entschlossenheit und ständiges Lernen der Schlüssel zum Erfolg in unserem Handwerk sind. Geh nach Paris, lerne alles, was du kannst, und trage die Flamme der französischen Küche weiter. Ich glaube an dich!« Mit diesen Worten wache ich auf und fühle mich ermutigt und bereit, das Abenteuer zu wagen. Paris und die französische Küche rufen mich.

Noch am gleichen Tag kaufe ich am Bahnhofschalter in Bregenz zwei einfache Fahrkarten nach Paris. Mit Elfriede habe ich abgemacht, dass ich die Karten besorge und wir uns direkt am Bahnhof treffen. Wir nehmen den Nachtzug, der bereits um 19 Uhr abfährt. Dann gehe ich den Altreuteweg zu meinem Elternhaus. Dort angekommen, sehe ich Mama im Garten arbeiten. Mein Vater staunt, dass ich so überraschend auftauche. Kurz und knapp erkläre ihnen, dass ich am Abend einen Zug nach Paris nehme, und zeige stolz die Fahrkarte.

»Ich brauche nur meinen Pappkoffer, um meine Habseligkeiten einzupacken«, erkläre ich, während sie mich sprachlos anschauen. Eilig gehe ich in mein Zimmer, das Wolfgang nun schon seit meinem Weggang allein bewohnt, und packe meinen dunkelbraunen Pappkoffer. Einige Kleidungsstücke, die mir immer fehlten, packe ich hastig ein. Meine Geschwister sind in der Schule.

Als ich mich mit dem Koffer in der Hand von den Eltern verabschiede, meint mein Vater: »Du wirst bald wieder nach Bregenz zurückkommen. Du bist noch nicht volljährig und bekommst keine Arbeit in Paris.« Doch seine Worte ziehen an mir vorbei wie die luftigen Wolken am warmen Sommerhimmel.

Auf dem Weg zum Bahnhof freue ich mich und bin erleichtert, meinen Schatz Elfriede zu treffen. Auch sie hat die Prüfung mit Vorzug bestanden und von ihren Eltern eine Auszeit bekommen. So fahren wir das erste Mal gemeinsam in die für uns weite Welt. Wir sind beide aufgeregt, jedoch sicher, dass wir richtig entschieden haben. Elfriede spricht sehr gut Französisch, was uns sehr helfen wird.

Als wir um 19 Uhr gemeinsam einsteigen und unsere Plätze für die Nacht einrichten, setzt sich der Zug schon nach wenigen Minuten in Bewegung und unsere Reise in eine unbekannte Zukunft beginnt. Zwar sind die Sitze zum Klappbett umgebaut, aber an Schlafen ist nicht zu denken. Zu groß sind Aufregung und Neugierde auf das bevorstehende Abenteuer.

»Bonjour Paris«

Um 8.30 Uhr frühmorgens fährt der Zug mit lautem Getöse und quietschenden Bremsen im Pariser Bahnhof Gare de l'Est ein. Ich schaue aus dem Fenster und denke an die Worte aus dem Traum von Auguste Escoffier: »Geh nach Paris, lerne alles, was du kannst, und trage die Flamme der französischen Küche weiter. Ich glaube an dich!«

»Bonjour Paris, hier sind wir«, flammen die Worte in mir auf, als wir aussteigen und mit unseren wenigen Habseligkeiten auf dem Bahnsteig stehen.

Zunächst müssen wir eine Bleibe finden. Eine Adresse für Paris habe ich in meinem Notizbuch aufgeschrieben, welches ich aus meiner Tasche krame. Wir verlassen den Bahnhof in Richtung der naheliegenden Metrostation, um zum Ehepaar Tavitian zu fahren. Sie waren mit ihren zwei Kindern, Stef und Claudia, jeden Sommer Feriengäste bei meinen Eltern, mit denen sie befreundet sind.

Wir fahren mehrere Stationen mit der Pariser Metro und steigen in der Station École Militär aus, um zu Fuß zu der Familie in der Rue de la Motte Piquet zu gelangen. Als wir an der Haustür klingeln, öffnet uns Frau Tavitian vorsichtig die Tür. Überrascht ruft sie ihren Mann, der gerade bei einem Kaffee seine Zeitung liest: »Viens, regard qui est là!« (Komm, schau mal, wer hier ist!) Und während sie uns hineinbittet, fährt sie aufgeregt fort: »Quelle surprise! Quest-ce que vous faites ici à Paris?« (Welch eine Überraschung, was macht ihr hier in Paris?)

Wir sitzen zusammen und erzählen unsere Geschichte, währenddessen serviert uns Madame Gebäck und Kaffee. »Wir können euch leider in unserer kleinen Wohnung nicht unterbringen. Dennoch wollen wir euch gerne helfen, in Paris Fuß zu fassen. An der Ecke am Ende der Straße gibt es ein günstiges Hotel«, erklärt sie, während sie uns eine Adresse in die Hand drückt. »Versucht dort, fürs Erste ein Zimmer zu bekommen, und sucht euch dann möglichst schnell eine Arbeit. Wenn ihr Hilfe benötigt, kommt bei mir im Geschäft vorbei, in der Schneiderwerkstatt Metrostation Les Halles.«

Dankbar für die Hilfe und den Tipp verabschieden wir uns und machen uns zuversichtlich auf den Weg zu unserer neuen Bleibe. Das Hotel kostet pro Nacht 10 DM. Mit unseren insgesamt 600 DM in der Tasche mieten wir uns sofort ein

Zimmer, stellen unsere zwei Koffer ab und gehen entspannt und neugierig zu Fuß auf Erkundungstour durch den Champs de Mars, einem riesigen Park vor dem Eiffelturm und der École Militär.

Bereits am nächsten Tag schlendern wir zu Fuß durch die prickelnde Metropole. Beim Eiffelturm angekommen, sehe ich, wie sich die glitzernde Sonne auf dem prachtvollen Wahrzeichen der Großstadt spiegelt. Überwältigt von der Schönheit des Lichts und der Architektur bekomme ich Gänsehaut. Entlang der Champs-Élysées geht es vorbei an prunkvollen Boutiquen mit edel dekorierten Schaufenstern, die uns faszinieren und die wir so im Leben noch nicht gesehen haben. Vorbei am Louvre mit dem Originalgemälde der Mona Lisa, die seit dem 18. Jahrhundert im Pariser Kunstmuseum ausgestellt ist und an der Notre-Dame, der bekannten gotischen Kathedrale aus dem 13. Jahrhundert, geht es weiter. Ich fühle mich wie in einem Rausch von Düften und Geräuschen, als ich an den bunten, lebhaften Bars und Märkten mit den duftenden Croissants und dem frisch gebrauten Kaffee vorbeigehe. Das Hupen der Autos, das Rattern der Metro, das Plätschern des Wassers der Brunnen, das Klappern der Tische und Stühle, das Murmeln der Menschen, all das hinterlässt einen magischen Eindruck bei mir. Ich fühle mich von der Musik der Straßenkünstler, den Chansons aus den Radios der unzähligen Restaurants und den Glocken der Kirchen verzaubert.

Bereits am dritten Tag führt mich Elfriede zum bekannten Jardin du Luxembourg mit seinen Skulpturen und seiner vielseitigen Blütenpracht. Als ich mich auf einer etwas verrosteten Parkbank niederlasse, schließe ich kurz die Augen, und der betörende Duft der Blumen und Kräuter strömt mir in die Nase und erinnert mich an den Duft der Parfums und Seifen in den Gassen, an denen wir vorbei geschlendert sind. Ich fühle mich wie in einem Märchen, das real geworden ist. Die Spannung und Freude in der Luft festigen in mir die Gewissheit: Dies ist meine Stadt. Hier will ich sein!

Jungkoch auf Jobsuche

Die französische Küche ist weltweit bekannt, und Paris ist eine der besten Städte für Gourmetküche. Bereits im Jahr 1965 gab es viele berühmte Restaurants in

Paris. Es ist das Jahr, in dem der Guide Michelin zum ersten Mal eine Ausgabe für Frankreich veröffentlicht.

Fest davon überzeugt, dass mir als Jungkoch in Paris die Türen offenstehen, mache ich mich auf die Suche nach einem passenden Job.

»Am heutigen Dienstagmorgen ist ein guter Tag nach dem Wochenende«, sage ich mir und ziehe frohen Mutes los. Ich mache kurz Halt bei Monsieur Tavitian, der als selbstständiger Schneider ein kleines Geschäft betreibt. Erfreut mich zu sehen, begrüßt er mich freundlich: »Cèst bien que tu passe.« (Gut, dass du vorbeikommst.) Er unterbreitet mir, dass ich bei seinem Lieblingsbäcker als Mitarbeiter anfangen könne. »Il fait les meilleurs Croissants de Paris« (er macht die besten Croissants in Paris), bekräftigt er.

»Ich suche eigentlich eine Stelle als Koch und nicht als Bäcker«, erwidere ich dankbar.

»Alors bon chance et a bientot« (in diesem Fall viel Glück und bis bald), verabschiedet sich Herr Tavitian von mir.

Während ich zur Metrostation Les Halles gehe, die nahe der berühmten Markthallen von Paris liegt und Genussmittel aller Art anbietet, träume ich vor mich hin. Ein intensiver Fischgeruch strömt mir in die Nase, und ich ertappe mich, dass meine Gedanken an mir vorbeiziehen wie die leisen Geräusche der ständig vorbeiziehenden Metro: Wenn ich schon in Paris bin und Meisterköche wie Paul Bocuse mit seinen drei Michelin-Sternen die Küche revolutionieren, will ich die Kunst der französischen Küche lernen und nicht täglich Croissants herstellen. Als Jungkoch in Paris möchte ich von diesen Vorbildern lernen, mich weiterentwickeln und vielleicht eines Tages selbst ein renommierter Koch werden. Ich habe bewiesen, dass ich hart arbeiten und mich anpassen kann. Ich habe gelernt, mit Stress, Druck und Konkurrenz in der Küche umzugehen; außerdem brenne ich darauf, neue Trends kennenzulernen. Die Leidenschaft für das Kochen begleitet mich seit meiner Lehre, und ich bin motiviert, hier in Paris die Kunst des Kochens zu lernen – so meine beflügelten Gedanken, bevor ich den Fuß in ein renommiertes Restaurant setze, um mich vorzustellen.

Innerhalb weniger Minuten stehe ich erneut vor dem Restaurant. Ich bin erst gar nicht zum Chef de Cuisine vorgedrungen und werde kurz und bündig vom Restaurantleiter mit den Worten abgespeist:

»On a pas besoin du personel jeune homme!« (Wir brauchen keine Arbeitskräfte, junger Mann.)

Zurück auf dem Boden der Realität laufe ich tagelang durch die Straßen von Paris. Unzählige Restaurants und Hotels klappere ich ab, um vorzusprechen. Alle Stadtteile von Paris erkunde ich zu Fuß. Von Mal zu Mal werde ich kleinlauter. Immer wieder wird abgewinkt. Ich habe keine Chance, irgendwo als Jungkoch anzufangen. Nach dem fünften Tag vergeblicher Jobsuche ist mir klar, dass keiner auf mich, den Koch und Vorzugsschüler aus Bregenz, gewartet hat.

Fataler Fehler

Jung und unerfahren auf dem Arbeitsmarkt gebe ich die Hoffnung nicht auf. Ich bin nicht bereit, irgendwelche Hilfsarbeiten anzunehmen. Als wir eines Morgens durch das fünfzehnte Arrondissement laufen, fällt mir ein neu eröffnetes Eckbistro ins Auge. *Servicepersonal gesucht* heißt es auf einem Schild vor dem Restaurant. Das Bistro »La Terrasse« liegt nur 10 Minuten zu Fuß von unserem Hotel entfernt.

Ohne zu zögern geht Elfriede zur Chefin des Hauses und stellt sich vor. Sie kann gleich am nächsten Morgen anfangen. Elfriede spricht fließend Französisch, kann sich problemlos mit den Gästen unterhalten und hat große Freude an der Arbeit. Nach dem Probetag ist »Madame«, ihre Chefin, sehr zufrieden und stellt sie als Servicekraft für 750 Nouveau Francs (NF) im Monat ein.

Uns fällt ein Stein vom Herzen, denn die Miete für das Hotel ist bald fällig, und die 600 Mark sind in einer Großstadt wie Paris schnell aufgebraucht. Für unsere nötigsten Lebenshaltungskosten müssen wir uns keine Sorgen mehr machen. Elfriede ist glücklich und blüht in der Arbeit auf. Ich unterstütze sie, wo ich kann.

Es sind bereits über fünf Monate vergangen, als wir am belebten Seine-Ufer spazieren gehen. Seit über 500 Jahre sind die Ufer der Seine ein Treffpunkt für Verliebte, Paare, Familien, Buchliebhaber und Neugierige aller Art. Die berühmte Künstlerszene lädt dazu ein, Visionen und Träumen Raum zu geben. Der ideale Ort, an dem mir Elfriede mit strahlenden Augen offenbart: »Erich, stell dir vor, ich bin schwanger.« Ich bin sprachlos und kann es kaum fassen.

»Wir bekommen ein Kind. Wir werden Eltern. Ich werde Vater.« Erregt, freudig und voller Fragen laufen wir zurück zu unserem Hotel. Ich kaufe eine kühle Flasche Orangensaft in dem kleinen *Magasin* an der Ecke, denn Alkohol darf Elfriede nun nicht mehr trinken. Glücklich stoßen wir auf uns und unser Kind an und verbringen den Abend Arm in Arm auf unserem wackeligen französischen Doppelbett, welches bei jeder Bewegung quietscht und krächzt. Als Elfriede nach der Frühstücksmorgenschicht zu ihrer Chefin geht und ihr freudig erzählt, dass sie ein Kind erwartet, wird ihr augenblicklich klar: Das war ein fataler Fehler! Hätte sie bloß geschwiegen. Ihre Ehrlichkeit wird bestraft! *Welch ein Malheur*, denkt sie verzweifelt, als Madame ihr, ohne mit der Wimper zu zucken, an den Kopf schmeißt: »Alors, au revoir! Et voila tes papiers.« (Also auf Wiedersehen! Hier sind deine Papiere.) Vollkommen aufgelöst und verzweifelt kommt sie nach Hause. »Ist etwas mit unserem Kind?«, frage ich besorgt. »Nein, ich bin fristlos entlassen«, schluchzt sie, während ich sie in den Arm nehme und sie ihren Kopf auf meine Schulter legt. Geteiltes Leid ist halbes Leid. In diesem Fall ist geteilte Freude leider nur halbe Freude, denke ich, als ich sie zu trösten versuche.

Von unsichtbarer Hand geleitet

In der folgenden Nacht schlafe ich kaum. Unentwegt suche ich nach einer Lösung aus unserer misslichen Lage. Elfriede und ich sind ohne Job. Wir bekommen ein Kind, und die nächste Monatsmiete ist in einer Woche fällig. Ich brauche dringend Arbeit und muss Geld verdienen! Ich bin verzweifelt. In dem Moment erinnere ich mich, dass mir Emma, Egons Mutter, einmal gesagt hat: »Es ist okay, dich nicht okay zu fühlen. Es ist normal, in schweren Zeiten traurig oder gestresst zu sein.«

Ich bin traurig, während Elfriede vor Erschöpfung neben mir eingeschlafen ist. Bisher war ich stark und optimistisch. Stark für Elfriede und für unser Kind. Jetzt in der Dunkelheit der Nacht wehre ich mich nicht, als stille Tränen auf mein Kissen fließen, so wie das Wasser eines Eiszapfens, welcher im Sonnenlicht schmilzt. »Ich glaube fest daran, dass du diese Herausforderung meistern wirst. Du bist stark und hast bereits viel überwunden. Du kannst stolz auf dich sein und an dich glauben«, waren die Worte, die Emma oft wiederholt hat, wenn ich nicht weiterwusste. Ich spüre, dass ihr Zuspruch von damals mir noch heute Kraft gibt. Augenblicklich versiegen meine Tränen, und ich bin fest entschlossen, einen Job zu suchen.

Gleich am Morgen ziehe ich meinen einzigen Anzug an, den ich besitze, und gehe los. Ich laufe durch unzählige Gassen und Straßen im nahe gelegenen Arrondissement im Quartier der Champs-Élysées und sehe die weltberühmten Restaurants und Hotels. *Dort habe ich doch eh keine Chance*, denke ich. Doch ich entschließe mich, weiterzugehen. Am Rond Point an der Champs-Élysées fällt mir das Restaurant Moulin d'Alsace mit seinem einladenden Vorbau zur Prachtstraße ins Auge. Wie von Zauberhand gelenkt, laufe ich darauf zu. Ich beschließe, eine kurze Verschnaufpause zu machen, und setze mich an einen sonnigen Platz in der Brasserie, ohne den Grund für mein plötzliches Begehren zu verstehen. Normalerweise setze ich mich nicht einfach in ein Lokal, um ein Dessert zu bestellen. Doch heute ist es, als ob eine unsichtbare Hand mich leitet.

Eine freundliche, dunkelhaarige Kellnerin fragt, was ich bestellen möchte. Auf Französisch bestelle ich ein gemischtes Eis ohne Sahne. Sie schaut mich an und fragt mich in meiner Muttersprache: »Du kommst aus Deutschland?«

Überrascht, in einem französischen Lokal Deutsch zu hören, antworte ich: »Nein, ich bin Österreicher.« Augenblicklich erhellt sich ihr Gesicht. »Österreich ist ein sehr schönes Land, besonders Wien«, schwärmt sie begeistert. Kurz darauf kommt sie mit dem Eis zurück und fragt neugierig: »Was führt dich nach Paris?«

In diesem Moment bricht ein Redeschwall aus mir hervor, der nicht zu stoppen ist. Ich erzähle ihr die Geschichte, die mich hierhergeführt hat.

»Das trifft sich gut, unser Küchenchef sucht dringend einen Koch. Ich sage ihm kurz in der Küche Bescheid«, bemerkt sie und macht sich sofort auf den Weg in die Küche.

Während ich warte, beginnt mein Eis zu schmelzen, vor Aufregung schlecke ich nicht einen Löffel davon. Ich überlege, wie ich auf Französisch eine Konversation zustande bringe: »Ich bin ein Jungkoch aus Bregenz. Die Ausbildung habe ich mit einem Vorzugszeugnis abgeschlossen.«

Da erscheint bereits ein klein gewachsener Mann mit kräftiger Statur vor mir. Seine weiß gestärkte Stoffmütze, ungefähr 50 cm hoch, wirkt imposant und beeindruckt mich. Augenblicklich erhebe ich mich und sehe, dass er größer ist als erwartet. Besonders fallen mir seine verschafften Hände auf, regelrechte Pranken, als er mir die Hand reicht.

»Bonjour jeune homme!«, begrüßt er mich mit tiefer Stimme, bevor er in elsässischem Deutsch weiterspricht. Emotionslos erklärt er mir, was meine Aufgabe in der Küche ist. Und dass ich eine »Carte de séjour« (Aufenthaltsbewilligung) und eine »permis de travail« (Arbeitsbewilligung) brauche.

»Ach ja, und in der Küche wird nur Französisch gesprochen«, fügt er hinzu und doppelt nach: »Auch wenn du aus Österreich kommst, gibts da keine Ausnahme. Ich annonciere nur einmal. Entweder du kapierst es oder du kannst gleich gehen.«

Das ist eine klare Ansage! Ich will gerade meine Zustimmung ausdrücken, als er fortfährt: »Du verdienst 1000 NF (ca. 300 DM) und bekommst gratis Essen und Personalgetränke. Komm morgen früh um neun Uhr in die Küche, wenn du bei uns anfangen willst.«

Von Ferne sehe ich, wie die dunkelhaarige Kellnerin mit dem erhobenen Daumen hin und her winkt und mich mit breitem Lächeln erfreut anstrahlt. *Ich kann es nicht fassen! Ich habe einen Job – ist das zu glauben! Unfassbar*, jubele ich in mich hinein.

Der Küchenchef verabschiedet sich von mir mit den Worten: »La glace c'est un cadeau de la maison. Bon appetit!«. (Das Eis ist ein Geschenk des Hauses. Guten Appetit!)

Obwohl ich keine Lust mehr auf das angeschmolzene Eis habe, löffle ich den Eisbecher geistesabwesend blitzblank aus. Ich kann es kaum erwarten, Elfriede die großartigen Neuigkeiten zu erzählen. Ich verabschiede mich dankbar und glücklich von meiner Fürsprecherin, der Kellnerin, und gehe erleichtert vom Restaurant Moulin d'Alsace, welches im berühmtesten Quartier von Paris liegt, zurück zu unserem Hotel.

Gestern noch brach die Welt über uns zusammen. Und heute öffnet sich unerwartet eine Chance, auf die ich sechs Monate lang vergeblich gewartet habe.

Ich bin fest entschlossen, diese neue Chance zu packen. Als ich Elfriede die gute Nachricht übermittle, kullern Tränen über ihre Wangen. Diesmal sind es Freudentränen. Wir umarmen uns glücklich, als ob wir gerade im Lotto gewonnen hätten. Vergessen sind die Sorgen! Es gibt wieder Hoffnung. Wir schlafen fest und ruhig bis zum nächsten Morgen.

200 Kilo Sauerkraut täglich

Pünktlich um neun erscheine ich im Moulin d'Alsace. Vom Restaurant aus gleicht die Sicht in die Küche einem Aquarium. Ich bin beeindruckt. Zum ersten Mal sehe ich eine Schauküche. Die Arbeitstische stehen direkt an den großen Fenstern, die Gäste können die Köche beobachten. Im Restaurant steht eine Windmühle, die bis an die Decke reicht. Darunter befindet sich ein riesiges Fischbecken, in dem sich Forellen tummeln. Ich bin beeindruckt von dem kreativen Konzept. Wenn eine Bestellung geordert wird, fischt der Koch mit einem Kescher den Fisch direkt aus dem Bassin und bereitet ihn frisch für den Gast vor. In der Küche angekommen, kann ich nicht glauben, was ich da sehe: »Warum ist denn Sägemehl überall auf dem Boden verstreut?«, frage ich interessiert.

»Es nimmt Fett und Schmutz auf und hilft, die Küche sauber zu halten«, erklärt man mir.

Der Chef de Cuisine führt mich im fließenden Französisch in meine Aufgaben ein: »Wir sind eine elsässische Küche, es gibt viel Sauerkraut und Schlachtplatten mit vielerlei Geselchtem und Würsten. Du kochst ab sofort jeden Tag 200 Kilo Sauerkraut mit viel Zwiebeln und Knoblauch und bereitest mir die Kochkessel vor.«

Ich nicke zu allem, was er sagt, obwohl ich vieles nur aus dem Kontext verstehe. In Österreich wird das Sauerkraut auf gleiche Art gekocht, und die Schlachtwochen sind mir bestens vom Hotel Central vertraut. Das wird schon klappen, sage ich mir.

Bereits am ersten Arbeitstag schäle ich Säcke von Zwiebeln und rund 5 Kilo Knoblauch. Dies gehört in Zukunft zu meinen täglichen Aufgaben. Beim Schälen der Zwiebeln und des Knoblauchs unterstützt mich Personal von der

Geschirrspüle. Täglich müssen zwei Kessel Sauerkraut zubereitet werden. Um halb zwölf klatscht der Chef plötzlich in die Hände, und erstaunt sehe ich, wie alle Köche auf Befehl ihre Arbeit niederlegen. Ich mache es ebenso. Dann folge ich meinen Kollegen in den Personalraum. Ich traue meinen Augen nicht. Für die gesamte Crew gibt es ein mehrgängiges Menü inklusiv Dessert, Käse und Rotwein. Ich erinnere mich lebhaft, wie wir im Lehrbetrieb nur Knödel und Gröschtl – all das, was wegmusste – zum Mittag bekamen. So etwas wie hier im Moulin d'Alsace habe ich noch nie erlebt. Um Punkt zwölf erheben sich alle vom Tisch und wir gehen im Gänseschritt an unsere Arbeitsplätze. Mit eiserner Disziplin wird gearbeitet und zugereicht. Der Chef de Cuisine kennt kein Pardon. Ich richte das Sauerkraut mit Kartoffeln und dem Geselchten mit Würsten auf Platten an. Das habe ich im Central oft gemacht und es geht mir leicht von der Hand. Als Elfriede mich nach Dienstschluss abholt, erzähle ich ihr glücklich von meinem ersten Arbeitstag.

Ich brenne darauf, Neues zu lernen

Nach einem Monat bin ich von meiner Arbeit enttäuscht. Es reicht mir, Tag für Tag als Sauerkrautkoch in der Küche eingeteilt zu sein. Ich komme nicht voran und lerne nichts dazu. Zum hundertsten Mal bereite ich das gleiche Gericht für die Gäste vor und habe keine Chance, meine Kreativität oder Fähigkeiten zu erproben. Ich habe das Gefühl, dass ich meine Zeit und mein Talent verschwende. Ich bin frustriert und teile noch in der gleichen Woche meinem Küchenchef mit, dass ich mit ihm reden möchte. Nach Dienstschluss empfängt er mich, ohne zu ahnen, was ich vorzubringen habe. Als ich vor ihm stehe, nehme ich meinen Mut zusammen und gestehe ihm: »Ich kann so nicht mehr weiterarbeiten und will kündigen.«

Er fällt aus allen Wolken und bekräftigt vehement: »Was! Aber ich bin mit deinen Leistungen sehr zufrieden.«

»Ich bin Koch geworden, um die französische Küche zu lernen, nicht um den ganzen Tag Sauerkraut zu kochen. Als Vorzugsschüler brauche ich Herausforderung«, erkläre ich ihm in aller Offenheit.

»Bleib, Erich, ich schätze dich und deine Arbeit! Ab morgen bist du in der kalten Küche eingeteilt.« Froh, meinen Mut zusammengenommen zu haben, willige ich erleichtert ein und freue mich, im Moulin d'Alsace weiterzuarbeiten. Mit den Kollegen aus Frankreich, Senegal und Marokko verstehe ich mich gut, und mit Charly, dem Sous Chef, habe ich mich bereits angefreundet. Er kommt aus Senegal, und es wird gemunkelt, dass sein Vater dort Präsident ist. Ich habe auch einen »Bildungsminister« als Vater, schmunzle ich.

Als ich die Küche am nächsten Morgen betrete, fühle ich mich wie neugeboren. Endlich heraus aus dem gewohnten Sauerkrauttrott. Im vergangenen Monat habe ich über 6000 kg Sauerkraut vorbereitet. Dies ist nun Geschichte und ich kann mich auf neue Aufgaben fokussieren! Gleich zu Dienstbeginn helfe ich, Pasteten, Terrinen, Sülzen und Forellen in Gelee vorzubereiten. Ich lerne schnell hilfreiche und praktische Tipps und Tricks, die ich bisher nur aus der Theorie kannte. Jeden Tag fische ich 20 Forellen aus dem Bassin, bedecke sie lebend mit Crash-Eis und muss sie über Nacht im Kühlraum ersticken lassen. Dies ist die klare Ansage des Partychefs: »So werden Fische steif und lassen sich ohne Risse und ohne Formverlust pochieren.« Danach muss ich sie von der Haut befreien, filetieren oder im Ganzen mit gewürztem Fischgelee aus Gemüseornamenten überziehen. Bereits nach zwei Wochen bin ich mit der Vorbereitung der kalten Küche vertraut. Es macht Spaß und ist abwechslungsreich.

An einem Dienstagmorgen erlebe ich allerdings, dass ich noch nicht alles weiß. Einer unserer Lieferanten liefert uns einen mit Holzwolle gefüllten Spankorb. Neugierig schaue ich in den Korb. »Wow, so eine schöne Languste habe ich noch nie gesehen«, sage ich begeistert, als ich sie neugierig herausnehme. Ich halte sie vorsichtig zwischen den Fingern meiner rechten Hand, da ich mich an ihren Stacheln am Korpus nicht verletzen will. Wie aus dem Nichts schlägt die Languste plötzlich mit dem Schwanz gegen ihren Oberkörper. Anstatt sie in diesem Moment loszulassen, halte ich sie weiter fest. Das war ein Fehler! Innerhalb von Sekunden schlitzt und reißt sie mir mit ihren Stacheln die Innenhand auf. »Au!«, schreie ich vor stechenden Schmerzen und lasse das zappelnde Tier gezwungenermaßen fallen. Mindestens ebenso erschrocken wie ich schwappt die Languste in Todesangst im Rückwärtsgang in den letzten Winkel der Küche. Da stehe ich in der Küche mit blutender Hand.

Mein starrer Blick ist auf die Languste gerichtet und ich wimmere vor Schmerzen. In diesem Moment muss ich wie ein begossener Pudel ausgesehen habe, da sich meine Kollegen vor Lachen nicht mehr halten können. »Einen Stachelhummer musst du immer mit Handschuhen anfassen«, so ihr später Rat.

Je näher der Sommer rückt, desto stressiger ist es in der Küche. Die Hilfsbereitschaft im Team nimmt drastisch ab. Statt sich gegenseitig zu helfen, wird kritisiert: »Dir verbrennt gerade was in der Pfanne«, meint mein Kollege links neben mir, statt die Pfanne kurz vom Herd zu ziehen.

Es ist Vollbetrieb. Eine Bestellung nach der anderen prasselt auf uns ein. Die Hitze in der Küche steigt am Mittag auf Höchsttemperaturen.

Heute sind besondere Gäste angesagt. Jonny Holiday hat für seine Gesellschaft mehrere Tische reserviert. Da heißt es, alles zu geben und sich keine Fehler zu erlauben ! Er ist nicht der erste Promi, den wir im Moulin d'Alsace mit unseren französischen Spezialitäten verwöhnen. Wir haben bereits Erfahrung mit Promis aller Art. Es läuft reibungslos und zur Zufriedenheit unseres Gastes.

Auch am Nationalfeiertag Frankreichs boomt das Geschäft. Die Franzosen sind Nationalisten und lieben ihre Geschichte. In Erinnerung an den 14. Juli 1789, den Sturm auf die Bastille, gibt es eine große Militärparade auf der Avenue de Champs-Élysées. Als Höhepunkt ziehen Jets am Himmel entlang, die im Paradetiefflug Kondensstreifen in den Farben der Nationalflagge Frankreichs zeichnen. Sie fliegen über den Triumphbogen entlang der Prachtstraße, über den Place de la Concorde bis hin zum Louvre.

Unser gesamtes Personal darf für kurze Zeit das Spektakel anschauen. Am Abend gibt es am Eiffelturm ein grandioses Feuerwerk. Die Pariser Bevölkerung feiert den Tag ausgelassen in den Restaurants und Bistros der Stadt. Es wird gegessen, getrunken und getanzt. In Paris gehören gutes Essen und guter Wein zur Lebensqualität eines durchschnittlichen Franzosen. Da wird in keiner Hinsicht gespart ! Auch nicht im ausgelassenen und lauten Hupkonzert, welches von den Straßen der Stadt aus jeder Richtung zu uns in die Küche dröhnt.

Willkommen in der Vergangenheit

Kaum haben sich die Wogen in der Küche geglättet, kommt die nächste Herausforderung im Steilflug auf mich zu. Eines schönen Tages kommen Elfriede und ich früher als geplant zurück in unser Hotel. Als wir unsere Zimmer betreten, schauen wir uns ungläubig und fassungslos an. Unsere Betten sind zerwühlt. Heute Morgen, bevor wir an unserem freien Tag fortgingen, hatten wir die Betten gemacht. Wir haben keinen Zweifel.

»Was ist denn hier los?«, rufe ich entsetzt. Eine leise Ahnung befällt mich, die mich schaudern lässt. Bereits öfter ist mir aufgefallen, dass ich beim Verlassen des Hotels zierliche französische Damen mit der Hotelchefin an der Rezeption plaudern sah. Vermietet die Chefin unser Zimmer in unserer Abwesenheit etwa an Pärchen und verdient mit »ihrem Stundenhotel« neben unserer Monatsmiete das Doppelte? Ohne lange darüber nachzudenken, stelle ich sie zur Rede: »Was soll denn das? Unsere Betten sind ganz zerwühlt. Wir suchen uns sofort ein anderes Hotel«, sage ich verärgert und fahre fort: »Den offenen Monatsbetrag werden wir unter diesen Bedingungen nicht bezahlen.«

Als sie opponiert, bin ich bereit, die Polizei zu informieren. Daraufhin schmeißt sie mir mit einer ausladenden Handbewegung an den Kopf: »Fou le camp!«, was so viel heißt, wie *Verpiss dich.*

In der Absicht, ein eigenes kleines Studio zu finden, beziehen wir vorübergehend ein Hotel in der Nähe. Wir hoffen, etwas Geeignetes zu finden. Die Wochen vergehen wie im Fluge. Es ist bereits Spätsommer, als sich das Blatt plötzlich wendet.

Meine Mutter kommt für eine Woche nach Paris. Sie überreicht mir eine notariell beglaubigte Einverständniserklärung, dass ich mit Elfriede zusammenleben kann, obwohl ich noch nicht volljährig bin. Ich hatte meinen Vater vor meiner Abreise nach Paris darum gebeten, jedoch bisher nie etwas erhalten. Ich bin sichtlich überrascht, als meine Mutter sie mir gibt.

»Kommt er doch langsam zur Einsicht, dass ich mein Leben selbst bestimmen will?«

Nach dem Motto *Die Hoffnung stirbt zuletzt* erlischt der letzte Hoffnungsschimmer, als ich seinen Brief zu lesen beginne. *Zutiefst schäme ich mich für dein Verhalten. Du bist eine große Schande und Enttäuschung für die Familie. Wie rücksichtslos seid ihr, dass ihr unserer Familie so viel Unglück beschert. Das Dokument habe ich nur unterschrieben, damit ich dir deine Zukunft nicht noch mehr verbaue!*

Versteinert sitze ich auf dem Bett und lasse meine Hände mit dem Brief langsam sinken. Ich höre die hilflosen Worte meiner Mutter an mir vorbeirauschen, die stets meinen Vater schützt: »Auch ich heiße es nicht gut, dass ihr ohne Moral und Pflichtbewusstsein als Paar zusammenlebt. Und wenn euer Kind kommt, will ich nicht, dass es uns Oma und Opa nennt.« Augenblicklich ist mir klar, dass ich mir etwas vorgemacht habe. Mein Vater gibt weiterhin den Ton an und meine Mutter führt seine Befehle aus. Willkommen in der Vergangenheit!

Zurück in der Gegenwart erzählt mir meine Mutter: »Madame Madeleine war oft mit ihrem Sohn bei uns als Gast im Sommerurlaub. Sie wohnt in Paris in einem Studio und zieht nach Marseille um. Sie möchte ihr Studio ab nächsten Monat vermieten. Du kannst dich bei ihr melden.«

Das lasse ich mir nicht zweimal sagen. Ohne viel Zeit zu verlieren, schreibe ich Madame Madeleine sogleich einen Brief. Nach bereits drei Tagen stehe ich vor ihrer Haustür für einen Besichtigungstermin. Eine sympathische Frau anfangs vierzig öffnet mir die Tür. Sie ist alleinerziehend und erzählt mir, dass sie einen neuen Job in Marseille hat. Wenn ich möchte, kann ich das Studio für 600 NF mieten.

»Auf jeden Fall will ich! Ich kann die Miete bezahlen und nehme es sofort«, bekräftige ich mit einem Handschlag. Kurze Zeit später halte ich meinen ersten Mietvertrag in der Hand. Ich bedanke mich bei Madame Madeleine und bei meiner Mutter für ihre Vermittlung. Mama ist erleichtert, doch eines muss sie noch loswerden, bevor sie wieder nach Bregenz fährt: »Dein Vater verlangt, dass du ihm jeden Monat ein bis zwei Briefe schreibst und ihm erzählst, wie du in Paris lebst. Ich würde mich auch freuen«, fügt sie hinzu, um den väterlichen Befehl zu entschärfen.

Ohne einen Kommentar dazu begleite ich Mama zum Bahnhof und verabschiede mich von ihr. Gehorsam schreibe ich zwei Tage später den ersten Brief an meinen Vater, um ihr keine Schwierigkeiten zu machen. Holprig formen sich die Worte zu Sätzen. Ich erzähle ihm wie in einem Schulaufsatz, wie wir die Wohnung gefunden haben und wie ich in Paris lebe. Mit jedem Wort wird meine Hand schwerer, und es fühlt sich an, als ob ein Bleigewicht an meinem Handgelenk hängt. Ich sehe immer noch den strafenden Lehrer vor mir. Erneut spüre ich den schweren Rucksack, den ich durch seine Erziehungsmethoden auf den Rücken durchs Leben schleppe. *Wird das jemals vergehen ?*, frage ich mich, als ich im Bett liege. Doch schon wenige Augenblicke später schlafe ich müde neben Elfriede ein.

Wie ein König

Als ich aus dem Fenster schaue, fühle ich mich wie ein König. Heute sind wir mit unseren wenigen Habseligkeiten in das Studio nahe der Metrostation La Motte Piquet eingezogen. Das sechsstöckige Haus befindet sich an der Seite des Champs de Mars, École Militaire in der Rue Fondary. Es ist ein Altbau und er steht im angesehenen 15. Arrondissement. Hier gibt es einen offenen im Drahtgitter fahrenden Aufzug, dessen Türen sich wie ein Scherengitter öffnen. Ein Müllschlucker befindet sich in jeder Etage im Flur vor der Wohnung. Wenn die Flaschen sechs Etagen mit viel Lärm nach unten rattern, ist es nicht zu überhören. Wir wohnen in der vierten Etage und sehen direkt auf das Wahrzeichen von Paris. Welch ein Luxus, nun kann ich jeden Tag den Eiffelturm sehen.

Von nun an besitzen wir ein Entrée, ein Wohn- und Schlafzimmer mit einer Doppelcouch und einen kleinen Raum mit einer Propangas-Küche. Durch einen Vorhang getrennt, befindet sich eine Sitzdusche.

Madame Madeleine ist eine wunderbare Frau, sie steht mir mit vielen Tipps für die französischen Behördengänge zur Seite. »Hier braucht es Geduld und Freundlichkeit. Je ungeduldiger und unfreundlicher jemand auftritt, desto länger kann er warten«, erklärt sie mir freundschaftlich.

Elfriede ist bereits im 8. Monat schwanger. Sie äußert den Wunsch, das Kind in Österreich zu entbinden. Dort bekommt sie die nötige Unterstützung und kennt die Verhältnisse. Zur Geburt will sie mich benachrichtigen, damit ich dabei sein kann. Danach wollen wir zu dritt in unser neues Heim nach Paris ziehen. *Zu dritt*, der Gedanke erfreut mich – ein guter Plan. So kann ich hier alles schön vorbereiten und mich vollkommen auf meine Arbeit konzentrieren. Auch wenn uns der Abschied schwerfällt, erkenne ich schnell, dass die Zeit allein in Paris auch Vorteile hat. Ich kann mit niemanden Deutsch sprechen und bin dadurch gezwungen, Französisch zu reden. Meine Sprachkenntnisse verbessern sich rapide und von Tag zu Tag spreche ich fließender. Meine freien Tage verbringe ich oftmals in den Kaufhäusern Samaritains und la Galerie Lafayette. Ich staune über das imposante Angebot und die Vielfalt der Artikel, von denen ich viele noch nie gesehen habe. Ich kann sie mir zwar nicht leisten, aber ich fühle mich trotzdem wie ein König in meiner geliebten Stadt Paris!

So klein ist die Welt

Außerhalb der Arbeitszeiten nutze ich jede Minute, die Stadt und ihre zahlreichen Quartiere und Gassen zu erkunden. Obwohl ich mit Elfriede schon viel gesehen habe, entdecke ich jeden Tag Neues. Die Stadt ist lebendig, prickelnd und präsentiert sich, je nach Tages- und Jahreszeit, stets in einem neuen Gesicht – wie ein Chamäleon, das die Farbe wechselt.

Der Place du Tertre liegt ca. 200 Meter von der Basilika Sacré Coeur entfernt. Während des ganzen Jahres befinden sich hier zahlreiche Künstler, Maler, Porträtisten, Scherenschneider und viele andere, die ihre Werke verkaufen. Maler dürfen nur Motive um die Basilika Sacré Coeur und den Blick auf Paris malen. Es duftet nach Ölfarbe, und ich beobachte rege die Preisverhandlungen der Händler mit den Käufern. Die Atmosphäre zieht mich in den Bann. Die Künstler malen stets dasselbe Motiv, und die Bilder verkaufen sich wie warme Brötchen. Es kommt vor, dass sie das gleiche Bild vier Mal am Tag zum Preis von 1000 bis 3000 NF verkaufen.

Schon am Vormittag feiern die Künstler in den umliegenden Bistros, frühstücken dort opulent und trinken Rotwein dazu. Als ich über den Markt schlendere, sticht mir ein plastisches Bildmotiv ins Auge. Eine aus dem Bild ragende Mauer auf dem Weg zur Sacré Coeur, ähnlich wie bei einem Relief. Ein Gemisch von Ölfarbe und Sägemehl ist das Fundament für diese zwei Zentimeter gewölbte Struktur. Ich bin von dem Bild fasziniert und lobe den jungen Künstler: »C'est fantastique la structure de peinture«. (Die Struktur Ihres Bildes ist großartig.)

Er freut sich über meine Worte und kommt mit mir ins Gespräch. Es stellt sich heraus, dass er Deutsch spricht und seit vier Jahren in Paris lebt. Er ist gelernter Werbegrafiker und kann eigentlich nicht malen, schmunzelt er. »Nur dieses Motiv. Aber damit verdiene ich genug Geld.«

Wir lachen, und spontan lädt er mich zu einem Glas Rotwein ein. Wir erzählen uns unsere Geschichten. »Wie ist die Welt doch klein«, meint er, als er hört, wo ich wohne. »Dann sind wir Nachbarn. Ich wohne mit meiner Frau und meinem zweijährigen Sohn im gleichen Haus in der sechsten Etage. Incroyable !«

Ich freue mich, einen neuen Nachbarn gefunden zu haben, und wir treffen uns gelegentlich am Abend nach Dienstschluss. Da er schon länger in Paris lebt, bekomme ich viele Tipps von ihm, die mir helfen, für die Ankunft von Elfriede mit unserem Kind alles vorzubereiten. Denn bald ist es so weit. Der Zeitpunkt der Geburt rückt von Tag zu Tag näher, und Mitte Mai beantrage ich Urlaub, um nach Österreich zu fahren.

Ein Erfolg jagt den anderen

Als ich mit dem Nachtzug von Paris in Schruns ankomme, steht Elfriede hochschwanger am Bahnhof, um mich abzuholen. Trotz der langen Zugfahrt bin ich hellwach. Während der Autofahrt nach Partenen in die Pension Breitspitz gib es viel zu erzählen.

Die Eltern begrüßen mich höflich: »Schön, dass du da bist. Elfriede freut sich schon so auf dich. Jetzt steht eurem Glück nichts mehr im Wege«, meinen sie.

Da ich Urlaub habe und unser Kind noch keine Anzeichen macht, zur Welt zu kommen, packe ich im Elternbetrieb an, wo ich kann. Die Tagesumsätze in der Pension sind nicht berauschend. Sie liegen bei 300 bis 400 Schilling. Kreativ und voller Tatendrang baue ich eine Lagerhütte als Veranstaltungsraum um. Ich habe die Idee, Livemusik anzubieten. Mit einfachstem Mobiliar und einigen Spielautomaten ist das Geschäft in kürzester Zeit belebt. Ich engagiere meinen Freund Martin Hämmerle mit seiner Band für Musikkonzerte. Das bevorstehende Musikfestival ist Stadtgespräch im Ort, und innert eines Tages sind wir ausverkauft. Auch die Pension ist mit reisenden Jugendgruppen ausgebucht. Elfriede und ich arbeiten den ganzen Tag und ich meist bis früh am Morgen. Die angehenden Schwiegereltern sind von mir begeistert.

»Du kannst nicht nur managen, sondern auch kochen und servieren!« Was sei ich doch für ein Multitalent und Glücksfall, schwärmen sie. Der Umsatz schießt innerhalb kürzester Zeit in die Höhe. Ich selbst bekomme keinen Schilling davon zu sehen. *Sie sehen mich vermutlich als Teil der Familie*, überlege ich, ohne lange darüber nachzudenken, da bereits der nächste Musikauftritt am Abend bevorsteht und noch viel zu tun ist.

Das Musikfestival ist ein einschlagender Erfolg. Nach dem Motto »ein Erfolg jagt den anderen« beschert der Bau einer neuen Taverne beim Wasserspeicherkraftwerk der Illwerke der Pension Breitspitz einen weiteren Erfolg. Seit 1962 steht das Hauptwerk dieser Firma in Partenen und expandiert ständig. Vier Jahre später nun beordert die Illwerk AG 4000 Arbeiter ins Dorf mit seinen insgesamt 900 Einwohnern. Für die Arbeiter wird eine Barackensiedlung gebaut, in der sie über die kommenden vier Jahre untergebracht sind. Neue logistische Herausforderungen sind in kürzester Zeit zu bewältigen.

Eines Abends erhalte ich die Chance, mit einem Schichtführer in den Stollen zu fahren und die harte und staubige Arbeit live zu erleben. Die Arbeiter arbeiten in Schichten jeweils einen Monat lang rund um die Uhr ohne einen freien Tag. Diese harte Arbeit ist gefährlich und anstrengend. Nach getaner Schicht bekommen sie einen guten Monatslohn in bar ausgezahlt und haben danach vierzehn Tage frei. In der Kasse der Pension Breitspitz klingelt es gehörig, als wieder einmal eine Gruppe von Arbeitern einkehrt. Statt nach dem zermürbenden Monat auf dem Bau direkt zu ihren Familien zu fahren, wird erst einmal gefeiert. Es bleibt nicht bei einem, auch nicht bei fünf Gläsern. Oft versacken die Arbeiter bis spät in die Nacht im Lokal, sind betrunken, vergessen ihre guten Vorsätze und verprassen den hart erarbeiteten Lohn vor Ort.

Der Umsatz steigt an die 3000 bis 4000 Schilling am Tag. Nicht selten muss ich die Gäste gegen 5 Uhr früh aus dem Gästeraum hinauskomplimentieren, während Elfriede und ihre Eltern selig und ruhig schlafen. Ich falle jeden

Morgen todmüde ins Bett. Meist steht Elfriede dann langsam auf, um sich für die Morgenschicht zurechtzumachen. Sie ist bereits hochschwanger und wir erwarten unseren Nachwuchs stündlich. Doch an Ausruhen ist nicht zu denken. Das Geschäft boomt.

Gefühlskarussell

Ich bin gerade einmal 20 Jahre alt, als ich im Mai an einem Dienstag um fünf Uhr früh mit kompletter Arbeitsmontur aufs Bett falle und sofort einschlafe. Minuten später setzen bei Elfriede die Wehen ein. Aus Rücksicht weckt sie mich nicht und ruft aufgeregt ihre Eltern. Ohne lange zu überlegen, fahren sie mit ihr nach Schruns ins Krankenhaus.

Kurze Zeit später kommt unser erster Sohn Christian gesund zur Welt. Natürlich hätte ich ihn als frisch gebackener Vater gerne in die Arme genommen, als er am 24. Mai 1966 das Licht der Welt erblickt. Stattdessen liege ich vollkommen erschöpft und wie betäubt im Tiefschlaf und verpasse das lang ersehnte Ereignis der Geburt unseres Kindes. Ich ernte massive Vorwürfe. »Wie kannst du dich so gehen lassen! Du hast kein Verantwortungsbewusstsein und Pflichtgefühl! Stattdessen pennst du den ganzen Vormittag«, so ihre empörten Worte, als die Eltern aus dem Krankenhaus kommen.

»Ich bin erst um fünf Uhr vom Dienst gekommen. Es war ein Wahnsinnsbetrieb heute Nacht«, stottere ich immer noch verschlafen. *Da mache ich einen bombastischen Umsatz, arbeite für die Katz und werde noch angepöbelt*, denke ich, während ich im Bus nach Schruns sitze und mich jede Sekunde mehr ärgere. Sie stecken das Geld jeden Tag kommentarlos ein, und ich ernte weder Dank noch Lohn! Es reicht mir endgültig, mich von ihnen ausnutzen zu lassen.

Als ich im Krankenhaus ankomme, sind innert Sekunden sämtliche Unstimmigkeiten verflogen. Ich erlebe ein wahres Gefühlskarussell, als ich meinen Sohn das erste Mal in den Arm nehme. Meine Glücksgefühle sind nicht zu stoppen: Welch ein Prachtjunge! Vier Kilo schwer, und sein rötlicher, wuscheliger Haarschopf – unglaublich! »Das ist mein Sohn!«, bekunde ich stolz vor Elfriede und der anwesenden Schwester Luise. Ich setze mich auf Elfriedes

Bettkante, und wir genießen still und vereint diesen einmaligen Augenblick.

Bereits nach vier Tagen kommt Elfriede mit Christian zurück ins Elternhaus. Wir haben ein gemeinsames Gastzimmer zu dritt. Auf den Fußboden legen wir eine kleine Matratze für unser Kind. Ich beschließe, sofort einen Kinderwagen zu kaufen, denn unser Sohn muss doch nicht auf dem Boden schlafen. Da hatte es sogar das Jesuskind in der Krippe bequemer, so meine feste Überzeugung.

In meinem jugendlichen Leichtsinn nehme ich das Geld aus der Tageskasse. Ich werde die Eltern später informieren. Ohne einen weiteren Gedanken darüber zu verlieren, kaufe ich einen modernen großen Kinderwagen. Dies war ein schwerer Kardinalfehler!

»Welch eine Unverschämtheit!«, schmeißen mir die Eltern an den Kopf. »Ihr veruntreut unser Geld!«

Empört über ihre Beschimpfungen platzt mir endgültig der Kragen. »Seit Wochen arbeiten wir umsonst für euch und reißen uns den Allerwertesten auf, damit euer Geschäft boomt. Tausende von Schilling habe ich mit dem Festival und den Nachtschichten erwirtschaftet, und wir sind nicht einmal sozial- oder krankenversichert. Und damit es klar ist, für unser Kind verlange ich zusätzlich ein Kinderbett und für Elfriede und mich ein weiteres Zimmer. Ansonsten verschwinde ich sofort!«

Während der verbleibenden Tage in Partenen umweht mich eine eisige Kälte wie die unbarmherzige Luftströmung aus der Antarktis. Niemand spricht mehr mit mir, und alle gehen mir aus dem Weg. Trotzdem funktioniere ich wie ein fern gesteuerter Roboter und führe meine Aufgaben gewissenhaft aus. Nur die kurzen Spaziergänge mit Elfriede und unserem Sohn in der frühlingshaften Mailuft lassen mich aufatmen und etwas von der Freiheit spüren, die ich mir für unsere kleine Familie wünsche. Als ich nach meinem Urlaub allein wieder zurück nach Paris fahre, hoffe ich, dass Elfriede bald nachkommt.

Dort angekommen, erreicht mich ein Brief meiner Eltern. Ich schickte von Partenen einen Brief an sie, indem ich mitteilte, dass wir stolze Eltern geworden sind und ihr erstes Enkelkind Christian geboren ist. Ich schrieb darin, dass wir ihnen gerne unseren Sohn vorstellen würden, und gratulierte ihnen dazu, nun Großeltern zu sein.

Als ich ihren Brief öffne, ahne ich bereits nach den ersten Worten nichts

Gutes. Mein Vater wünscht, dass ich mich mit dem unehelichen Kind in Bregenz nicht blicken lassen soll und sie an keinem weiteren Kontakt mit Elfriede und dem Kind interessiert sind. Wir dürfen sie auch nicht Oma und Opa nennen und überhaupt wünschen sie keine weiteren Informationen zum Thema Enkelkind.

Das habe ich nicht erwartet und es trifft mich zutiefst. Meine Geschwister sind außen vor, denn seitdem ich ausgezogen bin, habe ich leider so gut wie keinen Kontakt mehr zu ihnen.

Kurzes Glück

Zurück in der Stadt meiner Träume, bin ich nach einigen Tagen erneut vom französischen Charme und seiner Nonchalance in den Bann gezogen. Hinter mir liegt die belastende und arbeitsreiche Zeit in Partenen. In Paris scheint alles leichter zu sein, obwohl ich von morgens bis abends schufte und der Lärm und die Autoabgase der Stadt täglich in meine Ohren und meine Nase dringen. Doch eine latente Freiheit und Ungezwungenheit liegen in der Luft dieser Metropole, wie ich sie in Partenen nicht ansatzweise spüre.

Fast jeden zweiten Abend nach Dienstschluss liegt ein Brief von Elfriede in unserem Briefkasten. Sie berichtet voller Begeisterung von den ersten Fortschritten unseres Kindes. *Christian kann schon seinen Kopf heben und schaut umher. Er greift immer nach meinem Finger und hält ihn ganz fest. Wir vermissen dich. Heute hat er mich das erste Mal richtig angelächelt*, lese ich.

Sie teilt mir mit, dass der Familienname Christian Andreas Michael Kleinszig in der Geburtsurkunde beim Amt registriert ist. Solange wir in wilder Ehe zusammenleben, trägt er den Namen der Mutter, so das Gesetz. *Selbstverständlich adoptiere ich Christian nach unserer offiziellen Heirat*, bekräftige ich in meinem Brief, den ich noch am gleichen Abend zurückschreibe.

Christian ist bereits vier Monate alt, als Elfriede mit unserem Baby endlich nach Paris kommt. Ich freue mich wie Bolle ! *Wie wird unser Wuschelkopf wohl inzwischen aussehen ? Wird er mich erkennen ? Habe ich alles besorgt, was wir brauchen?*, überlege ich, als ich an diesem Morgen die Tür unserer Wohnung zuschließe.

Ein klappbares Babybettchen habe ich bereits vorbereitet. Es wird zwar etwas eng neben unserer Schlafcouch, aber dafür hat unser Baby ein kuscheliges Bettchen. Vor freudiger Erwartung strömen die Gedanken durch mich hindurch wie das Wasser der Seine auf seinem Weg in den Ärmelkanal.

Als ich auf dem Bahnsteig von der Gare de l'Est stehe und die geschäftigen Menschen an mir vorbeiziehen, ist mein Blick auf einen kleinen, zarten Jungen gerichtet, der freudig in die Arme seines Papas läuft. *Das wird mein Christian auch bald können*, denke ich, als ich den einfahrenden Zug aus Österreich in der Ferne erspähe.

Das mir vertraute quietschende Getöse bringt den Zug zum Stillstand. Die Türen öffnen sich, und die Menschen strömen wie Ameisen dem Ausgang zu. Von Weitem sehe ich Elfriede mit dem Baby aus dem Zug steigen. Als ich ihr entgegenlaufe, scheint die Zeit still zu stehen. Ich kann es kaum erwarten, sie und unser Kind in die Arme zu nehmen.

Wir umarmen uns innig, als ob wir uns nie wieder loslassen wollen. Inzwischen ist der Bahnsteig leergefegt. Arm in Arm gehen wir nach Hause in die Rue de Fondary.

Elfriede genießt es, wieder in Paris zu sein. Bereits nach einigen Tagen lernt sie unseren Nachbarn, den Künstler, mit seiner Familie kennen. Die Frauen machen mit den Kindern tagsüber oft gemeinsame Spaziergänge im naheliegenden Park. Nach Dienstschluss und an den arbeitsfreien Tagen genießen wir die Zeit zu dritt.

Nach sechs Wochen beginnt Christian aus unerklärlichen Gründen nicht mehr durchzuschlafen. Er schreit ununterbrochen wie am Spieß und ist nicht zu beruhigen. »Hast du Bauchkrämpfe, bekommst du Zähne?«, frage ich hilflos, als ich mitten in der Nacht zwei Stunden mit unserem Wuschelkopf durch unser Studio tanze.

Am nächsten Morgen habe ich frei. Statt mich auszuruhen, packen wir unser unglückliches Kind in eine große Reisetasche und gehen mit ihm im Park spazieren. Vor Erschöpfung schläft er endlich ein, und wir ruhen uns todmüde auf einer Parkbank aus.

Eine Nacht gleicht der anderen. Nachts finde ich keinen Schlaf, tagsüber bin ich müde. Wir finden keine Erklärung für sein Unbehagen. »Vielleicht verträgt er den Ortswechsel nicht«, spekulieren wir, als die Nachbarn eines Morgens fragen, was mit unserem Baby los ist. Nach knapp zwei Monaten beschließen wir, dass Elfriede mit Christian zurück nach Partenen fährt. Keiner von uns hätte gedacht, dass unser trautes Glück so schnell vorbei ist. Die Entscheidung fällt uns schwer, aber wir sehen keinen anderen Ausweg.

»Au revoir Paris, mon amour!«

Als ich diesen Morgen allein aufwache, klingen mir Elfriedes Worte von unserem gestrigen Telefongespräch im Ohr: »Wir vermissen dich! Christian hat fast die ganze Zugfahrt durchgeschlafen.« Ich hatte von einer öffentlichen Telefonzelle nach Österreich angerufen. Mein Kleingeld war knapp, und ich konnte nicht lange sprechen, aber ich bin beruhigt, da unser Sohn nicht mehr geschrien hat.

Auch ich habe wie ein Stein geschlafen nach all den durchwachten Nächten. Nun will ich mich darauf konzentrieren, wozu ich nach Paris gekommen bin. Ich erinnere mich an meinen Traum: Ich will die Geheimnisse der französischen Kochkunst erlernen!

Wenn ich an die bisherige Zeit im Moulin d'Alsace denke, wird mir bewusst, dass ich seitdem vieles gelernt habe. Doch ich weiß, dass es noch Unzähliges zu erlernen gibt. Die Feinheiten der französischen Gourmetküche sind schier grenzenlos. Die kalte Küche habe ich ziemlich perfektioniert, nun möchte ich mich intensiv der Kreativität und Verfeinerung widmen, schwirrt es mir durch den Kopf. Während meiner Abwesenheit habe ich endlich meine Aufenthalts- und Arbeitserlaubnis erhalten. Jetzt steht meinen Träumen nichts mehr im Wege.

Nachdem ich an diesem Morgen die Küche betrete, spüre ich eine gedämpfte Atmosphäre in der Luft. *Was ist denn hier los?*, frage ich mich einen kurzen Moment und konzentriere mich sogleich voller Elan auf das laufende Tagesgeschäft.

Die Tage vergehen, und ich habe Freude an der Arbeit. Elfriede und Christian erholen sich langsam von den Strapazen in Paris. Zweimal wöchentlich erzählt sie mir in ihren Briefen minutiös von seinen ersten Krabbelversuchen und seinem herzhaften Appetit. Das Stillen reicht ihm inzwischen nicht mehr. Er will etwas Handfestes und genießt den frischen Karottenbrei oder ein süßes Apfel-Bananenmus in vollen Zügen. *Da kommt er wohl nach dem Herrn Papa*, denke ich liebevoll und beschließe, den besten Brei der Welt vorzubereiten, wenn Elfriede und Christian das nächste Mal nach Paris kommen.

Am Ende des Monats ruft mich der Chef nach Dienstschluss ins Büro. Er teilt mir mit, dass er mir den Lohn erst zwei Wochen später auszahlen kann. Überrascht nehme ich die Information zur Kenntnis und übe mich in den nächsten Tagen in Genügsamkeit. Als Entschädigung, weil ich mein Geld erst später bekomme, darf ich von der Küche mein Essen mit nach Hause nehmen. An den freien Tagen bin ich auf mich allein gestellt. So geht es über drei Monate hinweg. An einigen Tagen habe ich vor Hunger Magenknurren, doch als Überlebenskünstler habe ich gelernt, mit Mangel umzugehen. Aber wie lange will ich das mitmachen? Es geht nicht nur um mich, sondern auch um meine kleine Familie?, frage ich mich immer öfter. Madame Madeleine bekommt bereits seit drei Monaten verspätet die Miete. Auch wenn sie Verständnis für meine Lage zeigt, fühle ich mich unwohl.

Es ist bereits Ende des Monats, und mein Lohn vom vergangenen Monat bleibt komplett aus. »Ich kann die Miete diesen Monat leider nicht zahlen«, gestehe ich Madame Madeleine. »Ich habe heute Nacht beschlossen, zurück nach Österreich zu fahren, um Geld zu verdienen und bei meiner Frau und meinem Baby zu sein. Die Miete zahle ich Ihnen, wenn ich wieder flüssig bin. Dann können Sie das Studio wenigstens so bald wie möglich an jemanden anderen vermieten.«

Madeleine bedauert meinen Entschluss sehr. »Peut-être c'est bien que tu rentres à la maison chez ta femme et ton enfant!« (Vielleicht ist es gut, zu deiner Frau und deinem Kind nach Hause zurückzukehren.)

»Natürlich ist es schön, Elfriede und Christian wieder zu sehen, aber …« Mir bleiben die Worte im Hals stecken. Es fühlt sich an, als ob in diesem Moment mein Herz in tausend Stücke bricht. Mein Traum, die französische Küche à la perféction zu erlernen, wird in einem reißenden Strom von Gefühlen fortgespült. Es fühlt sich an, als ob er am Kliff einer harten Felswand zerschellt.

»Ich bin schachmatt! Ich kapituliere! Es ist aus! Ich kann nicht noch mehr Zeit ohne Job und Geld in Paris verlieren. Ich muss zurück!«

Das gekaufte Mobiliar und den neuen Fernseher, den wir mühsam in Raten abgestottert haben, überlasse ich Madame Madeleine als Gegenleistung für ihr Verständnis. Sie verzichtet auf weitere Nachzahlungen.

Schweren Herzens und zutiefst traurig verabschiede ich mich von der Stadt meiner Träume.

Hochzeit mit Hindernissen

Das Fass läuft über

Ich stehe auf dem Bahnsteig in Paris und warte auf meinen Zug nach Österreich. Wie im Film ziehen die Bilder an mir vorbei, als ich Elfriede hier an der Gare de l'Est das erste Mal abgeholt habe. Wir lagen uns in den Armen und freuten uns über unser Glück und die neu gefundene Freiheit. Es fällt mir schwer, die Stadt, ihre Architektur, Kunst und Kultur zu verlassen.

An diesem lauen Frühlingstag rollt der Zug einige Minuten zu spät in den Bahnhof ein. Ich suche mir einen leeren Platz am Fenster. Mir gegenüber sitzt eine ältere Madame. Sie lächelt mich an und widmet sich erneut ihren Stricknadeln zu.

»Das war nicht das letzte Mal. Ich hoffe, ich komme eines Tages wieder nach Paris zurück!«, sage ich mir, während sich der Zug in Bewegung setzt.

Die Häuser der Großstadt und der rege Verkehr auf den Straßen ziehen schnell an mir vorbei. Mit jeder Minute scheinen wir uns rasanter aus der Stadt der Lichter fortzubewegen. Zurück bleiben die zahlreichen Erinnerungen an die betörenden Düfte, die ständig wechselnde Geräuschkulisse und die bewegten Lichter der prickelnden Metropole. Sie sind das unsichtbare, wertvolle Gepäck, das ich in meinem alten, verschlissenen und fast leeren Koffer mitnehme. *Dieses Gepäck kann mir keiner nehmen*, denke ich mit einer gewissen Genugtuung. Ich schaue aus dem Fenster und sehe, wie die Sonne hell am Himmel scheint und die Wolken im Wind tanzen. Diese Leichtigkeit in der Luft wird mir fehlen. Was wird mich wohl erwarten? Ich bin damals im Disput nach Paris gefahren.

In Gedanken versunken und aus dem Fenster blickend ziehen die Landschaften an mir vorbei. Noch zehn Stunden dauert die Fahrt bis nach Schruns. Zwischendurch überfällt mich Resignation mit einer ohnmächtigen Müdigkeit, die mich zum Schlafen zwingt. Als ich aufwache, bin ich bereits in Österreich, und eine halbe Stunde später fährt der Schnellzug in Schruns ein. Endlich angekommen, doch erschöpft von den Strapazen der letzten Zeit, steige ich aus und suche den Bahnsteig nach meiner Familie ab.

Mein Herz hüpft schneller, als ich sie in der Ferne erblicke und auf sie zulaufe. Auf dem Weg in die Pension habe ich nur Augen für Elfriede und

Christian, während sie mir ohne Pause und in allen Details von der angespannten Atmosphäre im Breitspitz berichtet. »Meine Schwester Luise ist aus Göppingen gekommen und unterstützt uns zwischenzeitlich als Aushilfe in der Küche. Sie nutzt jede Gelegenheit, um schlecht über uns zu reden.«

Ihre Schwester hat die Hotelfachschule besucht und lebt mit ihrer Familie in Deutschland. Sie weiß alles, kann alles besser und versucht permanent, Elfriede zu belehren. Verständlich, dass es zu Spannungen führt, wenn Luise, das Lieblingskind der Eltern, im Haus mithilft. Mir ist bewusst, dass ich seit meiner klaren Ansage vor meiner Abreise nach Paris nicht zu ihren Freunden zähle.

Es kommt, was kommen muss. Elfriedes Eltern und die Schwester sind in einem angeregten Gespräch vertieft, welches sie auf der Stelle beenden, als sie uns sehen. Augenblicklich ist ein angespanntes Knistern in der Luft zu spüren. Taxierend schaue ich in die Runde und grüße förmlich. Niemand erwidert meinen Gruß, auch die Hand zur Begrüßung wird mir verweigert.

Das ist auch eine Antwort!, realisiere ich konsterniert. Nun begreife ich, woran ich bin. Elfriede zuliebe schweige ich und wir gehen wortlos in unser Zimmer. Aus Rücksicht auf unseren Sohn beschließen wir, während des aktuellen Hochbetriebs mitzuhelfen und die Zickereien zu ignorieren.

Die folgenden Tage sind sehr intensiv. Ich packe an, wo immer ich helfen kann, obwohl man mich bewusst ignoriert. Die Pension ist bis unter das Dach mit Reisegruppen belegt. Auf Luises Anweisung ist die Küche für mich verbotene Zone. Um keinen Streit zu entfachen, helfe ich Elfriede im Service.

Es ist ein kühler Tag an einem Mittwoch und wir sind voll im Mittagstrubel, als ich durch den Aufzugsschacht rufe: »Bitte schickt mir Senf hoch.« Wie üblich kommen die Essensbestellungen auf Platten oder Tellern angerichtet über einen Aufzug an den Tresen vor dem Speiseraum. Am heutigen Mittag warte ich vergeblich auf den angeforderten Senf. Also bestelle ich erneut: »Könntet ihr mir bitte Senf hochschicken!« Plötzlich dringt die plärrende Stimme von Luise durch den Schacht zu mir: »Hol dir deinen Senf gefälligst selbst!«

»Wie bitte?« Das ist zu viel des Guten. Es ist Hochbetrieb. Solche Spielchen können wir uns nicht leisten, rast es mir durch den Kopf. Wie von der Tarantel gestochen renne ich aufgebracht in die Küche, und als mich Luise noch hämisch angrinst, verliere ich die Fassung und verabreiche ihr eine gesalzene Ohrfeige.

»Dies ist keine Zusammenarbeit, was erlaubst du dir eigentlich!«, schreie ich sie zornig an, greife nach dem Senf und stürme zurück ins Restaurant zu den Gästen. Bemüht, vor den Gästen die Fassung zu wahren, führen Elfriede und ich das Mittagsgeschäft zu Ende. Mir ist bewusst, dass dieser unschöne Vorfall zu einer Aussprache führen wird.

Noch am gleichen Tag wird eine Krisensitzung von Luise und den Eltern einberufen. »Solche Methoden können wir nicht dulden. Du kannst gehen!«, weisen sie mich bestimmend an.

»Das hatte ich ohnehin geplant«, antworte ich verärgert, während sich die Blicke von Elfriede und mir kreuzen. »Am 1. April seid ihr mich los!« Es ist noch ein knapper Monat bis dahin. An Elfriede gerichtet fahre ich fort: »Du kannst dir überlegen, ob du mit unserem Kind mit mir kommst oder weiter in der Pension schuftest und dich ausnutzen lässt.« In Rage sprudeln die Worte aus mir heraus, als ob sich eine lang geschlossene Schleuse öffnet und das gestaute Wasser endlich ausströmt: »Ich habe genug! Ich gehe! Das ist keine Zusammenarbeit, sondern elende Sabotage!«, schießt es aus mir heraus. »Den Unterhalt für unser Kind zahle ich, falls du nicht mitkommen willst. Ich habe die Schnauze gestrichen voll. Das Fass ist übergelaufen!«

Die Wochen bis zu meiner Abreise fühlen sich an wie hundert Jahre. Wenn ich morgens die Augen öffne, breiten sich dunkle Wolken in mir aus, die keine Sonnenstrahlen hindurchlassen. Der seelische Schmerz ist unsichtbar und unerträglich. Wie ist es möglich, dass sich einst geliebte und geschätzte Menschen so gegen mich verschwören und mich verachten, frage ich mich täglich. Eine bittere Erfahrung!

Die Sonne scheint ins Zimmer und die Kirchenglocken klingen unüberhörbar durch das offene Fenster. Heute ist das Osterfest. In den Kirchen feiert man das Fest der Auferstehung, doch für mich ist immer noch Karfreitag. Ich fühle mich ans Kreuz genagelt und von allen verlassen, die ich einst geschätzt habe und für die ich alles getan habe, damit es ihnen gut geht. Elfriede und Christian sind die Einzigen, die mir bleiben. Heute am Ostersonntag teilt Elfriede mir mit: »Ich komme mit dir!« Ich höre ihre Worte, doch sie dringen nicht in mein Herz. Ich fühle mich abgestumpft und tot. Das erstickende Lebensgefühl der vergangenen Wochen hat sich wie ein lebensfeindliches

Geschwür in mir ausgebreitet.

Beim Osterbrunch teilt Elfriede ihren Eltern mit: »Am 1. April gehe ich mit Erich fort.« Ohne Kommentar wird die Entscheidung zur Kenntnis genommen. Es folgt keine Frage, kein Gespräch, kein Wort. Wir fühlen beide eine menschliche Kälte vermischt mit einer stählernen Ignoranz und empfinden eine Art von qualvoller seelischer Misshandlung. Es verschlägt uns beiden den Atem, und auf der Stelle stehen wir auf und gehen in unser Zimmer. Von nun an essen wir in einem anderen Raum und warten auf unseren Abreisetag.

Kein Aprilscherz

Am 1. April verlassen wir zu dritt Partenen. Wir reisen mittellos und ohne festen Wohnsitz nach Bregenz. Bei meinen Eltern sind wir unerwünscht. Ich habe die Idee, meinen Schulfreund Rudi in Lochau zu besuchen, denn ich weiß, dass seine Mutter am Pfänderhang ein mehrstöckiges Haus gebaut hat.

Freudig werden wir von Rudi und seiner Mutter Blanca Schuschnik empfangen. Christian ist der Star, und alle schließen ihn sofort ins Herz. Ich erkläre, dass wir zurzeit ohne festen Wohnsitz sind, und Rudis Mutter bietet uns großzügig einen Kellerraum im Souterrain an. »Ihr könnt bei uns bleiben, wenn euch das einfache Zimmer für eine Übergangszeit genügt. Es ist fünfundzwanzig Quadratmeter groß und nur mit dem Allernötigsten eingerichtet. Hier auf dem Camping-Gaskocher könnt ihr kochen.«.

Wir sind überglücklich und nehmen das Angebot dankend an. Da ich noch kein Geld für die Miete bezahlen kann, biete ich Blanca an, dass ich sie im Neubau mit Malerarbeiten unterstützen werde. Glücklicherweise habe ich zwei tüchtige und flinke Hände und bin handwerklich geschickt. Blanca ist über mein Angebot erfreut und beruhigt mich, dass ich mir wegen der Miete vorerst keine Sorgen machen muss.

Von unserm Zimmer aus sehe ich den Garten meiner Eltern, in dem meine Mama viel arbeitet. Damit muss ich mich wohl arrangieren! Bereits am nächsten Tag beginne ich, Fenster und Türen zu streichen und mein Versprechen einzulösen. Selbstverständlich verliere ich keine Zeit, eine geeignete Wohnung zu suchen. Ich wende mich direkt ans Wohnungsamt in

Bregenz. Dort werden sie mir mit Frau und Kind sicher behilflich sein, noch dazu, weil meine Eltern mir Hausverbot erteilt haben. Schließlich bin ich Bregenzer! Während ich zur Rathausstraße laufe, vernehme ich das melodische Zwitschern und Singen der Vögel, das ich in Paris auf dem Arbeitsweg so manchen Morgen vermisst habe. Vertraute Heimatgefühle steigen in mir hoch, als ich die Dienststelle für Wohnungssuchende in der ersten Etage betrete und an die polierte Holztür klopfe. Eine ältere Beamtin ruft mich mit lustloser Stimme herein. Sie hört sich mein Anliegen an, während sie desinteressiert in hohen Papierstapeln blättert, die links und rechts von ihr aufgeschichtet liegen.

»Für eine wilde Ehe mit Kind gibt es in Vorarlberg keinen Platz!«, kommentiert sie, nachdem ich ihr meine Geschichte erzählt habe. Für sie scheint das Gespräch beendet zu sein. Doch ich erwidere: »Aber in Paris war dies absolut kein Problem«.

Die Beamtin, die sich sichtlich von mir belästigt fühlt, entgegnet mir lustlos: »Dann gehen Sie doch wieder nach Paris zurück!«

Mit dieser barschen Ansage schwinden meine letzten Hoffnungen. Ich stehe vor ihr wie ein begossener Pudel. Mich eines kurzen Blickes würdigend und sich ihres Wortlautes und Tones bewusst werdend, fügt sie mit einem Hauch von Mitgefühl hinzu: »Heiraten Sie doch und kommen dann wieder!«

Diese drei Worte *Heiraten Sie doch* wiederhole ich in den kommenden Tagen wie ein Mantra. Heiraten will ich Elfriede! Was steht dem also im Wege? Leider kenne ich die Antwort, denn laut Gesetz muss ich noch warten, da man in Österreich erst mit 21 Jahren volljährig ist. Als wir in der Abenddämmerung mit Christian unseren gewohnten Rundgang machen, wird mir schlagartig klar: So lange kann und will ich nicht warten.

An diesem Abend sitzt eine Nachbarin vor ihrem Haus und betrachtet die blühenden Rosen in ihrem Garten. Wir lächeln uns zu und kommen ins Gespräch. Sie kennt mich aus der Zeit, als ich noch Ministrant in der Kirche war. Ich erzähle ihr kurz von meiner inneren Not, und voller Mitgefühl rät sie mir: »Ach mein Junge, versuch's doch mal bei Mutter Kirche. Wenn du deine Liebste heiraten möchtest und ihr ein Kind habt, solls euch wohl ergehen. Behüt' dich Gott!« Ihre Worte ermutigen mich, gleich am nächsten Morgen den katholischen Pfarrer in Bregenz aufzusuchen. Auch er hört mir verständnisvoll zu und rät mir, beim Weihbischof Bruno Wechner in Feldkirch vorzusprechen. »Vielleicht kann er etwas bewirken und euch eine Sondererlaubnis zur Heirat geben. Die zivilstandesamtliche Trauung können Sie dann später vollziehen.«

Erneut keimt Hoffnung in mir auf, und ich nehme Kontakt mit dem Bischofssekretariat auf. Zwei Wochen später erhalte ich einen Termin in Feldkirch, wo ich den Bischofssekretär treffe. Ein gut gebauter Herr mittleren Alters empfängt mich in seinem mit wenig Möbeln ausgestatteten Büro. Als ich eintrete, strömt mir ein penetrant süßlicher Zigarrenduft entgegen. Der Sekretär bittet mich freundlich, Platz zu nehmen, und ich setze mich auf einen mit rotem Samt bezogenen Stuhl, dessen Sitzfedern bei jeder Bewegung hin und her schwingen.

»Was führt Sie zu mir?«, fragt er in einem väterlichen Ton, in dem ein Hauch von Neugier und Selbstgenügsamkeit mitschwingt. Nachdem er mir aufmerksam zugehört hat, schweigt er einen kurzen Moment. Dann legt er mir nahe: »Das Einfachste wäre, wenn Sie ihre Eltern wegen Kuppelei anzeigen. Dann lässt sich einer kirchlichen Heirat aufgrund einer Notlage zustimmen.«

Ich traue meinen Ohren nicht. »Gibt es keine andere Möglichkeit?«, frage ich ihn entrüstet, was er verneint.

Den Besuch beim Bischof hätte ich mir sparen können. Meine Eltern würde ich niemals im Leben anzeigen oder gerichtlich belangen. Welch ein Irrsinn – und all das im Namen der christlichen Nächstenliebe.

»Leider ist es kein Aprilscherz«, meine ich zu Elfriede, als ich ihr von meinem skurrilen Gespräch mit dem Bischofssekretär erzähle.

Alte Normen

Immer noch schwirrt der Satz in meinem Kopf: *Heiraten Sie doch!* Pausenlos frage ich mich, wie ich es anstellen soll. Drei Wochen nach der Begegnung mit dem Bischofssekretär treffe ich Mutter auf dem Kornmarktplatz in Bregenz. Als sie mich sieht, schießen ihr Tränen in die Augen, und nachdem ich ihr kurz von meiner Odyssee der vergangenen Tage erzähle, nimmt sie mich in den Arm und schluchzt: »Ach mein Bub!« Aus ihrem Verhalten entnehme ich all das

Ungesagte, das sie nicht in der Lage ist, auszusprechen: »*Wie gerne würde ich euch bei uns aufnehmen und deinen Sohn sehen. Aber du weißt, Papa verbietet es. Er ist so hart mit sich selbst und der Welt. Er meint es nicht so, aber er kann es nicht zeigen und über seinen Schatten springen. Doch vergiss nie, ich vermisse dich jeden Tag. Du bist und bleibst unser Sohn, und ich würde alles tun, damit du glücklich bist.*«

Keines dieser Worte kommt über Mamas Lippen, aber jedes ungesagte Wort spricht aus ihren Blicken. Sie macht mir Mut, und ich bitte sie um einen Gefallen. »Du könntest tatsächlich bei Papa ein gutes Wort einlegen und mir helfen. Mama, ich weiß, dass Papa nicht anders kann, als mich durch seine Härte zu bestrafen. Aber wenn du ihm klarmachen könntest, dass es für uns und unser Kind überlebensnotwendig ist, wenn er sein Einverständnis für unsere Heirat gibt, dann wäre uns schon viel geholfen. Ich könnte Arbeit und eine Wohnung finden und Christian offiziell adoptieren und wir wären endlich eine normale Familie und müssten uns nicht ständig rechtfertigen. Du kannst Papa sagen, dass ich ihn niemals im Leben anzeigen würde, wie es mir der Bischofssekretär geraten hat. Niemals!«, beende ich mit immer leiser werdender Stimme mein Plädoyer, da Mama wieder bitterlich weint. Ich versichere ihr, dass ich sie nicht verurteile, wenn sie bei Papa nichts erreicht, und dass ich sie von unserer Unterkunft aus jedem Tag sehe, wenn sie im Garten arbeitet. Als wir uns verabschieden, verspricht sie, mit Papa zu sprechen. Da ich in letzter Zeit oft enttäuscht wurde, erwarte ich nicht zu viel von diesem Gespräch.

Mit stoischer Gelassenheit streiche ich bei Blanca am Freitagvormittag eine Tür mit Grundierung, als sie mir von Weitem zuruft: »Erich, ich habe gerade deinen zukünftigen Schwiegervater bei mir. Er will mit Elfriede sprechen, aber allein.«

Können sie uns nicht in Ruhe lassen, denke ich ein wenig verärgert, als ich Elfriede Bescheid gebe und sie ohne mich ins Nachbarhaus geht. Was will er von ihr? Bereits nach zehn Minuten sehe ich sie zurückkommen. Ihr Schritt und ihr Gesicht sprechen Bände. Aufgewühlt und angespannt kann sie es kaum erwarten, mir von ihrer Begegnung mit ihrem Vater zu erzählen. »Er möchte, dass ich umgehend wieder nach Hause komme. Die Umsätze brechen ein und ich fehle im Breitspitz im Service. Natürlich habe ich ihm gesagt, dass ich hierbleibe und wir unsere eigene Familie haben. Was glaubt er eigentlich nach allem, wie sie uns behandelt haben!« Wir schauen uns schweigend an und sind sprachlos. Statt einer Aussprache oder einer Entschuldigung kommen nur Forderungen.

Nachdem sich der Vater wortlos umgedreht hat und ohne Verabschiedung gegangen ist, kann keiner ahnen, dass er sechs Monate später überraschend verstirbt. Es war das letzte Mal, dass Elfriede ihn gesehen hat. Weder ihre Mutter noch Luise benachrichtigen uns über seinen Tod und den Zeitpunkt seiner Beerdigung. Elfriede scheint für die Familie ebenfalls gestorben zu sein.

»Ein Drama, das es in vielen Familien gibt«, erklärt uns Blanca, als wir am Abend zusammensitzen und unsere Herzen ausschütten.

»Die Wertvorstellungen unserer Eltern und der Großeltern sind erbarmungslos. Sie kommen mit der Veränderung in der heutigen Zeit nicht klar und halten sich an alte überholte Normen von Anpassung oder Bestrafung. Es ist hart. Sie können nicht anders und leiden selbst darunter, ohne sich dessen bewusst zu sein«, so ihre tröstenden Worte, die unseren Herzschmerz wie eine sanfte Berührung unsichtbar lindern.

Die flackernde Kerze auf dem Tisch scheint hell und ruhig. Als ich mich umschaue, sehe ich neben mir unseren gleichmäßig atmenden Christian, eingehüllt in seine kuschelige Decke, friedlich schlafend in der Tragetasche liegen. Dicht neben mir schaut Elfriede nachdenklich und sehnsüchtig in die Kerzenflamme.

Tötende Blicke

Im Haus von Blanca gibt es viel zu tun. Jeden Tag stehe ich vor neuen handwerklichen Herausforderungen, die ich voller Schaffensfreude und Elan meistere. Ich bin gerade dabei, ein Giebelfenster abzudichten, als Elfriede mir mitteilt, dass sie beim Einkaufen meine Mutter getroffen hat und diese uns bittet, am Nachmittag ins Elternhaus zu kommen. Punkt 14 Uhr laufen wir mit Christian den Weg zum Haus hinüber. Meine Mutter kommt uns entgegen und zwinkert mir fast unmerklich zu.

»Hast du etwas erreicht?«, frage ich, worauf sie mir leise zuflüstert: »Er willigt ein, wenn auch missmutig.« Weiter kommt sie nicht, denn mein Vater steht bereits hinter ihr.

Ohne mir etwas anmerken zu lassen, begrüße ich ihn höflich und korrekt. Elfriede und ich folgen ihm mit Christian in die Stube. Das Kind würdigt er keines Blickes. Es scheint, dass er nicht damit klarkommt, sein Opa zu sein.

Prüfend mustert er uns mit seinen durchdringenden Augen. Dank des kurzen Hinweises meiner Mutter halte ich ihm heldenhaft stand. Augenblicklich verstehe ich die sprichwörtliche Redensart: *Wenn Blicke töten könnten …* Ich bin froh, dass seine Blicke keine Macht mehr über mich haben.

Dominierend erhebt er seine Stimme und sagt: »Wenn auch ungern, willige ich eurer Heirat und einer Adoption zu!«

In diesem Moment schießen mir tausend Gedanken durch den Kopf. Mir ist beinahe schwindelig, weil ich es fast nicht glauben kann. Ein triumphierendes Glücksgefühl durchströmt mich. Der Druck all der vergeblichen Bemühungen der vergangenen Wochen scheint von mir abzufallen wie der Kokon eines schlüpfenden Schmetterlings. Gegenüber meinem Vater verziehe ich keine Miene, denn hier gelten seine Spielregeln. Doch Elfriedes Hand drücke ich sanft, als sie vor Freude meinen Arm berührt.

»Ich kümmere mich um die nötigen Papiere beim Notar«, ergänzt er pflichtbewusst. In seinem unbeugsamen, lehrerhaften Ton führt er fort: »Aber stolziert nicht mit dem Kind durch die Stadt. Ich bin schließlich Lehrer und kann mir dummes Geschwätz nicht erlauben.«

Egal was jetzt noch aus seinem Munde kommt, mich kann nichts mehr erschüttern. Doch mein Gefühl täuscht mich, als mein Vater mir einen Plastikhefter mit dem niederschmetternden Kommentar in die Hand drückt: »Ich dachte, ich hätte dir in der Schule besser Deutsch beigebracht.« Als ich den Hefter öffne, sehe ich – fein säuberlich nach Datum geordnet – all meine Briefe aus Paris abgeheftet. Jeder einzelne Brief ist mit einem fetten, unauslöschlichen Rotstift an den fehlerhaften Stellen markiert.

Es entsteht ein tiefer Riss in mir, gleich einer klaffenden Wunde, die erneut zu bluten anfängt und nicht zu stillen ist. Perplex suche ich den Arm von Elfriede, aber jetzt nicht vor Glück, sondern vor erniedrigender Demütigung und Scham.

Dornröschenschlaf

Ich brauche einige Tage, um mich von der glückseligen und zugleich unseligen Begegnung mit meinem Vater zu erholen. Elfriede und Blanca reden mir verständnisvoll zu, damit ich mich auf das Wesentliche konzentriere. Langsam zieht die dunkle Wolke der Demütigung an mir vorbei, und ich melde uns für einen Termin im Standesamt an.

Kurze Zeit später hängt die Mitteilung für unsere standesamtliche Trauung im Rathaus aus. Fast täglich laufe ich daran vorbei, um zu sehen, ob sie noch da ist. Und jedes Mal wachse ich ein Stück höher in den Himmel, so sehr freue ich mich.

Am 22. Mai 1968 ist die standesamtliche Hochzeit. An diesem Mittwoch treffen wir uns im engsten Familienkreis im Rathaussaal ein. Unsere Trauzeugen sind Onkel Josef, mein Taufpate, und Tante Else, die ich sehr mag. Keine weiteren Gäste sind eingeladen. Der Einzug ins Standesamt ist unspektakulär. *Welch ein Hohn, wenn ich daran denke, welche Hürden wir zu überwinden hatten, um heute hier zu stehen*, schießt es mir durch den Kopf. Sogleich verdränge ich meine kritischen Gedanken und widme mich vollkommen dem Geschehen.

Elfriede und ich sitzen auf roten Samtstühlen, ähnlich derer im Büro des Bischofssekretärs. *Wenn der wüsste*, denke ich schmunzelnd, als der Standesbeamte den Raum betritt. Es ist ein kleiner gedrungener Mann, sein Anzug liegt eng an seinem Körper, sodass die Jackenknöpfe an seinem Oberkörper gespannt wirken. Durch seine Brille schaut er uns mit trüben Augen an, und seine Mundwinkel formen sich zu einem leichten, aber etwas steifen Lächeln. Auf sein Handzeichen hin setzten wir uns erwartungsvoll. Elfriede und ich halten uns die Hände als Zeichen der Verbundenheit. Dies scheint den Beamten nicht zu interessieren, denn er schaut lustlos auf den vor ihm liegenden dunkelbraunen Ordner und blättert nach dem Begrüßungstext die erste Seite mit hörbarem Knistern um. In leisen Worten leiert er unverständlich seinen Text herunter und fragt uns schließlich: »Willst du, Erich Häusler, die hier anwesende Elfriede heiraten?«

Nacheinander geben wir uns das lang ersehnte Ja-Wort, tauschen die Ringe aus und unterschreiben die Heiratsurkunde. Das Sprichwort *In der Kürze liegt die Würze* trifft für die Kürze, jedoch nicht für die Würze zu. Nach dem biederen Prozedere von insgesamt 15 Minuten gehen wir dennoch glücklich Hand in Hand aus dem Rathaus. Wir umarmen und küssen uns erleichtert auf der oberen Stufe der Rathaustreppe. Nun sind wir endlich offiziell verheiratet. Es kommt uns vor, als ob wir neu geboren wurden und soeben aus einem hundertjährigen Dornröschenschlaf erwachen. Auf diesen Moment haben wir lange gewartet und sind beide sichtlich erleichtert. Gemeinsam laufen wir vom Standesamt in den Altreuteweg. Es ist ein herrlicher, warmer Sonnentag, und wir sind froh, uns auf der schattigen Terrasse im Elternhaus mit Wiener Würstchen und Kartoffelsalat zu stärken. Am Nachmittag fahren wir nach Friedrichshafen zu Kaffee und Kuchen, und abends lädt uns Onkel Josef im Gasthaus zum Wiener Schnitzel ein.

Fortuna ist uns wohlgesonnen

Nicht nur wir sind an diesem 22. Mai aus dem Dornröschenschlaf erwacht. Auch die römische Göttin Fortuna scheint es gut mit uns zu meinen. Bereits eine Woche nach unserer Hochzeit bekomme ich die Zusage für einen Job und ein Appartement.

Das Hotel Garni in Lindau eröffnet demnächst, und sie suchen dringend Personal für die Sommersaison. Ich verdiene monatlich 1200 DM, abzüglich der Wohnung. Zudem wird mir in Aussicht gestellt, dass Elfriede ebenfalls arbeiten kann. Herr Zürcher, der Hotelier, ist mit meinen Eltern befreundet.

Blanca gratuliert uns erfreut: »Endlich ist euch das Schicksal wohlgesonnen.« Sie erzählt uns, dass sie in der Regionalzeitung von der bevorstehenden Neueröffnung gelesen hat. »Ich werde als erste Besucherin ins Café der Superlative kommen.« Wir lachen und freuen uns über ihre enthusiastische Art.

Am 1. Juni stehe ich pünktlich in der Küche des Hotel Garni. Ich bin für den Küchenablauf verantwortlich. Es werden keine aufwendigen Speisen angeboten. Das Angebot besteht aus kleinen Snacks, Ragouts, Würstchen,

Toasts, Aufschnitt, Käse und Salate. Außerdem bin ich dafür verantwortlich, dass der Nachschub der Torten für das Café funktioniert. Ein Konditor ist stundenweise eingestellt und stellt köstliche Torten und Kuchen in großer Vielfalt und hervorragender Qualität her. Die Gäste sind begeistert, und schnell wird das *Café Vis-a-Vis* ein Geheimtipp. Als Blanca wie versprochen zu Besuch ins Café kommt, offeriere ich ihr ein großes Stück Mandel-Baiser-Torte mit Erdbeeren. Schnell bin ich mit der Routine im Job vertraut. Nach einer Woche startet Elfriede als Servicekraft und verdient im Monat 950 DM.

Wir sparen, wo wir können, denn nach dem dreimonatigen Saisonjob im September will ich nach Hamburg fahren und eine neue Existenz für unsere Familie aufbauen. Uns lockt das Flair einer Großstadt, und ich finde, dass Hamburg mit seinem weltbekannten Hafen eine gute Alternative zu Paris ist.

Als ich am 7. September in die Hafenstadt fahre, um einen Job und eine Wohnung für uns zu suchen, bin ich voller Hoffnung.

Hamburg, die Stadt der Zukunft
Wer nichts wagt, der nichts gewinnt

Am 8. September fährt mein Nachtzug um 17 Uhr Richtung Hamburg. Mein spärliches Gepäck liegt auf der Gepäckablage neben zahlreichen Koffern anderer Fahrgäste. Mit meiner rechten Hand ertaste ich unter meiner Jacke die Gürteltasche aus Stoff, in der sich die gesamten Ersparnisse der vergangenen Monate von 3800 Mark befinden.

Sehr bald schlafe ich erschöpft vom gleichmäßigen Rütteln auf dem Liegesitz ein. Erst am frühen Morgen, es ist 5 Uhr, weckt mich der helle Schein des Lichtes auf, und als ich aus dem Fenster sehe, bestaune ich die blühende Landschaft und das Morgenrot, das an mir vorbeirauscht. *Hier ist der Himmel voller imposanter Wolkengebilde, die stets neue Bilder kreieren.*

Wir fahren mitten durch die Lüneburger Heide. Links und rechts sticht mir das kräftige Lila der blühenden Heide in die Augen, die sich kilometerweit ausbreitet. Mit rasender Geschwindigkeit nähert sich der Zug Hamburg. Ich werfe einen Blick auf die Adresse, die mir Elfriede kurz vor der Abfahrt zugesteckt hatte. Eine Brieffreundin von ihr wohnt in der Erikastraße in Hamburg Eppendorf, ich soll mich dort melden.

Während der Zug in Hamburg Harburg einfährt, bin ich mir nicht sicher, ob ich schon aussteigen muss. Ich bleibe wohlweislich sitzen und fahre weiter. Bereits der nächste Halt ist Hamburg Hauptbahnhof, und als ich den Zugschaffner an der Tür sehe, frage ich ihn: »Können Sie mir sagen, wo ich aussteigen muss, wenn ich nach Eppendorf will?«

»Moin, moin, bleiben Sie bis zur Endstation Hamburg Altona sitzen«, ruft er mir zu, bevor er winkend aussteigt. Ich fahre an Hamburg Dammtor vorbei und erblicke den Fernsehturm, der noch im Bau ist. Die erste Plattform ist erst fertig. Der Eiffelturm wirkt imposanter, finde ich, während der Zug bereits in Hamburg Altona einfährt.

Es ist Punkt 8.45 Uhr. Rita, Elfriedes Freundin, meinte zu ihr, ich solle mir gleich am Kiosk ein Hamburger Abendblatt kaufen. Diese Lokalzeitung ist voll von Stellenanzeigen und Wohnungsangeboten. Gesagt, getan!

Mit der Hamburger Lokalzeitung in der Hand stehe ich am belebten

Bahnhofsvorplatz und spüre, wie der letzte Hauch Müdigkeit von mir abfällt. Menschen ziehen an mir vorbei, Gerüche von Kaffee und Zigaretten aus den umliegenden Cafés und Imbissen steigen mir in die Nase; all diese neuen Eindrücke lassen das Adrenalin in mir höher steigen.

Ich ahne bereits, dass die Stadt eine breite Auswahl an gastronomischen Angeboten für jeden Geschmack hat und eine lebendige Mischung aus traditioneller, regionaler Küche und neuen, internationalen Einflüssen bietet. »Möge Fortuna mich weiterleiten und begleiten«, wünsche ich mir, als ich in die Linie 14 der Hamburger Straßenbahn einsteige, um zur Erikastraße zu fahren. Freundlich empfängt mich der Bahnführer mit der typischen Hamburger Begrüßung: »Moin, moin.« Als ich bei ihm ein Ticket löse, frage ich ihn, an welcher Haltestelle ich aussteigen muss, wenn ich zur Erikastraße möchte. »Steigen Sie bei der Haltestelle Friedenseiche am Eppendorfer Marktplatz aus und lernen Sie schnell, dass man in Hamburg übern *s*pitzen *S*tein *s*tolpert«, neckt er mich, als er merkt, dass ich, als echter Vorarlberger das »r« rolle, wie kein Hamburger es macht. Seine Lockerheit bringt mich zum Schmunzeln, und auf der Fahrt wiederhole ich leise den typisch norddeutschen Zungenbrecher mit den vielen s-Lauten, dann werfe ich neugierig einen Blick ins Hamburger Abendblatt. In fetter Überschrift sticht mir ein Inserat ins Auge: *Altes Landhaus zur Friedenseiche am Eppendorfer Marktplatz sucht ab sofort einen Koch.* Da soll ich doch aussteigen. Was für ein Glück? Ist das möglich? Ausgerechnet das erste Inserat in der Gastronomie-Rubrik, welches ich lese, sucht einen Koch im alten Landhaus Eppendorf. *Es hätte nicht besser laufen können in einer 1,8 Millionenstadt Hamburg*, konstatiere ich erregt.

Die Haltestelle ist tatsächlich direkt vor dem alten Landhaus. Welch ein Zufall – oder Schicksal? Ich steige aus, und statt zunächst zur Erikastraße zu laufen, entscheide ich, dem Wink des Inserates zu folgen. Mit meinem Köfferchen in der einen Hand und der druckfrischen Zeitung in der anderen gehe ich ins altehrwürdige Landhaus mit der festen Überzeugung: *Wer wagt. gewinnt.*

Der Dom, der keine Kirche ist

Schon früh musste ich lernen, für mich einzustehen. Das kommt mir jetzt zugute. Ich denke nicht lange nach, sondern handle. *Was kann mir schon passieren, außer dass ich eine Absage erhalte*, denke ich pragmatisch, als ich neben dem Eingang des Landhauses eine Putzfrau mittleren Alters anspreche, die gerade den Imbiss-Pavillon vor dem Restaurant reinigt.

Vertieft in ihre Aufgabe schaut sie zu mir auf. Vermutlich löst mein Anblick, mit Köfferchen und Zeitung in der Hand, Muttergefühle in ihr aus, denn sie lässt ihren Putzlappen in den danebenstehenden Eimer fallen und begleitet mich in das noch unbeleuchtete Restaurant. Sie führt mich zu einer Frau, die in einer schummrigen Ecke gebeugt über Papieren sitzt und Rechnungen kontrolliert. Nachdem sich die Putz-Fee verabschiedet, um zurück zum Pavillon zu gehen, begrüße ich die ältere Dame höflich und erkläre ihr, dass ich gerade ihr Inserat gelesen habe.

»Moin moin, ich bin Frau Eberhard, die Besitzerin. Wir sind eine bekannte Schaustellerfamilie und mein Mann ist der Hamburger Dom-Präsident«, erklärt sie mir, ohne zu ahnen, dass ich das Wort *Dom* bisher nur mit der Kirche in Zusammenhang bringe.

Mein unverständlicher Gesichtsausdruck regt sie dazu an, erklärend hinzuzufügen: »Der Hamburger Dom ist ein Volksfest und findet im Frühling, Sommer und Winter statt. Seit 1893 befindet sich der Dom mit seinen Händlern und Schaustellern am Heiligengeistfeld im Stadtteil St. Pauli. Zurzeit ist mein Mann der amtierende Präsident und dies ist unser Lokal.«

Interessiert höre ich ihr zu und erwidere zielstrebig: »Sie haben ein sehr schönes Lokal und ich interessiere mich für die ausgeschriebene Stelle als Koch. Ich habe in Paris an der Champs Elysee im Moulin d'Alsace gekocht und bin heute direkt aus Lindau angereist, wo ich im Hotel Vis a Vis eine Saisonstelle hatte.«

Kurzerhand fragt sie nach meinen Zeugnissen. Wahrheitsgetreu gestehe ich ihr, dass ich keine Zeugnisse besitze. »Du kommst aus Paris und Lindau und hast keine Zeugnisse?«, fragt sie ungläubig.

»Sie werden mir nachgeschickt«, flunkere ich, um mich aus der Bredouille zu retten. »Ich kann Ihnen mein Abschlusszeugnis zeigen«, füge ich rasch hinzu, während ich mein Vorzugszeugnis aus dem Koffer hole.

Schweigend begutachtet sie das Dokument. Ich halte den Atem an und beobachte voller Spannung jede kleinste Regung in ihrem Gesicht, die mir Aufschluss geben könnte, was sie über mich denkt. Erleichtert atme ich durch, als sie mir zu verstehen gibt, dass sie von meinen Noten beeindruckt ist.

»Du kannst bei uns anfangen.« Nach einer kurzen Pause fährt sie fort: »Am Anfang wirst du 14 Tage von einem jungen Kollegen eingearbeitet. Anschließend wirst du als Alleinkoch verantwortlich sein. Zu Beginn verdienst du im Monat netto 750 Mark und nach einem Jahr bekommst du eine Lohnerhöhung von 250 Mark, also insgesamt 1000. Wenn du anfangen willst, kannst du das bereits heute«, meint sie ohne große Umschweife. Erfreut und zugleich überrumpelt erkläre ich ihr mein Zögern: »Ich habe nicht gedacht, dass es so schnell geht. Ich muss noch ein Zimmer oder eine Wohnung suchen.«

»Das ist kein Problem, im ersten Stock ist ein Personalzimmer frei. Das kannst du so lange haben, bis du eine Wohnung gefunden hast. Erscheine einfach morgen um 9 Uhr pünktlich in der Küche.«

Als ich ihre Worte höre, frage ich mich, ob ich träume oder wach bin. Noch vor zwanzig Minuten war ich ohne Job und Wohnung und nun fällt mir beides in den Schoß. Ich kann es immer noch nicht glauben, als ich meinen verschlissenen, alten Pappkoffer im Personalzimmer abstelle und zu einer Telefonzelle gehe, um Elfriede die erfreuliche Neuigkeit mitzuteilen.

Sie ist ebenfalls perplex und gratuliert mir freudig. Nach unserem Telefonat schlendere ich gelassen zwei Straßen um die Ecke weiter in die Erikastraße und klingle an der Wohnungstür von Rita und Klaus Schwarzenbek. Als Rita die Tür öffnet, ist sie überrascht, dass ich ohne Gepäck vor ihr stehe. Ich fühle mich sofort herzlich aufgenommen. »Klaus ist noch bei der Arbeit. Du hast Glück, dass ich zu Hause bin.«

Ich erzähle ihr, dass ich in der Nachbarschaft im Alten Landhaus wohnen und arbeiten kann. Sie ist baff und freut sich mit mir. »Das kennen wir gut. Wir sind dort öfter als Gäste. Das Haus hat Geschichte, es ist sehr alt und steht unter Denkmalschutz«, erklärt sie. »Wenn du in diesem Tempo weitermachst, arbeitest du bald in einem der berühmten Hotels. Die Hamburger lieben gutes

Essen. Das Hotel Vier Jahreszeiten, das Atlantik oder das gutbürgerliche Traditionshotel Reichshof gehören zu den Top Adressen. Rita versichert mir, dass ihr Mann Klaus sich bereit erklärt hat, als Vertrauensperson zu bürgen, wenn wir ein Konto bei der Sparkasse eröffnen wollen. Ich gratuliere dir von Herzen und freue mich schon sehr, wenn Elfriede nach Hamburg kommt. Natürlich helfen wir euch, wo wir können. Arbeite dich erst in Ruhe ein, und Klaus kann dir dann helfen, ein Konto bei der Sparkasse zu eröffnen. Wir können für euch als Vertrauenspersonen bürgen, damit du das Konto bekommst.«

So viel Zuneigung und ehrliches Entgegenkommen habe ich nicht erwartet. Bis kurz vor Mitternacht studiere ich das Hamburger Abendblatt und markiere einige möblierte Wohnungen, die zur Miete angeboten werden. Dann falle ich müde ins Bett, denn um neun Uhr will ich fit in der Küche stehen. Auf der durchgelegenen Matratze mache ich kaum ein Auge zu. Es ist, als ob ich auf einem Kamelbuckel liege, der bei der kleinsten Bewegung hin und her schaukelt. Zudem höre ich laute Straßengeräusche – besonders die Straßenbahn, die in regelmäßigen Abständen beim Anfahren an der Kreuzung bimmelt. Die flackernde Leuchtreklame schimmert durch den dünnen Vorhang, und vereinzelt höre ich das Martinshorn von Polizei oder Rettungsfahrzeugen. In der Hoffnung, bald ein ruhigeres Zimmer zu finden, falle ich irgendwann in einen unruhigen Schlaf.

Das ist ungenießbar

Am 9. September ist mein erster Arbeitstag im Alten Landhaus in Eppendorf. Vor zwei Tagen war ich noch in Lindau und hatte keine Ahnung, wie es weitergeht. Meine Chefin stellt mir einen jungen Mann vor, Günter Büssen: »Er wird dich in der Hamburger Küche einarbeiten.«

»Moin, moin, dann wollen wir mal loslegen«, begrüßt er mich sympathisch und mit einem kräftigen Händedruck. »Auch wenn sich die Esskultur in den 60er-Jahren für internationale Einflüsse geöffnet hat, ist die typische Hamburger Küche für den Norddeutschen ein Muss«, erklärt mir Günter Büssen. »Ich habe im Haus Vaterland in Hamburg gelernt und du?« Ich erzähle ihm von meiner Lehre in Bregenz und meiner Stelle im Moulin d'Alsace in Paris.

»Na, dann kannst du ja gleich Sauerkraut machen, du bist schließlich ein Profi. Übrigens kannst du mich Günter nennen«, meint er kollegial.

Wir verstehen uns auf Anhieb, und mit österreichischem Schalk und Tatendrang erwidere ich: »Ich bin Erich! Der beste Sauerkrautkoch von Paris! Da lege ich doch gleich los.« Günter zeigt mir den Vorratsraum, und ich beginne meine Arbeit. Jeder Handgriff sitzt, und ich füge die vertraute Menge der Zutaten und Gewürze hinzu, bevor ich das Kraut am Ende der Kochzeit abschmecke. Günter lässt mich agieren, und als das Kraut fertig ist, bringe ich Frau Eberhard eine Kostprobe zum Probieren.

Als die Restaurantbesitzerin die Gabel mit dem dampfenden, säuerlich riechenden Kraut in den Mund führt, verzieht sie abrupt das Gesicht und spuckt das Kraut mit entsprechenden Lauten zurück auf den Probeteller. Vor Schreck zucke ich zusammen. Jetzt ist meine Probezeit beendet. Was habe ich falsch gemacht?

Frau Eberhard wischt sich demonstrativ den Mund mit der Serviette ab, nimmt einen Schluck kalten Kaffee und belehrt mich eindringlich: »Bei uns in Hamburg kommen Zucker und Apfelmus oder Ananas ins Kraut, das ist ja ungenießbar! Du vergraulst mir damit alle Gäste.«

Kleinlaut versichere ich, dass ich in Zukunft nach Anweisung von Günter das Sauerkraut nach Hamburger Art zubereiten werde. Sie nimmt meine Worte zur Kenntnis, und mit gesenktem Kopf trotte ich mit dem Probeteller zurück in die Küche.

»Hey Erich, nimm's nicht persönlich. Die Hamburger sind direkt, aber sie haben ein gutes Herz«, ermutigt mich Günter, als ich ihm von der peinlichen Episode erzähle. »Ich bring dir bei, was den Hamburgern schmeckt!« Mir wird klar, dass ich noch viel lernen muss. Ich war mir so sicher, doch meine Erfahrungen lehren mich eines Besseren: »Andere Länder, andere Sitten, andere Geschmacksrichtungen. Nun heißt es, all das Gelernte fürs Erste zu vergessen und mich anzupassen.«

Günter, der meine Worte hört, erwidert trocken: »Da gibts nur eins. Aufstehen und weitermachen!«

Ich nehme mir seine Worte zu Herzen: Nicht in Selbstmitleid verfallen, sondern aufstehen und weitermachen! Noch am gleichen Abend kaufe ich mir am Kiosk eine Fachzeitschrift mit typisch Hamburger Rezepten.

»Ich bin schließlich Koch mit Vorzugsabschluss, da werde ich die kulinarische Herausforderung der norddeutschen Küche wohl spielend meistern«, motiviere ich mich selbst, als ich in der Broschüre blättere und über die typischen Merkmale der Hamburger Küche recherchiere. Fischgerichte in unterschiedlichen Variationen sind in Hamburg sehr beliebt. Ich lese von Matjesfilet, Aal in Gelee, geräuchertem Aal und Bratheringen. Auch Labskaus aus gepökeltem Fleisch mit Kartoffeln, Spiegelei, Roter Beete und Gurken sowie Bohnen mit Birnen und Speck gehören zu den Favoriten der norddeutschen Küche. Der bekannte Grünkohl wird in Hamburg mit Pinkelwurst oder mit Kasseler, Kartoffeln und Senf serviert, lese ich weiter. Und natürlich dürfen im kühlen Norden auch die Suppen nicht fehlen, vor allem in der kühleren Jahreszeit. Beliebt sind Erbsensuppe, Bohneneintopf, Rote-Bete-Suppe und vor allem die Hamburger Aalsuppe. Im Originalrezept wird kein Aal verwendet, heißt es weiter. »Al bin« ist plattdeutsch und bedeutet so viel wie »Alles drin«.

Die Kaffeekultur gehört in Hamburg zur Nachmittagstradition, bei der unterschiedliche Sorten von Torten, Kuchen und Gebäck serviert werden. *Wie in Vorarlberg*, denke ich, als ich die diversen Tortenrezepte mit den ansprechenden Fotos begutachte. Frau Eberhard wird sehen, wie ich die norddeutsche Küche bald beherrsche. Voll motiviert sauge ich jeden Tipp von Günter auf und schreibe die Rezepte in ein Heft. Bereits nach kurzer Zeit weiß ich, was die Hamburger mögen.

Kartoffelsalat wird immer mit süßer Mayonnaise zubereitet. Der Hamburger kennt den Natursalat mit Essig und Öl nicht, erzähle ich Elfriede, als ich ihr von meinen Erlebnissen berichte. Jeden Tag lerne ich neue Speisen kennen. Matjesfilet mit Zwiebelringen gehört inzwischen zu meinen Leibgerichten.

Ich suche intensiv nach einer möblierten Wohnung, um lieber heute als morgen aus dem unbequemen Personalzimmer auszuziehen. Die lauten Fahrgeräusche der Autos, das Gebimmel der Straßenbahn und die desolate

Matratze sind eine Qual. Am 18. September, einem Montag, habe ich frei und bin mit dem Hausmakler Fred Gedaschko verabredet. Er will mir eine möblierte Wohnung in Niendorf zeigen. Die Anzeige habe ich bereits an meinem Ankunftstag mit Rotstift markiert. Mit der Straßenbahn fahre ich zur Haltestelle Niendorfer Straße. Von Weitem sehe ich ein zweistöckiges Haus. Davor weht die Fahne einer Texaco-Tankstelle, vor der ich den Makler treffe.

Im Parterre des Hauses befinden sich die Tankstelle und ein Büro. Eine schmale Treppe führt hinauf in die erste Etage zu einer 45 Quadratmeter großen, möblierten Wohnung. Im Vergleich zum Personalzimmer kommt sie mir riesig vor. Ein fünf Meter langer und zwei Meter breiter Flur erstreckt sich vor mir, von dem rechts ein Raum ins Bad mit Toilette und eine weitere Tür in einen mit Küchenzeile ausgestatteten Raum mit Kochplatten, Schränken und Kühlschrank führt. Ein Tisch mit vier Stühlen steht an der Wand unter einer Dachschräge mit Gaubenfenster, von dort fällt der Blick auf einen Hinterhof mit geparkten Autos. Zu meinem Erstaunen sehe ich in der Ferne ein großes Flugzeug, welches zur Startbahn rollt.

»Das kann ja ziemlich laut werden«, bemerke ich, doch der Makler antwortet schlagfertig: »Der Fluglärm ist nicht hörbar. Die Fenster sind doppelt verglast. Selten starten und landen die Flugzeuge in diesem Teil des Flughafens.« Da ich keinen Lärm höre, verfliegt meine Skepsis.

Im Flur geradeaus folge ich Gedaschko ins Wohnzimmer. Links davon betreten wir das Schlafzimmer. Die Räume haben normal große Fenster zur Straßenseite und beide eine Dachschräge. Alle gebrauchten Möbel, das Sofa und das Bett, sind schlicht und zweckmäßig. Allerdings fehlen Töpfe, Pfannen, Geschirr, Besteck, Gläser, Zudecken, Wolldecken und Polster. Die gesamte Ausstattung müssen wir selbst besorgen.

Nach der ausführlichen Besichtigung empfiehlt mir Gedaschko: »Wenn Sie die Wohnung haben wollen, warten Sie nicht lange mit Ihrer Entscheidung. Ich habe noch weitere Interessenten.«

Die Vermittlungsgebühr beträgt 750 Mark, für die Vermieterin Frau Schumacher sind drei Monatsmieten von mit je 350 Mark im Voraus zu bezahlen. Ich zögere keine Minute. Natürlich nehme ich die Wohnung ab sofort, froh und glücklich, aus dem ungemütlichen Personalzimmer herauszukommen. Ich zahle das Geld für die Kaution und bekomme eine Quittung und den ausgefüllten Mietvertrag.

Erfreut über den soeben abgeschlossenen Deal bekräftigt Gedaschko feierlich: »Dann gehört dieses Reich ab sofort Ihnen.«

Noch am gleichen Tag hole ich mein spärliches Hab und Gut aus dem Personalzimmer. »Endlich kann ich in einem richtigen Bett schlafen«, sage ich zu Elfriede, als ich sie anrufe. »Dann bin ich bald bei dir«, antwortet sie erfreut.

Noch am gleichen Abend übernachte ich in unserer neuen Mietwohnung. Nachdem ich fast neun Tage kein Auge zugemacht habe, falle ich müde ins Bett und schlafe ohne Bettdecke und mit Kleidern bis zum nächsten Morgen durch. Als ich aufwache, weiß ich im ersten Moment nicht, wo ich bin. Ich besinne mich schnell, und motiviert stehe ich auf und laufe zu Fuß die sechs Kilometer zur Arbeit nach Eppendorf. Frau Eberhard ist froh, dass das Personalzimmer wieder frei ist. Als ich ihr erzähle, dass ich heute Nacht ohne Decke geschlafen habe, schenkt sie mir als Einstandsgeschenk zwei Wolldecken und meint: »Wir haben im Lager noch viel altes Geschirr, Gläser und Besteck. Da gibt es sicher etwas, was Sie gebrauchen können.«

Dankbar über ihre Großzügigkeit beginne ich meinen Dienst. Von Tag zu Tag fühle ich mich sicherer in der Küche. Am Samstag ist meine Einarbeitungszeit mit Günter vorbei. Die verbleibenden Tage frage ich meinem hilfsbereiten Beistand Löcher in den Bauch und mache mir viele Notizen. Mit seinem ungetrübten Humor meint Günter: »Du schaffst das schon und überstehst die Feuertaufe problemlos.«

Ab sofort bin ich nun als Alleinkoch in der Küche tätig und für alle Bestellungen und die Zubereitung der Speisen verantwortlich. Ab heute heißt es, im wöchentlichen Wechsel entweder Frühdienst von 9 bis 18 Uhr oder Spätdienst von 14 bis 22 Uhr zu machen. Wenn einer von uns im Urlaub oder krank ist, erwartet die Chefin, dass wir Doppeldienst machen. Dafür ist dann allerdings eine Freistunde von 14.30 bis 17.30 Uhr eingeräumt. In meiner freien Zeit besorge ich alles Notwendige, was wir in der Wohnung zum Leben benötigen, damit Elfriede und Christian in ein schönes Zuhause kommen. Die Ersparnisse sind schon längst aufgebraucht. Um von meinem Lohn nicht unnötiges Geld zu verschwenden, gehe ich jeden Tag zu Fuß von Niendorf nach

Eppendorf hin und zurück – insgesamt 12 Kilometer.

Ich bin bereits eine Woche in der Küche als Alleinkoch verantwortlich, als mich Frau Eberhard zu sich ruft. »Sie haben Ihre Feuertaufe mir Bravour bestanden! Nach Ihrem Sauerkrautflopp haben Sie sich hervorragend bei uns eingelebt. Ich bin mit Ihren Leistungen sehr zufrieden. Man könnte meinen, dass Sie mit der Hamburger Küche groß geworden sind«, beteuert sie mit einem Lächeln und fährt fort: »In der Küche lief es lange nicht mehr so harmonisch wie mit Ihnen und Herrn Büssen.«

Ihr aufrichtiges Kompliment freut mich. Auch ich habe bisher die Zusammenarbeit in keinem Gastronomiebetrieb so kameradschaftlich erlebt. Meine Kolleginnen Frau Lüdemann und Petra, die beide den Imbiss bewirtschaften, verwöhnen mich zwischendurch mit Bratwürstchen und Senf oder mit einem ofenfrischen Franzbrötchen mit Zimtzucker vom Bäcker. Ich liebe diesen typisch Hamburger Plunderteig und bin Frau Lüdemann für diese tägliche Stärkung nach meinem morgendlichen Fußmarsch sehr dankbar.

Heute ist dein Glückstag

Es ist ein angenehmer milder Herbsttag im Oktober, als ich zum Bahnhof fahre, um Elfriede und Christian abzuholen. Ich kann es kaum erwarten, die beiden wiederzusehen und ihnen Hamburg zu zeigen.

Frau Eberhard hat mir zwei Tage frei gegeben, damit ich Zeit mit meiner Familie verbringe. »Zeigen Sie ihnen das schöne Hamburg, damit sie sich wohlfühlen«, rief sie mir nach der gestrigen Abendschicht zu.

Als Erstes fahren wir zur Wohnung und ich zeige ihnen später die Umgebung, so mein Plan. Der Zug trifft pünktlich um 8.50 Uhr am Hauptbahnhof in Hamburg ein. Endlich sehe ich Elfriede mit Christian an der Hand und mit dem Gepäck auf dem Bahnsteig stehen. Mir kommt augenblicklich die Szene von Paris in den Sinn, als ich sie das erste Mal mit unserem Baby abgeholt habe, und nun erlebe ich dieses Glück in Hamburg. Wir umarmen uns innig, bevor wir mit unserem Zweijährigen und dem Koffer in der Hand gemütlich zum Ausgang stolzieren. Christian jauchzt vor Freude.

Elfriede ist begeistert von unserer Zweizimmerwohnung, und nach der Besichtigung beschließen wir, den freien Tag zu nutzen und die Umgebung zu erkunden. Nahe unserer Wohnung liegt das Niendorfer Gehege. Es ist ein Freizeit- und Erholungsgebiet mit altem, teilweise seltenem Baumbestand. Mit etwa 142 Hektar ist es das größte Waldgebiet des Bezirks Eimsbüttel. Um dieses große Gebiet zu erkunden, brauchen wir sicherlich viele Monate, realisieren wir, als wir nach mehreren Stunden zurück nach Hause kommen. Die zwei freien Tage vergehen viel zu schnell.

Ich bin glücklich, als ich am nächsten Morgen mit Elfriede noch einen Kaffee trinke. »Wie schön, dass ihr da seid. Ich wünsche euch einen schönen Tag und ich freue mich, heute Abend nicht in eine leere Wohnung zu kommen.«

An diesem Morgen komme ich abgehetzt zur Arbeit und laufe direkt Frau Eberhard in die Arme: »Moin moin, Erich, warum sind Sie denn so verschwitzt?«

»Ich bin heute etwas knapp losgelaufen«, erkläre ich und hoffe, dass sie kein Problem damit hat.

»Was, Sie sind von Niendorf zu Fuß gelaufen, das glaube ich nicht!«

»Doch, ich laufe jeden Tag.«

»Aber warum nehmen Sie denn nicht die Straßenbahn? Sie haben doch eine gute Verbindung nach Niendorf?«

Einen kurzen Moment zögere ich, bevor ich mich entscheide, die Wahrheit zu sagen: »Ich habe kein Geld mehr und traue mich nicht, um einen Vorschuss zu fragen.«

Ohne eine Sekunde zu überlegen, erwidert sie: »Aber natürlich bekommen Sie einen Vorschuss, wenn das Geld Ihnen als Überbrückung für die Unkosten der neuen Wohnung hilft.«

Ich bedanke mich, lehne jedoch höflich ab und gehe in den Personalraum, um mich für die Frühschicht umzuziehen.

Nach dem Mittagsgeschäft ruft mich die Chefin plötzlich zu sich.

»Ich möchte, dass Sie kurz mitkommen.«

Ich folge ihr und bin überrascht, als wir plötzlich aus dem Haus gehen und vor einem Fahrradgeschäft Halt machen, was nur einige Häuser vom Alten Landhaus entfernt liegt.

»Es ist bald Weihnachten, und mein Mann und ich möchten Ihnen ein Fahrrad anstelle von Weihnachtsgeld schenken. Wir sind sehr zufrieden mit Ihnen. Suchen Sie sich ein schönes aus.«

»Aber Weihnachten ist doch erst in zwei Monaten«, wende ich ein. Doch Frau Eberhard lässt nicht locker, und der Fahrradverkäufer zeigt mir die Modelle zur Auswahl.

»Sie machen mich zum glücklichsten Menschen der Welt«, beteure ich, als ich mit meinem ersten neuen Markenfahrrad aus dem Geschäft gehe. »Das ist das schönste Geburtstags- und Weihnachtsgeschenk, das ich je in meinem Leben bekommen habe.«

»Na, dann wurde es ja Zeit, Sie sind schließlich ein Christkind!«, erwidert sie humorvoll.

Zurück im Alten Landhaus zeigt sie mir, wo ich mein neues Rad sicher im Hinterhof abstellen kann. Als ich an diesem Abend mit dem Fahrrad zurück nach Niendorf fahre, fühle ich mich so leicht und unbeschwert, als ob ich fliegen könnte. Die Strecke kenne ich blind nach den vielen Wochen zu Fuß. Jedes Haus ist mir vertraut, jeden Baum kenne ich und jeden Straßennamen kann ich benennen, bevor ich ihn auf dem Straßenschild erkenne. Mit dem Fahrrad fliege ich an den Häusern, Bäumen und Straßen vorbei und bin nach bereits fünfzehn Minuten vor unserem Haus. Damit das Rad nicht gestohlen wird, trage ich es die Treppe in unsere Wohnung hinauf, wo ich es im Flur abstelle. Elfriede kann kaum glauben, dass ich schon da bin, und gratuliert mir zum neuen Fahrrad.

»Na, heute ist ja dein Glückstag. Wie schön, dass du keinen so langen Arbeitsweg mehr hast.« Von nun an fahre ich jeden Tag, egal ob es stürmt oder schneit, mit meinem neuen Gefährt von Niendorf ins Eppendorfer Landhaus.

Schneedesaster in Hamburg

Die Tage werden rauer und kürzer in Hamburg. Morgens wird es kaum hell und nachmittags wird es schon ab vier dunkel. Hinzu kommt der beißende Wind, der mir an so manchem November- und Dezembertag um die Ohren weht und durch jede Naht meiner Jacke pfeift. Da helfen weder Handschuhe noch Mütze. Trotzdem will ich auf die Fahrt mit meinem Fahrrad nicht verzichten.

Im Alten Landhaus ist Hochbetrieb. Fast jeden Mittag und Abend sind wir ausgebucht, denn im Winter gibt es eine besondere Spezialität, die bei norddeutschen Feinschmeckern sehr beliebt ist: Winterzeit ist Eisbeinzeit.

Wir verkaufen Unmengen davon, gepökelt oder in einem Würzsud weich gekocht. Die aufgequollene, zarte Schwarte ist besonders beliebt. Als Wintergemüse gibt es gelbe Schälerbsen, welche am Tag zuvor eingeweicht und zu Püree zubereitet werden, darauf gibt es Speckstippe mit Zwiebeln und Sauerkraut. Auch Gans und Ente mit Rotkohl und Kartoffelklößen sind begehrte Favoriten sowie frischer Karpfen blau.

»Die Hamburger lieben in dieser kalten Jahreszeit deftige Speisen«, erkläre ich Elfriede, als wir uns am 30. Dezember überlegen, was wir an Sylvester essen wollen. Wir entscheiden uns, eine kalte Platte zu machen, da ich nicht genau sagen kann, wann ich vom Dienst zurück bin. Es ist das erste Mal, dass wir als kleine Familie zusammen den Jahreswechsel verbringen.

»Ich wünsche euch einen guten Rutsch und feiert nicht zu lange. Morgen gibt es viel Arbeit«, scherzt Frau Eberhard, als sie uns am Silvesternachmittag mitteilt, dass wir bereits um 21 Uhr Dienstschluss haben.

Erfreut schwinge ich mich trotz eisiger Kälte aufs Rad. Es ist stockfinster und eine typische, nasskalte Hamburger Nacht, von denen es hier im Winter viele gibt. Während ich nach Hause radle, sehe und höre ich unzählige Böller und Knallfrösche, die Kinder und Erwachsene entzünden. *Hoffentlich knallt mir nichts ins Rad*, denke ich, als ich in Windeseile durch die Straßen flitze. Durchgeschwitzt von der schnellen Fahrradtour komme ich gut zu Hause an. Christian läuft mir mit einer tutenden Plastiktrompete entgegen und dröhnt, so laut er kann, und Elfriede hat bereits heißen, selbst gemachten Glühwein vorbereitet und holt die kalte Platte aus dem Kühlschrank. Entspannt genießen wir unsere Dreisamkeit mit Spielen und dem Austausch von Erinnerungen.

»Weißt du noch, als wir uns in Schloss Hofen das erste Mal heimlich getroffen haben?«, schmunzele ich glücklich. »Und nun sind wir hier mit unserem Sohn in Hamburg, wer hätte das gedacht.«

Plötzlich steht Elfriede erregt auf und holt die Sektgläser und den Sekt. »Vor lauter Erinnerungen vergessen wir, auf das neue Jahr anzustoßen. In zwei Minuten ist Mitternacht!«, ruft sie aus der Küche.

Christian bekommt zur Feier des Tages ein Glas Fanta, und gemeinsam zählen wir mit lauten Stimmen von zehn rückwärts: » Vier, drei, zwei, eins …« Als es zwölf Uhr schlägt, fallen wir uns glücklich in die Arme.

Christian, der nicht versteht, was da gerade passiert, schlürft seine prickelnde Fanta genüsslich aus, während er bei jedem Schluck sein Gesicht verzieht.

Als ich am Neujahrstag frühmorgens aus dem Fenster schaue und mich für die Frühschicht zurechtmache, sehe ich feine Schneeflocken in der Luft. Ich beschließe, mit dem Fahrrad zu fahren, da die Straßen frei sind.

Ein jungfräuliches, neues Jahr liegt vor uns. Ich atme tief die frische Morgenluft ein und radle durch die noch leeren und ausgestorbenen Straßen.

»Viele Menschen schlafen noch ihren Rausch aus«, bemerke ich zu Günter, als ich in die Küche komme.

Falsch gedacht, bereits ab halb zwölf sind alle Tische reserviert und ausverkauft. Wir haben Hochbetrieb. In der Küche geht es heiß und turbulent zu, und die Zeit vergeht rasend schnell. Als ich kurz nach meiner Schicht aus dem Fenster schaue, traue ich meinen Augen nicht: »Ach du meine Güte, was ist denn das!« Dichte Schneeflocken fallen vom Himmel und es schneit unaufhörlich.

Angesichts der Schneemenge bleibt mir nichts anderes übrig, als das Fahrrad nach Hause zu schieben. *Wer sein Fahrrad liebt, der schiebt* kommt mir der Spruch eines Lehrers in den Sinn. Es ist leichter gedacht als getan, denn bereits nach der ersten Abbiegung versinke ich knietief im Schnee. Je nach Windrichtung gibt es meterhohe Schneeverwehungen. Der öffentliche Verkehr ist zum Stillstand gekommen, und ich komme nur schwerlich voran. Obwohl die Räumungsdienste versuchen, die plötzlichen Schneemengen zu beseitigen, ist es hoffnungslos. Endlich bin ich kurz vor Mitternacht daheim in Niendorf. Ich befreie das Rad vom Schnee und trage es in die Wohnung.

Am nächsten Tag bleibt das Restaurant geschlossen. Das Schneechaos verbietet den Menschen, auf die Straße zu gehen, und der öffentliche Verkehr ist zusammengebrochen. Erst gegen Mittag gelingt es dem Schneeräumdienst, einige Hauptstraßen freizuräumen. Auch die Straßenbahn fährt noch nicht. Für die Kinder ist es ein Gaudi. Sie bauen Schneemänner, ziehen sich auf ihren Schlitten oder machen Schneeballschlachten. So viel Schnee hat Hamburg seit Jahren nicht mehr gesehen. Weil es unentwegt weiter schneit, bleiben das Alte Landhaus und der Imbiss so lange geschlossen, bis der Verkehr wieder normal läuft. Ein unverhoffter Urlaub, den ich mit Elfriede und Christian mit Schneeballschlachten und Schlittenfahrten genieße.

Es dauert mehrere Tage, bis ich wieder mit dem Rad zur Arbeit fahren kann. Über drei Wochen hält sich der strenge Winter in diesem Januar 1969.

Zwei Seiten einer Medaille

Das Schneevergnügen in den Straßen von Hamburg ist groß. In vielen Stadtteilen gibt es ein lebhaftes Treiben und Tummeln. Christian liebt es, im Schnee zu spielen oder sich von Elfriede auf dem Schlitten durch die Nachbarschaft ziehen zu lassen. Unzählige Mütter und Väter ziehen ihre Kinder auf den Schlitten durch die verzaubert glitzernde Schneelandschaft.

An einem sonnigen Tag Anfang Februar spricht uns eine Mutter an, die wir schon öfter gesehen haben.

»Moin, moin, ist es nicht herrlich, dieser frische Schnee? Wohnen Sie auch in der Gegend? Ich habe Sie schon ein paar Mal gesehen«, fragt sie uns interessiert.

Als sich herausstellt, dass unsere Söhne fast gleichaltrig sind und sie im Nachbarhaus wohnt, kommen wir ins Gespräch. Froh, mit jemandem reden zu können, erzählt sie uns, dass sie alleinerziehend ist und eine Zugehfrau beschäftigt, die am Tag auf ihren Sohn aufpasst.

»Wenn Sie wollen, können die Kinder ja mal zusammen spielen!«, meint Elfriede einladend. »Ich bin im Moment viel zu Hause.«

Schon bald freunden wir uns mit unserer Nachbarin an, Margarete Kölsch, und die Kinder sind glücklich, wenn sie zusammen spielen können. Eines Abends unterbreitet mir Elfriede eine Idee, von der ich sofort Feuer und Flamme bin. »Was hältst du davon, wenn ich gleichzeitig auf mehrere Kinder aufpasse? Ich könnte es mir gut vorstellen.« Sie erkundigt sich gleich am nächsten Tag in der Gemeinde, welche Bedingungen wir erfüllen müssen, um eine geregelte Kinderbetreuung, eine Art private Kita für vier bis fünf Kinder, einzurichten. Kurze Zeit später werden wir zu einem Eignungstest im Jugendamt vorgeladen. Zusätzlich bekommen wir Besuch vom Amt. Die Dame prüft unser Wohnverhältnis. Für die Vorladung benötigen wir Geburtsurkunde, Ausweis und Meldebestätigung. Als wir zum Termin erscheinen, werden uns viele Fragen gestellt, um die Eignung zu prüfen. Bereits nach wenigen Tagen bekommen wir eine schriftliche Bewilligung. Ab sofort darf Elfriede von 8 bis 16 Uhr auf vier Kinder aufpassen. Sie freut sich auf diese neue Aufgabe. Pro Kind erhalten wir inklusive Mittagessen 60 Mark im Monat. Diese zusätzlichen 200 Mark Einkommen helfen uns sehr.

Bisher hat Elfriede täglich die Stoffwindeln und Kleidungsstücke von Hand gewaschen. Nach einigen Monaten kaufen wir uns endlich eine Wasch- und eine Nähmaschine, was den Alltag erleichtert und uns langfristig Kosten spart. Wir benötigen pro Woche rund 50 Mark zum Leben. Dank eines bescheidenen Lebensstandards kommen wir gut über die Runden, müssen jedoch haarscharf kalkulieren.

Als mir Elfriede im Mai mitteilt, dass ihre Periode ausgeblieben ist, ahnen wir bereits, was sich nach ihrem Arztbesuch definitiv bestätigt. »Sie sind in der achten Woche schwanger und können sich auf Ihr zweites Kind im Januar freuen«, bestätigt der Arzt.

Christian kann es kaum erwarten, sein Schwesterchen am 28. Januar 1969 in der Uni Klinik Eppendorf willkommen zu heißen. Wir geben ihr den Namen Monika. Die Geburt verläuft ohne Komplikation. Mutter und Kind sind wohlauf und kommen nach einer Woche nach Hause. Christian ist so stolz und umarmt sein Schwesterchen innig. Das süße Baby wandert von Arm zu Arm. Nun sind wir zu viert eine glückliche kleine Familie.

Elfriede sieht müde aus und beklagt sich, dass es enorm störend war, bei der Entbindung von so vielen Probanden umgeben zu sein. Sogar bei der Geburt hatte sie keine Ruhe, weil so viele Menschen um sie herumschwirrten. »Jeder hat an mir herumgedrückt und mir Fragen gestellt, als ob ich nicht selbst genug Stress hatte. Bei der ersten Geburt war es viel angenehmer!«

Nachdem ich den Arzt darauf anspreche und mich darüber beschwere, meint er teilnahmslos: »Das UKE ist eine Universitätsklinik mit lernenden Ärzten – das sind die Bedingungen für die Ausbildung.« Er wünscht uns alles Gute, dreht sich um und geht gefolgt von fünf Assistenzärzten erneut in den Gebärsaal. Nun ist mir klar, warum ich bei der Geburt nicht anwesend sein durfte.

Wir sitzen gerade in der Küche, als es an der Tür klingelt. Die Vermieterin gratuliert uns zu unserem Nachwuchs, überreicht mir einen verschlossenen Brief und verabschiedet sich, ohne viele Worte zu verlieren. Erfüllt von meinem neuen Vaterglück nehme ich den Brief dankbar entgegen und während ich ihn öffne, sage ich zu Elfriede: »Das ist ja nett, die Vermieterin gratuliert uns.« Kaum spreche ich den Satz aus und werfe einen Blick auf den Brief, verschlägt es mir für einen kurzen Moment die Sprache.

»Das kann doch nicht wahr sein,« stammle ich.

Elfriede schaut mich verständnislos an, und da sie nicht versteht, was ich meine, reißt sie mir den Brief aus der Hand. »Das glaube ich nicht! Was für eine Frechheit.«

Frau Schuhmacher teilt uns schriftlich mit, dass sich der Mietvertrag mit dem Einzug unseres zweiten Kindes verändert und wir ab dem 1. Februar 50 DM mehr Miete bezahlen müssen. Die Monatsmiete beträgt ab sofort 400 Mark. Das ist viel zu teuer für eine notdürftig möblierte Wohnung.

Der anschließende Versuch, die Vermieterin umzustimmen, scheitert kläglich. Wir sind von ihr sehr enttäuscht. Doch wir haben keine andere Wahl. Wir müssen uns beugen und ihre Forderungen akzeptieren, ansonsten stehen wir auf der Straße.

Küche brennt – alle raus!

Nun bin ich bereits zwei Jahre im Alten Landhaus und ich freue mich täglich auf die gute Zusammenarbeit mit Günter Büssen. Einen besseren Kollegen kann ich mir nicht vorstellen. Wir halten zusammen wie Pech und Schwefel. Ich hätte niemals vermutet, dass diese Aussage eines Tages wortwörtlich zutrifft.

Täglich befeuern wir einen Kohleofen in der Küche. Das Heizrohr strahlt beim Anheizen unsägliche Hitze ab und glüht oftmals bis 60 Zentimeter in die Höhe. Das Rohr des Herdes wird unter der Glasbausteindecke etwa drei Meter in den Kamin geleitet. Die beißende Hitzeabstrahlung ist unerträglich, und wir beschweren uns bei der Chefin darüber.

»Heute kommt ein Handwerker, der das Rohr mit einem Gipsmantel isoliert«, bemerkt Günter, als er sieht, wie ich mir den Schweiß von der Stirn wische.

»Da bin ich froh. Frau Eberhard hat uns bereits vor Wochen versprochen, dass jemand vorbeikommt. Die Hitze ist nicht auszuhalten«, pflichte ich ihm bei. »Es ist wie in einer Sauna!«

Kurz nach 17 Uhr erscheint endlich der Handwerker. Er macht sich sogleich daran, das Rohr mit einer dicken Schicht Glaswolle zu ummanteln, und umwickelt das Gewölle anschließend mit einem öligen, braunen Packpapier, welches er mit gezwirbelten Drähten am Rohr befestigt.

»Weiter komme ich heute nicht«, meint er. »Morgen wird eine dicke Gipshülle um das präparierte Ofenrohr gearbeitet.«

Als ich ihn frage, was das mit dem Papier auf der Glasfaser für einen Zweck hat, erklärt er mir fachmännisch: »Es ist für die Anbindung und den Halt der Gipsmatten notwendig. Das wird für das Erste reichen. Morgen bringe ich zusätzliches Material mit und mache den Rest. Sie können den Ofen normal benutzen!«

Am folgenden Tag heize ich, wie gewohnt, den Ofen an. Plötzlich züngelt eine Flamme aus der Herdplatte und entzündet in Sekundenschnelle die Ummantelung des Ofenrohrs. Das gesamte Heizungsrohr brennt lichterloh. Der laufende Abluftpropeller knattert und scheppert fürchterlich. Nachdem der Lärm nachlässt, sehe ich, wie das flüssige Plastik des Propellers von der Decke schmilzt und auf den Herd tropft. Eine meterhohe Stichflamme erzeugt dunkelschwarze Rußwolken, welche die Küche verdunkeln. Ich schreie, so laut ich kann: »Die Küche brennt. Alle raus!«

Geistesgegenwärtig reiße ich den Feuerlöscher vom Treppenaufgang aus der Halterung und lösche zielgerichtet das Feuer. Nach und nach fallen Glasbausteine und Splitter von der Decke. Ich schütze mich mit der linken Hand, da ich kaum etwas sehe. Beißende Rauchschwaden vernebeln die gesamte

Küche und die angrenzenden Räume. Automatisch halte ich meinen Vorbinder vor das Gesicht, da mir das Atmen schwerfällt. Ein heftiger Hustenanfall zwingt mich, nach Luft zu schnappen. Es kommt mir wie eine Ewigkeit vor, bis die ersten Feuerwehrleute eintreffen. Nun sind die Profis am Werk, und schnell ist die Gefahr gebannt, doch ich stehe unter Schock. Entgeistert und verstört schaue ich auf den Schutt- und Rußhaufen, der sich in der Küche gebildet hat. Was für ein Desaster!

Ein Feuerwehrmann nimmt mich in den Arm und versucht mich zu beruhigen. »Sie haben vorbildliche Arbeit geleistet. Es war nicht ungefährlich für Sie. Dank Ihres mutigen Einsatzes haben Sie ein gewaltiges Feuer im historischen Gebäude verhindert.«

Mir ist nicht nach Lob zumute, ich fühle mich hundeelend. Das Lokal wird für die Gäste geschlossen, und meine Kollegen begleiten mich in den Gastraum. Während alle aufgeregt durcheinanderreden, wird mir klar, welche Folgen dies für das Tagesgeschäft hat. Die ganzen Vorbereitungen waren umsonst und die Lebensmittel müssen allesamt entsorgt werden.

Kurze Zeit später ruft mich Frau Eberhard ins Büro und meint, nachdem sie ihren ersten Frust herausgelassen hat: »Ich bin froh, dass niemandem etwas passiert ist, aber Ihre Löschaktion hat uns mehr geschadet als genützt. Warum sind Sie nicht rausgelaufen und haben es brennen lassen? Wir sind sehr gut gegen Feuer versichert. Nun wird uns nur anteilig der entstandene Schaden vergütet. Das wird ein teurer Spaß.«

Zu schwach, irgendetwas zu erwidern, höre ich zwar ihre Einwände, aber das Einzige, was ich spüre, sind meine wackeligen Knie und meine zittrigen Hände.

»Trinken Sie erst einmal einen Kaffee und dann gehen Sie nach Hause. Sie haben morgen frei, damit Sie sich erholen können.«

Günter, der in der Zwischenzeit ins Alte Landhaus gekommen ist, bietet mir augenblicklich seine Hilfe an: »Erich, bleib bloß sitzen, du bist ja kreidebleich. Du fährst auf keinen Fall mit dem Fahrrad nach Hause, ich begleite dich später mit dem Auto.«

Schweigend starre ich ihn an und fühle mich vollkommen neben der Spur. Entgeistert murmele ich vor mich hin: »Frau Eberhard meinte, ich hätte es brennen lassen sollen.«

»So ein Blödsinn, du hast alles richtig gemacht!«, bestärkt mich Günter in seiner beruhigenden Art. In dieser Nacht verfolgt mich ein schrecklicher Albtraum. Ich sehe mich inmitten eines Feuermeers stehen. Panik ergreift mich, als ich den beißenden Geruch von Rauch in der Luft wahrnehme und verzweifelt versuche, meine Umgebung zu erkennen. Doch das Flammenmeer blendet meine Augen. Die Hitze drückt auf mich, als ob sie mich verschlingen will. Ich spüre, wie meine Lungen sich mit Rauch füllen und meine Schreie vom Knistern und Knacken der Flammen übertönt werden. Der Raum wird immer kleiner, während das Feuer sich unaufhaltsam ausbreitet. Ich suche verzweifelt nach einem Ausweg, doch die Türen und Fenster sind fest verschlossen. In Panik beginne ich zu rennen, komme jedoch nicht vom Fleck. Die Flammen verfolgen mich auf Schritt und Tritt. So unaufhaltsam, bis ich wie eine lebende Fackel verbrenne.

»Nein!«, höre ich mich laut aufschreien, als ich schweißgebadet aufwache.

»Erich, du hattest einen Albtraum. Wach auf, alles ist gut! Du bist in deinem Bett«, beschwichtigt mich Elfriede, als sie vom lauten Aufschrei aufwacht.

Im Alten Landhaus kehrt langsam der Alltag wieder ein, doch ich spüre weiterhin eine abgrundtiefe Erschöpfung. Bilder von Feuerzungen verfolgen mich mitten am Tag. Immer noch schwirren Handwerker um uns herum, um die letzten Schäden zu beheben. Alle geben ihr Bestes, damit die Restauration wieder starten kann. Zwei Wochen nach dem Brand haben wir erneut ein volles Haus. Die Gäste merken nichts von alledem, was wir hinter den Kulissen durchgemacht haben. Wir arbeiten professionell und unterstützen uns gegenseitig. Doch eines Morgens überfällt mich ein unbestimmtes Gefühl von Anspannung.

»Es ist nicht mehr so wie vorher«, stelle ich fest, als ich mit Günter am Abend etwas trinken gehe.

»Ja, die Chefin hat schlechte Laune und ist immer noch sauer. Nimm es nicht persönlich. Du hast alles richtig gemacht«, beschwichtigt mich Günter erneut.

Zu allem Übel bekomme ich am Wochenende entsetzliche Schmerzen in der rechten Unterseite des Bauches. »Du musst sofort ins Krankenhaus«, insistiert Elfriede. »Damit ist nicht zu spaßen!«

Als ich im Krankenhaus ankomme, werde ich sofort in den Operationssaal geschoben. »Das war höchste Zeit. Sie haben eine akute Blinddarmentzündung. Das hätte dumm ausgehen können.« Nachdem ich von der Operation aufwache, erklärt mir der Arzt: »Sie brauchen absolute Bettruhe und sind für drei Wochen krankgeschrieben.« Augenblicklich kommen mir die Ereignisse der vergangenen Wochen in den Sinn und mir wird klar, dass mein Körper nach einem Ausweg sucht, mit der Situation klarzukommen. Das war alles zu viel für mich. Die Aufregung und der Ärger mit der Chefin lasten auf mir. Ständig habe ich versucht, meine Vorgesetzte durch meinen Arbeitseinsatz zu beschwichtigen. Jedoch ohne Erfolg.

Ich begreife bis heute nicht, dass ich alles hätte abbrennen lassen sollen. Das ist nicht richtig! Ich hätte es niemals gekonnt. Nun wird sie noch wütender auf mich sein, wenn ich für drei Wochen als Arbeitskraft ausfalle.

Meine Ahnung bestätigt sich. Die Chefin zitiert mich umgehend in ihr Büro, als ich nach drei Wochen wieder im Alten Landhaus erscheine. »Ich muss Ihnen mitteilen, dass Sie einen Monat lang keinen freien Tag mehr haben. Wir brauchen Sie und können uns keinen weiteren Ausfall erlauben. Drei Wochen hat gereicht. Es tut mir leid. Wenn es Ihnen nicht passt, müssen Sie kündigen.«

Mir fehlen die Worte. Ich bin seit meiner Einstellung das erste Mal krankgeschrieben und habe in zwei Jahren nie gefehlt. Ohne die Worte laut auszusprechen, stehe ich auf und schließe die Bürotür. Ein vertrautes Gefühl übermannt mich und ich kann nichts dagegen tun. »Das wars!«

Enttäuscht realisiere ich, dass soeben eine jahrelange Freundschaft mit Frau Eberhard in die Brüche gegangen ist.

Das Leben geht weiter

Bedrückt mache ich Dienst nach Vorschrift. Seit dem Gespräch mit Frau Eberhard ist etwas zerbrochen. Nicht nur in der Beziehung zur Chefin, sondern auch in meiner Freude und meinem Tatendrang, stets das Beste zu geben.

Ich bin bereit, alles zu geben, aber ich bin nicht bereit, mich schamlos ausnutzen und drangsalieren zu lassen. Das ist nicht fair!, rasen mir die Gedanken im gleichen Tempo durch den Kopf, wie meine Füße auf das Pedal treten, während ich mit dem Fahrrad nach Niendorf strample. Elfriede meint, ich solle mir nichts gefallen lassen. Sie ermutigt mich, in dem naheliegenden Gasthof gegenüber unserer Wohnung nach einem Job zu fragen.

Bereits am nächsten Tag stelle ich mich beim Chef im Niendorfer Hof vor. »Suchen Sie einen Koch?«, frage ich ihn ohne Umschweife.

»Moin, moin, junger Mann. Bei mir kannst du nicht kochen«, antwortet er mir ebenso direkt.

»In Hamburg kennen sich alle guten Köche. Sie vermitteln sich gegenseitig, wenn eine Stelle frei ist.« Ohne viele Worte kritzelt er mir eine Telefonnummer auf einen Zettel und überreicht ihn mir. »Hier ist die Nummer von Peter Lötsch. Er ist mein Neffe und arbeitet beim Küchenchef Egon Wriedt an der Elbchaussee. Vielleicht haben Sie ihn schon mal gesehen. Er ist täglich mit der bekannten Palmin-Werbung im Fernsehen. Rufen Sie ihn einfach an.«

Ich nehme den Zettel entgegen und bedanke mich herzlich für seine Hilfsbereitschaft. Wenn er wüsste, dass ich keinen Fernseher habe und den prominenten Koch nicht kenne ... Sogleich laufe ich zur nächstliegenden Telefonzelle, um Herrn Lötsch anzurufen. Das Telefon klingelt. Keiner geht ran. Als ich den Hörer bereits in die Gabel legen will, höre ich eine ferne Stimme: »Peter Lötsch, womit kann ich dienen?«

Mutig erkläre ich mein Anliegen und stelle mich vor.

»Kommen Sie morgen im Restaurant Rittscher an der Elbchaussee vorbei. Ich muss jetzt Schluss machen, bin grad am Pass und muss Speisen ausgeben.« Bevor ich mich höflich bedanken kann, höre ich bereits das tutende Rufzeichen im Hörer ertönen.

Am nächsten Tag vergeht die Schicht schnell und ich spüre, wie meine Lebensgeister wieder erwachen. Das Leben geht weiter. Ich finde etwas Neues. Da bin ich mir sicher. Während ich eine kräftige Consommé mit Eierstich und Markklößchen vorbereite, beginne ich, vor mich hinzuträllern.

Berufliche Weiterentwicklung

Im Bann des Großmeisters

Am Spätnachmittag, nach meiner Frühschicht im Alten Landhaus, fahre ich mit dem Schnellbus an die Elbchaussee und steige an der Station Halbmonds Weg aus. Von Weitem sehe ich das mit Scheinwerfern angestrahlte und im Landhausstil gebaute Restaurant Rittscher. Als ich dort ankomme, steht eine prachtvolle weiße Kutsche auf dem Rasen vor dem Eingang und begrüßt die Besucher mit einem Hauch von Eleganz.

Mein Herz klopft aufgeregt, als ich das Restaurant betrete. Unmittelbar begegnet mir eine nobel und stilvoll gekleidete Empfangsdame und fragt mich, ob ich den Mantel in der Garderobe abgeben möchte.

»Nein, danke, ich bin mit Herrn Lötsch zu einem Gespräch verabredet.«

»Bitte warten Sie einen Moment, ich sage ihm Bescheid, dass Sie hier sind. Nehmen Sie bitte Platz, er wird gleich zu Ihnen kommen.«

Während ich eine Zeit lang warte, bestaune ich das Interieur und die erlesenen Stoffe in der Lounge. Prunkvolle Teppiche, eine große Bodenvase mit einem frischen Blumenarrangement und historisch überdimensional große Bilder unterstreichen die Tradition und die Geschichte des Hauses. Ich empfinde eine gediegene Atmosphäre der Ruhe und Gelassenheit, die der Ort ausstrahlt.

Versunken in Gedanken kann ich mir vorstellen, dass hier ein Schauplatz der Begegnung ist, in dem Geschäftsleute ihre Pläne schmieden, Reeder und Segler von ihren Abenteuern schwärmen und sich Verliebte bei gutem Essen und Wein tief in die Augen schauen.

»Moin, moin, entschuldigen Sie die Verspätung«, höre ich die sympathische Stimme von Herrn Lötsch.

Ich erhebe mich, um ihn zu begrüßen. Doch er gibt mir mit einer Handbewegung zu verstehen, dass ich sitzen bleiben kann. Während er sich zu mir setzt, nimmt er mich in Augenschein und verschafft sich einen ersten Eindruck von mir. Er beschreibt mir das Restaurant Rittscher und erzählt über die traditionsreiche Geschichte des Hauses. »Das Rittscher ist ein Edelrestaurant an der Elbchaussee, in einem Nobelviertel von Hamburg. Hier wohnen viele Millionäre und die sogenannten Pfeffersäcke, wie die Kaufleute in Hamburg bezeichnet werden. Sie sind unsere Stammgäste, ebenso gehen hier bekannte Filmschauspieler, Promis und Politiker tagtäglich ein und aus. Preuss und Grell sind die Inhaber des Hauses. Sie legen großen Wert auf Etikette und Excellence und fordern die beste Qualität in puncto Personal. Den Eigentümern gehört auch die Nobel-Disco *Ambassador*, das Restaurant *Der goldene Stern* und eine Diskothek *Die Insel.*«

Nachdem er seine Ausführungen beendet hat, erzähle ich ihm von meinen unterschiedlichen Erfahrungen in Österreich, Paris und in Hamburg.

»Gut, dann würde ich Ihnen gerne den Küchenchef Egon Wriedt vorstellen.« Er führt mich durchs Restaurant zu einem monumentalen Tresen, der an jeder Ecke mit prächtigen Holzsäulen und Schnitzereien verziert ist. Dahinter wartet ein großer, kräftiger Mann mit weißer, stoffgestärkter Kochmütze auf uns. Sein Gesichtsausdruck ist verschmitzt und lausbübisch. Es ist nicht zu übersehen, dass er der dominante Meister in der Küche ist und sagt, wo's lang geht.

»Herr Lötsch hat Sie bereits angekündigt. Sie sind der Jungkoch aus Österreich. Kommen Sie!«

Ich stelle mich vor, erzähle meine Geschichte in Kurzfassung und komme ohne Umschweife auf den Punkt. »Ich möchte mich bei Ihnen als Jungkoch bewerben. Leider habe ich nur mein Abschlusszeugnis und meinen Lebenslauf vorzulegen.« Er überlegt kurz und erwidert: »Das Wichtigste ist Ihr Können und Ihre Leistung, nicht Ihre Zeugnisse. Wenn Sie wollen, starten Sie als Demi-Chef auf dem Gemüseposten und bewähren sich in der üblichen Probezeit.«

Euphorisch stimme ich zu. »Ja, sehr gerne, allerdings möchte ich mich von meiner jetzigen Arbeitgeberin angemessen verabschieden, danach stehe ich Ihnen voll zur Verfügung.«

»So machen wir es. Wir erwarten Sie bei uns.« Danach verschwindet er in der Küche und Peter Lötsch erklärt mir vorerst das Wichtigste.

Ich bin wie im Rausch, dass meine Bewerbung so reibungslos verlief.

Vielleicht ist es meine Auslandserfahrung und die Tatsache, dass ich bereits so jung in Paris war, geht es mir durch den Kopf, während Herr Lötsch fortfährt: »Sie bekommen 1250 Mark Gehalt. Bitte gehen Sie ins Personalbüro in der

Poststraße am Gänsemarkt und verlangen Sie Fräulein Jürgens, damit sie Ihre Papiere fertig macht.« Mit einem kräftigen hanseatischen Handschlag besiegelt er unsere Abmachung und begleitet mich zum Ausgang.

Auf dem Weg zur Bushaltestelle springe ich in Gedanken vor Freude in die Luft. »Juhu! Ich habe einen neuen Job, eine neue Chance und eine kräftige Gehaltsaufbesserung.«

Es kommt mir vor, als ob sich soeben ein neues Kapitel von einer Welt öffnet, in der Luxus und Stil regieren. Kühn und wagemutig schießt mir der Gedanke durch den Kopf: *Ich will in Zukunft die Seele der Gäste mit unvergesslichen Kreationen speisen!* Es fühlt sich an, als ob ich vom Geist des Großmeisters Bocuse gestreift und in seinen Bann gezogen werde. Das Rittscher hat in mir etwas zum Leben erweckt, was brachlag und nun erneut zum Leben erwacht.

Zu Hause angekommen schreibe ich meine Kündigung. Mit dem Urlaub, der mir noch zusteht, beginne ich bereits kurze Zeit später im Rittscher. Frau Eberhard stellt mir ein ausgezeichnetes Zeugnis für meine zweijährige Arbeit im Alten Landhaus aus und wünscht mir für meinen neuen Job viel Glück und Erfolg. Ihre Loyalität gewinnt am Ende doch noch, und ich darf sogar das Fahrrad behalten, wofür ich sehr dankbar bin.

Das undefinierbare Gefühl, bald schon Teil einer neuen Geschichte zu sein, erfüllt und beflügelt mich zutiefst.

Erst geben, dann empfangen

»Wer nicht bereit ist zu geben, kann nicht empfangen«, erinnere ich mich an die Worte meiner Großmutter, als ich auf die Straßenbahn warte, um meinen ersten Arbeitstag im Rittscher zu beginnen. Mir ist bewusst, dass mein Arbeitsweg nicht mehr so einfach wie bisher ist. Der Weg ist zu weit, um mit dem Fahrrad zu fahren, und so nutze ich Straßenbahn, U-Bahn und den teuren Schnellbus. In Zukunft beträgt mein Arbeitsweg täglich drei Stunden, das sind gut zweieinhalb Stunden mehr als bisher.

Pünktlich erreiche ich das Rittscher, in der Tasche meine Arbeitskleidung und mein erstes Dienstzeugnis. Ich bin aufgeregt, als ich in neuer Kochuniform die Küche betrete. Herr Lötsch begrüßt mich und stellt mich allen Mitarbeitern vor. In der Küche herrscht bereits geschäftiges Treiben.

»In einer Schicht arbeiten acht Köche in verschiedenen Stationen. Wir sind eine Brigaden-Küche«, erklärt Lötsch und stellt mir die verschiedenen Arbeitsbereiche vor.

»Die kalte Küche: Vorspeisen, Salate und Dessert; Entremetier: Gemüse, Suppen und die Herstellung von Crêpes; Poissonnier: alles, was mit Fisch zu tun hat und die dazugehörigen Soßen; der Saucier ist für das Braten von Fleisch und die Herstellung brauner Soßen verantwortlich und portioniert das Fleisch für Steaks und Spieße. Am Ende stehen der Küchenchef oder ich als sein Vertreter für die Annonce am Pass, wo die Kontrolle der angerichteten Speisen stattfindet. Wir koordinieren die Ausgabe und den Ablauf.«

Ich bin beeindruckt, wie effizient alles organisiert ist. Routinemäßig weist er mir meine Aufgabe zu: »Sie fangen auf dem Gemüseposten als Entremetier an. Ihr Kollege wird Ihnen das Nötige erklären.«

Der auf meinem Posten zugewiesene Herr Köcher führt mich in die Qualitätsstandards des Restaurants ein und meint: »Wir werden Ihnen von Anfang an spezielle Techniken und Präsentationen beibringen.«

Mir wird bewusst, dass ich es langsam angehen und mir viele Notizen machen muss, um fehlerfrei zu arbeiten. Die Tipps und Tricks der erfahrenen Köche lerne ich durch Zusehen und Nachmachen.

Alles, was das Herz begehrt

Wir arbeiten in Wechselschichten: Frühdienst von 9 bis 18 Uhr und Spätdienst von 15 Uhr bis 23 Uhr. Ich beginne mit der Frühschicht und verlasse bereits vor sieben das Haus. Als ich aufbreche, fällt mein Blick auf die noch schlafenden Kinder. Pünktlich um neun Uhr stehe ich auf meinem Posten. Alle geben ihr Bestes, damit der hohe Standard gewährleistet ist und alles reibungslos funktioniert. In der Brigadeküche gilt das Motto: Gemeinsam schaffen wir ein kulinarisches Meisterwerk! Alles, was das Herz begehrt, wird täglich an Lebensmitteln und Rohstoffen von den besten Lieferanten Hamburgs angeliefert. Die Produkte sind frisch und von höchster Qualität: Gemüse, Fisch,

Seezungen, riesige Steinbutte, lebende Forellen, Schleien, Karpfen, Hummer und Langusten.

Auf meinem Posten verarbeite ich tagesfrisches saisonales Gemüse sowie diverse Pilzsorten, die ich noch nie gesehen habe. Schnell realisiere ich, dass hier eine andere Liga gespielt wird. Es ist ein Eldorado an kulinarischer Vielfalt und ich bin Feuer und Flamme, die anspruchsvolle und gehobene Küche von Grund auf zu lernen. Experimentierfreudig erkunde ich täglich neue Zusammensetzungen von Speisen und schule meinen Gaumen und Geschmackssinn, versuche die feinen Finessen von Texturen, Gewürzen, Kräutern und Zutaten zu unterscheiden und zu perfektionieren. Mein Ziel ist es, mit den einfachsten und naturbelassenen Zutaten eine wahre Geschmacksexplosion zu kreieren, damit die Feinschmecker auf ihre Kosten kommen.

Inzwischen bin ich bereits einige Wochen im Rittscher und kenne die routinemäßigen Abläufe der unterschiedlichen Posten.

»Das Team funktioniert ohne Ausnahme einwandfrei«, verkündet der Küchenchef in der regelmäßigen Lagebesprechung. »Wenn allerdings ein Kollege von euch erkrankt, müsst ihr, je nach Posten, Doppelschicht machen. Von 15 bis 17 Uhr hat der Betroffene Freistunde.« Das wurde im Alten Landhaus auch so gehandhabt.

Im Anschluss kündigt Lötsch an: »Morgen ist James Last mit einem Teil seiner Musiker im Haus.« Er ist ein gern gesehener Stammgast im Rittscher. Ich hoffe, ihn sehen zu können, denn ich bin Fan seiner Musik. »Seid darauf vorbereitet, alles zu geben!« Das gesamte Team ruft laut und vereint: »Ja Chef!«

Auf dem Weg zur U-Bahn treffe ich unseren Saucier, der bereits längere Zeit im Rittscher arbeitet und mir redselig erklärt: »Weißt du, Erich, wenn Promis kommen, dann ist in der Küche die Hölle los. Da musst du ruhig Blut bewahren. Das Rittscher ist ein Schlemmerrestaurant und zurzeit die renommierteste Adresse für Gourmets in Hamburg. Die gehobene Oberschicht geht hier ein und aus. Wie du weißt, leben in Hamburg viele Millionäre. Promis wie James Last, Peter Frankenfeld, Otto Waalkes und Freddy Quinn sind Freunde des Hauses und beehren uns regelmäßig. Tschüss, bis Morgen!«, erklärt er mir, bevor er in die U-Bahn auf dem gegenüberliegenden Bahnsteig einsteigt.

Als zwei Minuten später meine U-Bahn kommt, steige ich gedankenversunken in den vor mir haltenden Wagon ein. *Es war immer schon mein Traum, Freddy Quinn, Otto oder James Last persönlich zu treffen. Doch nun dürfen wir sogar für sie kochen – unglaublich. Morgen gebe ich alles.*

Wettlauf von Zeit, Präzision und Exzellenz

Heute ist ein großer Tag. Jeder kennt seine Aufgaben, und in der Küche liegt eine konzentrierte Spannung in der Luft. Wir sind aufgeregt wie die Pferde in der Box, die mit den Hufen scharren, bevor sie ins Rennen geschickt werden.

Der Wettlauf von Zeit, Präzision und Exzellenz ist eröffnet. Die frische Lieferung ist soeben eingetroffen, und ich starte mit der Auswahl und Zusammenstellung vom marktfrischen Gemüse. Heute brauche ich alle der mir zur Verfügung stehenden Sauteusen. Durch ihre flache und breite Form ist die gleichmäßige Wärmeverteilung für das Gemüse garantiert. Dadurch ist der Garvorgang schnell und gleichmäßig. In Koordination mit den anderen Posten beginne ich, in allen acht Sauteusen das frische Gemüse zu blanchieren und zu dünsten. Jeder Handgriff muss sitzen, denn heute müssen wir einen bleibenden Eindruck hinterlassen.

Die Atmosphäre in der gesamten Küche ist elektrisierend. Jeder Einzelne weiß, dass die Gewürze und Zutaten perfekt aufeinander abgestimmt sein müssen, um für die Gäste ein unvergessliches Geschmackserlebnis zu schaffen.

Um die Zeitabfolgen der einzelnen Gänge einzuhalten, verständigen wir uns flüsternd oder durch Handzeichen. Ich drapiere in abwechselnden Farben verschiedene Gemüsesorten auf die Platte. Der Küchenchef wechselt sekündlich von einem Posten zum anderen, um die Präsentation zu kontrollieren. Ein Tisch nach dem andern wird abgerufen und serviert. Wir haben zügig und ohne Beanstandung den Service geleistet und im Nu ist der Abend gelaufen. Gemeinsam haben wir es geschafft und sind schweißgebadet und erschöpft.

Vom Tresen aus werfe ich einen kurzen Blick ins Restaurant und sehe, wie James Last mit seinen Gästen am festlich gedeckten Tisch im Restaurant sitzt und sich angeregt mit seinen Musikern unterhält. Ein Hauch von Glamour und freudiger Erwartung umgibt die Gäste, als das Dessert vor ihnen platziert wird.

»Ihr habt hervorragende Arbeit geleistet und den Wettlauf von Zeit, Präzision und Exzellenz bestanden«, lobt uns der Küchenchef.

Alle Gäste sind vom Essen sowie vom Service begeistert. Stolz klatschen wir uns kameradschaftlich in die Handfläche, bevor sich jeder wieder an seinen Posten begibt, um aufzuräumen.

Auf der Heimfahrt spüre ich eine stille Dankbarkeit. Der heutige Tag hat mich um eine wertvolle Erfahrung reicher gemacht. Ich realisiere, wie wir als geschlossenes Team über uns hinauswachsen können. Alle wussten, was zu tun ist, alle haben kooperiert, alle haben gewonnen! Die emotionale Gratwanderung zwischen gespannter Aufregung und gelöster Erleichterung bleibt für mich unvergesslich und wegweisend für das, was in Zukunft noch auf mich wartet.

Sehr bald wird jeder Tag zur Routine und jeder Gast ist für uns ein Promi. So halten wir es im Team.

Das Unfassbare geschieht

Als wieder einmal alle Plätze im Restaurant belegt sind und ich unter purem Stress stehe, geschieht das Unfassbare. Ich bin gerade dabei, meine fertigen Gemüseplatten an die Ausgabe zu stellen. Der Küchenchef Egon Wriedt testet die grünen Zuckererbsen von meiner Platte, und ich sehe, wie er grantig sein Gesicht verzieht. Im Zeitlupentempo geht er mit der Platte auf mich zu und wirft sie kopfüber und mit Karacho vor meine Füße. Dann schreit aus voller Kehle: »Was ist denn das! Die Erbsen sind steinhart. Wenn du keine Lust mehr zum Kochen hast und du dir keine Mühe gibst, gehst du sofort nach Hause!«

In diesem Moment werden sämtliche Bestellungen angehalten. Unter Schock bereite ich in Windeseile neue Gemüseplatten vor und achte darauf, dass das Gemüse auf der Zunge zergeht.

Der Kellner stürmt bereits in die Küche und ruft: »Wo bleibt das Essen, die Gäste beschweren sich.« Der Küchenchef nimmt mit stoischer Ruhe eine Gabel und probiert jedes Gemüse auf der neu angerichteten Platte. Nach einer gefühlten Ewigkeit meint er: »Na, geht doch!«

Meine Kollegen schauen mich mitleidig an. Statt erleichtert zu sein, schäme ich mich in Grund und Boden. So nahe liegen Triumph und Scheitern beieinander.

Fischmarkt - ein Fest der Sinne

Nun arbeite ich bereits ein Jahr ohne einen freien Tag. Mit Elfriede und den Kindern bleibt die einzige gemeinsame Zeit nach der Frühschicht oder am Morgen vor der Spätschicht. Seit zwölf Monaten habe ich jedes Wochenende Dienst. Jeden Sonntag, wenn die Sonne scheint, ist ein kriegsähnlicher Zustand und Überfall der Gäste im Restaurant und im Garten vorprogrammiert. Sie sind besonders nörgelig. Die vielen Extrawünsche bringen wenig Umsatz und erfordern bei der Zubereitung höchsten Aufwand. Den Köchen und auch den Inhabern missfällt die Klientel. Nicht selten reklamieren die Gäste per Brief direkt bei der Geschäftsleitung, denn lange Wartezeiten sind die hauptsächlichen Gründe der Beschwerden während des Sonntagsgeschäftes.

Als eines Tages Herr Preuss direkt in die Küche kommt, teilt er uns mit: »Ab kommender Woche bleibt das Restaurant am Sonntag geschlossen. Wir haben uns in der Geschäftsleitung dazu entschieden, dass das gesamte Personal einen Ruhetag bekommt. Zudem sparen wir Lohnkosten.«

Die gesamte Küchenbrigade jubelt laut auf, und angeregt tauschen wir Ideen aus, was wir ab jetzt am Sonntag unternehmen werden. Ich liebe es auszuschlafen, Musik zu hören, mit Elfriede, Christian und Monika einen Ausflug zu machen, Freunde zu treffen, zu feiern oder einfach in den Tag hineinzuleben. An einigen Sonntagen treffen wir uns mit der gesamten Küchenbrigade inklusive Frauen und Kindern zu einem Sonntagsplausch auf dem Hamburger Fischmarkt.

Der traditionsreiche Markt ist seit 300 Jahren ein Markenzeichen von Hamburg. Dort herrscht buntes Treiben. Es wird gehandelt und gefeilscht, zahlreiche Anbieter preisen ihre frische Ware an. Er beginnt jeweils vor Sonnenaufgang und endet um 10 Uhr. Bis alle Aufräumarbeiten erledigt sind, ist es Mittag.

An einem Abend, als ich nach der Arbeit nach Hause komme, beschließe ich im Gespräch mit Elfriede, dass wir mit den Kindern am frühen Sonntagmorgen gegen 6 Uhr auf den Fischmarkt gehen. Sanft wecken wir sie aus ihren Träumen. Es ist draußen noch dunkel. Die noch verschlafen Kinder werden mühsam angekleidet, und wir trinken auf die Schnelle eine Tasse Kaffee. Der erste Bus bringt uns zur S-Bahn, die zur Landungsbrücke am Hafen fährt. Wir sind eine wortkarge, müde Gesellschaft. Als wir am Hafen ankommen, deutet sich im aufsteigenden Morgenrot ein sonniger Tag an. Die großen Container- und Frachtschiffe am gegenüberliegenden Elbufer beeindrucken die Kinder.

Unzählige Menschen streben zu den Marktständen. Groß und Klein sind bereits auf den Beinen. Kaum setzen wir einen Fuß auf das Fischmarkgelände, hören wir das tosende Gebrüll der Marktschreier in allen Tonlagen. Augenblicklich fällt die morgendliche Müdigkeit von uns ab, und wir drängen uns durch die Menschenmasse. Wir halten uns an den Händen, damit wir uns nicht aus den Augen verlieren. Je weiter wir uns vortasten, desto stärker schwappen intensive Geruchswellen der angebotenen Fischsorten in unsere Nasen. Elfriede hält Christian an der einen und ich Monika an der anderen Hand. Mit der freien Hand halten sich die Kinder die Nase zu, so aufdringlich sind die Gerüche.

Die Marktschreier animieren aufdringlich und packen Aale, Räucherfisch oder Orangen, Bananen, Ananas zu preiswerten Einheitspreisen in Körbe. Gelegentlich werden eine Menge Bananen ins Publikum geworfen, um die Leute zum Kauf zu animieren.

»Schauen Sie sich nur diese herrlichen Garnelen an! Sie sind groß, saftig und bereit für eine schmackhafte Pasta.«

»Wie wäre es mit unserem köstlichen Hummer? Gekocht, gegrillt oder in Butter geschwenkt sind sie ein wahrer Genuss für Feinschmecker!«

»Kommen Sie und probieren Sie unsere frischen Austern. Eine wahre Gaumenfreude.«.

Ein alter Fischer mit Zahnlücken und einer Seemannskappe auf dem Kopf lädt mit krächzender lauter Stimme die Besucher zum Feilschen und Bieten ein:

»Meine Damen und Herren, nutzen Sie die einzigartige Gelegenheit, sich diese fantastischen Meeresfrüchte und Fische zu sichern. Bieten Sie mit! Lassen

Sie sich diese Chance nicht entgehen. Ich höre 5 Mark, 10 Mark, 20 Mark für die fantastischen Doraden – zum Ersten, zum Zweiten und zum Dritten!«

Die Kinder sind froh, als wir uns in der Fisch-Auktionshalle an einen Tisch setzen, um etwas zu trinken. In der Halle sorgen Musikbands für Stimmung. Zwei Bühnen sind aufgestellt, wo sie im Wechsel große Show machen und jeweils eine halbe Stunde durchspielen. Die Kinder singen begeistert mit und tanzen mit anderen Kindern direkt vor der Bühne. Es ist eine lebendige Atmosphäre, die mitreißt. Nach dem ausgelassenen Fest der Sinne kaufen wir uns zum Mittag beim besten Imbissstand, den ich kenne, frische Fischbrötchen.

»Mhm, schmecken die gut!«, meint Christian, als er den ersten Bissen in das warme, knusprige Brötchen nimmt.

»Hier sind die Fischbrötchen besonders lecker. Der Fisch ist perfekt frittiert, knusprig, salzig und vermischt mit einem Hauch Zitronensaft. Der knackige Salat, die Gurkenscheiben, die frischen Zwiebeln und die Remoulade dürfen nicht fehlen«, erkläre ich den Kindern, die weniger an meinen Ausführungen als vielmehr am genüsslichen Gaumenschmaus interessiert sind.

Ich schmunzle, als sie mich mit leuchtenden Augen und beschmierten Mündern ansehen, und beiße ebenso genussvoll in mein knuspriges Dorschfilet-Brötchen mit den herzhaften Zutaten. Glücklich und erschöpft fahren wir gegen 14 Uhr nach Hause und fallen alle müde und satt für ein Mittagsschläfchen ins Bett.

Geheime Hummer-Aktion

Der Helgoländer Hummer ist nicht nur auf dem Fischmarkt spürbar im Trend. Auch im Rittscher hat der Hummer in jeglicher Variation Hochkonjunktur. Inzwischen arbeite ich auf dem Fischposten. Das Fenster zur Küche befindet sich direkt neben dem Haupteingang des Restaurants. Meist ist es leicht geöffnet oder angelehnt. Wir können die Gäste durch einen Spalt beim Betreten des Lokals beobachten.

Eines Tages schiebt ein Gast das Küchenfenster von außen auf, und der Komiker, Otto Waalkes schaut durch die Öffnung. Als er mich sieht, ruft er mich zu sich: »Moin, moin, bereiten Sie mir doch bitte zwei Hummer im

Näpfchen vor. Ich will schon jetzt bei Ihnen bestellen, denn ich werde heute mit meinem Manager bei Ihnen zu Mittag essen, und er soll nicht wissen, dass ich zwei Hummer esse. Im Näpfchen sieht es weniger aus!«, grinst er mich mit seinem unverkennbaren Charme an. Danach steigt er in seinen VW Käfer ein und schließt die Tür. Mein Blick fällt auf die Kühlerhaube, wo normalerweise das VW-Emblem befestigt ist. Ich erkenne ein Teesieb aus Stahl. Als ich meine Kollegen darauf aufmerksam mache, lachen sie schallend los. Otto merkt es und klärt uns verschmitzt auf: »Das aufgepfropfte Teesieb ist meine Automarke.«

»Das ist ja heiß!«, ruft mein Kollege lachend durch die Küche, als er sich von dem lustigen Emblem selbst überzeugt.

Otto Waalkes, der junge ostfriesische Promi, ist in dieser Zeit der Shootingstar in der Szene. Natürlich bereite ich ihm seine ausgepulten Hummer zu einem köstlichen Ragout mit Champagner und Trüffel zu. Glücklicherweise hat unser Küchenchef vor einiger Zeit ein Kurzseminar über die Zubereitung von Hummer gegeben. Einen ganzen Nachmittag lang demonstrierte er, wie man einen lebenden Hummer von 2,5 Kilo verarbeitet. Er wird lebend geteilt und gegrillt. Das gebratene Hummerfleisch wird dann gepult und schmackhaft mit Gewürzen und Zutaten verarbeitet. Ein aufwendiges Unterfangen, welches uns in Stoßzeiten so manches Mal zum Schwitzen bringt. Es gibt Tage, da verkaufen wir bis zu zehn ganze Hummer. Wenn der Gast bestellt, werden ihm drei lebende vom Kellner präsentiert, wovon er sich einen aussucht. Der ausgewählte Hummer wird auf den Rücken gelegt, in der Küche gewogen und vom Gewicht des auf der Karte angegebenen Kilopreises berechnet. Ein Portionshummer wiegt bis zu 800 Gramm. Eine halbe Stunde Wartezeit ist vorprogrammiert, denn jeder Hummer wird erst nach der Bestellung frisch vorbereitet.

Heute muss ich die zwei Hummer für Otto selbst auswählen, denn die geheime »Hummer-Aktion« darf nicht auffliegen. Als er zum Mittag die Hummernäpfchen serviert bekommt, freut er sich wie ein Kind. Sein Manager bekommt ein kurz gebratenes Rinder-Entrecôte an einer Café-de-Paris-Sauce mit Estragon, Senf, Paprika, Curry und Cognacrahm. Während sich Otto am Tresen vom Küchenchef verabschiedet, überreicht er ihm einen Zettel, auf dem folgender Spruch steht:

Seine Scheren so kräftig, seine Schale so hart, doch im Inneren verbirgt sich eine zarte Art! »Er hat Humor!«, bemerke ich nach diesem ereignisreichen Tag zu meinem Kollegen.

Wie Schuppen von den Augen

Als Poissonnier habe ich alle Hände voll zu tun. Jeden Tag ziehe ich Seezungen ab und portioniere übergroße Steinbutte, säubere Jakobsmuscheln und Riesengarnelen sowie Taschenkrebse. Seeigel und Seespinnen sind neben Hummer und Langusten ebenfalls im Repertoire. Die Soßenzubereitungen für die unterschiedlichen Gerichte liebe ich besonders. Zum Verfeinern verfüge ich neben dem Saucier über edle Weine und Spirituosen, von denen ich gerne mal ein Tröpfchen probiere.

Vor der heutigen Schicht ruft Egon Wriedt das gesamte Team in der Küche zusammen. »Ich möchte euch mitteilen, dass ich das Rittscher nach langjähriger Mitarbeit verlasse. Ebenso verlässt uns der Souschef Herr Lötsch. Neuer Küchenchef wird ab dem Ersten des nächsten Monats Herr Voss«, verkündet er sachlich, und mit einem Lächeln fügt er hinzu: »Heute Abend seid ihr alle zu einem Umtrunk eingeladen.«

Betroffen und neugierig gehen wir an unsere Arbeit.

Wie wird wohl der neue Küchenchef sein? Was wird sich ändern?, frage ich mich, während ich einen Steinbutt portioniere und die Soße für die Seezunge vorbereite. Wir erfahren, dass Herr Voss aus der Gastronomie-Kette Preuss und Grell kommt. Als erfolgreicher Küchenchef in der *Insel*, der Promidiskothek, hat er sich einen Namen gemacht und ist deshalb prädestiniert, das Ruder als Küchenchef im Rittscher in die Hand zu nehmen. Die gesamte Küchenbrigade hofft, dass sich das Klima mit dem neuen Küchenchef nicht zum Negativen verändert.

»Wir sind ein gut eingespieltes Team. Wir werden ihm zeigen, was er an uns hat!«, bestärken wir uns gegenseitig.

Kurz und knapp stellt er sich uns vor und meint, dass er großen Wert darauflegt, dass wir nicht wie bisher nur aus dem Vollen schöpfen, sondern die Rezepte kalkulieren. Unsere Hoffnung, einen talentierten, kreativen

Vorgesetzten zu bekommen, der in der Lage ist, die Küchencrew zu weiteren Höchstleistungen zu führen, scheint dem ersten Eindruck nach nicht erfüllt zu werden. Er spricht nicht viel mit uns und kocht aktiv im Service mit uns, um aufzupassen, dass wir uns an seine Rezepte halten. Seine Art zu kochen, wirkt eher pedantisch als generös. Ab sofort verlangt er von uns, die verwendeten Produkte zu wiegen, zu messen und die Speisen zu rezeptieren.

»Na, das kann ja was werden«, flüstert mir mein Kollege zu, als ich ihn bitte, die frisch gefertigte Mayonnaise herüberzureichen.

»Ich hoffe, wir verlieren nicht sämtliche Kreativität und Lust am Kochen«, höre ich einen anderen vor sich her murmeln.

»Sein Führungsstil ist für uns alle befremdlich, bisher konnten wir immer aus dem Vollen schöpfen. Doch geben wir ihm etwas Zeit. Er scheint nicht der Gesprächigste zu sein, und wir sind schließlich eine eingeschworene Crew. Er wird schon merken, was wir draufhaben«, beschwichtige ich in der Pause meine Kollegen.

Mit dem neuen Souschef Ernst Griesinger in der kalten Küche versteht sich die Crew auf Anhieb. Der gebürtige Bayer ist kommunikativ und verträgt zwischendurch einen Witz.

Die Tage und Wochen vergehen. Die gesamte Küchenbrigade hat sich inzwischen an den neuen Führungsstil gewöhnt. Mittlerweile schätzen wir ihn und arbeiten tadellos zusammen.

»Ich muss zugeben, dass ich viel von den beiden Chefs lerne«, erzähle ich Elfriede eines Abends, als wir uns über das Rittscher unterhalten. »Das Speisenrepertoire mit Herrn Voss als Chef ist vielfältiger geworden, und die Gäste lieben den neuen internationalen Stil.«

Als ich Herrn Voss am nächsten Tag erzähle, dass ich mit meiner Familie in Niendorf wohne und es mir im Rittscher immer noch so gut gefällt, weil ich viel Neues lerne, bemerkt er erstaunt: »Was, Sie wohnen in Niendorf? Dann kann ich Sie ab jetzt mitnehmen, wenn Sie möchten. Wir haben den gleichen Arbeitsweg.«

Wie Schuppen fällt es mir von den Augen. Ich erkenne, dass ein zu schnell gefasstes Urteil über einen Menschen vollkommen falsch sein kann. Herr Voss und ich sind schon bald gute Freunde.

Es gibt nichts, was es nicht gibt

Als ich mich nach der Frühschicht umziehe, treffe ich Gonzales, unseren Tellerwäscher.

»Puh, stinkt!«, sagt er in gebrochenem Deutsch und rümpft die Nase.

Ich pflichte ihm bei. Die Wetterlage ist heute drückend, sodass der Fett-Geruch schlecht abzieht. Unser Personalraum befindet sich direkt über dem Fettabschneider der Küche. Obwohl in regelmäßigen Abständen eine Firma kommt, die mit einem Schlauch das Altfett in den Tank absaugt, gibt es Tage, an denen es im Keller nicht auszuhalten ist. Als ich gerade meine Kochmütze zurechtrücke, fällt mein Blick im Spiegel auf den geöffneten Spind von Gonzales. Hat sich da nicht etwas bewegt? Instinktiv drehe ich mich um. Ich fasse es nicht! In seinem Spind sehe ich einen Schuhkarton, in dem ein großes, fettes Meerschweinchen sitzt, das an einer Möhre knabbert.

»Das kannst du doch nicht machen, Gonzales! Du musst das Meerschweinchen augenblicklich aus dem Spind nehmen. Es ist verboten und nicht im Sinne des Tierschutzes. Es muffelt und wird blind, wenn es den ganzen Tag im dunklen Spind sitzt«, bemerke ich empört.

Gonzales aus Guadalajara in Mexiko ist ein anständiger Kerl. Aber das geht gar nicht. Verstört schaut er mich mit seinen indianischen Gesichtszügen an und erklärt mir überzeugt: »Ich mach das immer sauber und es bekommt regelmäßig frisches Futter. Das ist mein Weihnachtsbraten und hat Tradition in Mexiko.«

In diesem Moment bringt Frau Gärtig – sie ist die Frau unseres Geschäftsführers – die gewaschenen Schürzen in den Personalraum und fragt verdutzt: »Was ist denn hier los?«

Ich erkläre kurz, was vorgeht, und sie reißt rigoros die Schachtel mit dem apathischen Tier aus dem Spind. Sie ist erregt und empört: »Das geht nicht, Gonzales! Das Tier stirbt! Ich nehme es mit nach Hause. Was du machst, ist Tierquälerei.«

Gonzales versteht die Welt nicht mehr und ist sehr traurig, dass er nun keinen Weihnachtsbraten mehr hat.

»Ich verspreche Ihnen, dass Sie zu Weihnachten eine große Bio-Gans von der Firma geschenkt bekommen«, versucht sie ihn zu trösten. Nach vierzehn Tagen teilt sie uns mit, dass das Meerschweinchen eines natürlichen Todes in artgerechter Haltung gestorben ist und sie es würdig in ihrem Garten begraben hat. Es gibt nichts, was es nicht gibt.

Weihnachten rückt näher, und wir sind mit den Vorarbeiten voll im Stress. Zum Weihnachtsmenü soll es Wildschwein-Keulenbraten nach Winzerin- und Weinhändler-Art geben. Als Variante zum Fleisch bieten wir Karpfen blau im Wurzelsud mit Sahnemeerrettich an.

»Heute kommt die Lieferung mit den Wildschweinkeulen«, weist mich Herr Voss an. »Können Sie die Ware bitte entgegennehmen?« Er entschuldigt sich und geht zusammen mit der Servicebrigade und dem Serviceleiter in den Weinkeller, um die Weine für das Menü festzulegen.

Der Fleischlieferant mit den Keulen trifft ein. Ich nehme wie vereinbart die Fleischkisten mit der Ware an. Mir fällt sofort auf, dass die abgezogenen kleinen, sehr gleichmäßigen Wildschweinkeulen stark blutverschmiert sind.

»Das habe ich noch nie so gesehen«, bemerke ich erstaunt und verliere keine Zeit, den Warenerhalt zu quittieren. Sofort mach ich mich an die Arbeit und löse die Fleischteile, die wir zu Braten binden wollen, von der Keule. »Das Fleisch ist hell wie Jungschwein. Das ist doch kein typisches Wildschwein«, bemerke ich zweifelnd, nachdem Voss zurück in die Küche kommt. Ich mache eine Bratprobe, und gemeinsam verkosten wir das Fleisch.

»Eindeutig Jungschwein«, kommt es zur gleichen Zeit aus unserem Munde. Umgehend wird der Lieferant zum Rapport gerufen. Als er zwanzig Minuten später bei uns eintrifft, stellen wir ihn zur Rede.

»Das ist Betrug! Sie haben uns nicht die Ware geliefert, die wir bestellt haben«, reklamiert Voss.

Der Mann zeigt sich uneinsichtig, und wir geben ihm ein Stück vom Fleisch des Jungschweines zum Probieren.

»Wenn Sie es nicht glauben, rufen wir das Ordnungsamt an. Zwei Keulen behalten wir als Rückstellprobe, den Rest nehmen Sie sofort mit.«

Ohne Worte nimmt er die Ware zurück und ist froh, dass er sich keine Anzeige wegen Betrugsversuch einfängt. Dieser Lieferant bekommt Hausverbot. Es ist sehr schwierig, einen neuen Lieferanten zu finden, der uns echtes Wildschwein liefert. Aufgrund der großen Nachfrage müssen wir am Weihnachtstag Fisch nachbestellen.

»Moin, moin. Bei euch rollt heute der Rubel. Hier kommt frischer Nachschub direkt vom Hafen«, lacht der Fischhändler Willi Bollmann. Er ist gut gelaunt und freut sich, als er mich sieht. »Hier, für Sie privat noch ein Weihnachtsgeschenk vom Chef persönlich. Zwei Prachtexemplare an lebenden Karpfen.«

Ich bedanke mich herzlich und nehme die Karpfen entgegen. Sie liegen in einer Wanne mit Wasser und Holzwolle bedeckt. Ich werfe einen Blick auf den Korb und sage zu ihm: »Es ist erst 10 Uhr vormittags, und ich arbeite noch den ganzen Tag. Das werden die Fische doch nicht lebend überstehen, bis ich sie nach Hause mitnehme«.

»Keine Sorge, stellen Sie den Korb gleich in den Kühlraum. Das funktioniert ohne Probleme.«

Am Abend bringe ich die Fische nach Hause, putze gründlich die Badewanne und lasse für bis zur Hälfte kaltes Wasser ein. »Sie sollen sich erholen und noch einen Tag darin schwimmen. Für die Kinder ist das vielleicht interessant, und am Heiligabend bereite ich sie frisch zu«, erkläre ich Elfriede, während ich sie aus dem Korb nehme und vorsichtig ins kalte Wasser setze. Augenblicklich schwimmen die Karpfen träge, aber unversehrt hin und her, und ich gehe müde und erleichtert schlafen.

Nachts um vier Uhr reißt mich ein gellendes Kindergeschrei aus dem Bett. Christian ist ins Bad gegangen, um zur Toilette zu gehen. Schlaftrunken hat er das Licht im Badezimmer angemacht. Mit einem Satz sind plötzlich die Karpfen putzmunter aus der Wanne gesprungen und auf die Kacheln des Fußbodens geplatscht, wo sie nun wie wild zwischen den Kinderbeinen von Christian hin und her zappeln. Voller Schreck führt Elfriede ihn ins Wohnzimmer, während ich die hüpfenden Karpfen einfange und sie in die Küche bringe.

Es gibt nichts, was es nicht gibt, denke ich erneut und rufe Elfriede zu, dass Christian jetzt ins Bad kann. Ich verliere keine Zeit und beschließe, die Karpfen sofort zu schlachten. Nachts um vier Uhr – eine riesige Sauerei in der Küche, auf die ich gerne verzichtet hätte. Das Blut spritzte in jede erdenkliche Ecke, und die gesäuberten Fischteile liegen leblos in einem Bräter, den ich zugedeckt in den Kühlschrank stelle. An Schlaf ist nicht mehr zu denken. »Eine schöne Bescherung!« seufze ich, als ich um 6.30 Uhr zur Frühschicht gehe.

Totales Blackout

Als wir am Weihnachtsabend vor unseren Fischtellern sitzen, will Christian nicht essen: »Ich will keinen fliegenden Fisch!«, jammert er mit quengliger Stimme. Der Schock der letzten Nacht sitzt ihm noch tief in den Knochen.

Erst als es endlich zur Bescherung geht, scheint alles vergessen zu sein. Die großen Kinderaugen vor dem geschmückten, glitzernden Baum leuchten so hell wie die funkelnden Christbaumkerzen. Trotz großer Müdigkeit vom strengen Weihnachtsgeschäft bin ich sofort hellwach, als wir mit den Kindern zusammen laut und kräftig »O Tannenbaum« singen. Für einige Stunden vergesse ich, was mich in den kommenden Tagen erwartet: Doppelschichten am Mittag bis zum Jahreswechsel. Ich genieße die friedlichen Stunden in der Familie.

Am ersten Feiertag gehe ich, wie all die kommenden Tage bis zum 31., im Dunkeln aus dem Haus und komme am späten Abend im Dunkeln wieder, wenn die Familie bereits fest schläft.

Dieses Jahr feiern wir den Jahreswechsel mit dem gesamten Koch-Team und mit Frauen und Kindern bei einem Kollegen. Seine Wohnung ist groß genug, um dort auch mit den Kindern zu übernachten. Ich hatte Spätdienst und war für das Abenddinner verantwortlich. Pünktlich nach Küchenschluss komme ich mit den diensthabenden Kollegen um 23.30 Uhr in der großen Wohnung bei Gerhard und Heidi Mayer an. Die Kollegen der Frühschicht sowie auch meine Familie sind bereits in der Wohnung versammelt. Die Stimmung ist blendend, einige tanzen zur Musik und alle sind ausgelassen und fröhlich.

»Die Letzten werden die Ersten sein!«, meint ein Kollege lachend und drückt mir einen Maßkrug gefüllt mit Orangensaft in die Hand.

»Mhm, welch ein Genuss!«, ergötze ich mich, als ich hastig den ersten Durst lösche. »Du kannst mir noch mal nachschenken«, rufe ich fröhlich, während ich meinen leeren Krug hinhalte und ihn anschließend ebenso genüsslich wie den ersten hinunterkippe.

Die Stimmung ist bombig, alle haben Spaß, auch die Kinder haben Gaudi.

Um Mitternacht stoßen wir an und danach tanzen, lachen und feiern wir bis in den frühen Morgen.

»Wir treffen uns um 9 Uhr zum Frühstück«, meint die Gastgeberin, als ich mich noch völlig aufgedreht in Richtung des Gästezimmers bewege, um einige Stunden zu schlafen. Elfriede und die Kinder haben sich bereits vor einigen Stunden hingelegt, und ich taste mich leise ins Bett. Ich schlafe unverzüglich ein, ohne zu ahnen, was mich am nächsten Morgen erwartet.

»Erich, es ist Zeit für das Frühstück«, höre ich die sanfte Stimme meiner Frau wie von weiter Ferne, als sie mich um 9.15 Uhr wachrüttelt.

»Wo bin ich!«, frage ich benommen. Schlagartig erinnere ich mich, dass ich mit meinem Kollegen bis in die frühen Morgenstunden Musik gehört habe und so aufgedreht war, dass ich keine Lust hatte, ins Bett zu gehen.

Wie ferngesteuert torkele ich nun aus dem Bett und gehe nach einer Katzenwäsche zum Frühstückstisch.

»Was ist bloß los mit mir?«, frage ich mich beklommen, als ich schweigend die Teetasse in die Hand nehme, um einen Schluck Tee zu trinken, sie jedoch augenblicklich wieder hinstelle. Mir ist elend schlecht. Ohne eine Sekunde zu verlieren, stürze ich ins Badezimmer, öffne den Toilettendeckel und übergebe mich mit gebeugtem Kopf und kniend, ohne stoppen zu können. In regelmäßigen Intervallen spucke ich bis zur Erschöpfung Gift und Galle. Kreidebleich gehe ich nach einiger Zeit mit wackligen Knien zurück zum voll besetzten Frühstückstisch.

»Ich verstehe nicht, was los ist. Ich habe doch nur Orangensaft getrunken«, sage ich benommen und verwirrt.

»Na ja, da war eine Flasche Wodka im Orangensaft«, gesteht mir grinsend, aber etwas reumütig mein Kollege. Kaum dringen die Worte Wodka und Orangensaft in meine Ohren, renne ich erneut zum WC. Schlagartig wird mir klar, dass diese heimtückische Mischung Dynamitkraft besitzt und explosionsartige Auswirkungen auf meinen gesamten Organismus hat.

»Da habe ich wohl eine Alkoholvergiftung!«, registriere ich genervt.

Der Stress der vergangenen Tage hat das Übrige dazugetan. Sterbeelend laufe ich torkelnd zurück ins Bett, ohne am Frühstück teilzunehmen. Elfriede und die Kinder schicke ich nach Hause, und erst nach 21 Uhr schaffe ich es, trotz latenter Übelkeit und Kreislaufbeschwerden, schleppend nach Hause zu fahren.

Solch einen haarsträubenden Blackout möchte ich in meinem Leben nie wieder erleben, denke ich, als sich die Bustür öffnet und ich mit wackeligen Beinen aussteige.

»Willkommen im neuen Jahr!«, begrüßt mich mein Nachbar, Günter Worthmann, als ich bleich die Treppenstufen zu unserer Wohnung hinaufgehe.

Immer noch bin ich entsetzt, dass ich vom Wodka weder etwas geschmeckt noch bemerkt habe. *Mein Kollege wird was zu hören bekommen. Eine Sauerei ist das, mir still eine Flasche Wodka unter den Orangensaft zu panschen. So verhält sich nur ein Kollegenschwein*, denke ich immer noch verärgert.

Als ich die Tür zur Wohnung aufschließe, springen die Kinder froh und munter in meine Arme. »Endlich bist du da!«, rufen sie im Chor.

Nichts ist mehr wie vorher

Es gibt Momente im Leben, wo die Zeit still zu stehen scheint. Heute ist ein solcher Moment. Wir verrichten routinemäßig unsere Arbeiten in der Küche. Ich bin gerade dabei, eine Hamburger Fischsuppe vorzubereiten, als uns eine erschütternde Nachricht erreicht, die uns auf der Stelle in eine Parallelwelt schleudert. Ich lasse mein Filetiermesser sinken und spüre, wie sich eine Welle von Fassungslosigkeit und nicht Wahrhabenwollen in mir ausbreitet.

»Das kann nicht sein!«, schießt es mir unwillkürlich durch den Kopf, als sich die soeben verlautete Mitteilung wie ein dichter Dunst in die Köpfe unserer Küchenbrigade ausbreitet und jegliches Tun zum Stillstand bringt.

»Nein, das ist nicht möglich, nicht Herr Voss!«, stammelt der Souschef Ernst Griesinger leise. Herr Voss ist in seinem Sommerurlaub bei einem Verkehrsunfall in Österreich ums Leben gekommen, teilte uns vor einigen Minuten der Inhaber vom Rittscher, Herr Grell, mit.

Jedes Gesicht, in welches ich in diesem Moment schaue, ist von blanker Fassungslosigkeit gezeichnet. »Herr Voss ist tot! Nicht möglich!«, so die entgeisterten Blicke der Kollegen, die mehr sagen als tausend Worte.

Mein inzwischen lieb gewonnener Freund Herr Voss soll nicht mehr da sein, überschwemmt mich eine Gefühlsregung nach der anderen und zieht mich in eine tiefe Trauer. Vor seinem Urlaub hat er noch verkündet, einen besonders edlen Tropfen Gewürztraminer mitzubringen und an einem schönen Sommerabend auf der Terrasse mit mir auf das Leben anzustoßen. *Welch ein Hohn! Auf das Leben*, bäumt sich hilflos ein Gedanke in meinem Schädel aus, als ob er dem Tod trotzen könnte.

»Meine Damen und Herren, so tragisch die Botschaft vom Tod unseres Chefs de Cuisine auch ist«, kurzes Schweigen, »das Tagesgeschäft läuft weiter. An die Arbeit. Der Gast ist König!«, katapultieren mich die Worte des Souschefs zurück in die erbarmungslose Realität.

Geschockt, traurig, jedoch höchst professionell bereite ich die Mittagsbestellungen vor, als ob nichts geschehen wäre. Am Abend dieses denkwürdigen Tages gehe ich nachdenklich gestimmt nach Hause und weiß: Nichts ist mehr wie vorher!

Damit ist Schluss

Wenn ich als Koch funktionstüchtig und erfolgreich sein will, muss ich meine persönlichen Befindlichkeiten an der Küchentür ablegen. Dies ist mir bereits seit meiner Lehre klar. Als Koch stehe ich im vollen Dienst des Gastes und der Philosophie des Hauses! Als ich am frühen Morgen das Rittscher betrete, bin ich immer noch von der traurigen Nachricht der vergangenen Stunden aufgewühlt. »So schnell kann es gehen! So schnell kann alles anders sein!«, wiederhole ich im Geiste wieder und wieder. Ich zwinge mich, nicht mehr an das Gestern zu denken, während ich zu meinem Spint gehe, um mich umzuziehen. Vergeblich!

»Ein Nobel Restaurant macht seinem Namen Ehre, wenn die Mitarbeitenden die Etiketten kennen und befolgen«, erinnere ich mich an die Worte von Herrn Lötsch, als ich ihn das erste Mal beim Einstellungsgespräch traf. Kaum entsinne ich mich dieser Worte und an den Ehrenkodex des Hauses Rittscher, richte ich mich auf und lächle entschlossen mein eigenes Spiegelbild an. Ich rücke meine Kochmütze zurecht und gehe zur Frühschicht. Dies gibt mir Kraft, meine Arbeit mit konzentrierter Entschiedenheit und Perfektion durchzuführen. Herr Voss, mein Freund, hätte es so gewollt.

»Da sind Sie ja, Erich!«, begrüßt mich Ernst Griesinger, der bisherige Souschef, mit einem Hauch von Erregung in der Stimme. Doch sogleich fasst er sich und fährt in kontrolliert bedächtigem Ton fort: »Soeben wurde ich von den Inhabern zum Nachfolger von Herrn Voss beauftragt. Ich würde mich freuen, wenn Sie mein neuer Souschef sein könnten.« Überrascht schaue ich ihn an, als er hinzufügt: »Ich sehe Sie als außerordentlich geeignet für diesen Posten an und bin sicher, Herr Voss würde mir zustimmen.«

Ich fühle mich überrumpelt und bin sprachlos. Nach einer kurzen Pause erwidere ich gefasst: »Gerne nehme ich den Posten als Souschef an.«

Nach dem Mittagsgeschäft ruft mich der Patron zu sich, um mit mir die Einzelheiten zu besprechen.

»Herzlichen Dank, dass Sie unter diesen traurigen Umständen schnell und kompetent dem Vorschlag von Herrn Griesinger zustimmen und ab morgen die Rolle des Souschefs übernehmen. Sie sind der geeignete Mann, und ich bin sicher, Sie werden es nicht bereuen«, betont Herr Grell, der mir den neuen Arbeitsvertrag überreicht.

Erfreut nehme ich zur Kenntnis, dass mein Gehalt ab sofort 2.200 DM beträgt und sich die Kompetenzen und Verantwortlichkeiten als Souschef erweitern.

Was die Abläufe der Küche betrifft, bin ich für meine neue Aufgabe gut vorbereitet. Meine Erfahrungen auf den unterschiedlichen Posten kommen mir dabei zugute.

»Das ist bereits die halbe Miete«, bemerke ich abends, als ich mit Elfriede auf meine Beförderung anstoße und eine meiner Lieblingsplatten auflege.

Mir ist klar, dass ich ab jetzt unpopuläre Entscheidungen treffen muss, auch wenn mir dies nicht leichtfällt. Doch bekanntlich sind neue Herausforderungen dazu da, um an ihnen zu wachsen.

»Das wirst du schon hinkriegen«, meint Elfriede.

In einem solchen Moment spüre ich die alte Angst in mir aufsteigen. Die Angst, als »Sohn des Lehrers« zu versagen und nicht perfekt zu sein.

In dieser Nacht entscheide ich mich, der Angst die Stirn zu bieten. Zu oft hat mich die Angst paralysiert und mich abgehalten, über mich hinauszuwachsen.

»Damit ist jetzt Schluss!«, gelobe ich mir feierlich und falle kurze Zeit später in einen tiefen, traumlosen Schlaf, bis der Wecker mich am frühen Morgen weckt.

Grundbedürfnisse eines Menschen

Bereits eine Woche nach meinem stillen Gelöbnis treffe ich eine Entscheidung, von der ich zu diesem Zeitpunkt noch nicht weiß, wie wegweisend sie für mein Leben ist. Ich beschließe, an der Volkshochschule Kurse in Betriebspsychologie zu belegen. Erneut erlebe ich mich als Schüler – neben meiner Arbeit als Souschef im Rittscher.

Ich tauche in eine komplett neue Materie ein. Wissbegierig und willig lese ich jede Fachliteratur, die mir in die Hände fällt. Ich bin begeistert, das theoretisch erworbene Wissen in die Praxis umzusetzen, und zögere keinen Moment, es weiterzugeben.

»Ehrgeiz und Fleiß gehören ebenso zu einer beständigen Küchenleistung wie Verlässlichkeit und Gehorsam, die das Bindeglied für ein gut funktionierendes Team sind«, erkläre ich meinem Kollegen, der sich schwertut, klare Anweisungen entgegenzunehmen.

Vieles, was mir aus meiner langjährigen Praxis vertraut ist, kann ich plötzlich in Worte fassen. Es scheint, als ob ich die geheime Sprache der Psychologie des Menschen und die Zusammenhänge interner Abläufe in der Arbeit besser verstehe. Schlagartig begreife ich Dinge und Geschehnisse, die zuvor wie ein Buch mit sieben Siegeln verschlossen waren.

Nach einem Abendseminar gehe ich nachdenklich und etwas wehmütig nach Hause. Heute hat uns der Lehrer von den Grundbedürfnissen eines Menschen erzählt.

Die fünf grundlegenden Bedürfnisse »Haben wollen«, »Sein wollen«, »Wissen wollen«, »Wirken wollen« und »Mitteilen wollen« sind jedem Menschen bereits als Kind in die Wiege gelegt.

Mir wird bewusst, dass meine Kindheit erhebliche Störfaktoren aufweist, deren Auswirkungen ich bis heute erlebe. »Ich arbeite daran«, sage ich zum Kursleiter, der mich einlädt, eine persönliche Analyse zu machen, welches Bedürfnis ich in Zukunft vermehrt beachten möchte. Ich will dem Bedürfnis »Sein wollen« Beachtung schenken, erkläre ich in der Auswertung dem Referenten.

»Ich hatte immer das Gefühl, ich kann nicht wirklich so sein, wie ich bin. Statt mich als talentiertes, lernbereites Kind zu erfahren, habe ich mich als Versager erlebt. Es war mir wichtiger, den anderen zu gefallen und ihnen zuliebe etwas zu tun, als mir selbst zu gefallen.«

»Ein fataler Fehler«, bestätigt mir der Dozent, »aber es ist nie zu spät.«

Noch im gleichen Monat melde ich mich zur Küchenmeister-Prüfung in Hamburg an, in der Hoffnung, der sein zu können, der ich bin: Ein erfolgreicher, anerkannter Küchenmeister!

Als ich die Unterlagen für die Anmeldung zur Prüfung in den Händen halte, realisiere ich, dass die Zulassung für die Prüfung 10.000 DM kostet. Zu diesem Zeitpunkt ein Ding der Unmöglichkeit für mich und unsere Familie. Mein Bestreben, ein diplomierter Küchenmeister zu sein, bleibt weiterhin ein guter Vorsatz.

Anders als geplant

»Erich, ich bin sicher, es hat nichts zu bedeuten«, bemerkt Elfriede mit einem Unterton von Zweifel in der Stimme, als wir im Juni auf dem Balkon bei einem kühlen Glas Bier zusammensitzen. »Meine Periode ist bereits seit mehreren Wochen überfällig.« Wir messen der Tatsache keine große Bedeutung zu, denn nach der Geburt von Monika war die Familienplanung definitiv abgeschlossen und wir sind felsenfest davon überzeugt, dass Elfriede nicht schwanger sein kann, denn sie nimmt regelmäßig die Pille. »Geh am besten zum Arzt«, rate ich ihr, da sie keine anderen Symptome hat und wir uns keinen Reim darauf machen können.

»Wir haben uns getäuscht – ich bin schwanger!«, meint Elfriede nach der Konsultation beim Arzt.

»Das kann doch nicht sein, du nimmst doch die Pille«, erwidere ich ungläubig.

»Ja, aber trotzdem bin ich schwanger«, wirft sie mir ebenfalls ungläubig an den Kopf.

Wir sind baff, und in meinem Kopf beginnt ein Karussell zu starten, das von Sekunde zu Sekunde an Fahrt zunimmt. Meinen Vorsatz, in absehbarer Zeit die Küchenmeisterprüfung zu machen, kann ich nun endgültig begraben. Wie machen wir es mit drei Kindern in dieser Wohnung? Und überhaupt, als Alleinverdiener wird einiges auf uns zukommen.

Plötzlich klagt Elfriede vorwurfsvoll: »Wie konnte das nur passieren? Ich will kein weiteres Kind! Mit unseren beiden bin ich vollumfänglich ausgelastet. Ich kann nicht wieder von vorne anfangen.« Als sie zu Schluchzen anfängt, tröste ich sie verständnisvoll.

»Wir schaffen es, komme, was wolle!«, entgegne ich, ohne einen anderen Gedanken zuzulassen.

Es folgen schwierige Wochen, und psychosomatische Folgen bleiben nicht aus. Ständig ist Elfriede in ärztlicher Behandlung, braucht viel Ruhe, und je näher der Geburtstermin rückt, desto öfter hat sie Scheinwehen und wird mehrmals in die Geburtsabteilung des Eppendorfer Krankenhauses eingewiesen. Sie hat sich mit der Schwangerschaft zwar abgefunden, doch unsere Beziehung leidet unter dem wachsenden Druck. In dieser Zeit funktioniere ich wie ein Roboter. Kaum betrete ich die Küche im Rittscher, konzentriere ich mich vollkommen auf meine Arbeit. Ich erzähle nicht einmal meinen besten Kollegen davon, dass wir ein drittes Kind erwarten, denn ich will unter keinen Umständen den Eindruck erwecken, dass meine Arbeit darunter leidet. Kaum bin ich zu Hause, tue ich alles, was ich kann, damit sich Elfriede und die Kinder wohlfühlen.

Hätten wir damals gewusst, dass unser drittes Kind so viel Glück und Freude in unser Leben bringt, wären wir sicherlich nicht verzweifelt gewesen. Doch vieles im Leben erkennt man erst später. Unsere persönlichen Widerstände gegenüber dem, was geschieht, stehen unserem Glück oftmals im Wege. Statt zu erkennen, dass alles einen Sinn hat, kämpfen wir gegen die Widerstände, denen wir begegnen, und verlieren viel Kraft und Lebensmut.

Als am 3. Februar 1971 unser Sohn gesund zur Welt kommt, haben wir dies jedoch noch nicht erkannt. Wir geben ihm den Namen Alexander, was aus dem Altgriechischen kommt und übersetzt der »Beschützer«, der »Verteidiger« heißt. Kaum auf der Welt, stellt sich heraus, dass Alexander die Muttermilch nicht verträgt. Sein ganzer Körper ist mit Pusteln und Ausschlag übersät, und als die Klinik ihm Ammenmilch zur Verfügung stellt, verträgt er auch diese nicht.

»Wir müssen etwas unternehmen«, erklärt uns der Arzt. »Ihr Kind ist bereits 500 Gramm unter dem Geburtsgewicht; es bleibt uns keine andere Wahl, als ihn sofort in die Kinderklinik einzuweisen.« Elfriede, müde von der Geburt, und ich, erschöpft von der Arbeit und der gesamten Situation, willigen ohne Widerrede ein. Die Zeit in der Klinik wird von Monat zu Monat verlängert, und Alexander bleibt fast ein ganzes Jahr dort, bevor wir ihn mit nach Hause nehmen können. Wer weiß es schon, vielleicht hat er, ohne es zu wissen, seinem Namen Ehre getragen und als »Beschützer unserer Familie« fungiert, vielleicht wären wir komplett überfordert gewesen, denn ich bin zu diesem Zeitpunkt erst 24 Jahre alt.

»Ihr Sohn hat sich wunderbar entwickelt und ist stabil. Sie dürfen ihn jetzt mit nach Hause nehmen«, versichert uns der Arzt nach gut 11 Monaten Klinikaufenthalt.

Wir alle freuen uns, ihn bei uns zu haben und nicht nur in den Besuchszeiten im Krankenhaus mit ihm zu spielen. Dank seiner Frohnatur schließen Christian und Monika ihren neuen Verbündeten schnell ins Herz.

Von dem Tag, an dem wir Alexander aus der Klinik nach Hause holen, ist er der Sonnenschein in der Familie und bringt uns viel Glück. Wie durch ein Wunder bekomme ich sogar beim Bau-Senator in Hamburg einen Besuchstermin. Ich schildere ihm unsere Situation, und er rät mir, eine 4-Zimmer-Wohnung für unsere Familie zu beantragen. Bereits nach einigen Wochen bekommen wir eine wunderschöne große Wohnung im Roten Hahn im Hamburger Stadtteil Berne. Wir können unser Glück kaum fassen und fühlen uns in unserem neuen Zuhause bereits vom ersten Tag an pudelwohl.

Unausweichliche Entscheidung

Glücklich über unsere neue Situation widme ich mich erneut meinen beruflichen Zielen. Auch wenn es bisher mit der Küchenmeister-Prüfung wegen mangelnder Finanzen nicht funktioniert hat, bin ich nicht der Typ, der den Kopf in den Sand steckt und resigniert. So entscheide ich mich, tatkräftig und akribisch bis zur Prüfung die Zeit zu nutzen und das gelernte Wissen in der Praxis anzuwenden.

Als Souschef in der Brigadeküche eines Nobelrestaurants bietet jeder Tag unzählige Möglichkeiten, die Zusammenarbeit der Crew sowie das eigene Tun zu reflektieren. Bereits seit längerer Zeit fällt mir unser Saucier auf. Seine cholerische und intrigante Art vergiftet das Arbeitsklima in der Küche. Eines Morgens, wie bereits zahlreiche Male zuvor, beschwert er sich bei mir hinter dem Rücken eines Kollegen mit ausfälligen Worten.

»Sprich bitte mit deinem Kollegen direkt, wenn du ein Problem mit ihm hast. Es ist nicht die feine Art, hinter dem Rücken des Betroffenen zu schimpfen«, rate ich ihm eindringlich.

Die Crew ist froh über meine klare Ansage, denn fast jeder hat bereits unterschwellige Sticheleien von ihm abbekommen. In unserer nächsten Teambesprechung zeige ich auf die große, tickende Uhr im Personalraum, die uns zu jeder Stunde die richtige Zeit angibt. »Wenn ein Rädchen nicht funktioniert, dann funktioniert die ganze Uhr nicht«, versuche ich den Mitarbeitenden zu erklären. »So ist es auch im Team der Küche. Jeden Tag vollbringen wir Höchstleistungen, damit unsere Kunden bekommen, was wir versprechen. Wenn ein Rädchen nicht funktioniert, dann funktionieren unsere gesamten Abläufe in der Küche nicht. Ihr alle wisst, was ihr zu tun habt. Haltet euch daran, und wenn es ein Problem gibt, dann löst es direkt mit der entsprechenden Person, wenn ihr Pause habt.«

In der Hoffnung, dass die Wogen sich glätten und alle verstehen, dass Offenheit und direkte Aussprache zu einem guten Betriebsklima gehören, entlasse ich das Team zurück in die Arbeit. Ich atme tief durch, jedoch nicht aus Erleichterung. Die Verantwortung für das Ganze lastet auf meinen Schultern, und ich lerne täglich, an dieser Aufgabe zu wachsen.

In den folgenden Wochen funktioniert die Zusammenarbeit in der Küche vorbildlich, und der Küchenchef, Ernst Griesinger, ist zufrieden mit meiner Zuarbeit und sehr erfreut, dass wir uns als Team in Kreativität und Produktivität enorm gesteigert haben. »Ich wusste, du bist die beste Wahl, die ich treffen konnte«, lobt er mich eines Abends, als wir zusammen aus dem Rittscher gehen.

Auf dem Weg zur S-Bahn spüre ich den frischen Nordwind durch meine Jacke und in mein Gesicht wehen und atme tief ein und aus. Diesmal als Ausdruck der Entspannung, ohne zu ahnen, dass nach der Spitze zwei Tage später ein gewaltiger Eisberg zum Vorschein kommt.

Ein Gast ordert ein gebratenes Rebhuhn auf geröstetem Brotsockel, angerichtet nach »Weinhändler Art«. Der Saucier weiß, was dies bedeutet: Weintrauben wird die Haut abgezogen, und blaue wie grüne Trauben werden gemeinsam in der Schale in Butter geschwenkt, damit ein guter Farbkontrast entsteht. Danach werden die Trauben über dem gebratenen Rebhuhn angerichtet.

Bevor die angerichtete Platte die Küche verlässt, werfe ich wie gewohnt einen Blick darauf. »Was ist denn das! Die grünen Trauben sind nicht geschält. Die Schale der grünen Trauben ist viel zu hart«, rufe ich erregt und bitte den Saucier, das Gericht erneut anzurichten.

Plötzlich geschieht das Unfassbare. Ich sehe, wie Herr Burggräfe jähzornig eine Sauteuse am Stiel greift und diese mit voller Wucht durch die Küche in meine Richtung schleudert. Drei Zentimeter an meinem Knie vorbei knallt der Stieltopf mit Wucht in die Kühlschranktür und erzeugt eine faustgroße Beule, ehe er mit lautem Getöse neben meinem Fuß auf den gekachelten Fußboden knallt. Vollkommen entgeistert schaue ich auf die Kühlschranktür und realisiere: Wenn die mich am Kopf getroffen hätte, dann würde ich nicht mehr hier stehen. Augenblicklich beherrsche ich mich, gehe zielstrebig an den zutiefst erschrockenen Kollegen vorbei, die ihre Arbeit niedergelegt haben, und halte vor dem noch eben wutentbrannten Saucier. »Sie sind fristlos entlassen. Verlassen Sie sofort Ihren Arbeitsplatz!«, befehle ich mit entschlossenem Blick, der keine Widerrede duldet. Herrn Griesinger versichere ich, dass ich vorübergehend den Saucier-Posten voll übernehme, bis ein neuer Kollege eingestellt wird.

Die Zeit im Rittscher bleibt abwechslungsreich und lehrreich. Ich durchlaufe und beherrsche die verschiedenen Posten vom Partiechef Entremetier zum Partiechef Poissonnier, vom Saucier bis hin zum Tournant – und jetzt trage ich Verantwortung als Souschef.

Erster Michelin-Stern in Hamburg
Zu viel Arbeit – zu wenig Bezahlung

Ohne Saucier lastet vermehrt Arbeit auf meinen Schultern. Bis wir eine geeignete Nachfolge finden, übernehme ich seine Aufgaben. Der Stellenmarkt mit guten Köchen ist dünn gesät, und das gesamte Team arbeitet zurzeit in Doppelschichten. Natürlich werden die Überstunden bezahlt, und am Ende des Monats sind 4.500 DM auf dem Konto. Einerseits freut es mich, andrerseits zehrt die Arbeit an meinen Kräften.

Bereits seit mehreren Monaten arbeite ich von Montag bis Samstag, täglich von 9 bis 22.30 Uhr und sehe die Familie nur noch am Sonntag.

»So geht es nicht weiter«, ermahnt mich Elfriede eines Morgens, als ich, wie jeden Tag, um 6 Uhr aufstehe. »Du machst dich und uns kaputt!« Ohne ein Wort zu erwidern, weiß ich, dass sie recht hat.

Ich werde die Situation ändern, sage ich mir, während ich im kühlen Morgendunst zum Bus laufe. Meine Kraft und die Freude an der Arbeit lassen nach. Ich mag nicht mehr so viele Stunden am Tag durcharbeiten. Zu wenig Grundgehalt, zu viele Überstunden. Ich muss was ändern! Kaum fasse ich den Beschluss, durchflutet mich eine Welle von Zuversicht und Kraft und ich weiß, dass nichts und niemand mich aufhalten kann, nach einer Lösung zu suchen.

Einige Tage später genieße ich nach langer Zeit meinen ersten freien Tag. Wir spazieren mit den Kindern durch Niendorf und schlendern zufällig an einem Hotel vorbei.

»Habe ich richtig gelesen? Ist das möglich?«, frage ich mich. Im Hotel Engel hängt ein Schild. Darauf steht mit großen Buchstaben die Aufschrift: *Wir suchen einen Koch. Melden Sie sich direkt bei der Rezeption!*

Welch ein Zufall. Das Hotel liegt nur zehn Minuten Fußmarsch von unserer Wohnung entfernt. Elfriede meint ebenso erstaunt zu mir: »Das wäre es doch!«

Nach der Heimkehr packe ich kurz entschlossen einige Unterlagen in meine Aktentasche und gehe zum Hotel Engel zurück, um mich dort zu bewerben.

Als ich dort ankomme, registriere ich, dass es ein kleines, älteres Hotel mit einem neuen Anbau ist, in dem sich etliche Zimmer befinden.

An der Rezeption frage ich direkt nach dem Chef. »Moin, moin, womit kann ich dienen? Ich bin hier der Juniorchef«, stellt er sich vor.

Freundlich antworte ich: »Ich bin Koch im Rittscher und habe an der ausgeschriebenen Stelle als Koch Interesse.«

»Oh! Sie arbeiten im Rittscher?«, fragt er mich und ist verblüfft, dass ich mich um diese Stelle bemühe. »Das Rittscher ist doch die beste Adresse von Hamburg«, meint er zu mir.

»Ja, das stimmt. Aber um dort zu arbeiten, fahre ich täglich drei Stunden. Ich wohne in Niendorf und möchte dies ändern.« Ich sehe, wie die Augen des Juniorchefs aufleuchten und er mit einem Anflug von Hoffnung in der Stimme ausruft: »Sie müssen unbedingt zu uns kommen.« Und erregt fährt er fort: »Neben einem guten Gehalt biete ich Ihnen ein Haus an, das Sie später kaufen können.«

Ohne zu verstehen, was er genau meint, antworte ich unverzüglich: »Dann bin ich Ihr neuer Koch! Ich muss noch kündigen und kann in einem Monat bei Ihnen anfangen.« Per Handschlag verabschiede ich mich und laufe beschwingt und erleichtert nach Hause. Voller Vorfreude, Elfriede die frohe Botschaft zu überbringen, schließe ich die Wohnungstür auf. Alles scheint sich nun in eine gute Richtung zu entwickeln, auch wenn ich schweren Herzens im Rittscher kündigen muss. Die Familie soll meiner Arbeit nicht zum Opfer fallen, so mein fester Entschluss. Das Kündigungsschreiben verfasse ich noch am selben Tag.

Am nächsten Tag lege ich meinem Chef die Kündigung vor. Er ist erstaunt und überrascht, denn es gab im Vorfeld keine Unstimmigkeiten oder Unzufriedenheit meinerseits. Als ich ihm den Grund meiner Entscheidung erkläre, hat er Verständnis.

»Wir bedauern Ihr Weggehen. Doch wenn Sie wieder zurückkommen wollen, sind Sie jederzeit willkommen«, bestätigen mein Küchenchef und die Direktion, als ich mich schweren Herzens verabschiede.

Am Ersten des kommenden Monats stehe ich als Alleinkoch im Hotel Engel. Einen kurzen Moment denke ich reumütig an die intensive Zeit im Rittscher. »Eine neue Ära beginnt«, ermutige ich mich selbst. Ab heute bin ich dafür verantwortlich, gutbürgerliche Speisen zum guten Preis anzubieten. Ich plane den Einkauf, kaufe ein, stelle die Menüs zusammen und koche.

Obwohl mir all die Aufgaben vertraut sind, ist die Umstellung in der Hotelküche enorm. Das Hotel Engel lebt von Stammgästen, meist Arbeiter einer nahe gelegenen Heizölfirma. Die Arbeit ist überschaubar und die Essenszahlen um die vierzig Personen am Tag.

»Dies ist eine Entlastung. Viel weniger Stress und ein kurzer Arbeitsweg«, sage ich mir, als ich wieder einmal mit Wehmut an die vielen Promis denke, die im Rittscher ein- und ausgegangen sind.

Die Hoffnung stirbt zuletzt

Die Kinder und Elfriede sind glücklich, dass ich mehr Zeit für die Familie habe. An einem warmen Herbsttag spazieren wir zu einer Gartenkolonie unweit des Hotels Engel.

»Schau, dieses Haus könnten wir für 90.000 Mark kaufen«, erkläre ich Elfriede, während die Kinder mit den abgefallenen Blättern spielen und das knisternde Laub zertreten. Das zweistöckige Haus im Schweizer Landhausstil ist zum Teil gemauert und im oberen Bereich mit Holz verkleidet. Im umzäunten großen Garten steht eine Wasserpumpe, aus der allerdings braunes, schwefelhaltiges Wasser fließt.

»Für dieses Haus inklusive Grundstück würden wir von meinem Chef Vorkaufsrecht bekommen. Das Geld könnte ich bei ihm abarbeiten«, erkläre ich Elfriede im Wissen, dass zusätzliche Investitionskosten für neue Elektro- und Rohrleitungen, die unter Putz gelegt werden müssen, sowie für die Installation einer Toilette und ein Badezimmer hinzukommen.

»Der Chef meint, dass ein Wasseranschluss und eine neue Kanalisation im Plan stehen.«

Das Haus ist alt, aber in gutem Zustand, und es gibt viel zu tun. Vielleicht sollten wir es wagen, bestärken wir uns gegenseitig, als wir nach Hause zurückgehen. Im Hotel Engel bin ich inzwischen gut eingearbeitet, und der Wunsch nach einem Eigenheim scheint mir nicht abwegig zu sein. Im Gegenteil, beide sind wir Feuer und Flamme, wenn wir uns vorstellen, in Zukunft mit unseren Kindern in einem eigenen Haus zu wohnen. Wir reden jede Minute darüber und schmieden Pläne. Am freien Sonntag treffe ich meinen ehemaligen Freund und Arbeitskollegen, Gerhard Mayer vom Rittscher, und ich erzähle ihm von der Idee nach einem eigenen Zuhause für unsere kleine Familie und dem Angebot von Herrn Engel. Ohne lange zu überlegen, bietet er mir seine Unterstützung an.

»Ich habe zwei Brüder, der eine ist Elektriker und der andere ist Klempner. Ich frage sie, ob sie im Urlaub von Würzburg nach Hamburg kommen, und dann wuppen wir das Ding gemeinsam«, meint er tatkräftig.

Seine kameradschaftliche Haltung macht mir Mut, und ich versichere ihm, gleich am Montag mit meinem Bankberater Günter Funk von der Hamburger Sparkasse zu sprechen. Ohne weitere Einwände erhalte ich einen Kleinkredit von 10.000 DM.

»So einfach geht es! Die Meisterprüfung muss warten. Das Haus nicht«, verkünde ich der Familie.

Danach kommt alles ins Rollen. Ich bin überrascht, wie schnell und unkompliziert es geht. Ich spreche mit Herrn Engel, und er freut sich über die Entscheidung, dass wir das Haus kaufen wollen und es mit dem Umbau bald losgeht. Eine Woche später liegt das Geld auf meinem Konto. Mein Freund Gerhard und seine Brüder planen, vierzehn Tage zu helfen. Wir kaufen Toilette, Badewanne sowie die nötigen Rohre und Elektroleitungen im Baumarkt und entsorgen den Müll auf dem Recyclinghof. So schnell, wie wir vorankommen, so schnell schwindet das Geld für Material- und Arbeitskosten. Das Resultat kann sich jedoch sehen lassen. Das Bad und die Toiletten sind mit neuen Rohren verlegt und die Elektrik ist fertig. Es fehlt nur noch der neue Wasseranschluss.

»Ihr könnt doch schon in das Haus einziehen. So könnt ihr eure Miete sparen und mietfrei wohnen«, meint Herr Engel, als er das Haus besichtigt.

»Das Angebot klingt verlockend. Ich kann der Familie jedoch nicht zumuten, mit dem schwefelhaltigen Wasser aus der Pumpe im Haus zu wohnen. Wir ziehen erst ein, wenn das Stadtwasser läuft«, erkläre ich ihm.

Er versichert mir, dass dies demnächst geplant ist. Getrieben vom Erfolg arbeite ich jede freie Minute am Haus. Die Wochen vergehen. Eines Nachts wache ich mitten in der Nacht in Schweiß gebadet auf.

Was ist, wenn ich Herrn Engel voll auf den Leim gegangen bin?, befällt mich ein ungutes Gefühl. Nun sind schon sechs Monate vergangen. Weder die

Kanalisation noch der städtische Wasseranschluss ist in Sicht. Als ich ihn darauf anspreche, scheint er nicht überrascht zu sein.

»Ich muss etwas unternehmen, so kann es nicht weiter gehen«, entscheide ich panikartig.

Noch in der gleichen Woche vereinbare ich einen Termin beim Katasteramt in Wandsbek, um mich nach dem Stand der Dinge bezüglich der Kanalisation und des Wasseranschlusses in der Gartenanlage zu erkundigen. Als ich den stoischen Blick des Beamten sehe, der kein großes Interesse zu haben scheint, die Sache aufzuklären, fühle ich mich hilflos. Während er auf die von mir ausgebreiteten Pläne blickt, bewegt er seinen Kopf regelmäßig hin und her und sagt kein Wort.

»Was hat das zu bedeuten?«, frage ich mich und weiß plötzlich nicht mehr, ob ich seine Antwort wirklich hören will.

»Das anliegende Grundstück gehört der Bahn AG, und die hat kein Interesse, eine Wasserleitung unter dem Bahnübergang in das besagte Grundstück zu bauen. Ein Teil der Gartenanlage wird ohnehin bald abgerissen. Das Grundstück, von dem sie reden, ist Eigentum von Herrn Engel, das stimmt! Aber dass eine Wasserleitung zum Haus gelegt wird, ist nicht der Fall. In einigen Jahren wird das Haus ebenfalls abgerissen, weil die Stadtplanung dort den Bau einer Straße vorsieht. Herr Engel wird im Gegenzug großzügig dafür entschädigt. Er kann nichts verkaufen.«

Der Beamte hätte mir auch sagen können, die Erde ist eine Scheibe, und ich würde ihm in diesem Moment nicht widersprechen, so tief bohrt sich die Gewissheit in mein Hirn, dass er die Wahrheit sagt.

Die Hoffnung stirbt zuletzt, schießen mir die Worte meiner Großmutter durch den Kopf. Es fühlt sich an, als ob nicht nur meine Hoffnung, sondern auch ich gerade sterbe.

Bestürzt verlasse ich das Büro und laufe ziellos durch die Straßen. Wie soll ich das Elfriede und den Kindern beibringen? Unser Haus ist weg, das geliehene Geld ist weg und mein Traum vom Eigenheim ist definitiv geplatzt. Warum? Erbarmungslos bombardiert mich der Gedanke: *Das kann doch nicht wahr sein!* Ich fühle mich betrogen und missbraucht. Sofort fahre ich für eine Aussprache ins Hotel Engel.

»Sie lügen mich schon seit geraumer Zeit unverschämt an und gaukeln mir ein Haus vor, das Sie nur an die Stadt verkaufen können. Ich versichere Ihnen, so kommen Sie mir nicht aus dieser Nummer. Ich zeige Sie wegen vorsätzlicher Täuschung und willentlichem Betrug bei der Polizei an. Sie hören von meinem Rechtsanwalt. Ich kündige per sofort.«

Mit drohenden Worten bläht sich Herr Engel vor mir auf. »Das werden wir ja sehen. Ich unternehme rechtliche Schritte gegen Sie wegen Verleumdung und übler Nachrede. Und Ihren Monatslohn können Sie abschreiben, denn ich erleide erheblichen Schaden, wenn Sie die Kündigungsfrist missachten.«

Wortlos packe ich meinen Messerkoffer ein und verlasse verzweifelt das Hotel. Wie komme ich aus dieser Sackgasse wieder heraus, frage ich mich, ohne einen Ausweg zu sehen.

Aufgeben ist keine Option

Auch wenn ich in einer Sackgasse bin, muss es einen Ausweg geben, sagt mein Verstand energisch, obwohl meine Gefühle das Gegenteil behaupten. Jetzt erst recht! Ich lasse mich nicht unterkriegen. Ich muss meine Batterien aufladen und einen klaren Kopf bekommen, gestehe ich mir ein.

Gleich am nächsten Tag packen wir unsere Sachen, um in die Ferien zu fahren. Es geht für zwei Wochen mit den Kindern an die Nordsee auf die Insel Föhr. Als wir am Nachmittag dort ankommen, scheint die Sonne und wir gehen sofort zum Strand. Die Kinder bauen sogleich im feinen Sand Burgen, während ich auf einem Handtuch in der Sonne liege und innerhalb fünf Minuten eindöse.

Nach zwei Stunden rüttelt mich Elfriede aus dem Schlaf. »Lass uns langsam zur Wohnung gehen. Auf dem Weg können wir dann noch etwas zum Essen einkaufen.«

Am Abend überfällt mich plötzlich ein kräftiger Schüttelfrost, und flatterndes Herzrasen zwingt mich ins Bett. Elfriede will sofort einen Arzt rufen, doch ich beruhige sie, dass es nicht so schlimm ist. Gleich am frühen Morgen besorgt sie für mich Medikamente aus der nahe gelegenen Apotheke. Ein heftiger Sonnenstich mit Übelkeit und sämtlichen Nebenwirkungen ist die Diagnose des Apothekers, und ich soll einige Tage das Bett hüten. So habe ich mir die Ferien nicht vorgestellt. »Geht hinaus und genießt den Strand«, sage ich zu Elfriede, als sie mich am dritten Tag einlädt, mitzukommen. »Ich bin immer noch erschöpft und ruhe mich lieber aus.« Doch dies gelingt mir nur bedingt. Meine Gedanken kreisen hin und her. Ich frage mich, wie es weitergehen soll – ohne Job und Einkommen steuern wir in eine ungewisse Zukunft.

Am vierten Tag geht es mir besser und ich begleite mit Hemd und Sonnenschutz die Familie an den Strand. Die frische Meeresluft, das regelmäßige Rauschen der Wellen sowie der wohltuende Nordwind lassen meine Gedanken in die Ferne schweifen. *Wie groß ist doch das Meer und wie klein sind meine Sorgen*, denke ich, als ich dem Spiel der Wellen zuschaue.

Schon als Kind schöpfte ich in der Natur neue Hoffnung, indem ich einfach nur beobachtete. Wie sehr sehne ich mich nach der Ruhe und Kraft der Natur, statt von den Turbulenzen des Lebens immer wieder aus der Bahn geworfen zu werden. Meine Gedanken schweifen davon und mir scheint, als ob meine Sehnsucht mit jedem Wellenschlag stärker und ein Teil des unendlichen Meeres wird.

Am letzten Ferientag beschließe ich früh morgens, einen Spaziergang durch das Wattenmeer zu machen. Der Himmel ist in warme Farben getaucht. Der endlose Sand und die Schlickbänke, die durch die Ebbe zum Vorschein kommen, faszinieren mich. Ich ziehe meine Schuhe aus und fühle den kühlen, feuchten Schlick zwischen den Zehen. Die quälenden Gedanken an die ungewisse Zukunft sind in diesem Moment verschwunden. Das Kreischen der Möwen holt mich ins Hier und Jetzt, und ich schaue gebannt auf das bunte Treiben unter meinen Füßen. Wattwürmer in ihren röhrenförmigen Wohnungen tummeln sich im Schlamm, und winzige Krebse verbergen sich geschickt vor den äußeren Einflüssen. Als die Flut wieder einsetzt und sich die Wattfläche langsam mit Wasser bedeckt, fühle ich mich gestärkt. Ich bin wieder ich selbst und sage laut und deutlich zu mir: »Aufgeben ist keine Option!«

Nach unserer Rückkehr in Hamburg rufe ich gleich am nächsten Tag im Restaurant Rittscher an. Ernst Griesinger, mein ehemaliger Chef, ist in der Leitung, und ich schildere ihm meine Situation. »Ich freue mich, wenn du wieder Teil des Rittscher-Teams wirst. Wir erwarten dich mit offenen Armen. Zur Überbrückung deiner finanziellen Notsituation bekommst du einen großzügigen Vorschuss. Ich werde es sofort veranlassen, wenn ich dich im Personalbüro erneut als Mitarbeiter anmelde«, ermuntert er mich.

Mir fällt ein Stein vom Herzen, und bereits am kommenden Tag werde ich mit großem Hallo empfangen.

Ich verliere keine Minute, mit kühlem Kopf die nötigen Schritte einzuleiten, um mein gestohlenes Geld zurückzufordern. Die Entschlossenheit, mein Leben in die richtige Bahn zu lenken, sowie mein Sinn für Gerechtigkeit geben mir Kraft, die unliebsamen Verhandlungen durchzustehen. Das in der Zwischenzeit eingeleitete Gerichtsverfahren fällt zu meinen Gunsten aus, und Herr Engel muss sowohl mein Gehalt als auch das investierte Geld für das Haus an mich zurückzahlen. Für mich ist damit das Kapitel »Engel« abgeschlossen. Die abgrundtiefe Enttäuschung flammt jedoch erneut auf, als ich vernehme, dass Herr Engel das von uns renovierte Haus mit gutem Profit vermietet.

Die Chance packen

Das Leben geht weiter und ich richte meinen Blick nach vorne. »Ich möchte die Chance nutzen und meine Ausbildung zum Küchenmeister starten«, erkläre ich Elfriede, die mich versteht.

Auch Gerhard Mayer, mein Freund, der mit den Brüdern beim Umbau geholfen hat, ermutigt mich. »Nach alledem ist es die beste Entscheidung, die du treffen kannst. Neue Perspektiven setzen neue Kräfte frei.«

Ich bedanke mich für seine moralische Unterstützung. Denn auch er ist enttäuscht, dass die investierten Arbeitsstunden für meinen Traum vom Eigenheim umsonst waren. Trotz der Entschädigung für die geleisteten Dienste bleibt ein bitterer Wermutstropfen bei allen Beteiligten. Doch dies wirft glücklicherweise keinen Schatten auf unsere Freundschaft.

Im Rittscher läuft das Geschäft wie eh und je. Es scheint mir, als ob ich nie fortgewesen wäre. Erneut bin ich mit den täglichen Abläufen vertraut und alle sind glücklich, dass ich wieder mit im Boot bin.

»Es war eine Täuschung, dass ich mich auf das Intermezzo im Engel eingelassen habe«, bekräftige ich an jenem Abend, an dem Ernst, der Küchenchef, mir ein verlockendes Angebot macht.

»Erich, ich habe dich wirklich vermisst. Wir waren ein großartiges Team. Hast du Lust, in Zukunft mit mir zusammenzuarbeiten?« Ich verstehe nicht, was er meint, denn wir arbeiten ja bereits zusammen.

Nach der Arbeit verabreden wir uns zu einem Glas Bier und er weiht mich in seine Pläne ein. »Das ist streng vertraulich, was ich dir jetzt erzähle. Bitte sprich mit niemandem darüber. Weißt du, ich möchte mich selbstständig machen und dich als meinen Geschäftspartner gewinnen. Ich übernehme den an der Elbe bekannten Pavillon mit dem Stroh gedeckten Dach. Meine Arbeitsleistung im Rittscher steht in keinem Verhältnis zu meinem Lohn. Da arbeite ich in Zukunft lieber in meine eigene Tasche.«

Überrascht über seine offenen Worte lasse ich sie einen Augenblick auf mich wirken. Ein Teil von mir würde am liebsten sofort Ja zum Angebot sagen. Doch die Erfahrungen der Vergangenheit haben mich gelehrt, eine neue Möglichkeit mit Bedacht zu überlegen.

»Danke, Ernst, aber ich fühle mich noch nicht reif für einen solchen Schritt«, erkläre ich ihm.

In Wahrheit möchte ich nicht erneut auf die Nase fallen, denn im kaufmännischen Bereich gibt es für mich noch viel zu lernen. Ernst versteht meine Bedenken.

»Okay, dann ernenne ich dich hiermit zu meinem Nachfolger.«

Zunächst verblüfft, dann beschämt fällt mein Blick auf mein Glas. Mir fehlen die Worte. »Damit habe ich nicht gerechnet«, gebe ich zu, doch ich fühle mich sehr geehrt und geschätzt. Nach einer kurzen Atempause nehme ich sein Angebot an.

»Dann bist du ab sofort der neue Küchenchef im Rittscher!«, proklamiert er und hebt freudig sein Glas zum Anstoßen mit den Worten: »Nach jedem noch so tiefen Tal gibt es einen neuen Gipfel zu erklimmen.«

Auf dem Weg nach Hause mache ich mir bereits Gedanken über meine neue Aufgabe: Effiziente Dienstleistung auf hohem Niveau, ein interessantes, vielfältiges Speisenangebot und eine positive Presse sollen mein Motto für die zukünftige Aufgabe im Rittscher sein. Zwei Wochen später ernennt mich die Geschäftsleitung offiziell zu neuem Küchenchef und stellt mich der Presse vor. In Fachkreisen spricht es sich schnell herum, dass das Rittscher den jüngsten

Küchenchef der Stadt Hamburg beschäftigt. Die Journalisten lassen nicht lange auf sich warten. In der gleichen Woche schreibt die Welt am Sonntag einen Artikel mit meinem Konterfei über mich und stellt ein von mir kreiertes Rezept einer Avocado-Suppe vor.

Was würde mein Vater, der Lehrer, wohl sagen?, denke ich, als ich den Artikel in der Hand halte. Ich bin stolz, als Küchenchef das neue Gesicht vom Rittscher zu sein. Den Zeitungsartikel lege ich zu Hause ins Wohnzimmer.

»Jetzt bist du ein Promi«, ruft Christian, als er mich mit der weißen, großen Kochmütze auf dem Foto erkennt. Noch vor drei Monaten hätte ich nicht gedacht, wie schnell sich das Blatt wenden kann. Jede Medaille hat immer zwei Seiten. Man muss nur bereit sein, sie umzudrehen. Mir wird bewusst, wie wichtig es ist, dies zu erkennen.

»Besser spät als nie!«, beschwichtige ich mich, als eine Welle von Reue über mich schwappt, weil ich dies nicht bereits früher erkannt habe. Sofort korrigiere ich meine destruktiven Gedanken bezüglich der missglückten Erfahrungen. Lernfähig zu bleiben ist das Wichtigste, und das ist schließlich Teil des Lebens!

Ein Tag, den ich nie vergesse

Am Tresen verlangt ein Gast nach mir. Er stellt sich mit Hugo Goedeke vor. Er ist der Chef der Firma, deren Fisch wir im Rittscher beziehen. Als ich am Tresen erscheine, sagt er: »Könnten Sie bitte zu mir ins Büro kommen? Es befindet sich in der Auktionshalle im obersten Stock am Fischmarkt.«

Wir vereinbaren ein Treffen in seiner Firma am Dienstagnachmittag um 16 Uhr. Seine Erscheinung wirkt sehr bescheiden. Er ist einfach gekleidet, mittelgroß. Ein schlanker Mann mit dicken Brillengläsern, den ich auf Anfang siebzig schätze. Niemand vermutet, dass er vielfacher Millionär und Geschäftsinhaber ist. Ich habe den Herrn noch nie persönlich getroffen, obwohl er im Restaurant ein angesehener Stammgast ist, wie mir der Oberkellner bestätigt.

Das Auktionshaus am Fischmarkt gehört ihm, und in der obersten Etage befindet sich sein Büro. Auf dem Weg dorthin passiere ich eine riesige Halle, in der unzählige Frauen Fische filetieren und gut gelaunt dabei singen. Eine

Portugiesin, bekleidet mit Käppi und einer weißen Plastikschürze, nimmt mich in Empfang und geleitet mich mehrere Etagen über eine steile Treppe in das Chefbüro. Als ich das großräumige Büro betrete, bin ich baff und erschlagen von der Aussicht. Ich habe das Gefühl, in einem Boot auf dem Wasser zu schweben. Unglaublich, dieser herrliche Arbeitsplatz mit Blick auf die Elbe und den Hafen. Ich sehe im Westen die sinkende Sonne durch die Container und Frachtschiffe schimmern. Der Blick ist atemberaubend. Jedes Schiff, das den Hamburger Hafen ansteuert oder verlässt, ist von hier aus zu sehen.

»Moin, moin, Herr Küchenchef«, begrüßt mich Goedeke und zündet sich genüsslich eine Havannazigarre an, die einen angenehm süßlichen Duft im ganzen Raum verbreitet. Er fragt mich, ob es mich stört, wenn er raucht, und kommt, ohne lange herumzureden, auf den Punkt.

»Ich sah in der Welt am Sonntag Ihren Artikel mit Bild und dem Rezept der Avocado-Suppe. Herzliche Gratulation dazu. Der Artikel ist sehr interessant! Deshalb habe ich Sie zu mir gebeten. Ich wünsche mir, dass sie für meinen Prospekt jeden Monat ein Fisch- oder Krustentier-Rezept schreiben. Ich plane, in Zukunft im Anhang meines Fischsortimentes jeweils ein neues Rezept zu veröffentlichen. Selbstverständlich mit Ihrem vom Hamburger Abendblatt verfassten Porträt«, fügt er pragmatisch hinzu.

Ich traue meinen Ohren nicht. Einer der bekanntesten Unternehmer im Fisch-Großhandel will meine Rezepte veröffentlichen und mit mir zusammenarbeiten? Im gleichen Moment, als ich vor Freude vom Stuhl springen möchte, beherrsche ich mich und sage in ebenso pragmatischem Tonfall: »Das würde mich sehr ehren, Herr Goedeke. Ich bin Ihr Mann!«

Wir vereinbaren, dass wir uns einmal im Monat zu einem Gespräch treffen, um die Rezeptwahl festzulegen.

»Sie müssen das nicht umsonst machen. Sie bekommen 200 Mark im Monat bar auf die Hand. Sind Sie damit einverstanden?«

Ich bestätige das Angebot, während in meinem Kopf bereits die Idee für ein neues kreatives Hummerrezept aufflammt. Bevor ich das Auktionshaus verlasse, führt mich mein neuer Förderer durch die Fabrikationshalle. Rund neunzig Mitarbeitende, meist aus Portugal, filetieren, portionieren und verpacken Fische. Sie singen im Chor fröhliche Lieder, während sie ihre Arbeit am Fabriktisch verrichten. Eine wohltuende Atmosphäre und ein beispielhaftes Arbeitsklima. Mit diesen melodischen Klängen mache ich mich auf den Weg nach Hause. Eine unversiegbare Quelle an Kreativität wird reaktiviert. Ein Tag, den ich nie vergessen werde.

Als ich am nächsten Tag nach Dienstschluss aus dem Bus steige, spricht mich eine Frau aus unserem Nachbarhaus an: »Sind Sie nicht der Küchenchef aus dem Nobelrestaurant?« In Gedanken versunken schaue ich sie an. Ich bin es nicht gewohnt, dass man mich auf der Straße anspricht. »Ich habe Ihren Artikel in der Zeitung gelesen«, fährt sie fort.

Ich muss mich wohl daran gewöhnen, dass die Menschen mich in Zukunft auf der Straße erkennen, realisiere ich und verabschiede mich mit den Worten: »Ja, das bin ich. Einen schönen Abend noch!«

Die Herausforderungen als neuer Küchenchef sowie die kreative Arbeit für Herrn Goedeke meistere ich in den kommenden Monaten zur Zufriedenheit aller Beteiligten. Ich fühle mich stark und voller Energie. Mein Förderer und Auftraggeber vertraut mir. Er schätzt meine berufliche Professionalität und die kreativen Rezepte, und er sieht für sich interessante Wachstumsmöglichkeiten auf dem Markt.

»Vor zwei Wochen war ich in China und habe zwei Container Alaska Schneekrabben-Krebsfleisch bestellt, obwohl ich noch nicht weiß, was ich damit machen kann und wie ich sie verkaufe. Im nächsten Monat treffen sie im Hamburger Hafen ein.« Interessiert höre ich ihm zu, als er mich beauftragt, neue Kreationen zu entwickeln.

»Die Ware hat ein Vermögen gekostet. Leider bin ich mir noch nicht im Klaren, wie ich das Kamtschatka-Krebsfleisch im Prospekt anbieten soll. Schauen Sie, ich habe fünf Kilo Krebsscheren für sie als Muster bereitgestellt. Probieren Sie mal aus, was man daraus machen kann, welche Rezepte Ihnen einfallen.«

Noch am selben Abend bin ich dabei, das Verhältnis Chitinpanzer und Krebsfleisch zu kalkulieren. Bereits am nächsten Tag lege ich Herrn Goedeke meine Auswertungen und die Planung der Rezepte vor. Mein Tatendrang ist nicht zu stoppen, und mein Förderer betont begeistert: »Ich wusste, Sie sind der Beste! Sie haben mein volles Vertrauen. Legen Sie los.«

Legen Sie los

Seine ermunternden Worte liegen mir noch in den Ohren, als ich zwei Wochen später von ihm beauftragt werde, im kommenden Monat zur Internationalen Kochkunst-Ausstellung (IKA) nach Frankfurt zu gehen. Die 1. Internationale Kochkunst-Ausstellung der Welt wurde im Jahre 1900 ins Leben gerufen. 74 Jahre später darf ich als Gast diese legendäre Ausstellung, die auch »Olympiade der Köche« genannt wird, live miterleben. *Welch ein Abenteuer*, denke ich, als Goedeke mir seinen Plan unterbreitet.

Kameradschaftlich bietet er mir das Du an und erklärt, dass er eine Art Marktanalyse von mir erwartet. »Du bist mein Vertrauter und ich möchte dich damit beauftragen, die von mir ausgewählten Aussteller unter die Lupe zu nehmen.«

»Wie soll ich vorgehen?«, frage ich, um sicher zu sein, dass ich ihn richtig verstehe.

»Du verlangst aktuelles Prospektmaterial und fotografierst die Produkte, die sie anbieten«, erklärt er mir und drückt mir den Messekatalog mit den entsprechenden Anbietern in die Hand. »Ich bezahle dir den Flug, das Hotel und sämtliche Nebenkosten.«

Erfreut sage ich ihm zu und plane zwei freie Tage, um nach Frankfurt zu fliegen. Am Flughafen Fuhlsbüttel, Punkt sieben Uhr am Freitagmorgen, startet mein Flugzeug. Ich kann es kaum erwarten, so aufgeregt bin ich, das erste Mal im Flieger zu sitzen. Als die Düsen ertönen und das Flugzeug zum Start auf die Flugbahn rollt, halte ich mich an meinem Sitz fest und schaue gebannt durchs ovale Fenster. Am Horizont geht gerade die Sonne auf, als wir uns in den blauen Morgenhimmel erheben. Nach wenigen Augenblicken schweben wir im Zeitlupentempo über dem Hamburger Fernsehturm. Beeindruckend, wie die Häuser unter mir immer kleiner werden. Im Gegenzug fühle ich mich immer größer. Welch ein erhabenes Gefühl, über den Wolken in Richtung Frankfurt zu fliegen. Leise Summe ich das Lied von Reinhard Mey vor mich hin, das in den letzten Wochen immer wieder in den Charts zu hören war: »Über den Wolken muss die Freiheit wohl grenzenlos sein …« Treffender konnte er es nicht beschreiben, finde ich. Ich fühle mich frei und sorglos, als die Stewardess mir ein köstliches Frühstück serviert. *Wenn Elfriede und die Kinder das miterleben könnten*, denke ich, als der Pilot bereits eine halbe Stunde später die Landung in Frankfurt einleitet. Am Flughafen fährt mich ein Taxi zum Hotel, welches nahe den Messehallen liegt. Wie ein VIP werde ich vom Portier in mein Zimmer begleitet, wo er mein spärliches Gepäck abstellt. Nach einer kurzen Erfrischungspause bin ich zehn Minuten später startklar zu meiner heutigen Mission. Vorbei an Wolkenkratzern laufe ich durch die belebten Straßen und atme die kühle Morgenluft ein, die bereits zur frühen Stunde nach Abgasen riecht. *Was wird mich wohl erwarten ?*, frage ich mich, während ich mit unzählig vielen Menschen vor den Messehallen auf die Türöffnung warte.

Es ist fünf vor zehn, und ich vergewissere mich nochmals, ob der Messeplan zu den verschiedenen Ausstellern in meiner Anzugtasche steckt. *Alles parat! Nun kann es losgehen*, ermuntere ich mich in Gedanken, während das Stimmengewirr um mich herum immer lauter wird. Mit Unbehagen nehme ich die rapide anwachsende Menschenmasse wahr. Das wird kein Erholungstrip, realisiere ich, nachdem ich die ersten Aussteller abgeklappert und das gewünschte Material gesammelt habe. Die Vielfalt der Exponate der Kochkunst überwältigt mich. Auf der Suche nach dem kubanischen Stand komme ich an unzähligen Ausstellern vorbei. Reihe um Reihe, Halle um Halle laufe ich bereits seit Stunden durch die abgestandene Luft und habe unzählige Stände besucht. Es ist knapp vor 16 Uhr, als ich endlich den wichtigsten Stand erreiche.

Den Aussteller aus Mittelamerika soll ich besonders aufmerksam studieren. Der kubanische Stand bietet als einziger das legendäre Alaska-Krebsfleisch an. Mit großem Interesse inspiziere ich das Angebot. Eine folkloristisch gekleidete, hübsche Kubanerin spricht mich auf Englisch an. Sie möchte mir die Neuheiten im Programm zeigen und bietet mir den Krebsfleischsalat zum Probieren an. Er ist dekorativ in einer ausgehöhlten Ananas mit frischer Paprika und Mayonnaise präsentiert. Die simple Präsentation beeindruckt mich, auch wenn ich sie etwas zu groß für eine Portion finde. Nach einem angeregten Gespräch und der Verkostung drückt sie mir einen Stapel Prospektmaterial in die Hand. Dankend frage ich sie, ob ich ein paar Fotos für meinen Chef machen kann. »Aber selbstverständlich«, antwortet sie, und ich knipse ungeniert die gewünschten Fotos für Goedeke.

Um 18 Uhr verlasse ich erschöpft das Messegelände. Sämtliche Vorsätze, am Abend die lebendige Stadt zu besichtigen, lösen sich in Luft auf, sobald ich in der Nähe des Hotels bin. Bevor ich die Lobby betrete, setze ich mich kurz in eine der umliegenden Bars, um die vielen Eindrücke des Tages auf mich wirken zu lassen und den Durst zu löschen. Plötzlich spricht mich eine gutaussehende junge Dame an und fragt ohne Scheu, ob ich ihr einen Drink spendiere. Ich bin verdutzt über ihre Direktheit, und für einen kurzen Moment unterhalten wir uns. Als sie mir plötzlich auf die Pelle rückt, fühle ich mich unwohl. Verunsichert verabschiede ich mich und zahle die Getränke. »Ich bin hundemüde«, sage ich dem Kellner, der mir einen schönen Abend wünscht.

Im Zimmer angekommen, ordne ich sogleich meine Notizen vom heutigen Messetag. Morgen nehme ich die verbleibenden Food-Stände unter die Lupe. Erfüllt von unzähligen Eindrücken, Bildern und Inspirationen bin ich froh, mich endlich auszuruhen.

Unter den Besten der Besten

Als ich am Samstag, dem 23. März, aufwache, bin ich sofort hellwach. Um 22.30 Uhr geht mein Rückflug und es liegt noch viel Arbeit vor mir. Um 17 Uhr will ich unbedingt bei der Siegerehrung der besten Köche der Welt dabei sein. Bis dahin muss ich mich strikt an meinen Plan halten, um alles zu schaffen.

Ich fühle mich elektrisiert, wenn ich an die zahlreichen Kreationen denke, die von den Köchen aus den verschiedensten Ländern präsentiert werden. Die internationale Kochkunst-Ausstellung ist in Fachkreisen weit mehr als nur eine Ausstellung der weltweiten Kochkunst. Sie ist im wahrsten Sinne eine Olympiade, bei der alle vier Jahre Köche aus der ganzen Welt gegeneinander antreten, um ihre Fähigkeiten vorzuführen.

Bevor ich den letzten Schluck des duftenden Morgenkaffees trinke, werfe ich einen Blick in die Tageszeitung, die mir der Kellner auf meinen Frühstückstisch gelegt hat. *Kulinarische Brillanz und Siegesjubel. Tägliche Ehrungen bei der Kochkunst-Ausstellung* steht in fetten Buchstaben auf der zweiten Seite.

Ich kann es kaum erwarten, heute Zeuge der Siegerehrung zu sein. Gold, Silber und Bronze werden jeden Tag an die »Besten der Besten« vergeben und ich darf dabei sein. Mein Förderer, Hugo Goedeke, wusste, warum er darauf bestand, dass ich den letzten Flieger nehme. Er wollte, dass ich dieses Schauspiel live miterlebe. Die täglichen Siegerehrungen sind das Herzstück der Kochkunst-Ausstellung. Hier vereinen sich internationale Köche, um ihre Leidenschaft für die Kunst des Kochens zu zelebrieren und voneinander zu lernen.

Mein Blick fällt auf die große Wanduhr des Frühstücksrestaurants. Schnell lege ich die Zeitung zusammen, schlürfe den letzten Schluck Kaffee herunter und mache mich unverzüglich auf den Weg zur Messe. In fünfzehn Minuten öffnen die Hallen. Der Publikumsandrang ist wieder enorm. Nach der Türöffnung drängen sich die Massen zu den verschiedenen Ausstellern. Ich entscheide mich, bei den wenig bekannten Anbietern zu starten, und arbeite mich akribisch bis zu den renommierten Ausstellern durch. Pünktlich um 16.45 Uhr stehe ich in der vollgefüllten Messeaula und warte gebannt auf die Preisverleihung. Inmitten eines bunten Publikums aus Köchen, Fachleuten und kulinarischen Enthusiasten fällt mein Blick auf die festlich erleuchtete Bühne. Hier werden in wenigen Minuten die Sieger mit Applaus willkommen geheißen, um ihre Medaillen und Preise in Empfang zu nehmen. Von meisterhaft gestalteten Desserts bis hin zu kunstvoll arrangierten Hauptgerichten ist das breite Spektrum kulinarischer Disziplinen abgedeckt.

Die imposante Präsentation von Gemüseschnitzereien, Zucker-, Schokolade- und Butterskulpturen in Übergröße und vielen anderen Dingen lassen mein Herz höherschlagen.

»Das ist ja unglaublich!«, rufe ich fasziniert aus, als ich die Exponate bestaune, die von Scheinwerfern beleuchtet werden.

»Sind Sie das erste Mal dabei?«, fragt mich ein Mann, der neben mir steht.

»Ja! Das ist ein Erlebnis für mich«, erwidere ich und erkläre ihm, dass ich Chefkoch im Rittscher in Hamburg bin.

»Na, dann stehen Sie eines Tages vielleicht selbst auf der Bühne«, meint er mit einem verschmitzten Lächeln. »Lassen Sie sich inspirieren, ich bin bereits das zehnte Mal dabei und bin immer wieder begeistert.«

Bis zum Countdown der Siegerehrung kommt mein Nachbar ins Schwärmen. Dank ihm erfahre ich, dass die gesehenen Exponate nach Motto, Nationalitäten und Themen geordnet sind und im Wettbewerb zueinanderstehen. Eine internationale Jury bewertet bereits am frühen Morgen ohne Publikumsverkehr die angerichteten Platten und Teller. Interessiert nehme ich zur Kenntnis, dass die Speisen 12 Stunden ohne Kühlung frisch und appetitlich bleiben müssen, und es dürfen keine künstlichen Mittel verarbeitet werden. Damit der Betrachter weiß, was ausgestellt wird, steht vor jedem Exponat ein Schild mit der exakten Bezeichnung der Speise.

Plötzlich ertönt ein ohrenbetäubender Beifall. Ein Conférencier erklärt die Regeln der Jurybewertungen und kündigt die ersten Gewinner an. Im grellen Rampenlicht erscheinen sie nacheinander auf der Bühne und bekommen ihre Urkunden überreicht und Medaillen um den Hals gehängt. Wer GOLD hat, ist »Olympiasieger«. Die jahrelangen Vorbereitungen und die Trainings haben sich gelohnt. Sie sind die heutigen Stars und Botschafter für neue Kochtrends.

Dieser erhebende Moment von Inspiration und Feier schwappt wie eine unaufhaltsame Welle auf das Publikum über. Voller Stolz über die Vielfalt der Kulinarik erlebe ich mich eins mit den internationalen Stars aus aller Welt. In diesem Moment wird mir klar, dass die Kunst des Kochens eine universelle Verbindung zwischen Menschen schafft, die über alle Grenzen hinweg besteht.

Danke Onkel Emil, klingt es leise in meinem Herzen. Schließlich war er es, der vor vielen Jahren den Funken für den Kochberuf in mir entzündet hat. Seine Liebe zum Kochen lebt in mir weiter, und es ist mein fester Entschluss, ihm und der kreativen Kochkunst auch in Zukunft alle Ehre zu machen.

Ich glaube an dich

Voller Inspiration und beglückt vom internationalen Hauch der großen weiten Welt treffe ich nach meiner Rückkehr aus Frankfurt meinen Auftraggeber. Am Montag überreiche ich Herrn Goedeke mein Messebericht.

»Du hast hervorragende Arbeit geleistet«, lobt mich Hugo, mein Förderer, und gratuliert mir für den ausführlichen Bericht.

»Die Fotos liefere ich nach, wenn sie entwickelt sind«, verspreche ich ihm.

»Prima! Ich hoffe, du hast die Olympiade der Köche genossen«, erkundigt er sich formell, und ich muss mich zurückhalten, seine Zeit nicht übermäßig zu beanspruchen, so sehr komme ich ins Schwärmen.

Diese aufregende Erfahrung auf der Messe wirkt in mir wie ein Katalysator. Eine ungeahnte Dynamik kommt in Gang, und ich fühle mich, als ob ich auf direktem Weg unterwegs zum Gipfel innovativer Produkte und wegweisender neuer Konzepte für die Gastronomie bin. Wer hätte gedacht, dass sich meine Vorahnung schneller als erwartet erfüllt.

Zwei Wochen nach dem Messebesuch in Frankfurt liefert mir Goedeke einen 10-Kilo-Karton ins Rittscher. Ein gratis Krill-Muster im Block gefroren. Er erscheint am Mittag im Restaurant und erklärt mir den Grund dafür. Die Bundesforschungsanstalt für Fischerei hat im Auftrag der Bundesregierung die Krill-Bestände in der Antarktis erforscht, und das Forschungsschiff *Walther Herwig* war über zwei Jahre auf dieser Expedition. Einige Tonnen Krill werden nun der Industrie und auch der Gastronomie zur freien Verfügung gestellt.

»Du kannst dir eine Bundesverdienstmedaille holen. Ich lasse dir freie Hand, daraus Speisen herzustellen«, meint er, als ich neugierig den Karton öffne.

Die schwarz-braune, dünne Oxidationsschicht von zusammengepressten Krill-Krebsen wirkt auf den ersten Blick unattraktiv und unappetitlich. Doch als ich nach dem Antauen ein Stück abbreche und das nach frischem Seetang wohlriechende hellrosa Fleisch der Krill-Krebse zum Vorschein kommt, bin ich hellauf begeistert.

»Das sind die kleinsten Krebse der Welt, die die größte tierische Eiweißreserve haben«, betont Goedeke, der die neuesten Entwicklungen der Fischindustrie minutiös verfolgt. Im Auftrag der Bundesregierung wurde in einer Studie zwei Jahre nach Krill-Vorkommen geforscht, wofür die Forschungsanstalt für Fischerei elf Millionen Mark bereitgestellt hat, entnehme ich dem Forschungsmaterial.

»Das ist deine Chance. Ich sponsere den Krill, du kreierst neue Kunstwerke. Ich glaube an dich!« Mit diesen Worten dreht er sich um und überlässt mich meinem Schicksal.

Im Krill-Rausch

Ich verliere keine Zeit, mit dem neuen Produkt zu experimentieren. Das Küchenteam arbeitet geschlossen zusammen und entlastet mich im heutigen

Tagesgeschäft. Ich beginne den hauchdünnen Chitinpanzer vom Krill mit der Hand abzupulen. Da in den Schälmaschinen nur 25 Prozent reines Krillfleisch übrigbleibt, würde das Produkt zu teuer im Einkauf. Mühsam ist das und nicht rentabel, denke ich und entscheide mich, den Krill mit dem Panzer im Ganzen für Speisen zu verarbeiten.

Kein einfaches Unterfangen. Ich kann es kaum erwarten, den ersten Test durchzuführen: Krill in heißem Olivenöl mit Knoblauch und Chili – kurz knusprig gegart.

»Bitte, eine kleine Kostprobe«, sage ich zum Souschef, der erfreut nach dem Leckerbissen greift. Während er langsam den Krill auf der Zunge zergehen lässt, kommentiert er detailliert sein Geschmackserlebnis.

»Mhm, der schmeckt köstlich … eine Mischung aus zarter Textur … edlem Geschmack … knusprigem Biss. Ein wahrer Genuss.«

Angeregt experimentiere ich weiter. Ich bin in einem wahren Krill-Rausch, und innerhalb kurzer Zeit erschaffe ich ein abwechslungsreiches Repertoire an kreativen Krill-Rezepten. Der Krill-Pilawreis ist ebenso wohlschmeckend wie der Blätterteigstrudel gefüllt mit Gemüse und Krill. Sowohl die Köche als auch die Geschäftsleitung und mein Sponsor sind begeistert.

»Morgen berufe ich einen Pressetermin für die Verkostung der neuen Krill-Sensation ein«, erklärt Goedeke, der Kontakte zur Presse hat.

Mittags um 12 Uhr sind viele Medien als Pionierverkoster zum Krill degustieren geladen. Ich präsentiere ein Menü, bestehend aus Vorspeise, klarer und gebundener Suppen und ein Repertoire verschiedener Hauptgänge. Die geladenen Gäste sind begeistert und die Krill-Präsentation ist eine gelungene Premiere.

Nach dem Essen folgen zahlreiche Interviews mit Herrn Gödeke und mir über das Produkt Krill. In rasendem Tempo sind wir plötzlich im Rampenlicht der Medien.

»Krill-Sensation entdeckt!« Vier renommierte Zeitungen – BILD, Abendblatt, Morgenpost und die Welt – berichten auf ihren Titelblättern über den einzigartigen kleinen Krebs mit hoher Eiweißreserve. Die vielen Fotos dazu zeigen uns im Duo: Fischlieferant Hugo Goedeke und Krill-Experte Erich Häusler. Ich bin nicht darauf gefasst, welche Bombe wir losgetreten haben. Die

Presse berichtet täglich über den Krill, und das Telefon klingelt ununterbrochen. Ab diesem Tag ist das Restaurant täglich ausverkauft. Bereits bei der Tischbestellung wird darauf bestanden: Wir wollen den Krill kosten!

Über Nacht ist das Restaurant Rittscher in aller Munde und gefragt wie zu keiner Zeit davor. Ich bin als Koch- und Küchenchef plötzlich über die Landesgrenzen hinaus bekannt.

Achim Tacke, ein Reporter der Deutschen Welle, macht in der gleichen Woche mehrere Rundfunkreportagen mit mir. Sie werden mit O-Ton für die DEUTSCHE WELLE gesendet. In der Schweiz erscheine ich auf dem Titelblatt der Union Helvetia. General Food, Unilever und Meistermarken publizieren unzählige Artikel über mich, und es folgen diverse Einladungen in Fachgremien. Goedeke stellt mir einen Reporter und einen Fotografen zur Seite, welche die Treffen dokumentieren und die Artikel in Fachzeitschriften veröffentlichen. Täglich flattern neue Berichte und Zeitungen auf meinen Tisch.

Als ich ein Büchlein der Bundesforschungsanstalt mit unter anderem von mir kreierten Krill-Rezepten in den Händen halte, erinnere ich mich an meine Worte, mit denen ich vor einigen Monaten als Küchenchef gestartet habe: »Effiziente Dienstleistung auf hohem Niveau, ein interessantes, vielfältiges Speisenangebot und eine positive Presse sollen mein Motto für die zukünftige Aufgabe als neuer Küchenchef im Rittscher sein.« Alles hat sich erfüllt! Mit 28 Jahren bin ich inzwischen ein bekannter Küchenchef und Krill-Experte in der Branche.

Vom Sternekoch zum Schüler

Ein Erfolg jagt den anderen. Sprachlos halte ich den Brief in der Hand, der heute auf meinem Poststapel unter diversen Zeitungen lag. »Das kann doch nicht wahr sein«, lese ich perplex und ungläubig die Nachricht.

Als erstem Küchenchef im renommierten Schlemmerrestaurant Rittscher an der Elbchaussee in Hamburg verleihen wir Herrn Erich Häusler und seinem Küchenteam den 1. Michelin Stern der Hansestadt Hamburg. Wir gratulieren zu den außerordentlichen Errungenschaften in der Kochkunst und wünschen Ihnen und Ihrem gesamten Team weiterhin viel Erfolg.

Nachdem ich mich gefasst habe, rufe ich die gesamte Küchenbrigade zusammen und lese ihnen den Brief vor.

»Das gibts ja nicht! Das Rittscher bekommt einen Stern, den ersten in Hamburg. Wir sind berühmt, unglaublich!«

»Da gibts hoffentlich eine Gehaltserhöhung«, so einige spontane Kommentare der Küchencrew.

»Gemeinsam sind wir stark, lasst uns weiterhin mit Vorbild und gehobenem Standard zusammenarbeiten«, erkläre ich dem Team in meiner Rolle als Küchenchef und spendiere eine Falsche Schampus zum Anstoßen für die beglückte Crew.

»Sterne funkeln nur am Himmel«, sage ich demütig zu mir selbst, als alle ausgelassen durcheinanderreden. Ich weiß, dass dieser Erfolg nur gemeinsam im Team zu schaffen war und es nicht allein mein Eigenverdienst ist. Dennoch ist die Freude über die Wertschätzung unserer Kochkunst groß, und die Inhaber bedanken sich explizit bei mir, dass wir für das Rittscher den ersten Stern nach Hamburg geholt haben.

Natürlich sind auch Elfriede und die Kinder mächtig stolz und überraschen mich am kommenden Tag mit einem Zitronenkuchen in Sternform.

Im Rittscher läuft das Tagesgeschäft voller Eifer weiter. Die Küchenbrigade arbeitet auf Hochtouren, denn nach der Sternenvergabe ist das Restaurant über Wochen und Monate hin ausgebucht.

*Glücklicherweise habe ich zurzeit ein gut funktionierendes Team, auf das ich mich verlassen kan*n, konstatiere ich, als ich die Dienstpläne überprüfe. So bleibt mir zwischendurch etwas Zeit, neue Krill-Kreationen auszuprobieren, um die neugierigen Feinschmecker zufriedenzustellen. Es vergeht keine Woche, in der die Presse und die Medien nicht vom Krill berichten. Die Industrie funktioniert jedoch nach anderen Regeln: Ein Produkt muss viel Profit abwerfen und in hohem Maße verfügbar sein. Beides kann der Krill im Moment noch nicht erfüllen. Die Vorräte der Expedition der Forschungsanstalt für Fischerei und der Ertrag bei der Verarbeitung des kleinsten Krebses der Welt sind begrenzt. Das Interesse am Krill in der kulinarischen Fachwelt steigt jedoch frappant, wie es sich Monate später zeigt.

»Wer hohe Ziele hat, muss viel opfern«, meint Ernst, mein ehemaliger

Küchenchef vom Rittscher, als wir uns eines Abends nach Feierabend treffen. Mittlerweile ist auch seine Gastronomie ein Geheimtipp für sehr gutes Essen, und er erzählt mir, dass ihn immer wieder Gäste aus dem Rittscher besuchen. Ich gratuliere ihm aufrichtig, was er erwidert.

»Auch ich gratuliere dir zum Erfolg. Ich wusste, dass du es schaffst! Du bist kreativ, zuverlässig, strebsam und hast einen starken Charakter. Perfektion in der Kochkunst ist dein Aushängeschild, und du bist mutig, neue Wege zu beschreiten.« Seine Worte ehren mich, doch ich weiß, dass es noch viel zu Lernen gibt.

Gestern habe ich die Einladung zur Meisterschule erhalten.

»Im nächsten Monat starte ich für drei Monate die Gastronomie-Schule«, erkläre ich ihm im Wissen, dass ich vom gefeierten Sternekoch wieder zum Schüler werde.

Meisterschule in Hamburg
Meisterprüfung

Der Termin für das Meisterseminar rückt näher. Dafür muss ich mich für drei Monate, ohne Lohnfortzahlung, vom Betrieb freistellen lassen. Im Januar beginnt der Meister-Vorbereitungslehrgang.

Am ersten Tag versammeln sich 16 Teilnehmer aus der Ernährungsbranche und der Gastronomie. Die angehenden Küchenmeisteraspiranten aus den verschiedenen Betrieben stellen sich vor. Überwiegend sind es Teilnehmer aus Kantinen, Catering-Betrieben, einer kommt von der Bundeswehr, einer ist Küchenleiter im Krankenhaus. Nur zwei sind wie ich in der Gastronomie tätig. Ich bin ein Exote unter ihnen, denn der Küchenchef aus dem Rittscher ist bekannt, und die Dozenten erwarten eine besondere Leistung von mir. Die Meister-Dozenten sind bekannte und verdiente Köche aus der Hamburger Gastronomie-Szene.

Als uns der Stundenplan und der Ablauf bis zur Endprüfung erklärt wird, prognostiziert ein Lehrmeister: »Von euch werden maximal 4 bis 6 Teilnehmer die Prüfung schaffen.«

Wir alle schauen uns fragend an, ob wir unter diesen Umständen überhaupt weitermachen wollen. Angst und die Unsicherheit stehen uns ins Gesicht geschrieben.

»Die Hamburger Prüfung ist in Fachkreisen gefürchtet und sehr schwer zu bestehen. Der Koch ist die Basis. Aber der Küchenmeister ist die Kür«, erläutert der Prüfungsmeister.

Bereits im Vorfeld wird unser Selbstvertrauen gebrochen. Täglich wechseln die Dozenten, und wir schreiben uns die Finger wund, lernen die Paragrafen für die Ausbildereignungsprüfung. Alle Bereiche und Themen, die wir bereits in der Lehre hatten, werden neu aufgefrischt. Klare Ansage der Prüfer: »Ihr müsst für die Praxis gemeinsam im Team arbeiten und auch voneinander lernen und gemeinsam üben. Wer unsicher wirkt, besteht nicht.« Es kommt mir vor, als hätte ich meinen Beruf nie richtig gelernt. Die Dozenten sind die Helden, unanfechtbare und fehlerfreie Lehrmeister, die uns täglich signalisieren: »Es gibt keinen unter euch, der besser ist als wir. In den Diskussionen wird uns klar gemacht, wie abhängig wir von ihnen sind. Sie sitzen ebenfalls allesamt in der zwölfköpfigen Prüfungskommission. Die Paragrafen und Vorschriften sind zwingend und ätzend zu pauken – ungewohnter, trockener Lehrstoff. Kein Weg führt an der Ausbildereignungsprüfung vorbei. Sie ist der erste Teil der Prüfung, und diese müssen wir bestehen; erst dann werden wir zur Meisterprüfung zugelassen.

Die Dozenten empfehlen dringend, an den praktischen Zusatzkursen teilzunehmen, die nach dem Unterricht am Abend in den Küchen stattfinden, wo auch die Meisterprüfung abgenommen wird. Ihre Begründung: »Ihr frischt die Kenntnisse auf und lernt die Räume kennen.«

Die Themen sind Soßen und Suppen, Fleisch und Fisch, Vorspeisen und Desserts. Die zusätzlichen Kosten pro Seminar betragen 70,00 DM und müssen in bar bezahlt werden. Für die Dozenten ist das ein lukratives Zusatzgeschäft. Mir bringt es so gut wie nichts. Es ist lediglich eine Auffrischung der Kochprüfung und das Kennenlernen der Räumlichkeiten, in denen wir geprüft werden.

So vergehen die Lerntage. Täglich stehen sechs Stunden Theorie im Plan, und gleich in der ersten Woche schreiben wir diverse Tests. Ich reiche mein Meistermenü bei der Handelskammer ein. Der Prüfungsausschuss sichtet meinen Entwurf und nimmt Veränderungen vor, die den Schwierigkeitsgrad erhöhen und das Menü nach den Regeln der Menükunde in sich geschmacklich und harmonisch abstimmen. Den ersten Teil der Prüfung bestehen 12 Teilnehmer, ich gehöre dazu. Nervös und aufgeregt warten wir auf den Tag X.

Mein Prüfungstag steht fest, und ich treffe mich am Vortag mit meinem Azubi aus dem Rittscher, Michael Janke. Er darf meine Prüfungsarbeit mit Zureichen unterstützen. Schritt für Schritt spreche ich meinen akribisch ausgearbeiteten Arbeitsablaufplan mit ihm durch, und wir legen fest, wo und wie er mir helfen darf.

»Morgen wird es ernst – auf gutes Gelingen.« Mit diesen Worten verabschieden wir uns am Abend.

Ich bin kein Prüfungsmensch, demzufolge mache ich in dieser Nacht kaum ein Auge zu. Unausgeschlafen und hundemüde, aber pünktlich, erscheine ich zur Prüfung. Die Prüfer sind bereits beim Kontrollieren der Warenbestände und bestellen uns zusammen mit den Helfern in die Küche. Erst jetzt stelle ich mit Schrecken fest, dass mein Helfer noch nicht da ist. Er wohnt in Buxtehude und muss mit dem Schiff auf der Elbe übersetzen, um nach Hamburg zu kommen. Kommentarlos beginne ich meine Arbeit, lasse mir nichts anmerken und stelle zügig die Ware für meine Mise en Place zusammen.

Die Prüfer sprechen nur das Notwendigste, die Stimmung ist angespannt. Ich bin in der kleinen Küche eingeteilt. Dort sind wir zu viert; es fehlt an Kühlmöglichkeiten zum Zwischenlagern der Produkte. Eine Etage tiefer wäre ein Gemeinschaftskühlhaus, meint ein Prüfer zu mir.

Aus Angst, dass mir dort Ware entwendet wird, verzichte ich auf das Angebot. Um 10 Uhr erscheint mein Azubi. Er hat verschlafen und entschuldigt sich beschämt. Ich beruhige ihn, dass alles im grünen Bereich ist, und schlage ihm vor, zuerst frühstücken zu gehen und sich danach in meinen Arbeitsprozess einzubinden. Die Prüfer nehmen das zur Kenntnis.

Escoffier ist der Leitfaden, nach dem wir arbeiten sollen. Als ich meine Schlosskartoffeln in Form bringe, meint ein Prüfer zu mir: »Fragen Sie Ihren Nebenmann, wie Schlosskartoffeln tourniert werden.«

Ich frage und er meint: »In Bananenform.« Ich entscheide und tourniere sie olivenförmig weiter. Irritiert von meiner Beharrlichkeit ziehen sich die Prüfer zur Beratung zurück. Nach kurzer Zeit erscheint Helmut Rook – er ist der Chef der Kommission –, und als er die Küche betritt, verkündet er laut und deutlich in die Runde: »Es gilt für die Zubereitung von Schlosskartoffeln, was im Escoffier steht, und das ist olivenförmig.«

Mann!!! Bin ich nervös und aufgeregt über die Episode und gerade dabei, den Soßenansatz anzurösten, da passiert es. In der Aufregung gebe ich das sorgfältig klein geschnittene Röstgemüse bereits nach dem ersten Rösten dazu – ich sollte es dreimal anrösten und erst am Schluss das Gemüse zuführen. Das beobachtet ein Prüfungsmeister und weist mich darauf hin. Wie ein Blitz schießt es mir durch den Kopf: Jetzt bin ich durchgefallen. Wie in Trance arbeite ich unverdrossen weiter. Für das Dessert bereite ich ein Orangensorbet vor, wofür ich die Eismaschine benötige. Doch die Maschine ist belegt, da mehrere Prüflinge dabei sind, Eisvarianten zuzubereiten.

Ich beschwere mich bei Herrn Rook, der mich beruhigt: »Der Ausschuss nimmt das zur Kenntnis.« Als ich endlich an die Reihe komme, ist die Maschine bereits abgeschaltet. Das war es endgültig! Erneut eine weitere Zeitverzögerung. Mit Verspätung serviere ich den letzten Gang meines Menüs. Ich bin mit den Nerven fertig. Unsicher und deprimiert ärgere ich mich über die unnötigen Fehler.

Herr Rook bittet alle Prüflinge in den Gastraum. Höflich begrüßt er die Gäste und erläutert mit ausgesuchten Worten die Kriterien der servierten Meistermenüs. Am Schluss seiner Ansprache applaudieren die Anwesenden mit Begeisterung. Ich bin frustriert und fühle mich wie ein geprügelter Hund, den Applaus höre ich nicht, und es beschleicht mich das Gefühl: *Ich bin durchgefallen und die Mühe ist umsonst gewesen.*

Zu Hause bestätigt mir Elfriede, dass mein Menü hervorragend geschmeckt hat und die Gäste an ihrem Tisch alle der Meinung waren: »Dieser Prüfling hat mit Bravour bestanden.«

Ich erzähle von meinen Fehlern und dem gnadenlosen Prüfungsausschuss und bin davon überzeugt, dass ich mich als Küchenchef vom Rittscher gehörig blamiert habe. Dann falle ich todmüde ins Bett, um mich von diesem unvergesslichen Stresstag zu erholen.

Eine zermürbende Zeit vergeht. Denn erst eine Woche später findet in der Handelskammer Hamburg die mündliche Prüfung statt. Einzeln werden wir in den altehrwürdigen Prüfungsraum des historischen Gebäudes aufgerufen.

Endlich bin ich an der Reihe. Ich bin geschockt – alle 12 Prüfungsmeister sitzen an einer Tafel vor mir. Herr Rook stellt mir die Frage: »Erklären Sie uns die Herstellung einer Sauce Demi Glace.«

Ich besinne mich, die hatte ich in der praktischen Prüfung bereits versemmelt. Nun erkläre ich haargenau die Zubereitung dieser Grundsoße. Die Prüfer verharren stumm, und keiner davon stellt mir eine weitere Frage. Danach teilt mir Herr Rook feierlich das Ergebnis meiner Prüfung mit: »Gratuliere, Herr Kollege. Sie dürfen sich ab jetzt Küchenmeister nennen. Sie haben mit *Gut* bestanden. Heute Abend laden wir alle Teilnehmer mit ihren Frauen ins namhafte Hotel Frappant zur Meisterfeier ein. Dort werden die Meisterbriefe überreicht.«

Elfriede ist begeistert, als ich von der bestandenen Prüfung erzähle.

Trotzdem bin ich immer noch von mir enttäuscht. »Ich gehe heute nicht zur Meisterfeier! Den Brief kann ich auch in der Handelskammer Hamburg abholen. Zum Feiern ist mir nicht zumute.«

Meine Frau ist außer sich, sie bittet und fleht mich an: »Ich bestehe darauf, dass du der Einladung folgst und wir heute Abend gemeinsam feiern.«

Nach kurzer Besinnung stimme ich zu, denn Elfriede hat während der letzten Monate viele Opfer für mich in Kauf genommen, damit ich in Ruhe lernen kann. »Also feiern wir!«

Aufgebrezelt und festlich gekleidet gehen wir um 18 Uhr zum Empfang ins Hotel. Sieben frisch gebackene Küchenmeister kommen mit ihren Frauen. Es herrscht eine frohe und erleichterte Stimmung, und langsam keimt auch in mir die Gewissheit: Ich habe es geschafft!

Der Handelskammer-Vorsitzende lobt unsere Leistungen und unsere Ergebnisse. Feierlich überreicht Helmut Rook den ehrwürdigen Meisterbrief an jeden einzelnen von uns. In der Laudatio an mich betont er: »Mit der Note *Gut* bewertet und bestanden. Das ist in diesem Meisterjahrgang das beste Ergebnis. Der pädagogische Umgang mit Ihrem Helfer hat uns sehr beeindruckt; zudem Ihr solides Fachwissen und der professionelle Umgang mit Ihren Mitstreitern.«

Im Spalier stehen nun alle Prüfer und schütteln mir einer nach dem anderen die Hand, um zu gratulieren. Ich bin froh, dass ich an diesem Abend nicht gekniffen habe.

Totaler Kontrollverlust

Die Belegschaft im Rittscher freut sich mit mir und alle sind stolz, dass ich ein Meister bin. Von der Geschäftsleitung bekomme ich zur Belohnung eine Gehaltsaufbesserung von 100 Mark brutto. Der Alltag hat mich wieder und ich tauche motiviert ins Alltagsgeschäft ein. Heute ist Muttertag. Der milde, windstille Tag und der Duft von blühendem Flieder in der Luft treibt die Menschen hinaus ins Freie. Am Muttertag kommen Gäste von nah und fern, um im Rittscher gut essen zu gehen. Oftmals verbinden sie dies mit einem Spaziergang an der Elbe.

Der Garten im Rittscher ist bereits mit 150 Gästen besetzt, sodass das

Restaurant zur Mittagszeit zusätzlich geöffnet wird. Es ist die Hölle los! Unaufhörlich treffen Bestellungen ein, und in der Küche herrscht hektisch angespanntes Treiben. Nach einer Stunde verliere ich komplett den Überblick. Ich habe mir stapelweise Bons, die mir in die Hand gedrückt wurden, in meine Brusttasche gesteckt. Als ich sie schließlich ordne und annoncieren will, bringe ich die Bestellzeiten durcheinander. In dieser Zeit gibt es noch keine digitalen Registrierkassen, die die Uhrzeit und die zuständige Servicekraft anzeigen. Die Sonderwünsche sind oft in kaum lesbarer Handschrift vom Kellner hektisch aufs Papier gekritzelt, sodass Fehler vorprogrammiert sind. Die Küche ist am Limit! Jede Annonce erzeugt neuen Stress. Draußen warten die Gäste geduldig aufs Essen. Der Oberkellner Pino will gerade die vorbereiten Speisen am Tresen abholen und zu den Gästen bringen, als er realisiert, dass sie nicht mehr da sind. Gereizt, erbost oder aggressiv haben sie die Terrasse oder das Restaurant plötzlich verlassen. Wir wissen nicht mehr ein noch aus. »Bin ich im Narrenhaus oder habe ich bereits den Verstand verloren!«, tobe ich.

Immer mehr Reklamationen dringen zu mir. »Wir werden diesen Laden nie mehr betreten, unerhört was Sie sich leisten. Die Geschäftsleitung wird eine Beschwerde per Brief erhalten; Sie hören von uns.«

Ich versuche, die Gäste zu beschwichtigen, doch meine Entschuldigungen laufen ins Leere. Es ist für mich eine unerträgliche Situation. Ich realisiere, dass ich unfähig bin, das Chaos in den Griff zu bekommen. Solch einen totalen Kontrollverlust habe ich in meiner ganzen Laufbahn noch nicht erlebt.

Am Ende des Ansturms analysiere ich mit kühlem Kopf, was geschehen ist. Ich gehe scharf mit mir ins Gericht. Doch nicht nur ich, die Küchenbrigade, der Service, wir alle – auch die Geschäftsleitung – haben versagt.

Konsequenterweise hätte man das Restaurant nach der ersten vollen Gästebelegung schließen müssen und keine neue Bestellung annehmen dürfen. Ich lasse den Vorwurf nicht gelten, dass die Küche versagt hat. In einer außerordentlichen von mir einberufenen Lagebesprechung optimieren wir gemeinsam die Abläufe und erarbeiten ein Notstandsszenario, damit ein solches Tohuwabohu in der Zukunft nicht mehr eintritt. Denn so etwas wie heute darf nie wieder passieren!

Crest Hotel am Stadtpark: Food-Cost-Spezialist

Eine neue Ära beginnt

Wie es der Zufall will, oder ich könnte auch sagen, eines Morgens fällt es mir zu, dass mich mein ehemaliger Prüfungsmeister Peter Brand im Rittscher anruft. »Guten Tag, Herr Häusler. Hören Sie, ich verlasse demnächst meine Stelle als Küchenchef im Crest Hotel am Stadtpark. Ich möchte Sie fragen, ob Sie mein Nachfolger werden möchten oder ob überhaupt Interesse für Sie besteht, den Betrieb zu wechseln. Überlegen Sie in Ruhe und sagen Sie mir telefonisch Bescheid.«

Das kommt mir wie gerufen. In der letzten Zeit hat mir die Arbeit im Rittscher nur noch wenig Freude bereitet. Offenbar gibt es Probleme mit der Liquidität, da die Lieferanten nur noch gegen Barzahlung bereit sind, Ware zu liefern. Täglich verwalte ich einen Kassenbestand von 10.000 DM, um die Ware bezahlen zu können. Außerdem ist die Lüftung schon seit Wochen ausgefallen, und unsere Beschwerden über die unerträglichen Zustände in der Küche stoßen bei der Geschäftsleitung auf taube Ohren. Nichts passiert! Die ersten Kollegen verlassen die Brigade.

»Ich nehme Ihr Angebot an«, bestätige ich Herrn Brandt nach einer kurzen Bedenkzeit.

Bereits zwei Tage später ist der Gesprächstermin im Crest Hotel. Peter Brandt führt mich zum Direktor Werner. »Diesen jungen Mann habe ich in diesem Sommer zum Küchenmeister geprüft, und ich würde mich freuen, wenn er mein Nachfolger wird. Ich kann ihn nur wärmstens empfehlen«, bekräftigt er, während mich Herr Werner in Augenschein nimmt. Wir führen ein ruhiges, entspanntes Einstellungsgespräch und sind uns schnell einig. *Wenn etwas reif ist und reibungslos vonstattengeht, ist es meist der richtige Weg*, denke ich, als ich kurze Zeit später den neuen Arbeitsvertrag in der Hand halte. Das Crest Hotel ist ein englischer Konzern, dessen Inhaber zwölf weitere Hotels in Deutschland besitzen.

Die Kündigung im Rittscher ist nur noch eine Formsache. Es war eine lehrreiche und spannende Etappe auf meinem Lebensweg, doch nun bin ich reif für Neues. Einen Monat später geht es los im Crest Hotel Stadtpark. Am ersten

Tag übergibt mir Peter Brand nach einer kurzen Einarbeitung das Ruder. Von nun an bin ich der neue Küchenchef. Mit meinem altbewährten Fahrrad fahre ich bei Wind und Wetter von Farmsen nach Barmbek zur Arbeit. Die körperliche Bewegung tut mir gut und ist ein wunderbarer Ausgleich zum Stehen in der Küche. Es gibt viel zu lernen, und ich scheue keine Mühe, mich in die komplett neuen Arbeitsbereiche einzuarbeiten.

»Food Cost ist im Crest das beherrschende Thema«, erzähle ich Elfriede auf unserem Sonntagsspaziergang.

Bislang war ich innerhalb meiner Berufslaufbahn noch nie mit dem Thema konfrontiert. Es ist Neuland für mich und ich hoffe, dass ich die Herausforderung schaffe und dem Anspruch des Direktors gerecht werde.

Am letzten Tag des Monats ist routinemäßig die Inventur durchzuführen. Nach einem arbeitsreichen Tag werden alle Warenbestände akribisch abgewogen, gemessen, abgezählt und exakt, sowohl Gewicht und auch Anzahl, in vorgefertigte Inventurlisten eingetragen. Damit wir zügig vorankommen, sind wir bis spät in die Nacht damit beschäftigt; nicht selten kommt es allerdings vor, dass wir erst am nächsten Morgen um 7 Uhr fertig sind. Am ersten Tag des Monats müssen die ausgefüllten Listen auf dem Schreibtisch des Direktors liegen. Die Inventur erfordert einen spitzen Bleistift und ein gut kalkuliertes Ergebnis, damit die Chefetage zufrieden ist.

Zu Beginn meiner Anstellung sind 32 Prozent Food Cost dokumentiert und mir wird angeordnet, dass ich 28 erreichen muss. Täglich bin ich am Kalkulieren, Wiegen, Messen, Zählen … Für den kommenden Monat plane ich eine neue Krill-Spezialitätenwoche als Besonderheit und lege meinen Plan für diese Aktion der Direktion vor, die mir grünes Licht gibt. Da mir der Krill kostenlos zur Verfügung steht, ist vorhersehbar, dass die Food Cost in diesem Monat wesentlich besser ausfällt. Außerdem weckt die Aktion das Interesse der Journalisten. Die Spezialitätenwoche im Crest Hotel wird in den Medien groß annonciert und angekündigt.

Zur Eröffnung hat die Direktion etliche Medienvertreter eingeladen, und ich bin erfreut, dass die Presse sichtlich von meinem Krill-Menü begeistert ist. Täglich landen neue Zeitungsartikel auf meinen Schreibtisch. Das geht auch an der Konzernleitung nicht spurlos vorbei. Bereits kurze Zeit später wünscht die

Geschäftsleitung, dass ich die Aktion bundesweit in den anderen Crest Hotels durchführe.

Ich bin voll in meinem Element, als ich im Crest Hotel Hannover als Experte und Starkoch zur Eröffnung eingeladen werde. Es gibt viel Rummel um meine Person, und in diversen Fachzeitschriften wird deutschlandweit von den einschlägigen Erfolgen berichtet. Doch jeder Ruhm ist nur dann von Bedeutung, wenn die alltäglichen Job-Herausforderungen mit einer gewissen Leichtigkeit zu bewältigen sind, reflektiere ich, als ich die Presse sichte.

Diese Leichtigkeit ist bei mir noch nicht vorhanden. Der tägliche Balanceakt im Crest fordert mich stark. Bisher konnte ich mein Fachwissen in der Kochkunst ohne finanzielle Vorgaben einsetzen. Nur die besten Produkte waren gut genug, und ich konnte aus dem Vollen schöpfen. Nun stehen strikte Kalkulation und klare Kostenabwägung im Vordergrund, ohne die Qualität der Produkte negativ zu beeinflussen. Ein steter Druck, dem ich standhalten muss.

»Goodbye and have a nice day«

Alle Abteilungsleiter des Hotels treffen sich zum ersten Meeting im Monat. Jeder Verantwortliche fühlt die Last, gute und erfolgsorientierte Ergebnisse zu präsentieren. Die Inventur liegt auf dem Tisch, und Herr Werner bedankt sich bei allen für die aktuellen Zahlen und das zufriedenstellende Ergebnis. Nur der Vizedirektor, Herr Moritz, gibt noch seinen Senf dazu: »Ich wünsche mir, dass Sie im nächsten Monat noch mehr Gewinn machen und sich das Ergebnis verbessert.«

Woche für Woche verlangt er von mir ein noch besseres Resultat. Sarkastisch flüstere ich zu einem Abteilungsleiter neben mir: »Willkommen in der Märchenstunde«.

Mit der Zeit erkenne ich, was die Doppelpräsenz der Direktoren für uns bedeutet. Der Vizedirektor Moritz dient als sogenannter Zubringer bei Unstimmigkeiten und Personalproblemen. Er ist als spionierendes Ohr für den ersten Direktor eingesetzt. Dieser besitzt absolute Immunität und ist unangreifbar. Moritz ist sein Handlanger und verlängerter Arm. Er verkündet dem Personal die unattraktiven Entscheidungen der Firma. Sein Blick ist stets todernst und er verzieht keine Miene. Wir taufen ihn auf den Spitznamen *Schleicher*. Das Ganze hat System, denn jedes Jahr wechselt ein neuer zweiter Direktor aus einem anderen Crest Hotel an die Führungsspitze. Ein amerikanisches Modell, mit dem ich mich nie anfreunden werde.

Eines Tages stellt mir die Direktion einen »Controller« vom Mutterkonzern aus England zur Seite. »Kontrollieren Sie ab sofort die gesamten Lagerbestände mit unserem Gast«, fordert mich Herr Moritz auf.

Gemeinsam sichte ich mit dem Gutachter die Bestände und notiere: 4 Kilo Lorbeerblätter und 600 Gramm Safran. »Was sind denn das für Zustände«, reklamiert der Herr aus England.

Kompetent und ruhig erkläre ich ihm: »Die Bestände stammen aus der Zeit der Neueröffnung vor fünf Jahren, lange vor meiner Amtszeit. Seither sind ein Kilo Lorbeerblätter und 400 g Safran verbraucht worden.«

Wortkarg weist er mich an: »Sorgen Sie dafür, dass die Bestände rasch aufgebraucht werden.«

Was glaubt der feine Herr aus England eigentlich, denke ich und schmeiße den riesigen Sack Lorbeerblätter vor seinen Augen in den Müll. »Die können wir sofort abschreiben. Sie sind überlagert und wertlos. Die verbleibenden 600 Gramm Safran können wir auf die gesamten Crest Hotels umverteilen«, so mein Vorschlag.

Irritiert und erschrocken starrt er mich an, schließlich sagt er zu meinem Vorschlag: »Gute Idee!«

Ganz nach englischer Art ist die Bestandsaufnahme ohne weitere Diskussion beendet und wir verabschieden uns höflich: »It was nice to meet you. Goodbye and have a nice day!«

Wer zahlt, bestimmt

Aus Gründen der Wirtschaftlichkeit muss alles belegt sein, dies ist die Devise der Crest Hotels. Freien Spielraum gibt es keinen, wie ich den Worten des Direktors an einem Freitagnachmittag entnehme, als er mich vor der Abendschicht zur Seite nimmt. »Bitte bestellen Sie ein neues Mikrowellengerät im Wert von 5.000 Mark«, so seine Anweisung. Verblüfft konstatiere ich:

»Wir brauchen keine neue Mikrowelle. Die Alte funktioniert perfekt. Aber was ich dringend brauche, ist ein Mehlbesen.«

Ohne auf meine Bitte einzugehen, erwidert er: »Das alte Mikrowellengerät ist in diesem Jahr abgeschrieben und ein neues muss ins Budget aufgenommen werden. Wenn Sie es ablehnen, ist der Anspruch auf ein Mikrowellengerät für viele Jahre vorbei.« Wohl oder übel füge ich mich der Anweisung, obwohl ich sie unsinnig finde. Als ich einige Tage später einen Mehlbesen für 28 Mark kaufe, werde ich ins Büro zitiert. »Der Kauf eines neuen Mehlbesens ist nicht im Budget vorgesehen. Leider kann ich Ihnen den Einkauf nicht zurückerstatten.«

Dazu fällt mir nichts mehr ein; ohne ein Wort zahle ich verärgert den Betrag aus eigener Tasche. Diese sonderbaren Konzernbestimmungen veranlassen mich nun dazu, für die nächste Budgetberechnung minutiös aufzuführen, was in der Küche gebraucht wird. Ich empfinde es als Bevormundung und enorme Einschränkung für ein selbstständiges Arbeiten. Aber wer zahlt, bestimmt. So traurig es auch ist, dies begreife ich spätestens jetzt.

Im Küchenbetrieb gibt es viel zu tun, da bleibt keine Zeit, sich über unnötige Details den Kopf zu zerbrechen. Doch in einem Punkt kenne ich kein Pardon: Die Waren und die Zubereitung der Speisen dürfen nicht an Qualität verlieren. Leider halten sich nicht alle Kollegen daran. Mehrmals ermahne ich den Partychef auf dem Gemüseposten. Bei meiner Produktkontrolle in seinem Kühlschrank beanstande ich immer wieder überlagerte, zum Teil schon oxidativ veränderte oder saure Lebensmittel. Das ist nicht akzeptabel und verantwortungslos. Ich gebe ihm noch eine Chance, sein Kontrollsystem zu verbessern.

»Das ist Ihre letzte Verwarnung. Wenn Sie sich nicht bessern, muss ich Ihr Gehalt als Partychef zurückstufen und es der Direktion melden.« Es dauert keine sieben Tage, und erneut verderben wertvolle Waren. »Jetzt reichts!«, reklamiere ich und gehe sofort mit ihm zum Direktor. Wir einigen uns darauf, dass seine Gehaltsstufe auf Demi Chef zurückgesetzt wird. Ich habe mit seiner Kündigung gerechnet, aber das Gegenteil geschieht. Reumütig willigt er der Lohnkürzung ein und arbeitet weiterhin auf dem Posten mit weniger Verantwortung.

Leichter gesagt als getan

Es ist schon wieder Weihnachten, und das Geschäft im Crest läuft hervorragend. Wir sind über Tage ausgebucht. Am ersten Weihnachtstag ist es nasskalt, und ich bin froh, als ich mit meinem Fahrrad am frühen Morgen im Restaurant ankomme und mich in Ruhe auf den heutigen Ansturm vorbereiten kann. Ich gehe gerade die Menüabfolge und die Tischreservationen durch, als das Personal nach und nach eintrudelt. Die letzten Absprachen sind getätigt, und alle Köche wissen, dass wir uns heute keine Fehler erlauben dürfen. Doch wieder einmal werde ich eines Besseren belehrt, ganz nach dem Motto: Es ist leichter gesagt als getan.

Ausgerechnet heute erscheint das Abwaschpersonal nicht zum Dienst. Das schmutzige Geschirr stapelt sich nach kurzer Zeit auf den freien Tischen, und als dann noch der Fußboden mit den benutzten Kochtöpfen vollgestellt ist, eskaliert die Situation.

»Was ist das für ein Saustall!«, rufe ich aus, worauf mein Stellvertreter, Manfred Stumpf, mich zu beschwichtigen versucht. »Die haben sicher verschlafen und kommen noch.« Doch bald realisieren wir, dass das Chaos immer größer wird und dringend gehandelt werden muss.

»So gehts nicht weiter«, entscheide ich bestimmt und weise zwei Kollegen an, mir zu helfen. Während wir das Geschirr gemeinsam in die Spülmaschine einsortieren und tatkräftig anpacken, belächelt mich der Oberkellner durch die Küchentür mit einem breiten Grinsen.

Was für ein aufgeblasener Schnösel, denke ich und ärgere mich. Als er erneut grinsend in die Küche blickt, sprudelt es aus mir heraus: »Die Herren vom Service sind sich wohl zu fein, um in der Küche anzupacken.« Doch ich mache die Rechnung ohne den Oberkellner. Während meiner Spülaktion und Aufräumarbeit beschwert er sich beim zweiten Direktor über mich.

Noch am gleichen Nachmittag muss ich zum ersten Direktor ins Büro. »Ihr Verhalten ist ein absolutes No-Go!«, belehrt mich Herr Werner. »Egal wie sehr die Lage in der Küche eskaliert, Sie dürfen als Küchenchef niemals an der Spülmaschine stehen. Dafür sind Sie zu teuer und Sie sind kein Vorbild mehr. Das ist Gift für das Team«, sagt er weiter.

Aufgebracht entgegne ich ihm: »Welches Team? Köche oder Kellner? Nur wir Köche haben die Karre aus dem Dreck gezogen und die Verantwortung übernommen.«

Herr Werner belehrt mich inständig: »Sie haben als Küchenchef eine Vorbildfunktion – Sie sind nicht für die Arbeit an der Spülmaschine eingestellt. Betrachten Sie unser Gespräch als erste Abmahnung.«

Betroffen und aufgebracht verlasse ich sein Büro. Dies ist der Dank für meinen Einsatz! Wieder einmal bin ich ins Fettnäpfchen getappt. Wie schon so oft wollte ich Vorbild sein und die Situation retten, doch statt Dank ernte ich einen Anpfiff.

Wem es nicht passt, der kann gehen

Die Globalisierung der Küche erfasst bereits Ende der Siebzigerjahre ganz Deutschland. Italiener, Griechen und Türken drängen in die Städte, und aus manchen traditionellen Restaurants wird die Pizzeria Alfredo oder die griechische Taverne. Die Zahl der ausländischen Restaurants vermehrt sich in Hamburg fulminant. Deshalb positionieren wir uns im Crest Hotel Stadtpark mit klarer Linie. Gehobene Küche mit frischen Produkten sowie regionale und ausgewählte internationale Küche – das ist unsere Devise.

Der Erfolg scheint uns recht zu geben, denn über das Jahr hinweg finden neben den Buchungen der Hotelgäste auch private Tischreservationen und unzählige Seminare und Veranstaltungen mit Verköstigungen statt. Schon bald spricht sich herum, dass ich ein erfolgreicher Küchenchef bin und mir auch als sehr guter Ausbilder für Köche einen Namen mache. Regelmäßig veranstalte ich sogenannte Pflichtmeetings, in denen Theorie und Praxis trainiert werden und die Anwesenheit aller Azubis obligatorisch ist. Die meisten sind sehr lernwillig und hoch motiviert, jedoch ist dies bei Weitem nicht immer der Fall.

Einer meiner Azubis fällt mir ständig als ein Schlauschwätzer auf. Er weiß alles besser und gibt anderen unqualifizierte Ratschläge. Am Montagmorgen, als ich gerade vom wöchentlichen Meeting mit den Chefs ins Büro komme, spricht mich der Azubi Andreas Schlohtmann an: »Meine Eltern möchten sich möglichst bald mit Ihnen unterhalten«, meint er. Normalerweise bin ich es gewohnt, dass sich die Eltern mit mir direkt in Verbindung setzen, doch bei Andreas wundert es mich nicht. Er ist seit Beginn seiner Lehre mein Sorgenkind, denn er lernt schwerfällig und hat ständig etwas zu melden. Ich gebe ihm den Termin am Mittwochnachmittag um 15 Uhr. Da habe ich eine halbe Stunde Zeit für sie, bemerke ich und widme mich erneut meiner Planung.

Am Mittwoch um Punkt 15 Uhr erscheint das Ehepaar Schlohtmann. Ich begleite sie ins Besprechungszimmer. Als sie sitzen, kramt der Vater eine Mappe aus seiner Tasche und legt sie demonstrativ auf den Tisch. Ich wundere mich darüber und bitte Andreas, zum gemeinsamen Gespräch an den Tisch zu kommen. Sein Vater schlägt seine mit mehreren Seiten gefüllte Mappe auf und eröffnet förmlich und angespannt die Unterredung. »Wir sind hier, um mit Ihnen über Ihre Ausbildungsmethoden zu sprechen. Unser Sohn hat sich bei uns über die Ausbildung bei Ihnen beschwert.«

»So?«, frage ich erstaunt und verblüfft gleichermaßen. »Kann er mir das nicht direkt sagen?«

»Auf meinem Blatt habe ich mehrere Punkte, über die wir sprechen müssen!«, meint der Vater.

»Moment mal«, erwidere ich in einem harschen Ton. »Um was geht es hier? Wollen Sie sich bei mir beschweren? Es sollte eher umgekehrt sein, denn ich habe Ihren Sohn bereits mehr als einmal verwarnt.«

Die Eltern scheinen von sich selbst überzeugt zu sein, denn ohne mit der Wimper zu zucken fahren sie fort: »Wir können es nicht gutheißen, dass Sie als Chef schon am frühen Morgen zum Frühstück mit Ihren Arbeitskollegen Bier trinken.«

»Das kann doch wohl nicht wahr sein!«, erwidere ich fassungslos. »Sie sollten mit Ihren Beschuldigungen vorsichtig sein. An dem besagten Mittwochmorgen, um den es wohl geht, habe ich mit einigen Kollegen wegen der monatlichen Inventur die gesamte Nacht durchgearbeitet. Nach getaner Arbeit gab es ein deftiges Frühstück und ein wohlverdientes *Feierabend-Bier*. Danach war für uns alle ein langer Arbeitstag beendet. Ich bin gerade sehr fassungslos und über Ihre arrogante Art der Gesprächsführung. Was erlauben Sie sich eigentlich?« Bevor die Eltern etwas erwidern, schießt es aus mir heraus: »Wenn es Ihrem Herrn Sohn nicht passt, ist der Ausbildungsvertrag mit sofortiger Wirkung aufgelöst! Nehmen Sie ihn gleich an die Hand und gehen Sie mit ihm nach Hause.«

Die Eltern schnappen nach Luft, um zu widersprechen, doch bevor sie etwas sagen können, lasse ich sie wissen, dass das Gespräch hiermit beendet ist. »Nehmen Sie Ihre Mappe und Ihr Söhnchen und folgen Sie mir zum Direktor, damit wir den Ausbildungsvertrag sofort auflösen. Ihre Vorgehensweise möchte und kann ich nicht dulden, und Ihr Sohn sollte endlich kapieren, dass ich als sein Chef mir ungern inkompetent an die Karre fahren lasse.«

Herrn Werner ist überrascht, als ich ihm die Situation schildere. »Einer Vertragsauflösung ab sofort für die weitere Ausbildung von Andreas stimme ich zu«, beende ich meine Ausführungen.

»Moment, lassen Sie mich mit den Eltern bitte kurz allein sprechen.«

Ohne Worte und Verabschiedung gehe ich zurück in die Küche. Noch am selben Nachmittag vernehme ich, dass der Direktor den Ausbildungsvertrag nicht aufgelöst hat. Andreas bekommt eine schriftliche Verwarnung, und von diesem Tag an spurt er nach meinen Bedingungen. Mehr als einmal habe ich ihm gesagt, dass wir innerhalb der Küchenmannschaft nach den Regeln der Fairness und der Kollegialität zusammenarbeiten. Etwas anderes lasse ich auch in Zukunft nicht gelten. Wem dies nicht passt, der kann gehen!

Lektion fürs Leben

»Herzlichen Dank, wir sind mit der Verköstigung während unseres zweitägigen Seminars mehr als zufrieden«, lobt mich der Seminarleiter der Firma Böklunder beim Abschied.

Die Firma hält bereits das dritte Jahr ein Seminar im Crest Hotel ab. Sie schätzen unsere Räumlichkeiten, unser Essen sowie unseren Service. Wie üblich dürfen wir am Ende ihrer Veranstaltung den verbliebenen Warenbestand als Geschenk übernehmen, was äußerst lukrativ für unsere Food-Cost-Berechnungen ist.

»Heute gibt es für das Personal Rinderzunge in Madeirasauce, Prinzessböhnchen und Kartoffelkroketten«, ordne ich an, als ich im übrig gebliebenen Bestand die vielen Dosen mit gekochter Rinderzunge sehe.

»Oh, das ist ja mal etwas Besonderes«, entgegnet mir Manfred, mein Souschef, und verteilt sogleich die Aufgaben für die Vorbereitung des Mittagessens.

Nachdem das köstliche Mahl serviert ist und die Mitarbeitenden sich über das schmackhafte Personalessen freuen, geschieht das Unfassbare. Frau Crumulu, sie ist gerade 18 Jahre alt und in der Küche für die Geschirreinigung zuständig, erleidet während des Essens in der Kantine einen epileptischen Anfall und liegt stark zuckend mit Schaum vor dem Mund auf dem Fußboden. Die Aufregung ist groß, und alle reden ratlos durcheinander. Der sofort herbeigerufene Rettungsdienst fährt die junge Türkin nach kurzer Erstbehandlung ins naheliegende Krankenhaus Barmbek. Nach einer Stunde ruft das Krankenhaus in meinem Büro an. Voller Sorge nehme ich das Telefon entgegen.

»Guten Tag, sind Sie der zuständige Chefkoch?« Als ich bejahe, fährt der Anrufer fort: »Ich bin der Chefarzt, es handelt sich um Frau Crumulu. Können Sie mir sagen, was sie heute zu Mittag gegessen hat?«

»Rinderzunge in Madeirasauce«, erkläre ich ihm.

Barsch unterbricht er mich: »Dann kochen Sie mit Alkohol?«

»Nein, der Madeira in der Soße ist nur Geschmacksgeber, er ist durch den Kochvorgang längst ausgekocht.«

Unbeirrt fährt er fort: »Das kann doch nicht wahr sein! Mindestens ein Prozent vom Alkohol ist eben nicht auskochbar. Ein minimaler Restalkohol bleibt immer«, erklärt er mir aufgebracht. »Diese Frau ist Alkoholikerin und befindet sich im Entzug. Sie nimmt starke Medikamente, und der kleinste Alkoholanteil im Essen verursacht einen epileptischen Anfall. Sie handeln verantwortungslos und fahrlässig, wofür ich sie zur Rechenschaft ziehe. Ich zeige Sie bei der Polizei an.« Daraufhin legt er auf.

Erstarrt halte ich den Telefonhörer in der Hand. Nachdem ich die unausweichliche Situation erfasse, gehe ich umgehend zur Direktion, um den Vorfall zu melden. Niemand wusste davon und niemand traute diesem unauffälligen, jungen, gesund aussehenden Mädchen dieses Problem zu.

Der Direktor befragt daraufhin alle Mitarbeiter zum Thema Alkoholgenuss. Persönlich ruft Herr Werner im Krankenhaus an und schildert, dass wir das erste Mal mit diesem Problem konfrontiert worden sind. Die Anzeige wird fallen gelassen, jedoch persönlich ist dieser Vorfall eine Lektion fürs Leben: Koche niemals mit Alkohol, wenn du nicht sicher bist, ob dein Gast ihn verträgt!

Außer Spesen nichts gewesen

Bereits in den 70er-Jahren kam die Diät-Welle von Amerika nach Deutschland. Namhafte Ärzte setzten damals auf eine Diät, die eine Reduzierung von Kohlenhydraten vorsieht. Da ich stets die neuesten Entwicklungen innerhalb der Gastronomie und der Kochkunst verfolge, kommt mir eines Tages die Idee, für das Crest-Restaurant eine Diät-Speisekarte zu kreieren.

»Bereits seit längerer Zeit befasse ich mich mit den internationalen Trends«, beginne ich meine Ausführung bei unserer wöchentlichen Lagebesprechung mit der Direktion und unterbreite ihnen meine Idee. »Ich würde gerne neben der traditionellen Speisekarte eine Karte für Gäste anbieten, die abnehmen möchten.«

»Klasse, eine super Idee«, ermutigt mich Herr Werner.

»Von unserer Seite bekommen Sie grünes Licht.« Auch Herr Vanderbelt, der neue Vizedirektor, befürwortet meinem Vorschlag, denn er ist sich bewusst, dass Ehrgeiz, Fleiß, Verlässlichkeit, Disziplin und Ehrlichkeit mein persönliches Aushängeschild sind. Etliche Spezialitätenwochen habe ich mit großem Erfolg bereits durchgeführt und immer wieder neue Gäste aus nah und fern angezogen. Die dafür ausgearbeiteten Rezepte mit professionellen Fotos sowie Anrichteplan stellte ich dem Konzern stets zur Verfügung, ohne sie in Rechnung zu stellen. Seit jeher war es mir ein Anliegen, meine Kreativität und Freude nicht aufgrund fehlender Finanzen zu opfern. Bei dem, was ich tue, stehen Professionalität und Qualität an oberster Stelle, selbst wenn ich dafür in die eigene Tasche greifen muss.

Nach der heutigen Sitzung mache ich mich sogleich an die Planung des neuen Projektes für eine Diät-Speisekarte. Voller Ehrgeiz und Selbstoptimierungstendenz stürze ich mich in das Thema, ohne Rücksicht auf Verluste. Ich stecke enorm viel Zeit und Mühe in das Projekt, berechne minutiös Kalorien und Nährwertangaben und erstelle das finale Foto mit den abgewogenen Produktmengen.

»Eine bemerkenswerte Arbeit – das Resultat kann sich sehen lassen«, so die begeisterte Beurteilung der Konzernleitung, die eine Diät-Plan-Aktionswoche in allen Crest Hotels veranlasst. Mit dieser Aktion bin ich ein Pionier und errege viel Aufsehen in der Gastronomie. Das namhafte Fachblatt für Köche *Die Küche* ist voll des Lobes und druckt einige der von mir kreierten Speisen mit Bildern ab. Der erwartete Erfolg bei den Gästen bleibt jedoch aus. Ich beende die Aktion nach vierzehn Tagen und gestehe mir selbstkritisch ein: Wer in ein Restaurant geht, will nicht abnehmen, sondern schlemmen und genießen.

Persönlich schreibe ich die Erfahrung unter dem Motto ab: Außer Spesen nichts gewesen.

Fisch-Papst

Wer als Koch nicht gelernt hat, mit Erfolg und Misserfolg umzugehen, wird früher oder später scheitern. Ich freue mich über jeden erzielten Erfolg in der Branche, jedoch kenne ich auch die Schattenseiten.

Durch die Krill-Publikationen im Rittscher und die Aktionswochen im Crest bin ich inzwischen weit über die Grenzen von Hamburg hinweg als Spezialist von Fischgerichten bekannt, und in Kollegenkreisen gibt man mir den Spitznamen *Fisch-Papst*, was mich schmunzeln lässt. Regelmäßig verfolge ich die neuesten Publikationen über die antarktischen Fischsorten der Fischereiforschung. Wöchentlich gibt es neue Erkenntnisse. Es ist wie bei jeder Entdeckung neuer Gebiete. Plötzlich interessieren sich alle dafür. Niemand kennt bisher die Tiefseefische Alaska Pollock, schwarzer Degenfisch, Grenadierfisch und blauer Wittling.

Von der Forschungsanstalt für Fischereiforschung bekomme ich kostenlos tief gefrorene Knüppelfische – ohne Kopf im Ganzen geliefert. Für mich erneut eine attraktive Herausforderung, denn nach dem Food-Costs-Prinzip kann ich es kaum erwarten, für jede Fischart die Filetstücke und die Grätenabgänge in Prozenten zu messen und auszurechnen. Zudem erstelle ich für jede Fischart eine Geschmacksbewertung und die Eignung für verschieden Garmethoden.

»Herzlichen Dank für Ihre wertvollen Auswertungen der Fischarten und die Anleitung, wie man sie am besten zubereiten kann«, lobt mich Dr. Ehrich von der Bundesforschungsanstalt für Fischereiforschung und sendet mir als Anerkennung eine beachtliche Menge kostenlose Tiefkühlfische aus fernen Gewässern. »Erich, schau her, diese prächtigen Exemplare!«, ruft mir mein Souschef zu, als er die neue Lieferung entgegennimmt, während ich in Kalkulationen vertieft bin. Froh um eine kurze Pause stehe ich auf und schaue neugierig in die Tiefkühlbox. »Wow, welch eine Vielfalt von Alaskafischen«, rufe ich begeistert aus. »Es juckt mir in den Fingern, neue Gerichte zu kreieren«, gestehe ich voller Tatendrang, und bereits am Nachmittag mache ich mich an die Arbeit. Immer wieder neue Kreationen mit unbekannten Fischen im Angebot sind der Grund, warum ich die beste Food-Cost-Auswertung von allen Hotels schaffe.

»Als Fisch-Papst bist du unschlagbar«, meint einer meiner Kollegen bei einem Feierabendbier, als wir meinen Erfolg feiern.

Viele Küchenchefs im Konzern meiden mich allerdings, weil sie neidisch sind. Doch ich habe gelernt, dass ich mich davon nicht einschränken lassen darf. Ein Kollege meint zu mir: »Gut, dass du dich nicht einschüchtern lässt. Das wäre schade, denn am Ende profitieren doch alle davon.« Als wir uns verabschieden, wünscht er mir einen erholsamen Urlaub, denn morgen geht es mit Elfriede und den Kindern an die Ostsee.

Wir verbringen zwei wunderbare Wochen beim Campen, umgeben von unseren Nachbarn und Freunden aus Hamburg. Diese neue Form von Urlaub genießen wir sehr. Es ist der perfekte Ausgleich zum Stadtleben, der viel Geselligkeit, Gemeinschaft und Freiheit für die Kinder bietet.

Als wir am letzten Abend der Ferien gemütlich beisammensitzen und grillen, kommen die Kinder zu mir und betteln: »Wir wollen nicht zurück nach Hamburg. Können wir nicht noch bleiben?« Kurz entschlossen entscheiden wir, dass Elfriede mit den Kindern noch bis zum Ende der Schulferien bleibt und ich allein zurückfahre. Eine gute Entscheidung, wie sich herausstellt, denn so kann ich mich vollkommen auf das konzentrieren, was mich erwartet, ohne zu ahnen, welche Türen sich plötzlich auftun.

Das Glück streckt mir die Hand aus

Vor einiger Zeit bin ich dem *Kochclub Gastronom* in Hamburg beigetreten, denn eine gute Vernetzung in der Branche ist von großem Vorteil. »Gute Köche in Hamburg kennen sich«, hat mir der Wirt vom Niendorfer Hof einmal mit auf den Weg gegeben. Kaum zurück in Hamburg gehe ich zur monatlichen Versammlung vom Kochclub und bin erfreut, alte und neue Gesichter wiederzutreffen. Bei der heutigen Sitzung berichtet ein Kollege von den momentanen Entwicklungen in der Gastronomie.

»Einen wunderschönen guten Abend, geschätzte Kollegen und Kolleginnen, die Gastronomie steht nie still. So wie sich Geschmäcker verändern, so verändern sich die Trends und die namhaften Chefs«, eröffnet er seine kurze Rede. »Es gibt viele Veränderungen in den Führungsebenen, denn viele bekannte Küchenmeister verlassen die Gastronomie und wechseln in Casino-Kantinen. Der Grund dafür liegt auf der Hand. Die Unternehmen werben mit sehr guter Bezahlung, zusätzlich werden bis zu 14 Monatsgehälter bezahlt, mehr Urlaub, zusätzliches Urlaubsgeld und Rentenzusatzzahlung nach einer gewissen Betriebszugehörigkeit. Zudem lockt die geregelte Freizeit: samstags, sonn- und feiertags frei«, führt er fort.

Als ich spät am Abend nach Hause fahre, bin ich immer noch inspiriert von den interessanten Informationen und Begegnungen und ich ertappe mich dabei, wie sich meine Gedanken verselbstständigen.

Mittlerweile bin ich bereits seit Jahren im Crest. Ich habe viel Neues gelernt, aber wenn ich ehrlich bin, kann ich mir eine Veränderung gut vorstellen. Der monatliche Druck mit der Inventur und dem Food Cost belastet mich doch konstant, auch wenn ich inzwischen die nötige Fachkenntnis habe.

Bereits während der nächsten Kochclubversammlung geschieht das Unglaubliche. Beim ungezwungenen Austausch spricht mich völlig unerwartet mein ehemaliger Prüfungsmeister Herr Winteroll an: »Hallo, Herr Häusler, wie gehts Ihnen?«

Wir kommen ins Gespräch, und ich erzähle ihm von meinen Erfahrungen in den letzten Jahren im Crest. Plötzlich nimmt er mich zur Seite und fragt mich: »Haben Sie Interesse, mein Nachfolger im Reichshof zu werden?«

Ich kann es kaum fassen und erwidere hocherfreut: »Das würde mich sehr interessieren.« Bevor ich fortfahre, lässt er mich wissen, dass er noch nicht gekündigt hat und ich mit niemandem darüber sprechen soll. »Zum Jahresende wird mein Posten frei«, flüstert er mir zu.

Freudig erregt bedanke ich mich bei ihm, worauf er mir den Tipp gibt, dass ich mich bei Herrn Wölke, dem Direktor des Reichhofs, melden soll. Dann verabschiedet er sich und wünscht mir viel Glück. Mir scheint, als ob mir in diesem Moment Flügel wachsen. Das Glück streckt mir die Hand entgegen, und ich bin bereit, die Chance zu packen.

Bereits am kommenden Tag treffe ich Herrn Wölke im Reichshof. Seine ruhige und bedächtige Art beeindruckt mich. Er schaut mich musternd an und erklärt mir mit einem Lächeln im Gesicht: »Ich kenne Sie schon lange Zeit und verfolge in der Presse ihre Erfolge als Küchenchef. Wenn Sie wollen, können sie am 2. Januar als neuer Küchenchef bei uns starten.«

Ich zögere keine Sekunde und sage voller Freude: »Gerne nehme ich Ihr Angebot an!«

Reichshof – Traditionsbetrieb in Hamburg
Jahreswechsel mit Folgen

Der konstante Kalkulations- und Inventurdruck hat seine Spuren hinterlassen, und ich freue mich auf den Neustart im Reichshof. Fristgerecht reiche ich meine Kündigung im Crest Hotel ein. Da mir noch Urlaubstage zur Verfügung stehen, ist am 15. Dezember 1979 mein letzter Arbeitstag.

»Drei Jahre meines Lebens habe ich täglich mein Bestes gegeben und vieles gelernt«, erinnere ich mich.

Mit ungutem Gefühl, weil ich nun zu den Festtagen der Brigade nicht mehr zur Verfügung stehe, bin auf dem Weg zum Büro. *Hoffentlich wirkt sich das nicht negativ auf mein Dienstzeugnis aus*, schießt es mir durch den Kopf, als ich die Bürotür von Herr Werner öffne.

»Wir verlieren Sie sehr ungern – die Zusammenarbeit mit Ihnen war stets konstruktiv, und Ihre Leistung im Team hat die Qualität unseres Restaurants enorm aufgewertet. Im Namen des Crest Konzerns wünschen wir Ihnen alles Gute. Mögen sich Ihre Wünsche erfüllen«, sagt er zu mir und überreicht mir feierlich das Arbeitszeugnis. Die Bewertung ist außergewöhnlich und auf zwei DIN-A4-Seiten verfasst. Als ich mich herzlich verabschiede, bin ich froh, dass es mir keiner verübelt, vor den Feiertagen den Dienst zu quittieren.

Ein Wunsch hat sich bereits erfüllt, denke ich, als ich das Hotel verlasse. Seit ich als Koch arbeite, ist es das erste Mal, dass ich Weihnachten und Neujahr gemeinsam mit der Familie erlebe.

Silvesterabend feiern wir zusammen mit unseren Freunden. Der letzte Tag des Jahres 1979 beginnt stürmisch und regnerisch. Ein typisches Hamburger Schmuddel-Wetter. »Kein Hund verlässt heute freiwillig das Haus«, sage ich zu Elfriede, während ich mit den Vorbereitungen für den Abend beginne. Wir lassen uns die gute Laune vom Wetter nicht trüben. Froh, Zeit zu haben, bereite ich ein köstliches und reichhaltiges Silvesterbuffet vor. Die Kinder bekommen Saft und die Erwachsenen Bowle und frisch gemixte Cocktail-Kreationen.

Nachdem alle Gäste eingetroffen sind, ist die Stimmung feierlich und entspannt. Alle genießen das reichhaltige Menü, und nach dem Essen verziehen sich die Kinder ins Zimmer, um Monopoly zu spielen. Plötzlich, kurz vor

Mitternacht, müssen wir uns sputen. Wir füllen den Sekt zum Anstoßen in die Gläser und beginnen den Countdown zu zählen: 10 … 9 … 8 … 7 … Während ich die Sektgläser verteile, rufen wir um Punkt 24 Uhr laut im Chor: »Frohes neues Jahr!« Wir umarmen und küssen uns, schütteln Hände und wünschen uns ein glückliches, gesundes neues Jahr. Draußen knallt und zischt es bereits heftig, und wir beschließen, das Feuerwerk von unserem überdachten Balkon aus zu beobachten. In der vierten Etage unterm Dach sind wir sicher und haben einen großartigen Ausblick. Hätte ich gewusst, was kurz nach Mitternacht geschieht, wäre ich im Haus geblieben. Doch nachher ist man meist schlauer.

Als wir kurz nach zwölf gut gelaunt auf den Balkon gehen, bewundern wir das Spektakel am funkelnden Himmel. Gegenüber unserem Haus zünden Nachbarn Raketen in die Luft. Wir können hinunterschauen, die Show ist nur 30 Meter entfernt. Der frische Regen peitscht uns ins Gesicht. Plötzlich ändert der Wind seine Richtung. Wir beobachten, wie ein junger Typ mit seiner Schreckschusspistole Leuchtkugeln in verschieden Farben in den Himmel schießt. Besonders krass ist der Vogelschreckknaller, er zieht einen hell grellen Schweif nach sich und explodiert nach kurzer Entfernung unerwartet mit einem fürchterlichen Knall.

Wir erschrecken, denn es ist lauter als erwartet. Plötzlich sehe ich aus dem Augenwinkel heraus den Schweif eines Vogelschreckknallers direkt auf unseren Balkon zusteuern. Geistesgegenwärtig drücke ich rechtzeitig Alexander vor mir zu Boden, als im gleichen Augenblick ein fürchterlicher Knall ertönt. Mir zerplatzt beinahe das Trommelfell. Dann realisiere ich, dass der Knaller den linken Ärmel meiner Windjacke zerfetzt. Geschockt sehe ich, dass meine linke Hand wie eine Fackel brennt. Ich schaue sie verstört an, da ich keinerlei Schmerzen empfinde. Es vergehen Sekunden, bis ich begreife, was hier passiert. Voller Panik quetsche ich die lodernde Hand unter meine Achsel, um das Feuer zu ersticken, und laufe wie in Trance durch die Wohnung zur Gästetoilette, um die Verletzung unter kaltem Wasser zu kühlen und die verbrühte Haut von der Hand zu reißen.

»Erich, kann ich dir helfen?«, ruft Elfriede gefolgt von unseren erschrockenen Gästen.

»Es ist nicht so schlimm!«, beruhige ich die aufgebrachte Menge, während ich meine Hand mit einem nassen Handtuch umwickle. Die Party ist abrupt beendet. Nach und nach verabschieden sich die besorgten Freunde und wünschen mir alles Gute. Ich lege mich sofort aufs Bett, die Hand blutet ja nicht, erkläre ich ruhig. Ich bin froh, auf dem weichen Bett zu liegen, und schließe die Augen. Ein heftiger Schweißausbruch überfällt mich, und ich bin kurz davor, in Ohnmacht zu fallen.

Glück im Unglück

Elfriede bringt mich sofort ins Krankenhaus Barmbek, und der behandelnde Arzt empfängt mich mit den Worten: »Sie sind nicht der erste Patient, der mit Böllern nicht fachgerecht umgehen kann.«

Verärgert erkläre ich ihm, dass ich auf dem Balkon angeschossen wurde.

»Das sieht übel aus. Sie haben Verbrennungen dritten bis vierten Grades. Wir werden voraussichtlich einen Teil Ihrer Haut transplantieren müssen«, diagnostiziert er, als er meine Hand fachgerecht untersucht und verbindet.

Mich überfällt Panik, wenn ich daran denke, dass ich am 2. Januar die Stelle im Reichshof antreten soll.

Es wird Monate dauern, bis diese schwere Verbrennung verheilt ist. Hoffentlich bin ich die Stelle nicht los, bevor ich sie angetreten habe, taumeln verzweifelte Gedanken durch meinen Kopf.

Am nächsten Tag rufe ich im Reichshof an und informiere Direktor Wölke über meinem Unfall. Einen Moment ist es still in der Leitung, dann wünscht er mir gute Besserung und eine vollständige Genesung. Ich gebe ihm zu verstehen, dass er sich einen neuen Küchenchef suchen muss, weil ich für längere Zeit ausfalle.

»Werden Sie wieder gesund und machen Sie sich keine Gedanken. Sie sind unser neuer Küchenchef. Wir warten auf Sie und freuen uns auf Ihre Mitarbeit. Ihre Stelle halten wir so lange frei«, beruhigt er mich entschlossen. Ich bin erleichtert und ein Stein fällt mir vom Herzen. Ich verspreche ihm, sobald es irgendwie geht, anzufangen.

Täglich bekomme ich massenhaft Spritzen und Tropfampullen. Die eitrigen Krusten an den Wunden werden mühsam abgespachtelt, was äußerst schmerzhaft ist. Danach folgt ein Bad in sterilem Wasser. Die Spannung der nachwachsenden jungen Haut tut mörderisch weh, und mir bleibt mehr als einmal die Luft weg.

Dann endlich – Mitte Februar habe ich das Entlassungsgespräch mit dem behandelnden Arzt.

»Ihre Hand ist bisher gut verheilt und wir mussten glücklicherweise keine Haut verpflanzen. Allerdings müssen Sie den Arm noch in der Schlinge tragen, um die Hand zu schonen. Sie hatten Glück im Unglück – wir können Sie morgen entlassen.«

Sofort informiere ich Herrn Wölke, dass ich Anfang der nächsten Woche zur Arbeit komme. Ich rechne es ihm hoch an, dass er meine Stelle freigehalten hat. Ich bin gespannt darauf, endlich starten zu können, denn der Reichshof Hamburg ist ein Traditionsbetrieb, der bei den eingesessenen wohlhabenden Hamburger Bürgern für das gute Essen bekannt ist. Viele Jahre ist er mit über 600 Zimmern das größte Hotel Deutschlands und einer der besten Ausbildungsbetriebe Hamburgs. Herbert Emil Langer ist der Sohn des Hotelgründers und jetziger Inhaber.
Schon in wenigen Tagen bin ich Teil der Crew und kann ihn und die Gäste von meiner Kochkunst überzeugen.

Die skurrile Aufnahmeprüfung

Heute ist der erste Arbeitstag. Da mein linker Unterarm für längere Zeit noch bandagiert bleibt, bin ich nur bedingt einsetzbar. Der neoklassizistische, großbürgerliche Stil des Hotels beeindruckt mich, als ich am Montag um 7.30 Uhr vor dem Hotel Reichshof ankomme. Seine 70-jährige Geschichte ist überall spürbar, und es ist nicht zu übersehen, dass der Begründer und Erbauer, Anton-Emil Langer, eine Affinität zur Schifffahrt hatte. Er arbeitete als ehemaliger Küchendirektor auf den Ocean Linern der bekannten Reederei Hapag. Einfluss auf die Gestaltung des Hotels Reichshof übte ebenfalls ein guter Freund Langers aus, der Reeder und Hapag-Generaldirektor Albert Ballin.

Das *Stadt-Restaurant,* wie es bei den Hamburgern heißt, ist das Herzstück des Hauses. Der altehrwürdige, getäfelte Raum mit vielen Blattgoldverzierungen an den Säulen und Geländern ist beeindruckend. Das Restaurant wurde von den Schiffsausstattern Friese aus Kiel gestaltet und ist ein authentischer Nachbau der *Cap Polonio*, die auf den Weltmeeren unterwegs war und als Vorlage diente.

In der Mitte des Saals befinden sich Säulen mit einem Treppenaufgang zur ersten Etage, von dort reihen sich verschieden große Salons wie eine Perlenkette um den Saal. Die Salonfenster sind zu öffnen, sodass die Gäste wie in einer Loge sitzen und ins Restaurant schauen können. Große Veranstaltungen und traditionelle Spezialitätenwochen geben rund 500 Besuchern Platz. Angegliedert an den Hoteltrakt sind folgende Abteilungen: Direktion, Buchhaltung, Personalbüro, Betriebsrat, Hausdame, Wäscherei, Schneiderei, Malerei, Tischler, Dekorateur, Floristin und eine Kantine im Keller, in der ausschließlich für das Personal gekocht wird. Alles in allem ein gigantisches Unternehmen, in dem kollegiale Zusammenarbeit und perfekte logistische Organisation Hand in Hand gehen.

In der Küche empfangen mich die Kollegen und der Souschef Günther Moor herzlich. »Wir wünschen Ihnen einen guten Start!«

Als jüngster Küchenchef im Reichshof habe ich keinen leichten Stand. Die meisten Angestellten arbeiten bereits seit Jahren und Jahrzehnten im Betrieb. »Das haben wir immer so gemacht«, so das klassische Argument, das ich bei jeder neuen Veränderung höre. Doch auch wenn es Diskussionen kostet, bleibe ich standhaft.

Die erste Woche ist bereits verstrichen, und mein Souschef kündigt an, dass der Inhaber Herbert Emil Langer mit seinem Kegelklub zum Essen kommt. Ich habe ihn persönlich noch nicht kennengelernt. Der Oberkellner Escherich gibt mir die Bestellung auf. Spargelsuppe, im Hauptgang Rinderfilet mit Gemüseplatte und Kartoffeln und zum Dessert ein Parfait mit Beerenfrüchten. Das Essen geht routinemäßig pünktlich und korrekt über den Pass, an dem ich für die Endkontrolle verantwortlich bin.

Kurz vor 22 Uhr kommt ein kleiner, untersetzter, älterer Mann an meine Küchenklappe und fragt mich, ob ich der neue Küchenchef bin. Als ich bejahe, kommt er in die Küche, baut sich vor mir auf und schreit mich vor versammelter Mannschaft an: »Ich habe hier noch nie so schlecht gegessen wie heute!« Dann dreht er sich auf dem Absatz um und verschwindet so schnell, wie er gekommen ist. Fassungslos und kreidebleich sehe ich die entsetzen Gesichter meiner Kollegen und frage in die Runde: »Wer war denn das?«

»Herr Langer, der Inhaber und Chef höchst persönlich«, erwidert mein Souschef und lässt enttäuscht den Kopf hängen.

Das war es jetzt, denke ich im Stillen, *damit ist für mich die Probezeit wohl beendet*. Kraft meines Amtes beherrsche ich mich vor dem Team und lasse die Crew wissen, dass wir alles richtig gemacht haben. »Wir haben das Beste gegeben! Die vernichtende Kritik ist völlig aus der Luft gegriffen, noch dazu ohne irgendeine Begründung.«

In mir breitet sich eine Mischung aus Zorn und Enttäuschung aus, die erst verfliegt, als mir auf dem Weg nach Hause die frostige Winterluft ins Gesicht weht. Es steht für mich fest: Diese Reklamation lasse ich nicht auf mich sitzen. Ohne Begründung fühle ich mich als Führungsperson diffamiert und verletzt. Morgen kündige ich fristlos.

Nachdem ich in der Nacht kaum ein Auge zumache, melde ich mich am nächsten Morgen im Büro von Herbert Emil Langer zum Gespräch. Er sitzt in einem protzigen Ledersessel hinter einem riesigen aufgeräumten Schreibtisch. Da ich meiner Meinung nach sowieso nichts zu verlieren habe, lasse ich meinem Frust freien Lauf: »Ich kündige mit sofortiger Wirkung! Ich lasse mir nicht bieten, dass mich jemand vor versammelter Mannschaft derart maßregelt. Sie haben es weder für nötig gehalten, sich vorzustellen, noch einen Grund für Ihre Reklamation genannt. Das ist absolut kein Führungsstil eines Principals. Es ist mir gegenüber respektlos, und ich bin nicht bereit, weiter für Sie zu arbeiten.« Nachdem ich mein Plädoyer beendet habe, atme ich tief durch.

Herr Langer lehnt sich in seinem Sessel zurück und verharrt stumm. Er mustert mich, ohne eine Miene zu verziehen. Es kommt mir wie eine Ewigkeit vor. Was treibt er für ein Spiel mit mir? Unerwartet fängt er plötzlich schallend an zu lachen. »So will ich Sie haben!«, platzt es aus ihm heraus. »Sie haben den Test bestanden. Sie sind mein Küchenchef, den ich mir genauso wünsche und der sich nichts gefallen lässt!«

Immer noch befremdet von seinem Verhalten, blicke ich Herrn Langer wortlos an, als er hinzufügt: »Ihre Kündigung nehme ich nicht an. Das Essen war perfekt! Schließen wir Frieden.« Er reicht mir die Hand und begrüßt mich offiziell und feierlich, als ob nichts gewesen wäre: »Herzlich willkommen im Reichshof! Ich freue mich auf die zukünftige Zusammenarbeit mit Ihnen.«

Zurück zur Brigadeküche

Nach dem turbulenten Einstieg im Reichshof wird mir erneut bewusst, dass jedes Hotel und jedes Restaurant seine eigene Philosophie hat und ich nicht bereit bin, mich komplett zu verbiegen. Wie so oft im Leben braucht es Kompromisse, denn die momentane Situation erlaubt es nicht, meine Ideen vollumfänglich umzusetzen. Inzwischen ist mir klar, dass Herr Langer kein Freund der modernen Küche ist. Das Essen muss schmecken und die Gäste müssen immer zufrieden sein. Nicht nur die Crew, sondern auch er ist ein Verfechter des Altbewährten: Warum etwas verändern, wenn die Gäste unsere Kochart so lieben?

Im Augenblick fühle ich mich um Jahrzehnte zurückversetzt und leite eine klassische Küchenbrigade, wie Auguste Escoffier sie beschreibt. Das Gegenteil zu dem perfekt durchorganisierten Betrieb im Crest Hotel, wo Kalkulation und Food Costs Priorität hatten.

»Vergiss alles, was die Systemgastronomie dir abverlangt hat, das kannst du hier nicht anwenden! Dein Job besteht nicht nur aus Rentabilität und Kalkulation«, rät mir der Direktor Wölke, der mein Dilemma erkennt und mir zu verstehen gibt, dass ich den Wünschen von Herrn Langer Folge zu leisten habe. »Er bestimmt alles im Haus und sagt, wo es lang geht, und wenn er nicht zufrieden ist, reklamiert er das umgehend«, begründet er seinen gut gemeinten Rat.

Am nächsten Morgen klopft es an der Tür meines Küchenchef-Büros. Ich bin gerade dabei, den Dienstplan für die Küchenbrigade auszuarbeiten. »Herein!«, rufe ich konzentriert, während ich mich zur Tür drehe.

»Moin, moin, Herr Häusler. Ich hoffe, Sie haben sich vom aufregenden Einstieg gestern erholt«, begrüßt mich Herr Langer.

Er legt mir einem großen Koffer auf den Schreibtisch, gefüllt mit hochwertigen Giesser-Messern.

»Bitte schön, hier eine kleine Wiedergutmachung für Sie. Ich hoffe, Sie bleiben uns so lange erhalten, wie die Messer zu schleifen sind. Und vergessen sie nicht, Tradition hat auch ihre guten Seiten.«

In diesem Moment bin ich überwältigt. Ich nehme den Koffer mit großer Freude entgegen, und kaum öffne ich den Mund, um mich zu bedanken, ist der Chef schon wieder weg und ich widme mich der weiteren Ausarbeitung des Dienstplanes. Die Brigade setzt sich aus 28 Mitarbeitenden zusammen. Sechzehn Köche inklusive Chefs und zwölf Auszubildende. In den Abteilungen wird im Wechsel Früh- und Spätdienst gearbeitet. Die Schlachterei ist doppelt besetzt, dort wird Fleisch, Wild und Geflügel ausgelöst und vorportioniert. Die lebenden Forellen, Aale sowie vier Pfund Karpfen, welche sich im mannshohen zehn Quadratmeter großen Aquarium tummeln, werden dort ebenfalls küchenfertig gemacht. Die Konditorei ist mit einem Konditormeister und zwei Konditoren besetzt. Hochwertiges Kuchen-Dessert, Gebäck, Petit Fours sowie Eis stehen täglich auf dem Programm. Aufwendige Zuckerdekorarbeiten von Eckhard Möcking wurden bereits mit diversen Goldmedaillen auf der IKA (internationale Kochausstellung) in Frankfurt ausgezeichnet.

In der kalten Küche bereiten eine Köchin und ein Küchenmeister sämtliche Vorspeisen, Hummer, Schalentiere, Salate, dazugehörige Soßen und Dressings vor. Auf dem Gardemanger sind zwei Köche mit der Herstellung von Suppen, Einlagen und der Zubereitung von Gemüsen, Pilzen und warmen Vorspeisen betraut. Ebenfalls zwei Köche arbeiten auf dem Rotisseur, sie sind für die Vorbereitung und Portionierung von Fleisch zu Rostbraten, Steaks und Wurst fürs Grillen und das Backen von Wiener Schnitzeln und Pommes Frites verantwortlich. Auch auf dem Saucier sind zwei Köche im Wechsel beschäftigt, die für die warmen Soßen für Braten und Fisch, Schmorbraten, Rouladen, mit Fleisch gefüllten Gemüse und für die gekochten Fische zuständig sind. Ich stehe am Pass, und wenn ich frei habe, vertritt mich mein Souschef.

Im Universum der Gastronomie

Es braucht professionellen Spirit und Teamgeist, um die 28-köpfige Brigade im Reichshof zu führen und als Küchenchef den Respekt des Teams zu erlangen. Die Wochen vergehen, und der Küchenalltag im Reichshof fordert mich stark.

Das Mobiliar sowie vor allem die Geräte und die Technik in der Küche sind veraltet und erschweren die Arbeit enorm. Der Gasherd muss permanent gewartet werden, weil die Zündflammen defekt sind. Die Standfritteuse fasst 20 Liter Öl, welches jedes Mal aufgeheizt werden muss, um eine Portion Pommes Frites zu backen. 20 Liter teures Fett werden jeden zweiten Tag gewechselt. Dies ist eine enorme Verschwendung der Ressourcen.

Mit einer Rentabilitätsberechnung der Fritteuse gehe ich zu Herbert Emil und schlage ihm den Kauf einer 2-Kammer-Tischfritteuse mit komplett 8 Litern Fettfassung vor.

»In der ersten Kammer kann die Portion Pommes vorbacken und in der zweiten Kammer wird sie dann knusprig fertig gebacken«, erkläre ich. »Das Gerät spart nicht nur Fett, sondern auch Strom, weil die Aufheizzeit schnell und effektiv ist.«

Meine Argumente überzeugen ihn, und ich bekomme grünes Licht, um ein neues Gerät anzuschaffen. Jedoch habe ich die Rechnung ohne die zuständigen Köche auf dem Posten gemacht. Der Aufschrei ist groß. »Mit dieser kleinen Fritteuse ist das Geschäft unmöglich zu schaffen«, klagen die alten Kochkardinäle.

Ich prophezeie, dass es mit dem neuen Gerät besser funktioniert. »Schnelle Aufheizzeit mit wenig Fett und zwei Kammern, die eine zum Vorbacken und die andere zum fertig backen. Probiert es aus!«

Skeptisch nehmen sie meinen Hinweis zur Kenntnis, ohne weiter zu widersprechen, und murmeln leise vor sich hin: »Wenn's sein muss!«

Mir ist bewusst, dass es Zeit braucht, Neuerungen einzuführen, doch ich bin davon überzeugt, dass ich es hinkriege, selbst wenn es ein steiniger Weg ist, alte Gewohnheiten zu verändern. Die bisherige Praxis der Köche besteht darin, gleich am Morgen alle Backöfen anzustellen und zehn bis zwölf Stunden im Dauerbetrieb laufen zu lassen, auch wenn sie wenig genutzt werden. Dadurch wird viel Strom und Geld verschwendet.

Als ich wieder einmal auf der Gastronomiemesse in Hamburg bin, spreche ich mit Herrn Fraaz, dem Chef-Fachverkäufer der Firma Convotherm. Jedes Jahr, wenn wir uns treffen, führt er mir die neuesten Geräte mit modernster Technik vor. Wir kommen ins Gespräch und ich erzähle ihm im Vertrauen von den schwierigen Umständen im Reichshof. Zuversichtlich macht er mir einen Vorschlag.

»Dies lässt sich ändern. Wir sind Partner, und ich biete Ihnen an, dieses Vorführgerät dem Reichshof nach der Messe ein Jahr lang ohne weitere Verpflichtungen und kostenlos zur Verfügung zu stellen!« Geschäftstüchtig gibt er mir die Papiere und die Anschlusswerte für meinen Chef in die Hand. Ich bedanke mich herzlich für das Angebot und garantiere ihm, mich so bald wie möglich bei ihm zu melden.

Kaum bin ich von der Messe zurück, präsentiere ich den Deal der Geschäftsleitung. »Wenn es nichts kostet, sind wir dabei«, lautet die Antwort von Herrn Langer.

Das Küchenteam reagiert unwillig und verärgert auf meine Modernisierungsmaßnahmen. Es graut ihnen, sich technisch umzustellen. »Wir wollen die alten Backöfen behalten!«, so ihr Protest.

Zu spät, denn bereits in drei Tagen kommen die Elektriker und schließen den neuen Kombidämpfer an, und Herr Fraaz führt die Küchencrew geduldig in die Funktionen und die Technik des Gerätes ein.

Bereits am nächsten Tag müssen wir 100 Rostbraten zubereiten. Als der Saucier Partychef, Herr Draak, die Kippbratpfannen einschaltet, um die Braten in der altbewährten Art und Weise vorzubereiten, schüttle ich ungläubig meinen Kopf: »Die werden heute im Kombidämpfer zubereitet. Sie werden sehen, sie sind alle gleichzeitig in zehn Minuten fertig und müssen nicht wie in der Bratpfanne mit der Hand mühsam gewendet werden.«

»Dann machen Sie mir das mal vor«, meint er ungläubig.

»Aber gerne«, antworte ich. Den Rolli mit den Rostbraten fahre ich in das vorgeheizte Gerät, und zehn Minuten später reiche ich das fertige Fleisch mit Zwiebeln und der Soße auf Platten an. »Probiert bitte das Fleisch, ihr werdet sehen, es ist butterzart.«

Missmutig erwidert ein Kollege: »Aber es fehlen die Röststoffe, die beim Braten in der Pfanne entstehen.«

Sein Einwand ist berechtigt, und ich entgegne ihm: »Das stimmt, jedoch kommen noch die Zwiebeln mit der Soße über das Fleisch, und so entstehen genügend Röststoffe für den Geschmack.« Dem entgegnet niemand mehr etwas.

Zum schnellen Erwärmen und Auftauen bekommt der Gemüseposten eine hochwertige Mikrowelle. Schlussendlich empfinden die Köche diese Anschaffung als große Erleichterung, was mich entlastet, denn eine widerspenstige Crew ist in einer Küche nicht tragbar, so meine feste Überzeugung. Leider muss ich eines Morgens feststellen, dass Ausnahmen die Regeln bestätigen. Ich höre, wie der Konditormeister Möcking bei einem Kollegen verärgert ausruft: »Was glaubt eigentlich der neue Küchenchef, wer er ist? Als Konditormeister muss ich mir von ihm nichts sagen lassen.«

Im Team wurde ich bereits darauf hingewiesen, dass mit Möcking nicht gut Kirschen zu essen ist und er sich von keinem etwas sagen lässt. Er reagiert verständnislos und jähzornig, als einer seiner Mitarbeiter in der Mikrowelle gefrorene Beerenfrüchte auftaut, und verbietet ihm, diese Aktion zu wiederholen. Vehement sträubt er sich gegen die moderne Technik und verflucht mich. Dabei könnte er mit den neuen Geräten seine Schokolade leicht *à la minute* schmelzen, tiefgefrorene Crêpes auftauen und viel Zeit sparen.

Es herrscht Krieg zwischen uns. Mit mir persönlich wechselt er kein Wort, und für eine Kommunikation schickt er seine Helfer und Helferinnen vor. Wenn er mich sieht, verschließt er die Tür zur Konditorei und verbietet mir jeglichen Zutritt. Sein Personal weist er darauf hin, dass sie von mir keine Anordnungen annehmen dürfen. »Der junge Küchenchef ist mir zu blöd – er hat mir und euch nichts zu sagen, und wenn's ihm nicht passt, beschwere ich mich bei Herrn Langer.«

Eines Vormittags steht Herr Möcking grimmig dreinschauend vor mir. Er hat ein Tablett mit vier Gläsern roter Grütze in der Hand. Ein kurzer Blick zu mir, und demonstrativ schmettert er plötzlich das bestückte Tablett vor mir auf den Kachelboden. Es scheppert gehörig, die Grütze spritzt in weitem Bogen an die Wand, und die Glasscherben zersplittern im großen Umkreis auf dem Fußboden. Augenblicklich verfallen die Mitarbeitenden in Schockstarre. Für einige Sekunden hätte man eine Nadel fallen hören, so still ist es im Raum.

Ruhig und bestimmt ermahne ich Herrn Möcking: »Reinigen Sie bitte sofort die angerichtete Sauerei.«

Mit funkelnden Augen blitzt er mich an und ruft seinen eingeschüchterten Helfer: »Putz die Grütze weg!« Er dreht sich auf dem Absatz um und verschwindet. Um die Situation zu deeskalieren, ermuntere ich meine Mannschaft, ruhig ihrer Arbeit nachzugehen, während ich in mein Büro gehe, um Abstand zu gewinnen und meine Gedanken zu sammeln.

Loyalität siegt

Emil Langer hat Geburtstag. Dafür plane ich ein abwechslungsreiches und fantasievolles Menü und als Zwischengang ein Zitronensorbet in einer ausgehöhlten, geeisten Zitrone. Dafür möchte ich Herrn Möcking einsetzen, überlege ich, während ich zur Frühschicht in den Reichshof fahre. Ich bin ein gerechter Mensch und es liegt mir fern, mit gleicher Münze zurückzuzahlen. Aber wie kann ich ihm gegenüber ruhig bleiben, wenn er sich wieder ausfällig benehmen sollte? Bei respektlosem Verhalten eines Querulanten ist es leicht, frustriert oder genervt zu sein, aber ich will weiterhin fair und ruhig gegenüber Möcking bleiben. Allerdings bin ich nicht bereit, die Augen vor seinem Fehlverhalten zu verschließen oder mich respektlos behandeln zu lassen. Loyalität ist eine Herausforderung, das ist eindeutig. Aber ich bin optimistisch. Wer weiß, vielleicht gelingt es, Möcking auf eine positive Art und Weise einzubeziehen, um letztendlich ein harmonisches Team zu werden.

In der Küche holt mich die Realität schnell ein. Ich unterbreite Möcking den Plan vom Zitronensorbet in ausgehöhlter Zitrone als Zwischengang. Dieser winkt sofort ab: »Diesen neumodischen Quatsch machen Sie mal schön selber!«, so seine deutliche Ansage. Da er auch das Zitronensorbet nicht herstellen will, frage ich einen befreundeten Küchenchef im Nachbarhotel, ob er mir mit einer Dose Zitroneneis aushilft. Dann bereite ich das Sorbet für die Menüfolge in Eigenregie vor. Die ausgehöhlten Zitronen mit feinen Zacken ausgestochen stehen bereits im Tiefkühler, als ich die Vorspeise für das Geburtstagsessen annonciere. Plötzlich eilt Herr Möcking mit versteinerter Miene auf mich zu und fragt, ob er die vorbereiteten Zitronenhülsen zum Füllen des Sorbets verwenden darf. »Aber damit das klar ist, mache ich das nicht für Sie, sondern Für Herrn Langer.«

»Aber natürlich, ich doch auch«, antworte ich und denke im Stillen: *Na, geht doch!*

Das Geburtstagsessen ist ein Erfolg auf der ganzen Linie. Froh, dass am Ende alles gut funktioniert hat, gratuliere ich dem Küchenteam und dem Konditormeister. Meine Analyse von diesem Tag fällt positiv aus: Möcking ist ein hervorragender Fachmann auf seinem Gebiet, obwohl er seine Macken und Kanten hat. Er kennt seine Aufgaben und automatisiert die Arbeitsabläufe perfekt. Seine Mitarbeiter hat er gut geschult.

Elfriede lebt auf

Loyalität basiert auf gegenseitigem Vertrauen und ist auch in der Familie wichtig, besonders dann, wenn es dem anderen schlecht geht. Elfriede beschwert sich immer öfter, dass ihr die Decke auf den Kopf fällt. Sie kann es kaum fassen, wie schnell die Jahre vergangen sind, seit sie sich hauptsächlich um die Familie und den Haushalt kümmert. Die Kinder sind inzwischen älter und selbstständiger geworden. Aber sie fühlt sich gefangen im monotonen Alltag. Die Wäsche stapelt sich, die Hausarbeit scheint nie enden zu wollen, und die Bedürfnisse der Kinder sind zwar anders, aber täglich präsent. Sie hat das Gefühl, dass ihre eigene Identität im Laufe der Jahre verschwunden ist, und fragt sich: »Wer bin ich, abgesehen von Mutter und Hausfrau?«

Es gibt Tage, an denen sie mir sagt, dass sie wieder in den Beruf einsteigen möchte. Sie vermisst das Gefühl der Selbstverwirklichung und der Eigenständigkeit, auch wenn sie die Momente mit den Kindern schätzt und sie liebt. Sie möchte wieder arbeiten und eigenes Geld verdienen, klagt sie mir am Abend, als ich mit ihr zusammensitze und Musik höre.

»Unser Jüngster, Alexander, ist erst zehn Jahre alt, wie stellst du dir das vor?«, frage ich.

Sie gibt mir klar zu verstehen: »Du hast seit Jahren immer wieder neue Aufgaben und Herausforderungen erfahren und eine berufliche Karriere erlebt. Ich dagegen stehe beruflich auf dem Abstellgleis.«

»Das stimmt doch nicht, dein Beruf im Service ist immer gefragt«, ermuntere ich sie. »Es ist nun mal so, dass ich seit Jahren das Geld verdienen muss, damit es uns gut geht und die Kinder nicht darunter leiden, wenn wir beide arbeiten.«

Wir kommen zum Schluss, dass wir eine angemessene Lösung finden, wenn die Zeit reif ist. Zur Not kann unser ältester Sohn Christian auf Monika und Alexander aufpassen und sie ins Bett bringen; Moni und Alex sind mit zwölf und zehn Jahren ja bereits vernünftig, stellen wir fest, bevor wir schlafen gehen.

Wir besprechen den Plan mit den Kindern. Alle drei sind sofort begeistert und stolz, dass wir Vertrauen in sie haben. Ich bestärke sie: »Wenn Mama eine Arbeit findet, rufe ich euch jeden Abend zu Hause an, um nachzufragen, ob alles in Ordnung ist.«

Gleich am nächsten Tag höre ich mich in der Branche um, wo Teilzeitkräfte im Service gesucht werden. Die Steakhouse-Kette Block House sucht dringend Personal und bevorzugt Hausfrauen und Neueinsteiger. Ich kenne den Inhaber Eugen Block persönlich und rufe ihn an. Das Unternehmen Block House leitet bereits sehr erfolgreich zehn Restaurants in verschiedenen Stadtteilen Hamburgs, und das Block House Volksdorf ist nur 10 Minuten mit dem Auto von unserer Wohnung entfernt.

»Wenn dies kein Wink vom Schicksal ist«, sage ich zu Elfriede, als ich ihr am Abend erzähle, dass sie sich im Block House Volksdorf vorstellen darf.

Nach dem Vorstellungsgespräch kommt Elfriede strahlend und stolz nach Hause. »Ich kann zu einem Probetag kommen und werde von einer Mitarbeiterin ins Kassensystem eingeführt. Der Betriebsleiter will mich danach einstellen.«

Bereits nach dem ersten Tag ist Elfriede Feuer und Flamme. »Endlich kann ich wieder arbeiten. Die Arbeitszeit ist optimal, ich habe täglich von 18 bis 23 Uhr Schicht. Pro Stunde verdiene ich zwar nur neun Mark, aber das Trinkgeld der Gäste ist beachtlich«, meint sie optimistisch. Lange schon habe ich Elfriede nicht mehr so glücklich gesehen. Sie lebt regelrecht auf, beruflich wieder gefragt zu sein.

Die Kinder passen sich problemlos der neuen Situation an und bleiben ohne weiteres einige Stunden allein zu Hause. Mit ihrem Gehalt sparen wir für einen Winterurlaub im Pustertal in Sexten, in Südtirol.

Hochexplosiver Moment

Bald schon nähert sich das zweite Jahr im Reichshof dem Ende zu. Mit Geduld und Fingerspitzengefühl konnte ich bereits viele Neuerungen umsetzen. Doch immer wieder holt mich die altbewährte Tradition ein.

An einem trüben Herbsttag kommt Herr Langer aufgeregt in die Küche. Ich stehe gerade am Pass, als er mich zur Seite nimmt und erregt ausruft: »Die Gäste beschweren sich über Ihr Essen. Das geht gar nicht!« Als ich nachfrage, was sie beanstanden, nimmt er mich an die Hand und führt mich zur Essensausgabe in die Personalkantine. Für das Personal gibt es heute Birnen-Bohnen-Speck, dieses Gericht steht ebenfalls auf meiner Tageskarte im Restaurant. Herr Langer zeigt energisch auf das Bohnengemüse: »So müssen die Bohnen aussehen: hellgrau, matschig und mit etwas Mehl angestaubt. Die Gäste wollen Bohnen-Birnen mit Speck, wie sie es von jeher gewohnt sind, genauso wie diese hier.«

Als ich das Gemüse in der Kantine betrachte, erkenne ich sofort, dass Frau Schmidt aus der Personalkantine die grünen Bohnen aus der Dose nimmt. Meine Bohnen für das Restaurant sind frisch, blanchiert, behalten den Bohnengeschmack und ihre ursprünglich frische grüne Farbe; für mich ist dies eine Frage der Qualität und des gehobenen Standards. Doch Herr Langer lässt sich nicht davon überzeugen.

»Die Gäste lieben das typische Hamburger Traditionsessen bürgerlicher Art und nicht die frischen Bohnen, die noch halb hart sind. Respektieren Sie bitte die Traditionsküche im Reichshof.«

Ich muss mich dem Wunsch wohl oder übel beugen. In meiner Funktion als Küchenchef befrage ich in den kommenden Tagen die Stammgäste, ob ihnen das Essen schmeckt oder ob sie eine andere Art der Zubereitung wünschen. Zugleich nutzte ich die Gelegenheit, mich bei unseren treuen Gästen vorzustellen. Obwohl ich schon länger als Küchenchef im Reichshof arbeite, fragen sie nach Herrn Winteroll, meinem Vorgänger. Sie hätten ihn lange nicht mehr gesehen. Sie zeigen sich sichtlich überrascht, dass ich bereits seit zwei Jahren sein Nachfolger bin. »So jung und schon Küchenchef«, begrüßen sie mich freundlich und halten sich mit Kritik zurück.

Ende Oktober beginnt Herr Möcking, Orchideenblüten aus farbig gezogenem Zucker herzustellen. In den Blütenkelch möchte er für das Silvestermenü ein Sorbet füllen. Der Dessert-Teller für wahre Feinschmecker soll mit einem Gebäckstück und frischen Beeren auf markantem Fruchtmark dekoriert werden. In mühevoller Handarbeit fertigt er über mehrere Wochen hinweg dreihundertfünfzig verschiedenfarbige Blüten aus warmem Zucker an. Er bewahrt sie in speziell verschließbaren Behältern auf, damit sie trocken bleiben und nicht kaputt gehen.

Endlich ist Sylvester, das Silvestermenü ist bereits serviert. Freudig gespannt warten die Gäste auf das hochgepriesene Blüten-Dessert des bekannten Meisterkonditors Möcking. Aus der Patisserie vernehme ich plötzlich ein lautes Scheppern und Knallen, und alle Köche und Azubis zucken erschrocken zusammen. Die fragenden Blicke auf mir lassen nichts Gutes ahnen.

»Du meine Güte, was passiert denn da?«

Besorgt öffne ich die Tür der Patisserie und sehe entsetzt, wie Möcking eine Zuckerblüte nach der anderen zornig in die Ecke pfeffert. Aus voller Kehle schreie ich laut: »STOPP!«, bevor ich den Grund dieser verzweifelten Wurfaktion erfahre.

»So eine Scheiße, alle Zuckerblüten platzen auseinander, wenn ich das Sorbet in den Blütenkelch einfülle!«, ruft Möcking. Vollkommen mit den Nerven fertig wispert er: »Ich weiß mir nicht mehr zu helfen – die monatelange Arbeit war umsonst!«

Mit kühlem Kopf überlege ich einen kurzen Moment, was man tun kann, damit die Situation nicht weiter eskaliert. Möcking beruhigt sich langsam und schaut resigniert Löcher in die Luft. Ohne zu wissen, ob meine Idee hinhaut, rate ich ihm: »Versuchen Sie, zuerst etwas Likör in die Blütenkelche zu gießen und erst dann das Eis einzufüllen.«

Möcking befolgt meinen Tipp, und nachdem er den ersten, dann den zweiten sowie den dritten Blütenkelch gefüllt hat, ruft er perplex aus: »Es funktioniert! Danke für den Hinweis.« Möcking und seine Gehilfen füllen nun euphorisch einen Blütenkelch nach dem anderen mit dem Sorbet, und siehe da, keine Blüte platzt. Der hochexplosive Moment ist entschärft! Der Likör schiebt sich beim Einfüllen vom Eis wie ein Isolierfilm am Zucker hoch.

Kurz nach Mitternacht stoßen wir mit der gesamten Kochbrigade auf ein glückliches neues Jahr an. Als ich an diesem Abend nach Hause gehe und die kühle Winterluft einatme, schweift mein Blick zum Himmel. Einige funkelnde Sterne scheinen mir zuzuwinken. Nach diesem explosiven Tag genieße ich schweigend einen Moment der Ruhe, in dem meine Gedanken in die Ferne schweifen. Genau deshalb liebe ich meinen Beruf. Kreative Ideen und Kollegialität sind das A und O in der Küche – egal was passiert!

Gratwanderung zwischen Tradition und Innovation

Mein Wunsch nach Kreativität und Innovation nimmt erneut Fahrt auf. Permanent geht es in den Personalmeetings darum, neue Ideen auszutauschen, die dem Zeitgeist entsprechen. Mir ist bewusst, dass ich mich auf einer Gratwanderung zwischen Tradition und Innovation befinde und es viel Fingerspitzengefühl verlangt, die gesamte Crew und unsere Stammgäste mit ins Boot zu holen. Seit über sieben Jahrzehnten erobert der Reichshof die Herzen der Besucher und bewahrt ein Stück Geschichte. Dies darf nicht verloren gehen. Doch mir ist auch bewusst, dass die Zeit nicht stillsteht. Wir müssen die Zeichen der Zeit erkennen und in die Gastronomie einfließen lassen, so meine feste Überzeugung.

Mit einer gewissen Zurückhaltung nimmt das Personal meine Worte in unserer heutigen Personalsitzung zur Kenntnis: »In einer Zeit, in der sich die Anforderungen und Erwartungen der Gäste ständig verändern, sollten wir Schritte in die Zukunft wagen und neue Wege beschreiten. Dabei schwebt mir vor, dass Tradition und Moderne Hand in Hand gehen«, betone ich, bevor ich konkrete Vorschläge präsentiere und die Küchencrew zum Mitdenken anrege.

Es gehört zu meinem Führungsstil, die Mitarbeitenden mit einzubeziehen und einzubinden. Für die kommenden Wochen einigen wir uns, dass alle gemeinsam mit mir neue Rezeptideen probekochen, rezeptieren und am Ende fotografieren, bevor sie auf die Speisekarte kommen. Es ist viel Vorarbeit zu leisten, aber das Resultat lässt sich sehen. Unter Beibehaltung der klassischen Gerichte, die das Hotel berühmt gemacht haben, entstehen Spezialitäten-Wochen mit zeitgemäßen Speisen, die den Gaumen des modernen Gastes erfreuen. Die Fischwoche 2000 mit bislang unbekannten Fischsorten aus der

Antarktis findet besonderen Anklang. Die gesamte Küchencrew ist von der Aktion begeistert. Sie steht hinter meiner Idee und der Umsetzung. Nun kommt alles ins Rollen.

Dank meiner Beziehung zur Bundesforschungsanstalt für Fischerei versichert mir ein Mitarbeiter am Telefon: »Gerne unterstützen wir Sie bei Ihrer Aktionswoche. Wir senden Ihnen kostenlos Expeditionsware verschiedener Fischarten sowie Krill aus der Antarktis in den Reichshof.«

Bald schon stehen Alaska Pollok, Grenadierfisch, blauer Wittling, schwarzer Degenfisch, Goldlachs und Krill auf der Aktionskarte. Die Werbung für den Reichshof greift positiv: *Traditionshotel auf neuen Wegen!* Zur Eröffnung der Aktionswoche sind verschiedene Kapazitäten der Bundesforschungsanstalt neben Vertretern der Presse zum Probeessen eingeladen. Medien und Rundfunk berichten über die Fischwoche 2000 im Reichshof. Auch die Stammgäste sind voll des Lobes und nehmen die Novität dankbar an. Über die Grenzen hinaus wirbt der Reichshof mit dieser erfolgreichen Aktionswoche.

Erneut bin ich im Gespräch in der Branche. Als Experte verfasse und veröffentliche ich regelmäßig Beiträge mit Rezepten und Bildern in verschiedenen Fachzeitschriften. Als neu gekrönter Fisch-Papst mache ich mir als Autor und Fachmann einen Namen. Diverse Verlage finden Interesse an meinen Artikeln und namhafte Firmen laden mich zur Verkostung und Bewertung ihrer Produkte ein.

Eines Nachmittags klopft es an der Tür meines Büros. Mit einer Zeitschrift in der Hand strahlt mich Herr Langer an. »Gratulation für diese großartige Bildserie mit Fischgerichten auf unseren altehrwürdigen Reichshoftellern. Dafür lade ich Sie zu einer einwöchigen Dienstreise nach Norwegen ein!«
Dankend und erfreut nehme ich seine Einladung an.

Mission im hohen Norden

Aufgeregt und erfreut zugleich verabschiede ich mich bei Elfriede und den Kindern, um zu meiner einwöchigen Dienstreise zu fahren. »Ich bringe euch norwegische Spezialitäten mit«, verspreche ich und erkläre Elfriede, dass in Norwegen der bekannte Lutefisk hauptsächlich aus getrocknetem Fisch besteht.

Die Reise dient vor allem dem Erfahrungsaustausch (ERFA) unter Hoteldirektoren. In diesem Jahr tagt die ERFA-Gruppe in der Stadt Bergen. Drei Hamburger Küchenchefs, Manfred Schutz, Uwe Ahrend und ich, sind ausgewählt, um dort das opulente Festmenü zu kochen. Die Direktoren tauschen ihre Erfahrungen zu diversen Themen wie kollektiver Einkauf, Preisdruck auf Lieferanten sowie Jahresrabatte aus, die trendbestimmend in der Entwicklung der Gastronomie sind.

Bereits vor Jahren habe ich von einer Reise nach Norwegen geträumt, um die einzigartige nordische Küche zu erkunden, mit der ich schon so lange experimentiere. Endlich ist es so weit, und gut gelaunt mache ich mich mit meinen zwei Kollegen auf den Weg nach Bergen. Jeder von uns hat einige Flaschen hochwertigen Alkohol im Gepäck. Wir sollen sie den Hoteldirektoren als Gastgeschenk überreichen, denn Alkohol wie Remi Martin und Cognac sind in Norwegen nahezu unerschwinglich. Mit insgesamt 14 Flaschen sowie den gesamten Lebensmitteln für den geplanten Kochabend in Bergen sind wir am Nachmittag auf der Fähre nach Oslo unterwegs.

Pünktlich um 8 Uhr morgens erreichen wir Oslo. Wir machen uns startklar, mit dem vollgepackten Auto von der Fähre zu fahren. Doch die Begrüßung in Oslo ist alles andere als erfreulich. Ein Zollbeamte weist uns an, auszusteigen: »Öffnen Sie bitte ihr Gepäck.«

Ein Gepäckstück nach dem anderen wird minutiös durchsucht. Ich ahne, dass dies nicht gut enden wird, und versuche den Zollbeamten freundlich davon zu überzeugen, in welcher »Mission« wir unterwegs sind. Ungeachtet meiner Erklärungsversuche werden unsere vakuumierten geräucherten Mettenden für das Menü beschlagnahmt. »Die Mettenden entsorgen wir«, erklärt er teilnahmslos. Wir werden aufgeklärt, dass es verboten ist, Fleisch vakuumiert nach Norwegen einzuführen. *Das hätten unsere Chefs doch wissen müssen*, schießt es mir durch den Kopf.

Dann entdeckt der übereifrige Zollbeamte die Alkoholflaschen und klärt uns auf. »Es sind pro Person vier Flaschen Alkohol erlaubt, Sie haben insgesamt 14 Flaschen, also zwei Flaschen zu viel. Das ist versuchter Schmuggel und darauf liegt eine Strafe von 600 DM.«

All unsere Beschwichtigungsversuche sind vergeblich. Der Beamte ist nicht umzustimmen. Wir sind schockiert, doch um weitere Schwierigkeiten zu vermeiden, kratzen wir gemeinsam unser Urlaubsgeld zusammen und bezahlen die Strafe.

»Dumm gelaufen«, sagt Manfred Schutz, als wir durch den Zoll sind. Ausgerechnet heute hat der Zoll mit Schülern eine Stichprüfung gemacht.

»Zur falschen Zeit am falschen Ort«, spöttle ich, um unsere gute Laune von diesem ärgerlichen Vorfall nicht beeinträchtigen zu lassen.

In Oslo begrüßt uns das typisch norwegische Wetter. Es regnet in Strömen und der Himmel ist trüb und grau. Wir lassen uns nicht abschrecken und fahren frohen Mutes über den Gailo Pass. Es ist Anfang Mai und der Pass ist vor einer Woche erst freigegeben worden und passierbar. Links und rechts der Fahrbahn türmen sich vier Meter hohe Schneewände, die Straße ist jedoch schneefrei und führt durch diese Schneise. Plötzlich klart sich das Wetter auf und ich sehe einen Streifen blauen Himmels.

Am Pass angekommen, erstreckt sich vor uns eine märchenhafte Winterlandschaft und wir bleiben kurz stehen. Es ist totenstill, wir hören nur unseren eigenen Atem. »Was für eine Ruhe – toll!«, ruft Uwe begeistert. Als wir zum Hardanger Fjord weiterfahren, überrascht uns erneut die Schönheit der Landschaft. Welch ein Spektakel!

Innerhalb dieser wenigen Kilometer durchfahren wir unterschiedliche Jahreszeiten: Erst die beeindruckenden Schneemassen, dann die imposanten Wasserfälle, die mit voller Kraft ins Tal strömen, und als wir in der Talsohle im Fjord ankommen, erstreckt sich vor uns ein Meer voller blühender Obstbäume. Es ist atemberaubend, und ein unbeschreibliches Glücksgefühl steigt in mir auf und versetzt mich zurück in die Zeit meiner Kindheit, in der die Natur mein bester Freund war.

Alle Mann festhalten

Die Tage in Bergen sind intensiv und erlebnisreich. Am ersten Tag sind wir zu einer Lachsfarm auf dem Schiff unterwegs und nehmen an der Zuchtlachsfütterung teil. Mehrere Toasts, belegt mit rosa Grönlandkrabben, alle selbst gepult, sind unser Reiseproviant.

Während der Führung bekommen wir Solarisationsbrillen ausgehändigt, um einen tiefen, klaren Blick auf die Lachsschwärme zu werfen. Die großen Lachse schwimmen in eine Richtung, und als um 15 Uhr die Fütterungsanlagen automatisch anspringen, wendet der Fischschwarm wie von Geisterhand die Richtung. Diese Brillen sind fantastisch und ermöglichen uns, dieses Naturspektakel mitzuverfolgen. Im Sekundentakt springen riesige Zuchtlachse wie Delfine aus der ruhigen See. Fragend schauen wir den Reiseleiter an, der uns erklärt: »Die Lachse sind vermutlich mit Läusen befallen und wollen sich durch den Sprung aus dem Wasser davon befreien.«

Kaum hat er seine Erklärung beendet, bilde ich mir ein, dass es mich überall juckt. Als ich mich am Abend entkleide, sehe ich auf meinem Körper an verschieden Stellen handflächengroße Blasen an der Oberhaut, die ich aufgekratzt habe. In der Hoffnung, dass es nützt, gehe ich spät abends allein in die Hotelsauna, damit sich meine Haut in der Nacht beruhigt. Leider ohne Erfolg, denn am Morgen muss ich einen Arzt aufsuchen.

»Es handelt sich um eine schwere Krustentier-Eiweißallergie. Verzichten Sie in Zukunft auf Krustentiere«, so die Diagnose des Hotelarztes. Er gibt mir eine Salbe, und bereits nach kurzer Zeit bin ich von der Allergie befreit und verzichte auf Krustentiere.

Während unseres einwöchigen Aufenthaltes genieße ich die großartigen Begegnungen mit den norwegischen Kollegen und Kolleginnen. Eines Abends gehen wir zu einem Westernfest mit Live-Band, welches bis spät in die Nacht geht. Mir fällt auf, dass die Norweger ein gestörtes Verhältnis zum Alkohol haben, denn als Vorsorge für eine lange Nacht werden um 22 Uhr Unmengen von gezapftem Bier auf die Tische gestellt. Danach darf kein Alkohol mehr bestellt werden. Die Volkswahrheit *Was verboten ist, ist besonders interessant* scheint hier im hohen Norden zuzutreffen. Da der kommende Tag, der 17. Mai, Staatsfeiertag ist, feiern die Menschen bis spät in die Nacht. Sie sind volkstümlich gekleidet und tanzen fröhlich singend und ausgelassen auf den Straßen.

Am nächsten Tag sind wir eingeladen, mit einem Propellerflugzeug über die Berge und die Fjorde Norwegens zu fliegen. Als der Pilot uns begrüßt, riechen wir seine strenge Alkoholfahne. Sollen wir mitfliegen?, fragen wir uns mit wortlosen Blicken. Schließlich steigen wir ins Flugzeug ein, denn der Pilot antwortet auf all unsere spontanen Fragen klar und vernünftig. Er erklärt uns die Verhaltensregeln und wir schnallen uns an.

»Spucktüten liegen in der Tasche im Vordersitz«, bemerkt er, bevor er den Flieger startet.

Ein herrliches Flugerlebnis erwartet uns. Schneebedeckte Gletscher, gleißende Fjorde, in denen sich das glitzernde Sonnenlicht spiegelt, dichte Wälder und kilometerlange Ebenen ziehen an uns vorbei. Ein plötzlicher Appell des Piloten lässt uns aufschrecken: »Alle Mann festhalten!« Ehe wir uns versehen, steuern wir im Sturzflug unter einer Hängebrücke hindurch, die zu einer Insel führt. Voll vom Adrenalinkick schreien wir erschrocken auf. Uwe Ahrend schafft es gerade noch, die Tüte zu greifen, bevor er sich sterbensübel übergibt. Schließlich landen wir wohlbehütet auf dem Rollfeld. Kreidebleich, doch überglücklich von den Eindrücken dieser unberührten Natur, verlassen wir erleichtert das Flugzeug.

Heute wird der Abend nicht mehr lang, denn morgen steht das EFRA-Essen bevor. Es ist unsere Mission und es wird erwartet, dass das Festessen fehlerfrei gelingt.

Alles funktioniert wie am Schnürchen, und die Gäste sind voll des Lobes. Einer der Direktoren hält eine lobenswerte Ansprache, auf die ein kräftiger Applaus aller Anwesenden folgt. Bereits am nächsten Tag treten wir die Rückreise nach Hamburg an. Norwegen bleibt für jeden von uns ein unvergessliches Erlebnis. Das Land ist wunderschön, die Menschen sind ehrlich, freundlich, herzensgut und die Natur berauschend, so unser Fazit, als wir wieder in Hamburg sind.

Familienferien auf Föhr

Schnell hat mich die Routine im Reichshof wieder im Griff. Wir haben viel zu tun und die Zeit vergeht wie im Fluge. Seit Wochen arbeite ich jeden Tag im Teildienst. Während der drei Stunden Freizeit am Nachmittag lohnt es sich nicht, nach Hause zu fahren. Oftmals verbringe ich die freie Zeit an der Ausarbeitung neuer Aktionen, gehe in die Sauna oder trinke in Hotelnähe ein

Bier in einer Kneipe. St. Georg – die Gegend hat keinen guten Ruf – ist nur wenige Minuten vom Hamburger Hauptbahnhof entfernt. Kriminalität und der Handel mit Rauschgift und Prostitution sind an der Tagesordnung. Eine traurige Realität, so nah von dem gediegenen Ambiente des Reichshofs. In den Kneipen und Bars der Umgebung trifft man schon am Nachmittag Betrunkene, Zuhälter, Prostituierte und junge Mädchen aus gutem Hause, die in Begleitung falscher Freunde innerhalb von Monaten verwahrlosen. Vergeblich bemühen sich Polizeipatrouillen, die Situation in den Griff zu bekommen. Diese Umgebung ist eine Welt für sich, die ihre eigenen Gesetze und Regeln hat. Zu diesem Zeitpunkt ahne ich nicht, dass dieses Milieu mir eines Tages das Leben zur Hölle macht.

In den Sommerferien planen wir den Familienurlaub in Wyk auf Föhr zusammen mit unserer Freundin Margarete und ihrem Sohn Matthias. Als wir gemeinsam mit dem Zug anreisen, setzen wir das letzte Stück mit der Fähre nach Föhr hinüber. Wir genießen die warmen Sonnenstrahlen und die leichte Brise, die über die Nordsee weht. Aus der Ferne erkennen wir bereits die Umrisse der uns wohl vertrauten Insel.

»Wenn wir ankommen, will ich gleich an den Strand gehen.« – »Ich will Muscheln sammeln.« – »Und ich baue mit Matthias eine große Sandburg«, unterhalten sich die Kinder untereinander.

Die glitzernden Wellen und die salzige Meeresluft lassen sofort Ferienstimmung aufkommen. Ich atme tief durch und spüre, wie meine Lungen die Luft aufsaugen und ich es kaum erwarten kann, die kommenden Tage in der Natur zu verbringen; sie hat mir gefehlt.

Auf Föhr beziehen wir eine gemietete Wohnung, in der wir uns sofort zu Hause fühlen. Die Räume sind freundlich, hell und einladend. Bereits am ersten Ferientag begegnen wir im Kurpavillon einer rumänischen Band mit Jon Cali Strache. »Er gilt als der bekannteste Violinen-Künstler Rumäniens. Sein Solo-Parade-Stück *Die Lerche* ist vom russischen Komponisten Michail Iwanowitsch Glinka«, erklärt uns eine Mitarbeiterin des Kurhauses.

»Großartig, wir müssen jeden Abend herkommen«, rufe ich erfreut aus.

Bereits am dritten Abend komme ich mit den Musikern in Gespräch und erzähle ihnen, dass ich als Jugendlicher in einer Band gespielt habe. Dafür gibt es für mich eine Zugabe. Die Stimmung ist grandios und wir genießen gemeinsam mit den Kindern die entspannte Atmosphäre.

Dann am nächsten Morgen das böse Erwachen: Alle vier Kinder sind übersät mit Windpocken und müssen in der Wohnung bleiben. Dabei wollten wir einen Ausflug zur Vogelkoje unternehmen. »Das müssen wir wohl absagen«, sage ich. Doch Elfriede schlägt spontan vor, bei den Kindern zu bleiben. »Geh doch mit Margarete allein, es ist schade, wenn wir alle zu Hause bleiben und auf den Ausflug verzichten.« Nach kurzer Diskussion nehmen wir das Angebot dankend an. Wir wandern mehrere Stunden in der Gruppe über die Insel und erfahren viel über die Geschichte, die Vegetation sowie die Vogelvielfalt. Ende des 18. Jahrhunderts lebten die Insulaner vom Walfischfang. Zwei riesige Bauchknochen eines Wals sind das Überbleibsel für das Tor am Ortseingang von Wyk. Am Mittag gibt es in der Vogelkoje einen Erbseneintopf mit Würstchen. Erst am Spätnachmittag kommen wir nach einem kilometerlangen Fußmarsch todmüde in der Wohnung an. Elfriede ist etwas muffig, da sie uns früher erwartete. Als ich ihr von diesem erlebnis- und lehrreichen Ausflug erzähle, bei dem wir insgesamt 25 Kilometer zu Fuß marschiert sind, versteht sie unsere Verspätung.

Die Kinder sind schnell wieder gesund, und wir genießen gemeinsam den Strand, die Wattspaziergänge und die Suche nach Muscheln und Seesternen. Viel zu schnell sind die Ferien zu Ende und wir fahren gut gelaunt und erholt zurück nach Hamburg.

Sich selbst treu bleiben

»Guten Morgen, ich muss einen Blick in ihre Aktentasche werfen«, begrüßt mich ein Security-Mann, der neben unserer Stempeluhr beim Personaleingang im Hotel Reichshof sitzt.

»Was ist denn hier passiert?«, frage ich, als ich am ersten Arbeitstag nach dem Urlaub den Reichshof betrete.

»Ab sofort gibt es Kontrollen am Eingang«, erklärt mir der Mann mit blauer Mütze.

»Okay, das macht Sinn, denn es wird leider viel im Hotel gestohlen«, erwidere ich und gehe zu meinem Spind, um mich umzuziehen.

Der Direktor des Hauses hat zufällig auf dem Flohmarkt geklaute Silberplatten und Saucieren mit den Initialen vom Reichshof gesehen, erfahre ich von meinem Souschef. Als ich am Nachmittag hinaus in die Pause gehe, werde ich erneut kontrolliert, und beim Zurückkommen sitzt der Herr mit der blauen Mütze immer noch dort und das Prozedere beginnt von Neuem. »Das kann ja wohl nicht wahr sein!«, rufe ich stinksauer aus.

Am kommenden Tag bringe ich ein Leumundszeugnis mit und beschwere mich beim Direktor. Ich erinnere ihn an meine Position als Küchenchef und fordere, nicht viermal täglich kontrolliert zu werden, wozu er ohne weitere Diskussion einwilligt.

Bereits eine Woche später erlebe ich die nächste Überraschung. Am Montag meldet sich der Chef der kalten Küche krank und ein langjähriger Mitarbeiter und erfahrener Koch springt als Aushilfe ein. Er arbeitet sich schnell ein und alles läuft reibungslos. Zwei Tage später traue ich meinen Augen nicht. Herr Hofer, der Koch, nimmt gerade einige ungewaschenen Austern aus der Lieferkiste, öffnet sie und richtet sie auf der Serviceplatte an. »Was machen Sie denn da?«, frage ich entsetzt. »Die Austern müssen vor dem Anrichten unbedingt unter fließend kaltem Wasser gebürstet und dürfen erst dann geöffnet werden.«

Beleidigt und wie aus der Pistole geschossen ruft er verärgert aus: »Sie können mich am Arsch lecken – dann machen Sie Ihren Scheiß allein.« Brüskiert nimmt er seine Schürze ab und geht in den Umkleideraum.

Perplex und fassungslos erwidere ich: »Wenn Sie jetzt gehen, sind Sie fristlos entlassen.«

»Sie können mich mal«, höre ich ihn murmeln, während er die Küche verlässt.

Das geht ja gar nicht. Das hat Konsequenzen! Ich begebe mich unverzüglich zur Personalkontrolle, um dem Security die Anweisung zu geben, den Vorgang zu protokollieren. »Falls Herr Hofer das Hotel verlässt, geschieht es unerlaubterweise nach seinem Willen. Halten Sie dies bitte schriftlich fest«, so meine Anordnung an den Mitarbeiter. »Ich werde morgen mit dem Direktor reden, das kann ich nicht dulden. Herr Hofer setzt keinen Fuß mehr in meine

Küche.« Im Glauben, dass die Sache für mich erledigt ist, gehe ich zurück in die Küche.

Am nächsten Tag kommt Herr Hofer frisch und fröhlich zur Arbeit, als wäre nichts geschehen, und begibt sich an seinen Posten.

»Verlassen Sie bitte sofort die Küche!«, fordere ich ihn auf.

Provokant grinsend dreht er sich auf dem Absatz um und verlässt die Küche. Es dauert keine fünfzehn Minuten, und ich werde ins Büro vom Betriebsrat gerufen, wo man mich darüber belehrt, dass nur der Betriebsrat die Kompetenz hat, Personal einzustellen oder zu entlassen.

»Wenn das so ist, dann kündige ich mit sofortiger Wirkung. Ich bin als Küchenchef verantwortlich, dass meine Dienstanweisungen befolgt werden.« Kommentarlos verlasse ich das Büro. Kurze Zeit später will Direktor Wölke mit mir sprechen. Ohne seine Ausführungen abzuwarten, wiederhole ich: »Entweder Herr Hofer geht oder ich verlasse den Betrieb.« Noch am gleichen Nachmittag beschließt der Betriebsrat, dass das Verhalten von Herrn Hofer nicht tragbar ist und er seine Papiere abholen kann. Mir ist bewusst, dass ich gepokert habe, aber es gibt Grenzen, die nicht überschritten werden dürfen, ansonsten verliere ich sämtlichen Respekt vor mir selbst und vor meinen Mitarbeitern. Ich kann nicht anders: Ich muss mir treu bleiben!

Mit Udo Lindenberg ist immer was los

Der deutsche Rockmusiker Udo Lindenberg spricht oft aus, was Millionen von Menschen in Deutschland fühlen. Er wohnt im Nachbarhotel Atlantik, und wenn er nicht gerade auf Tour ist, kommt er fast täglich zum Essen in den Reichshof. Oft begegne ich ihm allein im kleinen Salon oberhalb des Restaurants. Seine sympathische, lockere Art und seinen Humor schätze ich sehr. In der Öffentlichkeit scheut er sich nicht, die Dinge beim Namen zu nennen.

Heute verfolge ich aufmerksam seine TV-Ansprache auf dem Ku'damm in Berlin. Sein Appell an die Menschheit wird anlässlich des *Live Aid Concert*, welches gleichzeitig in London und in Philadelphia/USA stattfindet, aufgenommen. Tausende von Menschen verfolgen die Worte des Rockstars am

13. Juli 1985 in Berlin und am Bildschirm. Sein Charisma berührt mich und seine bewegende Botschaft wird in ganz Deutschland übertragen: »Wenn heute bei diesem TV-Spektakel 50 bis 100 Millionen DM für Afrika zusammenkommen, dann ist das zwar spitze, aber es ist nur eine relativ kleine Hilfe. Außerdem ist diese Spendenaktion genau genommen nur der erste Teil einer Rückzahlung an die durch Kolonialherrschaft ausgeplünderten Länder. Nur der sofortige Abzug aller wirtschaftlichen und militärischen Interessen Europas, Japans, Nordamerikas und des Ostblocks kann diesen Kontinenten überhaupt noch helfen. Es ist eine Tragödie, dass die Menschen überall auf der Welt zulassen, dass die Regierungen der Machtblöcke für Mordwaffen in diesem Jahr mehr als 100 Milliarden Dollar ausgegeben haben. Mit einem Bruchteil dieser gigantischen Summe könnte man problemlos die Weltbevölkerung ernähren. Das ist absolut pervers und wir fragen, warum hier nicht endlich ein weltweiter Aufstand des Gewissens losgeht. 40.000 Kinder in der Dritten Welt werden täglich dem Rüstungskrieg geopfert. Es ist tragisch und kriminell, dass nun mit der Militarisierung des Weltraums dieser Exzess des Wahnsinns in eine noch weitere Dimension geht. Die Kapitäne auf den Kommandobrücken in Washington und im Kreml haben das totale Rad ab. Aus einem Land, von dessen Boden schon fürchterliche Weltkriege ausgegangen sind, richten wir einen Appell an alle Menschen, die immer noch die Augen verschließen vor dieser Schizowelt. Helft mit, den Krieg zu stoppen, der heute in der Dritten Welt wütet. Stoppt die verbrecherische Aufrüstung!«

Seine klaren Worte treffen mich direkt ins Herz und ich beschließe, ihm zu gratulieren, wenn ich ihn das nächste Mal im Reichshof sehe.

Bereits zwei Wochen später klingelt das Telefon um 22 Uhr. Es ist bereits Küchenschluss und das Personal befindet sich in der Umkleidekabine. Ich bin immer noch im Büro und nehme den Anruf entgegen.

»Mein Konzert ist zu Ende und meine Fans wollen mit mir feiern und essen«, höre ich die unverkennbare Stimme von Udo. Erklärend fährt er fort: »Es können 200 Leute werden. Ich lade sie alle ein – bereite bitte ein schönes 3-Gang-Menü vor. Die Auswahl überlasse ich dir.«

Ich versichere ihm, dass wir uns ins Zeug legen, und bevor ich den Hörer auflege, gratuliere ich ihm zu seinem Friedensappell in Berlin. Umgehend pfeife ich das gesamte Personal aus der Umkleide zurück und bitte sie, mich zu unterstützen. »Es ist eine Ausnahme und einmalig,« erkläre ich ihnen.

In Abstimmung mit dem Servicepersonal bereiten wir uns in Windeseile professionell auf diese unverhofft große Gesellschaft vor. Das Menü ist einfach und unkompliziert: Spargelsuppe, Rinderfilet, Sauce Bernaise, Gemüseplatte, Pommes oder Röstkartoffel und Hamburger rote Grütze mit Vanillesoße als Dessert.

Eine halbe Stunde vor Mitternacht ist noch kein Gast in Sicht; wir sind bereits seit geraumer Zeit mit den Vorbereitungen fertig und ich beginne zu zweifeln. Hoffentlich kommen die Gäste. Wir stehen in Reih und Glied Spalier, um die Gesellschaft zu begrüßen. Endlich um Viertel vor zwölf springt die Tür auf und die Gästeschar stürmt das Restaurant. Bevor ich mich versehe, läuft ein Kleinwüchsiger auf mich zu, umarmt meine Knie und hebt mich förmlich aus den Angeln. Ich muss aufpassen, nicht das Gleichgewicht zu verlieren. Wer bisher müde war, ist innerhalb weniger Sekunden hellwach, denn die Stimmung der Gäste ist überschwänglich und ansteckend. Die gesamte Küchencrew arbeitet auf höchstem Niveau und das Essen wird pünktlich angerichtet und serviert. Erst gegen fünf Uhr morgens verabschiedet sich die ausgelassene Gesellschaft, voll des Lobes für das gute Essen. Bis alles aufgeräumt ist, beginnt bereits der neue Tag.

»Dreißigtausend Mark Umsatz an einem Abend nach Küchenschluss – das hat es noch nie gegeben«, bedankt sich Herr Wölke am kommenden Tag. Als Prämie für den Erfolg bekomme ich sechs Flaschen Wein mit einem Dankeschön für den nächtlichen Einsatz.

Es braucht Ethik und klare Werte

Wieder einmal muss ich neue Bestellungen vornehmen und checke kurz vor Dienstschluss unsere Vorräte. Es ist 21 Uhr und ich bin auf dem Weg zum Fleischkühlraum im Keller. In diesem Moment öffnet sich die Kühlraumtür und der Portier der Personalkontrolle steht vor mir. Er ist kreidebleich. Ängstlich presst er die Achseln zusammen und schaut mich erschrocken an.

»Was haben Sie versteckt?«, frage ich ihn überrascht, denn es ist unverkennbar, dass sich etwas unter seiner Jacke befindet. Da er nicht antwortet, bin ich gezwungen, ihn zu kontrollieren. »Da haben wir es«, meine ich, als er freiwillig zwei vakuumierte Rinderfilets versteckt unter seinen Achseln freigibt. »O ha – Sie sind doch beauftragt zu kontrollieren, dass in diesem Haus nichts gestohlen wird.« Unverzüglich rufe ich Herrn Wölke an, der noch im Büro ist.

»Können Sie bitte in den Keller kommen, ich habe jemanden vom Sicherheitspersonal beim Diebstahl ertappt«, bitte ich ihn, worauf er sogleich hinunterkommt.

»Was haben Sie sich dabei gedacht?«, fragt er fassungslos den Mitarbeiter. Da der Mann immer noch wie versteinert dasteht und kein Wort hervorbringt, fährt er fort: »Das hat Konsequenzen. Sie sind fristlos entlassen und können sofort gehen!«

Mit gesenktem Kopf stammelt er etwas Unverständliches und sucht nach Worten, um Reue zu zeigen. Die Sachlage ist eindeutig. Diebstahl durch Sicherheitspersonal geht gar nicht. Der Betriebsrat entlässt den Mitarbeiter ohne Abmahnung. Auf die Security muss hundertprozentig Verlass sein. Es ist schließlich ihre Aufgabe, dafür zu sorgen, dass aus dem Hotel nichts entwendet wird. Gedankenversunken sinne ich darüber nach, wie oft im Leben ein Täter zum Opfer wird und umgekehrt. Da braucht es Ethik und klare Werte. Das gehört zum wichtigsten Know-how – in jedem Beruf.

Ich schwöre mir, meinen Lehrlingen dies, ohne *Wenn* und *Aber* einzubläuen. Zurzeit haben wir im Hotel vierzig Auszubildende. Zwanzig davon sind Kochlehrlinge. Der Reichshof ist für seine hervorragende Ausbildung berühmt. Für viele namhafte Gastronomen in Hamburg und in der freien Wirtschaft ist unsere Ausbildung ein Garant und ein Sprungbrett für die Karriere. Einmal im Monat veranstalte ich am Nachmittag Azubimeetings. Während drei Stunden widmen wir uns unterschiedlichen Themen. Die Unterweisung ist überwiegend praktisch, aber auch theoretisch. Ich kontrolliere und unterschreibe ihre Berichtshefte.

»Schreibt viel mit, damit ihr die Tipps und Tricks nachlesen könnt«, ermuntere ich die Lehrlinge regelmäßig. Oftmals nehme ich wahr, dass meine Zöglinge schreibfaul und davon überzeugt sind, sich alles behalten zu können.

Die Ausbildungsthemen sind der Jahreszeit angepasst: Wild und Wildgeflügel, Schlachtfleisch, Kalbskeule und Roastbeef in Teile zerlegen, Meeres- und Süßwasserfische sowie Krustentiere und vieles mehr. Das große Highlight für die Azubis ist das Kochen für die Eltern oder Erziehungsberechtigten. An diesem Tag sind sie die kritischen Gäste im Restaurant.

»Das Kochen für die Angehörigen und die Vorbereitung des Weihnachtsessens haben mir am meisten gefallen.« So lautet die immer wiederkehrende Rückmeldung der Azubis beim Abschlussgespräch der Ausbildung.

Das freut mich natürlich, denn daran erkenne ich, dass die angehenden Köche Begeisterung und Engagement für Exzellenz im Kochen entwickeln und Selbstsicherheit lernen.

Als Gastdozent gefragt

Es macht mir viel Spaß, die jungen Köche auszubilden und in ihnen das verborgene Potenzial für das Kochen zu wecken. Mit einigen von meinen Azubis habe ich noch nach ihrer Ausbildung Kontakt und bekomme oftmals die Rückmeldung: »Die Zeit im Reichshof war zwar streng, und Sie haben nichts durchgehen lassen, aber Sie haben mir Freude und die Kunst des Kochens vermittelt. Das erkenne ich erst jetzt so richtig.«

Eines Tages bekomme ich einen Anruf vom Direktor der Gewerbeschule für Ernährung und Gastronomie in Hamburg. Alfred Krebs lädt mich zu einem Gespräch ein, und wir vereinbaren einen Termin um 9 Uhr in seinem Büro. Es ist ein milder Herbsttag mit einem stahlblauen Himmel, was in Hamburg in den letzten Wochen eher selten war. Gespannt, was Direktor Krebs mir zu sagen hat, klopfe ich an seine Tür.

»Wir kennen uns noch von der Meisterprüfung«, sagt er, und nach einem kurzen Small Talk unterbreitet er mir sein Angebot: »Ich biete Ihnen an, in unserer Schule ehrenamtlich, für kleines Geld, als Gastdozent die Köche-Klasse zu unterrichten. Der Unterricht ist jeweils am Dienstag und muss an diesem Tag verlässlich stattfinden. Hätten Sie Interesse?«

»Ich freue mich und es ist mir eine große Ehre, dass Sie mich schätzen und ich meine Erfahrungen an die Schüler weitergeben darf. Seit der Meisterprüfung bin ich Mitglied im Prüfungsausschuss für die Gesellenprüfung der Köche und der Prüfung der Küchenmeister in der Handelskammer, und als Gastdozent in Ihrer Schule könnte ich weitere Erfahrungen sammeln, was mich sehr interessiert«, bekräftige ich wahrheitsgetreu.

Erfreut bestätigt er: »Dann erwarte ich Sie am kommenden Dienstag in der Köche-Klasse und heiße Sie als neuen Lehrer in unserer Schule willkommen.«

Draußen vor der Schule halte ich für einen kurzen Moment inne. Ich fühle mich unbändig frei und glücklich, als könnte mich nichts und niemand aufhalten. Es kommt mir vor, als ob eine leise Stimme in mir ertönt, die all meine Selbstzweifel der Kindheit wegbläst: Ich bin ein gefragter Lehrer. Irgendwann mache ich eine Ausbildung zum Fachlehrer.

Wieder einmal arbeite ich für wenig Geld, nur um zu beweisen, dass ich es kann, und zusätzlich opfere ich einen Tag meiner Freizeit. Andere halten mich für verrückt, aber das ist mir egal. Ist es vielleicht, weil ich im Unterbewusstsein immer noch meinem Vater beweisen will, dass ich kein Versager bin? Nach dem Motto: »Du wirst schon sehen, vielleicht bin ich bald schon ein anerkannter Fachlehrer.«

Ausnahmezustand: Zerreißprobe in der Familie
Geld ist nicht alles, doch mit Geld lebt es sich leichter

Mein Gefühl von Freiheit und Glück beflügelt mich auch im Privaten. Unsere befreundete Familie Rarisch fährt seit mehreren Jahren nach Sexten zum Skifahren. Zum ersten Mal fahren wir mit ihnen zusammen in den Winterurlaub. Die Kinder sind begeistert, und die Fahrt über den Brennerpass, umgeben von der einzigartigen Bergkulisse der Dolomiten, ist für uns alle ein Erlebnis.

Nach zehnstündiger Fahrt kommen wir endlich in der Pension Gruber an. In freudiger Urlaubsstimmung erkunden wir am ersten Abend das Dorf Sexten mit seinen schneebedeckten Häusern und den einladenden Gasthöfen. Wir beschließen, in einem der gemütlichen Restaurants essen zu gehen.

»Auf eine tolle Skiwoche!«, prostet uns unser Freund Günter Rarisch zu.

Gleich am nächsten Tag leihen wir uns Skiausrüstungen aus, melden die Kinder zum Skiunterricht an und kaufen Skipässe für die gesamte Familie. Die Begeisterung für den Wintersport kennt keine Grenzen. Mehrmals am Tag geht es auf den präparierten Skipisten bis ins Tal. Abwechselnd fahren wir mit dem Sessellift auf die Rotwandwiese auf 1.300 Meter oder mit der Gondel auf den Helm bis auf 2.400 Meter. Bei unserer letzten Abfahrt geht gerade die Sonne unter, und der Himmel verwandelt sich in ein prächtiges Farbenspiel.

Unten angekommen fragen uns unsere Freunde Jutta und Günter: »Habt ihr Lust, gemütlichen Heimatabend zu erleben?«

»Super Idee, wir sind dabei!«, bekräftigen wir einstimmig.

Wir verbringen einen unvergesslichen Abend. Als der Zitherspieler beginnt, die Saiten des Instruments sanft zu zupfen, schweifen meine Gedanken zurück in meine Kindheit und lassen heimatliche Gefühle aufkommen.

Monika und Alexander lernen schnell Skifahren. Bereits nach vier Tagen fahren sie mit uns auf der Piste. Nur Christian, unser Ältester, will plötzlich keinen Wintersport mehr machen. Entweder hat er in der Gondel Höhenangst oder die Bekanntschaft mit einem Mädchen, das er kennengelernt hat, ist ihm wichtiger. Hätte ich das vorher gewusst, hätten wir uns die Ausgaben für seinen Skipass sparen können.

Doch alles in allem ist es ein gelungener Urlaub und ich bereue nicht, dass wir um rund 6000 Mark leichter geworden sind. Geld ist nicht alles, doch mit Geld lebt es sich leichter!

Vertrauen ist gut, Kontrolle ist besser

Einige Wochen nach unserem Familienurlaub in den Bergen rollt eine Lawine nach der anderen über mich. Seit ich denken kann, tätigt Elfriede all unsere Bankgeschäfte. Ich habe mich in unserer Ehe nie darum gekümmert. Als sie wieder einmal mit einigen Frauen zum Entspannen nach Bad Eilsen fährt und mit teuren Kleidungsstücken zurückkommt, frage ich nach.

Sie erzählt mir, dass einige der Frauen sich mit Affären getroffen haben, ich mir jedoch keine Sorgen machen müsse. Ich stutze, habe jedoch Vertrauen in sie. Doch als ich die gekaufte Designerware im Wert von über 4.000 Mark sehe, verschlägt es mir die Sprache. Angeblich haben ihre Freundinnen sie dazu überredet: Sie solle sich mal etwas fescher kleiden.

Nach dem Motto *Vertrauen ist gut, Kontrolle ist besser* sichte ich unseren Kontostand. Wie vom Donner getroffen sehe ich auf unserem Familienkonto ein Minus im fünfstelligen Bereich.

»Das kann doch nicht wahr sein«, rufe ich verwirrt aus und spüre, wie mir der Schweiß eiskalt über die Stirn läuft. In den Tagen in Eilsen hat Elfriede voll über unsere Verhältnisse gelebt, so die offensichtliche Erklärung. Später erfahre ich, dass sie über ein eigenes Konto mit ihrem Gehalt verfügt, jedoch alles aus unserem Familienkonto bezahlt und aus dem Vollen schöpft.

Es entstehen die ersten Kratzer in unserer Beziehung. Um aus dem Gröbsten hinauszukommen, nehme ich einen Kleinkredit auf und bezahle die Disposition. Ich hoffe darauf, dass wir nun neu anfangen können und ich die Lawine zum Stoppen gebracht habe. Doch kurze Zeit später kommt die nächste ins Rollen.

Mein ältester Sohn Christian macht eine Lehre bei der Deutschen Bank; er ist sehr begabt. Nach seiner Ausbildung bekommt er sein eigenes Büro. Wir sind stolz auf ihn, denn er scheint viel Erfolg zu haben. Eines Tages kommt er zu mir mit einer Idee. »Ich möchte weiterhin Vorlesungen an der Uni besuchen, um mich fortzubilden.« Da ich weiß, wie wichtig es ist, sich in frühen Jahren weiterzubilden, unterstütze ich ihn monatlich mit 500 Mark. *Schließlich muss er es nicht so schwer haben wie ich*, denke ich, als ich einen Dauerauftrag bei meiner Bank einrichte. Viel später erfahre ich, dass er mit dem Geld an der Börse spekuliert. Das Studium war ein Vorwand. Ich fühle mich hintergangen und bin enttäuscht. Das Vertrauen in meinen Sohn fällt wie ein Kartenhaus in sich zusammen. Doch ich sage mir: Als Familie sind wir stark. Das schaffen wir! Ich habe mich bitter getäuscht. Denn die nächste übermächtige Lawine reißt mich in den Abgrund und scheint mich unbarmherzig zu verschlucken.

Wiederholung des Schicksals

Es ist der 28. Januar 1987. Monika wird 18 Jahre alt. Sie möchte ihren Geburtstag nicht feiern. In vier Monaten hat sie ihre Ausbildung zur Kinderpflegerin abgeschlossen. *Eine erfreuliche Entwicklung*, denke ich, als mir mit Besorgnis auffällt, dass sie in letzter Zeit übermäßig viel Kaffee trinkt. Mit Elfriede hat sie erhebliche Differenzen. Vermutlich ist es auf die Pubertät zurückzuführen, erkläre ich mir ihre freche Zunge, ohne mir weiter darüber Gedanken zu machen.

Eine Woche nach ihrer Volljährigkeit bin ich über ihre Ausdrucksweise schockiert. Sie beschimpft ihre Mutter in einer Fäkaliensprache, die mir fremd ist. Entrüstet schreite ich ein: »In so einem Ton wird bei uns zu Hause nicht gesprochen. Das ist unterstes Niveau. Und mit 18 Jahren solltest du wissen, wie man mit seinen Eltern redet.«

In diesem Moment bäumt sich Monika mit in die Hüften gestemmten Händen vor mir auf: »Ihr habt mir nichts mehr zu sagen. Ich bin 18 und entscheide selbst. Und nur dass ihr informiert seid. Ich breche die Schule ab!«

In diesem Moment verliere ich die Fassung und tue etwas, was ich noch nie getan habe. Mir rutscht die Hand aus und ich gebe Monika links und rechts eine saftige Ohrfeige. Als sie heulend in ihrem Zimmer verschwindet, bereue ich bereits, dass ich die Beherrschung verloren habe. Bisher habe ich keines meiner Kinder geschlagen, bin ich doch selbst ein geschlagenes Kind und kenne den Schmerz, den mein Vater mir zugefügt hat. Könnte ich die Uhr zurückdrehen, würde ich es tun, denn das Horrorszenario, das folgt, reißt mein Leben komplett aus den Fugen. Nach zwei Stunden kommt unser Jüngster Alexander zu mir und erzählt mir aufgewühlt, dass Monika sofort ausziehen will. Ungläubig gehe ich in ihr Zimmer, klopfe an und öffne die Tür. Monika ist fort. Ich bin fassungslos. *Vermutlich muss sie ihren Frust an der frischen Luft verarbeiten*, denke ich und hoffe, dass wir uns nach ihrer Rückkehr aussprechen können.

Elfriede ist bereits zur Arbeit gegangen, als es eine Stunde später an der Tür läutet. In der Hoffnung, dass Monika ihren Schlüssel vergessen hat, öffne ich. Doch vor mir steht nicht Monika. Ein schätzungsweise 20-jähriger Mann stemmt sich vor mir auf und pöbelt drohend los: »Ich nehme Ihre Tochter mit. Wir haben Sie wegen Körperverletzung angezeigt. Sie haben sie mehrfach geschlagen.«

Monika steht hinter ihm. Ich bin so perplex, dass ich erbost die Tür schließen will. Er stellt blitzartig den Fuß dazwischen und stemmt die Tür auf. Mit der Situation völlig überfordert, laufe ich in unserem langen Flur hin und her bis ins Wohnzimmer. Ich merke nicht, wie Monika einen Beutel nach dem anderen aus ihrem Zimmer schafft. Als ich erneut zur Tür gehe und sehe, was da passiert, versuche ich, auf sie einzureden. Doch meine Worte prallen an ihr ab. Sie befindet sich hinter einer schalldichten Mauer. Hilflos schreie ich sie an, um sie aufzuwecken. »Wenn du jetzt das Haus verlässt, dann ist das ein Abschied für immer. Ab sofort musst du für dich selbst sorgen!«

Ohne eine weitere Erklärung verlässt sie mit dem jungen Kerl das Haus, und ich stehe wie paralysiert in der Wohnungstür. Wie ferngesteuert laufe ich zu ihrem Zimmer. Ihre Schränke stehen offen und sind leer. All ihre Habseligkeiten ausgeräumt. Sogar die Stereoanlage mit allem, was dazugehört.

Mir laufen die Tränen übers Gesicht und ich denke an meine eigene leidvolle Geschichte. Welch grausame Wiederholung des Schicksals – wenn auch unter anderen Bedingungen.

Eine Stunde später läutet es erneut an der Tür. Vielleicht kommt Monika zurück, so hoffe ich. Ich öffne die Haustür, und ein Mann hält mir seinen Kriminalpolizei-Ausweis vor die Nase. »Es liegt Anzeige Ihrer Tochter wegen schwerer Körperverletzung vor. Wir möchten Sie informieren, dass Sie aktenkundig sind. Nehmen Sie sich ab sofort einen guten Anwalt«, rät er mir.

Er verabschiedet sich und ich schließe benommen die Tür. Trotz steigt in mir auf. Ich bin der Vater und habe meiner Tochter zwei Ohrfeigen gegeben. Sie verleumdet mich aufs Übelste. Ich brauche keinen Anwalt. Das ist wohl ein böser Witz!

An diesem Abend weiß ich: Es wird nie wieder so sein wie noch vor einigen Tagen, am 28. Januar, dem 18. Geburtstag meiner Tochter.

Machtlos ausgeliefert

Vier Tage später bekomme ich einen Anruf von Monikas Schule. »Seit vier Tagen ist Ihre Tochter nicht mehr in der Schule erschienen.« Ich erkläre, dass sie sich persönlich melden wird, da ich nicht weiß, wo sie ist. Kurze Zeit später flattert eine Polizeianzeige ins Haus. Monika wird wegen Ladendiebstahl gesucht!

Mir stehen die Haare zu Berge. Was mache ich nur? Ich laufe Amok bei dem Gedanken, dass ich weder weiß, wo sie sich aufhält, noch, mit wem sie sich herumtreibt.

Wo ist sie da hineingerutscht? Die Gedanken kreisen unaufhörlich durch meinen Kopf. Der Zustand ist unerträglich und die Spannung in der Familie kaum auszuhalten. Selbstvorwürfe und unbeantwortete Fragen überschatten unseren Alltag. Unbarmherzig hämmert das Wort in unseren Köpfen: Warum?

Mit jedem neuen Tag erwacht in uns die Hoffnung, dass Monika plötzlich vor der Tür steht. Doch jeden Abend erlischt diese Hoffnung mit derselben Kraft, wie sie aufgeflammt ist. Wir fühlen uns machtlos! Eigentlich bräuchten wir psychologische Unterstützung, aber Scham und Ohnmacht lähmen uns, Hilfe zu suchen. Eine unerträgliche Situation, die einen dunklen Schatten auf unsere Ehe wirft. Es ist, als ob zwischen Elfriede und mich ein unüberwindlicher Keil getrieben wird. Seit diesem Zeitpunkt kann ich sie weder anrühren noch begehren. Wir bestrafen uns selbst. Wir flüchten in die Arbeit, um zu vergessen. Es gelingt nicht. Die harte Realität holt uns unbarmherzig ein.

Vor uns liegt eine Krankenhausrechnung. Die Summe beträgt insgesamt 74.000 DM für einen mehrwöchigen Krankenhausaufenthalt mit Operation von Monika. Wir werden zur Kasse gebeten und wissen nicht, was passiert ist.

Das Fass ist voll und ich erkenne, dass ich aus dieser Nummer nicht ohne fachkundige Hilfe herauskomme. Ich beauftrage einen Rechtsanwalt und übergebe ihm den Fall. Später stellt sich heraus, dass Monika noch in der Zeit, als sie bei uns wohnte, nachts auf der Pirsch war. Jede Nacht, wenn die Familie tief geschlafen hat, ist sie aus der Wohnung geschlichen und auf die Reeperbahn geflüchtet. Wir sind erschüttert! Unsere Tochter ist Opfer des Rotlichtmilieus geworden.

Suche in die falsche Richtung

Hamburg hat als Hafenstadt eine lange Geschichte und ist schon immer ein Anziehungspunkt für ein florierendes Rotlichtmilieu. In den 80er-Jahren gibt es in den Stadtteilen St. Pauli und auf der Reeperbahn Bordelle, Stripclubs und Bars, die ihre Dienste anbieten. Die Prostitution ist in dieser Zeit in Hamburg legalisiert und reguliert. Allerdings gibt es im Milieu auch illegalen Menschenhandel und Drogenkonsum. Besonders Heroin und Kokain sind in dieser Zeit weit verbreitet, und Hamburg ist mit massiven Problemen von Drogenabhängigkeit und Kriminalität konfrontiert. Auch wenn die Polizei gegen die illegalen Aktivitäten vorgeht, ist die Erfolgsquote gering. Das unsichtbare, organisierte Netz in diesem Milieu ist durch Razzien und Verhaftungen nicht einzudämmen.

Ich mache mich auf die Suche nach meiner Tochter. Laufe ziellos durch die ganze Stadt. Wie ein Gejagter besuche ich diverse Bordelle, um von den Prostituierten Hinweise zu bekommen, wo Monika stecken könnte. Ich fühle mich hilflos. Einige Frauen wollen mir helfen. Sie erkennen meine Not. Ich erfahre einiges von den Beweggründen, warum Frauen sich dafür entscheiden, ihre Heimat im Rotlichtmilieu zu suchen.

Eines Tages bekomme ich diffuse Hinweise, wo Monika sein könnte. Eine Nacht nach der anderen bin ich erfolglos auf der Suche. An Schlaf ist nicht zu denken. Ich trinke Whisky und Cola und laufe wie ein Rauschgiftsüchtiger von einem Etablissement ins andere. Zu meiner Sicherheit kaufe ich mir eine Schreckschusspistole mit Gasmunition. Diese trage ich versteckt am Körper, da ich in der Nacht nie weiß, ob plötzlich einer um die Ecke kommt, um mich zusammenzuschlagen. Ich fühle mich wie ein gejagtes Tier im Käfig. Natürlich merken meine Kollegen im Reichshof, dass ich große Sorgen habe und vollkommen übernächtigt bin. Doch dank meines Know-how und meiner Professionalität leidet mein berufliches Engagement nicht darunter.

Dann, am 30. April 1987, kommt der unausweichliche Weckruf, der mich aus meinem verzweifelten Wahn reißt. Wieder einmal habe ich die Nacht am Tresen zugebracht, umgeben von anschaffenden Prostituierten und Alkoholikern. Um sieben Uhr verlasse ich die Bar, und die sanften Sonnenstrahlen scheinen mir ins Gesicht. Über mir ein wolkenloser Himmel. Vollkommen übernächtigt kaufe ich frische Brötchen, um sie zum Frühstück mit nach Hause zu nehmen. Denn heute ist mein freier Tag.

Als ich mit der Brötchentüte zu Hause ankomme, erwartet mich Elfriede. Sie rastet komplett aus. Schreit hysterisch auf mich ein. Hilflos hämmert sie mit ihren Fäusten gegen meine Brust, die Brötchen fliegen im weiten Bogen auf den Küchenboden, und ihre verzweifelte Stimme dringt in mein übernächtigtes Bewusstsein ein. »Aus welchen Betten kommst du? So geht es nicht weiter! Nacht für Nacht bist du unterwegs, und ich weiß nicht, wo. Du ziehst uns alle mit in den Abgrund!«, schluchzt sie zornig. »Du hast noch eine andere Familie und nicht nur Monika.«

Ihre Worte treffen mich direkt ins Herz. Augenblicklich bin ich hellwach und nüchtern. »Du hast recht! Ich vernachlässige euch. Ich bin gefangen in einem Sog von Selbstmitleid. Es tut mir unendlich leid«, erkenne ich schlagartig. Ich habe alles aus den Augen verloren und lebe seit Wochen in der Illusion, dass ganz Hamburg aus Prostituierten und Zuhältern besteht. Betroffen erzähle ich Elfriede von meinen Erlebnissen. In diesem Moment kommt es mir vor, als ob sich eine emotionale Schleuse öffnet und all die angestauten Gefühle ins Fließen kommen.

Die Nächte in den Kneipen haben tiefe Spuren in mir hinterlassen. »Doch jetzt ist Schluss!«, bekräftige ich. Die Reeperbahn und der Steindamm sind ab sofort tabu und ich breche sämtliche Kontakte zu den Prostituierten ab, die mir bei der Suche von Monika zur Seite standen. Immer noch sehe ich den hilflosen Schmerz in Elfriedes Gesicht. Sie ist genauso ratlos wie ich. Wir erkennen, dass wir die Notbremse ziehen müssen. Sonst sind wir alle dem Untergang geweiht.

Nach der hitzigen, aber notwendigen Auseinandersetzung fühle ich mich erleichtert. Auf Messers Schneide wäre ich zusammen mit Monika in den Abgrund gestürzt. Schmerzhaft aber zugleich befreiend schauen Elfriede und ich den Tatsachen ins Gesicht. Unser Mädchen liebt einen Zuhälter. Das müssen wir akzeptieren. Wir haben keine Chance, an sie heranzukommen. Sie lebt in der riesigen Stadt Hamburg und wir wissen nicht, wo sie sich aufhält. Heute weiß ich, dass ihre Suche nach Liebe eine Suche in die falsche Richtung war. Eine Suche nach Anerkennung und Liebe in einem Milieu, wo sie nur als Objekt gesehen wird.

Einige Wochen später steht der Gerichtsprozess wegen Misshandlung meiner Tochter an. Ich vertrete mich im Prozess selbst. Monika ist abwesend. Das Verfahren gegen mich wird eingestellt. Die Situation in der Familie ist nicht mehr dieselbe, aber wir versuchen, den Alltag so gut es geht zu meistern und uns auf unsere Arbeit zu fokussieren.

Gift für eine Beziehung

Die Schatten der vergangenen Woche scheinen langsam zu verblasen. Eines Tages, als wir gerade am Küchentisch sitzen, klopft es an der Tür. Die Kriminalpolizei steht vor der Tür und teilt uns pflichtgetreu mit: »Ihre Tochter Monika ist in der Psychiatrie Ochsenzoll. Sie wurde in die geschlossene Anstalt eingeliefert.«

Ich bedanke mich für die Nachricht und weiß im ersten Moment nicht, wie ich damit umgehen soll. Lange habe ich gebraucht, um mich vom Drama mit unserer Tochter zu distanzieren. Nun werde ich erneut hineingeschleudert. Mein väterlicher Instinkt will sie retten. Im gleichen Moment weiß ich jedoch, wie aussichtslos dies ist.

Elfriede und ich besuchen sie in der Psychiatrie. Wir dürfen sie nur kurz von Weitem sehen. Vollgestopft mit Beruhigungsmitteln bewegt sie sich monoton und wie ferngesteuert. Es zerreißt uns das Herz. Was ist aus ihr geworden? Wo ist unsere Monika?

Die psychiatrische Klinik Ochsenzoll entstand aus der am 1. April 1893 gegründeten »Irrenkolonie«. Damals wurden rund zwanzig Patienten und ein

Verwalter im alten Zollhaus am Ochsenzoll untergebracht. Aus der damaligen Kolonie entstanden 1953 das Krankenhaus und die Klinik Ochsenzoll, die zu einer der größten psychiatrischen Kliniken Hamburgs gehört.

Wir versuchen, unser Kind aus der Anstalt zu holen. Die Polizei erklärt uns immer wieder, dass Monika volljährig ist und sie selbst entscheiden kann. Doch offensichtlich kann sie gar nichts entscheiden. Das ist uns klar, nachdem wir sie mehrmals besucht haben. Solange sie in der Klinik ist, müssen wir erneut bitter realisieren, dass wir als Eltern keine Gewalt über sie haben. Als sie nach Wochen entlassen wird, schicken wir sie mit ihrem Einverständnis in die Schweiz. Sie braucht dringend Abstand und Erholung. Unsere ehemaligen Nachbarn und Jugendfreundinnen von Monika wohnen inzwischen in Bern. Ihre Freundin Maya nimmt sie in ihre Wohngemeinschaft auf, um sie positiv zu beeinflussen. Alle bemühen sich, damit sie Halt findet und zu sich kommt. Doch sämtliche Versuche scheitern.

Sie verschwindet aus der Schweiz ohne Vorankündigung und ist einen Monat später wieder auf der Reeperbahn in Hamburg. Das Mädchen ist für uns verloren. Und unsere Hoffnungen ebenfalls. Selbstvorwürfe nagen an uns und fordern ihren Tribut. Unsere Ehe leidet, die Familie droht auseinanderzubrechen und wir sind nervlich am Ende. Erst viele Jahre später erkenne ich, dass Selbstvorwürfe und Scham eine zerstörende Kraft besitzen. Was geschehen ist, ist geschehen. Ich kann es nur annehmen und weitermachen. Vorwürfe sind ein grausames Gift und ein Aus für jede Beziehung, das erfahren wir schmerzhaft.

Wir kämpfen füreinander und miteinander. Doch viele Jahre später verlieren wir den Kampf trotz unserer Bemühungen.

Ausnahmezustand

Seelisch befinde ich mich in einem Ausnahmezustand. Es ist leichter gesagt als getan, das Private vom Beruflichen zu trennen. Auch wenn die Qualität meiner Arbeit in den vergangenen Monaten nicht gelitten hat, ist die private Situation seit Wochen unerträglich. Ich stehe vollkommen neben mir.

Es tut mir gut, einen Tag in der Woche als Gastdozent zu unterrichten.

Der Kontakt mit der Klasse fordert mich und hilft mir, mit unserem Schicksal zu leben. Die Arbeit im Reichshof ist Routine und ich bin nicht mehr im gleichen Maße gefordert wie zu Beginn. In mir reift der Wunsch nach Veränderung. Jede Veränderung bringt neue Chancen mit sich. Ich brauche einen Neustart, so meine Überzeugung.

Die Idee, die Weiterbildung als Fachlehrer zu starten, gibt mir neue Motivation. Gleich am nächsten Tag vereinbare ich nach Schulschluss ein Gespräch mit dem Direktor der Gewerbeschule, Alfred Krebs.

»Wir sind sehr zufrieden mit Ihnen als Gastdozent. Wenn Sie die Prüfung zum Fachlehrer abgeschlossen haben, kann ich Ihnen eine Festanstellung anbieten. Bis zum Abschluss können Sie bereits Vollzeit bei uns arbeiten und zweimal wöchentlich den Unterricht der Fachlehrerausbildung besuchen«, versichert er mir.

Ich bin erfreut über die neue Perspektive und bedanke mich bei ihm: »Dieses verlockende Angebot nehme ich gerne an.« Hoffnung flammt in mir auf. Dies ist hoffentlich ein Neuanfang in meiner Beziehung zu Elfriede und den Kindern. In Zukunft werde ich mehr Zeit für sie haben.

Bei der Verabschiedung im Reichshof realisiere ich, wie groß die Lücke ist, die ich hinterlasse. Mir war nicht bewusst, wie stark ich im Team, bei der Direktion, den Lieferanten und den Gästen geschätzt bin. Voller Bedauern wird meine Kündigung entgegengenommen. Zu meiner Verabschiedung kommen über 120 Gäste. Frau Langer organisiert eine würdige Abschiedsfeier mit einem reichhaltigen kalt-warmen Buffet, und ich bin erfreut, viele meiner Kreationen angerichtet zu sehen. Inmitten der Menge klopft mir plötzlich jemand auf den Rücken. »Haben Sie einen Moment?«

Als ich mich umdrehe, steht der langjährige Kollege Herr Möcking vor mir. Der Konditormeister nimmt mich zur Seite, schaut mich an, verzieht seine Lippen zu einem Lächeln und sagt: »Wir hatten anfänglich große Probleme. Doch ich muss gestehen, Sie sind für mich der beste Küchenchef, den ich in meiner langjährigen Tätigkeit im Reichshof hatte. Ich habe viel von Ihnen gelernt!«

Mir verschlägt es selten die Sprache, doch in diesem Moment bin ich so sehr gerührt, dass ich ihn umarme. Ich bin sprachlos und dankbar. Die Gradlinigkeit,

Freundlichkeit und konsequent faire Behandlung von Herrn Möcking haben letztlich Früchte getragen. Was gibt es Schöneres für einen Küchenchef?

Nun ist meine Ära im Reichshof zu Ende. Alles in allem blicke ich auf eine großartige Zeit zurück. Viele Turbulenzen, Erfolge und unzählige schöne und weniger schöne Begegnungen nehme ich als Erinnerung mit. Mein Arbeitszeugnis kann ich nach Rücksprache mit dem Direktor selbst verfassen und zum Unterschreiben vorlegen.

Vernichtende Diagnose: David gegen Goliath
Das Schicksal ist mir wohlgesonnen

Motiviert beginne ich die Ausbildung zum Fachlehrer an der Gewerbeschule für Ernährung und Gastronomie in Hamburg. Alfred Krebs freut sich, dass ich mich für die Ausbildung als staatlich geprüfter Fachlehrer entschieden habe und bei ihm unterrichte.

Zur Ausbildung gehören 12 praktische Unterrichtsübungen, die sogenannten ÜPÜS. Jede Übung besteht aus 45 Minuten Unterricht vor einer Klasse. Ich bearbeite Themen wie die Herstellung von Spätzleteig und das Schaben vom Spätzlebrett, das Zurichten von Kopfsalat mit den dazugehörigen Dressings und vieles mehr. Einige Vertreter der Schulbehörde bewerten und überprüfen den Unterricht. Im Vorfeld muss ich für jede Einheit pädagogische und didaktische Gedanken in einem Manuskript verfassen, was wochenlange Vorbereitung beinhaltet. Regelmäßig reiche ich bis zu zwanzig DIN-A4-Seiten bei der Behörde ein und stelle mir dabei die Frage: Steht der Aufwand im Verhältnis zur kurzen Unterrichtszeit? Wie harmoniert das mit der Praxis?

Ich gerate mit meinem Mentor in Konflikt, der mir eines Tages folgende Rückmeldung gibt: »Sie machen und zeigen zu viel im Unterricht. Die Schüler sollen eigenmächtig den Stoff erarbeiten. Sie müssen das Lernziel festlegen, die Schüler zum Thema hinführen und sie dann sich selbst überlassen.«

Schließlich absolviere ich die Prüfung mit gutem Erfolg und darf nun offiziell als staatlich geprüfter Fachlehrer unterrichten. Ich bin stolz und froh, nicht mehr die Schulbank drücken zu müssen.

Die harte Realität des Schulalltags ist eine große Umstellung. Ich beginne jeden Morgen um sechs Uhr mit der Vorbereitung. Um drei Uhr nachmittags ist der Unterricht fertig. Endlich habe ich mehr Zeit für die Familie und Freunde. Ich bin mit Leib und Seele Praxislehrer. Regelmäßig inspiziert ein Mentor den Unterricht von uns Fachlehrern. Heute sehe ich einen Studienrat in der hintersten Reihe meiner Klasse sitzen. Ich bin perfekt vorbereitet und freue mich auf die Stunde. Bei der Auswertung des Unterrichts kommen mir allerdings ernsthafte Zweifel bezüglich der fachlichen Kompetenzen des Studienrates.

»Wenn Sie Bratkartoffeln knusprig braten wollen, müssen Sie …«, versucht er mich zu belehren, und ich frage mich in diesem Moment mit einer Prise Ironie, ob ich ernsthaft ein Küchenmeister und Sternekoch war. Ich fühle mich um Jahrzehnte zurückgeworfen.

In der schulischen Praxis hat sich nichts geändert. Die Überheblichkeit der Studienräte ist wie zur Zeit meines Vaters. Sie lassen nichts von der Gastronomieerfahrung eines renommierten Kochs gelten und belehren uns konstant pädagogisch, didaktisch und fachlich. Jeder Studienrat fühlt sich als Küchenpapst und belächelt die Erfahrungen von uns Fachlehrern mit Ignoranz und Wichtigtuerei. Mit der Zeit wird mir klar, dass der Kampf mit den Studienräten ein vergeblicher ist. Statt die Chance zu nutzen, gegenseitig voneinander zu lernen, entstehen zwei Lager: Studienräte gegen Fachlehrer. Neid und Missgunst vergiften das Betriebsklima, und es dauert nicht lange, bis ich mich nach der Küche in der Gastronomie zurücksehne.

Wie schon so oft ist mir das Schicksal wohlgesonnen. Bei einem Gespräch mit Direktor Gerst vom Hotel St. Raphael öffnen sich plötzlich neue Türen. Herr Gerst war einer der Prüfungsesser, und da er gute Beziehungen zur Gewerbeschule hat und mich schätzt, bietet er mir eine interessante Aufgabe an.

»Ich würde Sie gerne als Berater und für die Schulung der Köche gewinnen, hätten Sie Interesse?«

Da muss ich nicht lange überlegen. »Sehr gerne, das wäre eine wunderbare Ergänzung zu meiner Arbeit als Fachlehrer in der Gewerbeschule«, bekräftige ich und freue mich auf die neue Aufgabe. Ab sofort kann ich an den Wochenenden und nach dem Unterricht einige Stunden im Hotel arbeiten.

»Es freut mich, Sie bei uns zu begrüßen«, erwidert Herr Gerst. »Natürlich braucht es noch die Einwilligung vom Direktor der Schule. Aber das ist reine Formsache. Herr Krebs ist ein langjähriger Freund und ich regele die Sache mit ihm direkt. Machen Sie sich keinen Kopf«, versichert er mir.

Nun unterbreitet er mir sein Angebot, welches mir die Sprache verschlägt.

»Ihr Nebenverdienst im Hotel ist monatlich 450 DM. Zusätzlich bekommen Sie einen Dienstwagen, einen Mercedes 190 E, zur freien Verfügung.«

Wenn es das Wort Glück nicht gäbe, würde ich es in diesem Moment erfinden. Ich zerplatze förmlich vor Glück und nehme das Angebot dankend an.

Voller Euphorie sprudelt es auch mir heraus: »Ich kann es kaum erwarten, bei Ihnen im St. Raphael zu starten. Herzlichen Dank für diese Chance!«

Volle Pulle voraus

Heute ist ein Tag, den ich nie vergessen werde! Vor einem Monat habe ich meinen Führerschein erhalten und nun fahre ich zum ersten Mal mit meinem eigenen Mercedes 190 E. Ich kann kaum beschreiben, welch ein Gefühl es für mich ist, den Schlüssel in das Zündschloss zu stecken und den Motor zu starten. *Ist es Traum oder Wirklichkeit?*, frage ich mich, als ich das sanfte Summen des Motors höre.

Nachdem ich das Gaspedal heruntertrete, setzt sich mein neuer Luxusschlitten in Bewegung. Es durchströmt mich ein Gefühl von Freiheit, wie ich es bisher nicht kannte. Konzentriert lenke ich das Auto aus der Garage vom Hotel Raphael, um nach Hause zu fahren. Ich öffne das Fenster und atme tief die frische Luft ein, die hereindringt. Auf der Bramfelder Straße in Richtung Farmsen beschleunige ich und gebe Gas. Ich fühle mich wie ein König. *So ein bequemes und luxuriöses Auto, und es gehört mir!*, schießt es mir immer wieder durch den Kopf. Ich kann es kaum glauben.

Als ich das erste Mal auf unserem Parkplatz im Roten Hahn in Berne parke, starren mich die vorbeilaufenden Nachbarn neugierig an. »Haben Sie im Lotto gewonnen?«, fragt mich unser Hausmeister, der gerade dabei ist, den Vorplatz zu fegen. Der Genießer schweigt, schmunzle ich in mich hinein, ohne zu antworten. Tage später fällt mir auf, wie mich unbekannte Leute freundlich grüßen.

Die Arbeit im Hotel Raphael macht mir enorm Freude. Ich schule das Personal bei der Einführung eines neuen Restaurationsangebots. Ab nächstem Sonntag soll ein reichhaltiger Brunch auf der Karte stehen. Bereits am ersten Sonntag erfreut sich das Angebot großer Beliebtheit. Dank meiner langjährigen Erfahrung als Küchenchef erkenne ich schnell, dass mein Vorgänger nichts mit Kalkulation am Hut hatte. Er schöpfte ungeachtet des Warenbestandes aus dem Vollen. Bei meinem Start fehlen in der Hotelküche wesentliche Zutaten, sodass ich gleich am ersten Sonntag in den Kühlraum und in den Lagerraum muss, um nachzufüllen. Als ich mit Ware auf dem Tablett um elf Uhr aus dem Kühlraum komme, steht plötzlich mein Schuldirektor Herr Krebs vor mir. In diesem Moment möchte ich am liebsten im Boden versinken. Ich will gerade Luft holen, um mich zu erklären, da kommt er mir zuvor.

»Keine Sorge, ich habe Sie nicht gesehen. Ich bin heute im Restaurant bei Herrn Gerst eingeladen. Wir sehen uns dann!«, begrüßt er mich sichtlich überrascht, mich hier in Dienstkleidung zu erblicken.

Kurze Zeit später gehe ich ins Restaurant, um die Herren zu begrüßen und die Situation aufzuklären. Als sie mich kommen sehen, lächeln sie mich vergnügt an.

»Keine Sorge, Erich! Ich bin erst jetzt dazu gekommen, Herrn Krebs einzuweihen. Es ist alles bewilligt«, versichert mir Herr Gerst, und mein Schuldirektor fügt hinzu: »Aber die Schule darf auf keinen Fall darunter leiden.«

»Das ist Ehrensache!«, erwidere ich erleichtert und begebe mich direkt in die Küche, um das Sonntagsgeschäft zu erledigen.

Die Periode der Gesellenprüfungen steht vor der Tür, und es braucht zusätzliche Vorbereitungen. An diesen Tagen geht der Dienst von 6 bis 19 Uhr. Außerdem bin ich im Prüfungsausschuss und als Dozent für den Küchenmeister-Lehrgang tätig. Wieder einmal bin ich »volle Pulle Voraus« beschäftigt, wie es im Hamburger Slang so schön heißt.

Raus aus der Unterdrückung – rein in die Selbstständigkeit

»Wir sind mit deiner Arbeit als Fachlehrer sehr zufrieden«, betont Herr Krebs eines Morgens. »Ich vertraue dir eine neue Herausforderung an. Im kommenden Semester führen wir einen neuen Lehrgang für Berufsorientierung ein, die sogenannten HASA-Schüler. Ich finde, du bist der geeignete Mann dafür. Jung, dynamisch, kreativ und vertraut, mit jungen Menschen zu arbeiten«, meint er überzeugt.

Die Schüler kommen aus zerrütteten familiären Verhältnissen oder wissen nicht, was sie lernen wollen. In diesem Kursangebot sollen sie ihre eigenen Stärken erkennen und den Kochberuf für sich entdecken.

Optimistisch, wie ich bin, stürze ich mich in die Arbeit und bereite die

Stunden witzig und professionell vor. Doch ich erkenne schnell: Die HASA-Klasse hat null Bock zu lernen. Sie sind unkonzentriert, gelangweilt, stören den Unterricht oder glänzen mit Abwesenheit in der Stunde. Als Lehrer fungiere ich ohne Zusatzqualifikationen plötzlich auch als Psychiater. Ein echter Nervenjob!

»So habe mir das Unterrichten nicht vorgestellt. Ich bin doch kein Animator oder Erzieher, der ständig auf taube Ohren einredet«, beschwere ich mich bei meinem Vorgesetzten. Ich erkläre ihm, dass die Schüler ständig Graffitis auf leere Blätter zeichnen und ich meine Aufgabe darin sehe, künftige Köche zu unterrichten und keine schwer erziehbaren Jugendlichen.

Ohne Rücksicht auf meine Befindlichkeit antwortet er mir: »Du bist kein Studienrat, sondern nur Fachlehrer. Die Schulbehörde bestimmt, in welcher Klasse du unterrichtest. Da gibt es keine weitere Diskussion.«

Ein alt vertrautes Gefühl steigt in mir auf, als ich das Büro des Direktors verlasse. Ich fühle mich unverstanden. Obwohl ich als Fachlehrer gute Dienste leiste, werden meine Bedürfnisse bei der Klasseneinteilung nicht berücksichtigt. Enttäuscht schließe ich daraus, dass ich unter falschen Voraussetzungen Fachlehrer geworden bin. Statt die »Schuld« im System zu erkennen, suche ich sie erneut bei mir. Ich rede mir ein, dass die Umschulung ein Fehler war.

In diesem Moment breitet sich der brennende Wunsch in mir aus: Raus aus der Unterdrückung und hinein in die Selbstständigkeit!

Plötzlich schachmatt

Wenn ich an diesem Freitagmorgen geahnt hätte, wie brutal das Gegenteil meines Wunsches eintritt, wäre ich achtsamer gewesen. Vielleicht hätte ich erkannt, was mein Körper mir nach all den Strapazen der vergangenen Jahre und der psychischen Belastungen der letzten Monate sagen will. Zu realisieren, endlich auf mich selbst zu schauen, meine eigenen Grenzen zu erkennen und mich von meinen alten Konditionierungen zu befreien.

Ich bin gerade zu Besuch bei unserer Familienfreundin Margarete und mache es mir auf einem Stuhl bequem. Eifrig erzähle ich ihr von den Vorkommnissen in der Schule und meinem Wunsch, mich selbstständig zu machen. Aus heiterem Himmel schießen mir plötzlich stechende Schmerzen in den Rücken. Ich spüre, dass ich nicht mehr aufstehen kann. Der Sessel ist weich und der Druck im unteren Rücken steigert sich ins Unerträgliche. Ein heftiger und schmerzhafter Dolchstoß in der Wirbelsäule macht mich handlungsunfähig. In diesem Zustand kann ich unmöglich Auto fahren, obwohl ich nur zehn Minuten entfernt wohne.

»Margarete, kannst du mich sofort zu einem Arzt fahren?«, stöhne ich unter Schmerzen.

Mit großer Mühe und im Zeitlupentempo schaffe ich es auf den Beifahrersitz. Kalter Schweiß steht mir auf die Stirn. Auf dem Parkplatz vor der Arztpraxis kapituliere ich.

»Ich schaffe es nicht, aus dem Auto zu steigen. Bitte rufe sofort den Rettungsdienst an«, stöhne ich.

Die Sanitäter bergen mich zu zweit aus dem Auto. Mit Blaulicht fahren sie mich ins naheliegende Krankenhaus Barmbek. Als wir dort ankommen, sind meine Beine taub und mein ganzer Körper zittert unablässig. Ich gebe Margarete den Wohnungsschlüssel, damit sie mir das Nötigste ins Krankenhaus bringt. Elfriede ist in Grömitz, und da wir sie nicht erreichen, lassen wir ihr ausrichten, dass ich im Krankenhaus liege.

Sofort werde ich notfallmäßig vom diensthabenden Arzt untersucht. »Ich kann Sie in diesem Zustand nicht nach Hause schicken«, so seine Verordnung, die mir in diesem Moment vollkommen grotesk vorkommt.

»Das weiß ich selbst, wie denn auch? Meine Beine sind taub, und von der Hüfte an spüre ich mittlerweile gar nichts mehr!«, stöhne ich mit schmerzverzerrtem Gesicht.

Ständig klopfen und kratzen herbeigerufene junge Probanden mit spitzen Instrumenten an meinen Oberschenkeln. Sie sind erstaunt, dass ich nichts fühle. Zu später Stunde befördert man mich ins Zimmer mit der Vertröstung, dass ich am frühen Morgen geröntgt werde und sie dann mehr sagen können.

Es folgt eine der schlimmsten Nächte meines Lebens – abgesehen von der Qual, als ich ziellos durch die Nacht auf der Reeperbahn meine Tochter suchte. Der damalige seelische Schmerz der Ohnmacht hat sich in einen brutalen körperlichen Schmerz verwandelt. So stelle ich es mir vor, im Fegefeuer zu sein. Keine Tablette, keine Tropfen und Spritzen können meine Schmerzen lindern.

Gemartert bitte ich die Schwester, das Licht anzulassen. Die Dunkelheit ist unerträglich. Die Bettdecke schmerzt mich bei jeder Berührung, und ich streife sie ab. Nichts kann diese Schmerzen lindern. Es ist die Hölle!

Dann ergießt sich ein Urinstrahl über mich. Ich kann nichts dagegen machen und schäme mich zutiefst. Als ich klingle, kommt niemand. Da liege ich erbärmlich im Bett und bringe keinen klaren Gedanken hervor. Irgendwann spät in der Nacht wirft die Nachtschwester einen Blick in mein Zimmer und reinigt die Misere.

Am frühen Morgen bekomme ich Frühstück, doch ich bringe keinen Bissen herunter. Endlich führt man mich in die Röntgenröhre. Bereits kurze Zeit später überschlagen sich die Ereignisse und ich bin vollumfänglich schachmatt.

Vernichtende Diagnose

Ich kann mich nicht mehr bewegen. Als ich aus der Röhre komme, reagieren die umstehenden Ärzte, ohne eine Sekunde verstreichen zu lassen.

»Sie werden unverzüglich ins Universitätskrankenhaus Eppendorf verlegt«, informiert mich der Oberarzt.

Es herrscht Hektik um mich herum. Der Krankenwagen bringt mich in die Klinik. Als ich dort eintreffe, hält man mir einen Zettel unter die Nase, den ich unterschreiben muss.

»Sie müssen sofort in den OP zur Notoperation.«

Körperlich und gedanklich gelähmt unterschreibe ich, egal was mit mir passiert.

Dann geht alles sehr schnell. Gegen 13 Uhr lässt mich der Narkosearzt sanft in einen tiefen Schlaf sinken. Die quälenden Schmerzen werden von Sekunde zu Sekunde weniger, und mein Bewusstsein sinkt in eine undurchdringliche Dunkelheit. Ich bin offline!

Die Operation ist kompliziert und kam im letzten Moment. Eine Stunde später, und ich hätte mein Leben lang mit einem künstlichen Darmausgang leben müssen. Wie grotesk es auch klingt, aber wieder einmal habe ich Glück im Unglück, obwohl ich dies erst viel später erkenne.

Als ich gegen 17 Uhr aus der Narkose aufwache, fühle ich mich benommen.

Der Arzt zeigt mir einen Plastikbecher voll blutigem Gewebe. »Das haben wir weggenommen. Der weiche innere Kern der Bandscheibe ist aus seinem normalen Platz zwischen den Wirbeln ausgetreten. Ihre Bandscheiben, die normalerweise als Stoßdämpfer dienen, sind defekt. Das Gewebe hat auf die Nerven gedrückt«, erklärt mir der Stationsarzt sachlich.

Ich bin schmerzfrei, das scheint mir in diesem Moment das Wichtigste. Doch die Minuten, die an diesem 17. September 1988 folgen, vergesse ich nie. In emotionslosem Ton dringen die Worte des Arztes in mein Ohr:

»Sie werden NIE wieder laufen können! Sie werden Ihr Leben lang behindert bleiben. Es tut mir leid, wir haben während der OP alles getan, was möglich war!«

Minuten vergehen, bis die erschütternde Nachricht in mein Bewusstsein dringt. In diesem Moment erlebe ich wortwörtlich, wie mir der Boden unter den Füßen weggerissen wird.

»Das kann nicht sein, ich fühle mich völlig schmerzfrei!«, widerspreche ich dem Arzt.

»Bewegen sie Ihre Zehen«, fordert er mich auf. Nicht einmal ein Zucken gelingt mir.

Aufgeben ist keine Option

Bleibe ich ein Leben lang an den Rollstuhl gefesselt?, schwirrt es durch meinen Kopf. Gefühlschaos macht sich breit. Ich bringe keinen klaren Gedanken zustande und atme tief durch. Vergeblich! Das Chaos in meinem Kopf wird stärker. Es beherrscht mich. Meine Gedanken und Gefühle haben mich im Griff und ich bin ihnen hilflos ausgeliefert. Niemand ist da, der sie aufhält. Der totale Kontrollverlust bringt mich zum Weinen.

Die Tränen wirken befreiend, langsam gewinne ich die Kontrolle zurück und fasse den festen Entschluss: Egal, ob meine Zehen sich im Moment bewegen oder nicht. Ich werde wieder laufen können. Ich entscheide mich, den Kampf gegen die vernichtende Diagnose aufzunehmen. Aufgeben ist keine Option.

Gleich am kommenden Tag kommt ein Orthopäde, der meinen Füßen Lederprothesen anpassen will.

»Das kommt nicht infrage«, lehne ich vehement ab. »Ich werde wieder laufen können!«, erkläre ich voller Überzeugung, ohne den leisesten Zweifel zu hegen.

Kurze Zeit später kommt ein junger Krankenhelfer ins Zimmer und will mir einen Katheder legen. Es gelingt ihm nicht, denn auch das verweigere ich. Noch am gleichen Tag erscheint der Arzt zur Visite.

»Herr Häusler, die Diagnose obliegt immer noch dem Arzt. Was kommt Ihnen in den Sinn, die angebotene Hilfe zu verweigern? Stellen Sie sich mal auf dem Boden!«, fordert er in einem barschen Ton auf.

Ich richte mich vom Bett auf, um aufzustehen. Die Pfleger reichen mir die Hand und stützen mich. Doch als sie mich loslassen, falle ich haltlos nach vorne. Im letzten Moment fangen sie mich auf, und der Arzt belehrt mich: »Wie ich Ihnen schon sagte, Sie werden nie wieder gehen können. Diese Lektion sollte Ihnen reichen!«

Ein neuer Katheder wurde nie gesetzt, doch pro forma eine Ultraschallblasenuntersuchung angeordnet. *Wenigstens ein kleiner Erfolg*, denke ich und bin weiterhin der festen Überzeugung, dass ich wieder laufen werde.

Nach 20 Uhr erscheint Elfriede plötzlich im Krankenzimmer. Ich bin müde und geschafft. Ich bin hilflos und abhängig. »Ich wollte das schöne Wetter an der Ostsee ausnutzen«, erklärt sie als Grund, weil sie außerhalb der üblichen Besuchszeit erscheint. Meine Enttäuschung kann ich nicht zurückhalten, und verstimmt fährt sie zehn Minuten später nach Hause.

Die Tage im Krankenhaus sind lang. Neben den Routineuntersuchungen bekomme ich täglich neue Verordnungen. Soweit möglich, informiere ich telefonisch einige Kollegen und Freunde, dass ich für ungewisse Zeit ausfalle. Weder den Unterricht in der Schule noch gebuchte Vorträge kann ich durchführen.

Nach zwei Wochen werde ich mit einem Krankentransport liegend in die Rehaklinik nach Jesteburg in der Nordheide gefahren.

Ende der ersten Woche läutet mein Handy: »Herr Häusler, wir wünschen Ihnen eine rasche und gute Genesung in der Reha. Damit Sie sich nicht langweilen, bieten wir Ihnen einen Nebenjob an. Wir schätzen Sie sehr von ihren Vorträgen und würden uns freuen, wenn Sie uns regelmäßig Rezepte zusenden, die wir dann gegen Bezahlung veröffentlichen. Was meinen Sie?«, fragt mich der zuständige Mitarbeiter von *Maas und Borck* im ermunternden Ton. Für die Agentur mit Sitz in Hamburg hielt ich bereits in Berlin, München und Frankfurt Vorträge.

Ich sage zu. Unter der Bedingung, dass ich nicht unter Zeitdruck stehe. Im Moment ohne Eigenkapital und in der Hoffnung, dass ich später in der Agentur einsteigen kann, hilft mir das Angebot mit meinem Schicksal fertig zu werden.

Bereits am nächsten Tag beginne ich halbsitzend, halb liegend Rezepte zu schreiben. Die Arbeit tut mir gut und lenkt mich ab. Auch ein erstes Konzept für meine Selbstständigkeit entsteht: Die Kochschule Kreativ-Küche Hamburg. Denn eines weiß ich: Aufgeben ist keine Option!

Kampf gegen Goliath

Ich sitze ein halbes Jahr im Rollstuhl. Täglich kämpfe ich unerbittlich gegen die Diagnose, nie wieder laufen zu können. Wie ein kleines Kind übe ich mit der Therapeutin über mehrere Monate das Krabbeln auf einer Matte. Nach einem halben Jahr kann ich mit Gehhilfen kurze Zeit stehen. Die Schmerzen sind zeitweise unerträglich, und von der Fußsohle bis zum Knie bin ich taub. Der Weg in die Kantine ist mein tägliches Trainingsprogramm. Es sind nur 25 Meter, doch zu Beginn benötige ich dafür eine Stunde. Dank der vielen Anwendungen werde ich täglich beweglicher. In dieser Zeit trage ich keine Schuhe, nur Strümpfe.

Es kommt der Tag, an dem ein unerwarteter Lichtblick am Horizont erscheint. Meine Therapeutin erzählt mir von einem Arzt aus China, der in der Klinik für ein Jahr ein Praktikum macht. »Ich möchte Sie unbedingt mit Dr. Lee bekannt machen. Er ist ein junger bekannter Arzt in China. Mitte dreißig und bestens ausgebildet in Akupunktur«, meint sie hoffnungsvoll.

Sie weist mich darauf hin, dass die Behandlung in Deutschland nicht anerkannt ist und ich sie im Falle einer Therapie aus eigener Tasche bezahlen müsste.

»Die Akupunktur wird Ihnen sehr helfen, denn die Nervenbahnen werden durch die Nadeln gereizt. Wenn Sie sich dazu entscheiden, darf in der Klinik allerdings kein Arzt davon erfahren. Sonst wird das Stipendium von Dr. Lee gestrichen«, klärt sie mich auf.

Ich überlege kurz und antworte ihr: »Ich habe meinen Kampf gegen Goliath begonnen und werde ihn fortsetzen. Jedes Geld der Welt ist es mir wert, wieder auf die Beine zu kommen.«

Die Therapeutin schaut mich fragend an und ich erzähle ihr von David und Goliath. »Der Kampf gegen Goliath ist eine bekannte Geschichte aus dem Alten Testament. Der junge Hirte David steht vor dem gigantischen Krieger Goliath. Er ist mit einer schweren Rüstung und mit einem riesigen Speer bewaffnet. David hat nur eine Schleuder und einige glatte Steine. Doch er lässt sich nicht abhalten, gegen Goliath zu kämpfen. Als die beiden Gegner gegenüberstehen, schleudert David einen Stein mit seiner Schleuder und trifft Goliath direkt zwischen den Augen. Der Riese stürzt zu Boden. David hat ihn besiegt.«

Meine Therapeutin erwidert tatkräftig: »Ich mache für Sie einen Termin bei Dr. Lee. Gemeinsam schaffen wir es, Goliath zu besiegen! Ich wünsche Ihnen, dass Sie die Hindernisse durch Ihren festen Glauben und Mut besiegen.«

Bereits am nächsten Tag treffe ich mich mit Dr. Lee. Ich bin bereit, 70 Mark pro Sitzung in bar zu bezahlen, und will sofort starten. Von diesem Tag an bekomme ich jeden Tag während eines Monats eine Therapie. Vor jeder Behandlung fühlt er meinen Puls an den Handgelenken. Dann erklärt er mir mit Händen und Füßen und in gebrochenem Englisch, dass meine Darmflora und der Magen blockiert sind. Danach setzt er insgesamt 42 Silbernadeln in unterschiedlichen Längen von 3 bis 15 Zentimetern an diverse Akupunkturpunkte am Körper. Die kurzen Nadeln am Schienbein schmerzen und ich könnte aufschreien. Auch am Kopf und an der Nase setzt er die Akupunkturnadeln. Die Prozedur dauert jeweils 20 Minuten. Nach der Behandlung muss ich mich auf eine Matte auf den Bauch legen. Er steigt mit seinem gesamten Gewicht auf meinen Rücken und trampelt mit den Füßen eine Minute lang hin und her. Die Reaktion der Behandlung ist erstaunlich. Ich fühle mich, als ob ich aus dem Fitnessstudio komme. In den nächsten Tagen verfärbt sich mein Urin weiß wie Milch. Das gestaute Wasser in den Beinen verschwindet merklich. Nach einer Woche kann ich in meine Lederstiefel schlüpfen. In Halbschuhen habe ich noch keinen Halt und knicke sofort um, doch von Tag zu Tag wird es besser. All die Anwendungen der klassischen Medizin konnten meinen Zustand bisher nicht bessern. Doch endlich besteht Hoffnung. Dr. Lee wird mein Heiler.

An einem Tag im Spätherbst führt er mich zu einem dicken Baum, dessen Stamm ich einige Minuten lang fest umschlingen und die Oberschenkel dagegen pressen muss. Diese Übung soll die Selbstheilungskräfte meines Körpers aktivieren. Keiner meiner Ärzte darf wissen, dass Dr. Lee mich behandelt. Ich halte mich daran, obwohl ich es am liebsten allen erzählt hätte. Dr. Lee ist ein mutiger Mann, dem ich für immer dankbar bin. Goliath und seine Diagnose sind besiegt. Ich kann wieder laufen! Mein Chefarzt freut sich über die enormen Fortschritte, obwohl er es sich nicht erklären kann.

»Kein Wunder!«, schmunzle ich.

Dr. Lee, meine Physiotherapeutin und ich haben es geschafft, eine der vielen Goldmedaillen dieser Welt zu erringen und als Sieger das Kampffeld zu verlassen. Denn bereits als Kind habe ich gelernt, mich weder von Angst noch vom Scheitern besiegen zu lassen.

Neuer Aufwind in den Segeln

Schmerzen setzten alle geistigen Aktivitäten außer Kraft. Das habe ich in den letzten Wochen bitter erfahren. Trotz meiner körperlichen Einschränkungen bin ich inzwischen schmerzfrei und mein Geist ist tatkräftig. Ich schreibe fast täglich Rezepte für meinen Auftraggeber. Dank der Agentur Maas und Borck bekomme ich neuen Aufwind in die Segel. Ich berate die Agentur telefonisch bei Präsentationen für ihre Klienten, gebe mein Fachwissen für Vorträge weiter und kreiere neue Rezepte. Dafür erhalte ich ein monatliches Beraterhonorar von 1.200 DM netto.

Die Agentur Maas und Borck hat den Auftrag, das Neuseeland-Lammfleisch, das aus Australien nach Europa exportiert wird, auf dem deutschen Markt bekannt zu machen. Ende der 80er-Jahre ist es sensationell neu, vorgeschnittene Teil- bzw. Portionsstücke des Lammfleisches als Tiefkühlware in der Gastronomie anzubieten. Das gab es bisher noch nie.

Der aktuelle Marktanteil der Firma liegt bei elf Prozent. Durch Präsentationen und Vorträge soll der Marktanteil in Deutschland verbessert werden. Die Agentur erhält dafür einen Budgetzuschlag von 1,5 Millionen DM und wird zur führenden Agentur für die Meat Board Producers beim Neuseeland-Lamm. Eine Tonne feinste Fleischteile sind in ihren Tiefkühltruhen eingelagert, die portionsweise als Gratismuster an potenzielle Großverbraucher innerhalb der Gastronomie vergeben werden.

Ich bin gerade dabei, ein neues Rezept zu schreiben, als das Telefon klingelt. Ich nehme ab und mein Auftraggeber meldet sich: »Erich, die Werbemaßnahmen im vergangenen Monat waren großartig. Wir haben einen Anstieg von zwei Prozent. Siehst du dich in der Lage, in Begleitung von uns, einen Vortrag in Berlin zu halten? Wir bräuchten dich dringend!«

Ich würde am liebsten aufspringen und jubeln. Jedoch die Realität holt mich ein. Ich kann zwar mit Gehhilfen kleine Strecken bewältigen. Es ist aber fraglich, ob dies reicht, um zu einem Vortrag zu gehen.

»Es ehrt mich und ich werde es mir überlegen. Aber mach dir keine allzu großen Hoffnungen. Ich melde mich morgen wieder.« In dieser Nacht mache ich kaum ein Auge zu. Die Aussicht, in der Branche als Fachmann wieder gefragt zu sein, kurbelt meine Willenskraft an.

Bereits zwei Wochen später sitze ich bei meinem ersten Vortrag als Redner. Die Gesellschafter holen mich nach dem Mittagessen von der Rehaklinik ab und bringen mich am Abend zurück. Unter dem Vorwand, dass ich Behördengänge erledigen muss, bekomme ich die Ausgangserlaubnis der Klinik. Niemand erfährt, dass ich während meiner Abwesenheit ein Seminar auf dem Stuhl sitzend in Berlin abhalte. Doch wer nichts wagt, gewinnt nichts! So meine Devise.

Mein Heilungsprozess schreitet rasant voran. Bis zu dem Tag, als ich einen herben Rückschlag erlebe.

Zurück als Lehrer

Die Krankenkasse steuert mich aus: *Nach eineinhalb Jahren ist unsere Beitragspflicht erloschen*, heißt es in dem Brief, den ich in den Händen halte. Ich bin erschüttert. Kaum habe ich mich erholt, heißt es, erneut zu kämpfen.

»Hört es denn nie auf?«, frage ich mich ratlos und setze alle Hebel in Bewegung, um eine Lösung zu finden. Die Rentenkasse übernimmt einen Teil der Kosten, doch das Geld reicht vorne und hinten nicht, um die Familie zu ernähren. Ab sofort muss ich in Eigenverantwortung meine Arbeit in der Schule aufnehmen. Obwohl ich noch nicht gesundgeschrieben bin, sehe ich keine andere Wahl. *Wenn das mal gut geht!*, denke ich und rufe meinen ehemaligen Direktor Krebs an. Er bietet mir einen Wiedereingliederungsvertrag an. Ich kann 18 Stunden in der Woche unterrichten.

Mit Gehhilfen schleppe ich mich täglich in die Schule. Es zerrt an meinen Kräften und ich bin froh, nach drei Monaten Schulferien zu haben. »Die Erholungspause habe ich dringend nötig«, sage ich zu meinem Kollegen, als ich mit ihm in der Pause am letzten Arbeitstag vor den Ferien einen Kaffee trinke.

Nach der letzten Unterrichtsstunde bittet man mich ins Sekretariat. Zu meinem großen Erstaunen bekomme ich einen Stundenplan für die Arbeit in der Ferienzeit. Ich soll während der Ferien Bürotätigkeiten verrichten. »Das kann doch wohl nicht wahr sein!«, rufe ich empört.

Mit blassem Gesicht antwortet die Angestellte teilnahmslos: »Es stehen Ihnen nur 14 Tage Urlaub zu, weil Sie in der Wiedereingliederung eine Stunde zu wenig in der Woche gearbeitet haben.«

Bestürzt über ihre Erklärung platzt es aus mir heraus: »Und wieso hat man mich im Vorfeld nicht darüber in Kenntnis gesetzt? Auf eine Stunde mehr wäre es auch nicht mehr angekommen. Ich hätte es gemacht!«

Herr Krebs, der die Auseinandersetzung mit der Sekretärin mitbekommt, schreitet ein, um die Situation zu deeskalieren. »Beruhigen Sie sich. Ihr Vertrag wird sofort geändert. Ihrer gesamten Ferienzeit steht nichts im Wege«, ordnet er umgehend an.

Unglaublich, wie man immer versucht, mich auszunutzen und zu verschaukeln, denke ich, als ich aus der Tür gehe.

Neue Aussichten

In den Schulferien koche ich auf Sparflamme. Ich nutze die Zeit zur Regeneration. Weiterhin habe ich regelmäßigen Kontakt zur Agentur Maas und Borck, für die ich freiberuflich als fachlicher Berater tätig bin.

Nachdem ich mich erholt habe, beschließe ich eines Morgens, die Agentur persönlich zu besuchen. Bisher hatte ich nur telefonischen Kontakt oder wurde zu den Vorträgen und Seminaren abgeholt.

Als ich mit dem Taxi bei der Agentur ankomme, sehe ich zu meiner Bestürzung, dass sich die Büros in der vierten Etage befinden. Mit zittrigen Beinen und im Schweiß gebadet bezwinge ich mühsam die vielen Treppenstufen und trete durch die offene Tür in die Büroräume.

Vor mir erstrahlt ein heller, moderner Raum. Der türkisfarbene Teppichboden, die schwarzen Büromöbel und die eleganten Dreieckstische wirken edel. Alles vom Feinsten.

Einer der zwei Mitarbeiter empfängt mich und begleitet mich umgehend ins Büro seines Co-Partners.

»Wir freuen uns, dass Sie den Weg zu uns geschafft haben. Setzen Sie sich bitte«, meint der Gesellschafter der Firma.

Ich begrüße die Herren und nehme vorsichtig auf dem Ledersessel Platz. Die zwei Herren schauen mich prüfend an, bevor einer von ihnen das Wort ergreift. »Wir würden uns über eine weitere Zusammenarbeit mit Ihnen freuen! Wir haben bereits einige Projekte in der Pipeline.«

Ich entdecke im Büro eine kleine Party-Küche mit einem zweiflammigen Gaskocher.

»Sie wurde für die Büromitarbeitenden eingerichtet, damit sie sich etwas wärmen können«, erklärt mir Herr Maas und lädt mich ein, ihm zu folgen.

Bei einer kurzen Führung durch die Büroräume sehe ich, dass der Trakt neben dem Büro leer steht. Ich schätze den leeren Raum auf neunzig Quadratmeter. »Das wäre ein hervorragender Ort, um eine Küche einzurichten«, erkenne ich sofort mit fachlichem Auge.

Die Gesellschafter reagieren begeistert. »Da haben Sie recht. Wir richten Ihnen eine Küche ein!«

Ich traue meinen Ohren nicht. Denn voller Euphorie doppeln sie nach und proklamieren einstimmig: »Wir sind das perfekte Team.« Ideen werden ausgetauscht und Pläne geschmiedet. Nach einem eineinhalbstündigen Austausch verabschiede ich mich.

Zuversichtlich beginne ich gleich am nächsten Tag mit der Ausarbeitung von Rezepten für ein Neuseeland-Lamm-Buch im Auftrag der Agentur. Für die Fotos im Buch koche ich alle Rezepte zur Probe, richte die Speisen an und bin zugleich Food Stylist, wenn es um die Präsentation geht. Wieder einmal bin ich nicht zu stoppen. Es sprudelt nur so aus mir heraus, und ich fühle mich ganz in meinem Element. Erst später erkenne ich, dass ich die Rechnung ohne den Wirt gemacht habe.

Voller Tatendrang schreibe ich ein Konzept für einen bundesweit ausgeschriebenen Azubi-Wettbewerb. Dabei soll mit Neuseeland-Lammfleisch gekocht werden. Der glückliche Gewinner erhält eine vierzehntägige Reise nach Neuseeland mit imposantem Beiprogramm. Der zweite und dritte Gewinner erhält einen Geldpreis.

Den Erfolg ernten andere

Wo ein Wille ist, da ist auch ein Weg! Dies war zeitlebens meine Devise. Sie hilft mir, trotz körperlicher Einschränkung in der Berufswelt erneut Fuß zu fassen. Ich verliere keine Zeit. Seit der Reha gehe ich zwar schwanger mit der Realisierung der Kreativ-Küche Hamburg, doch der Zeitpunkt ist noch nicht reif.

Zunächst heißt es, ein neues Netzwerk für die Verbreitung des Neuseeland-Lammes aufzubauen, denn ich brauche das Einkommen von Maas und Borck. Zweimal im Monat fahre ich zu dem Gewürzwerk Raps GmbH nach Kulmbach, um den Leitern das Vor- und Zubereiten und das Kochen mit den Lammteilen beizubringen. Mein Schaffensgeist ist ungetrübt, und ich gerate erneut in den Strudel meiner eigenen Qualitätsanforderung und meines Perfektionismus. Wie schwer es doch ist, frühkindliche Prägungen zu vermeiden.

Zu diesem Zeitpunkt will ich nach dem langen Ausfall nur erfolgreich und kreativ arbeiten. Ich plane und organisiere die Ausschreibung der

Kochwettbewerbe für die Neuseeland Competition in den Maritim Hotels Frankfurt, München, Hannover und Berlin. Außerdem werte ich die im Vorfeld eingereichten Rezepte in einem internationalen Prüfungsausschuss aus und arbeite in dieser Zeit Tag und Nacht. Zeit, an mich selbst zu denken, bleibt keine.

Der Erfolg lässt nicht lange auf sich warten. Doch die Lorbeeren ernten die anderen. Einer meiner Zöglinge, Nils Henkel, gewinnt die vierzehntägige Reise nach Neuseeland. Und bereits nach vier Jahren schafft es die Agentur, dank der von mir kreierten Rezepte, der Auswertungen und Fotos, den deutschen Marktwert von 11 auf 21 Prozent zu erhöhen. Die Zeit, die ich für diesen enormen Erfolg investiere, steht in keinem Verhältnis zu meinem Lohn. In mir macht sich Unzufriedenheit breit. Die Firma Maas und Borck ist eine offene Handelsgesellschaft (OHG), in der die zwei Gesellschafter das Betriebskapital mit jeweils 20.000 DM angelegt haben. Nach reiflicher Überlegung beschließe ich, eine Beteiligung als stiller Teilhaber anzubieten, und steige mit einem Kapital von 5.000 DM in die OHG ein. Ab sofort stehe ich namentlich in der Fußzeile der Geschäftspapiere und schreibe als Minderheitsgesellschafter Rechnungen für meine Dienstleistungen an die Agentur. Mein Grundgehalt bleibt unverändert, doch von nun an bin ich kein Befehlsempfänger mehr. Zu diesem Zeitpunkt steht die lang versprochene Küche immer noch in den Sternen. Wie zu Beginn koche ich auf dem Zweiflammen-Gaskocher mehrgängige Degustationsmenüs für die Gäste. Die nötigen Ausgaben stelle ich jedoch in Rechnung.

Seit meinem Einstieg in die Agentur Maas und Borck realisiere ich, dass die Geschäftspartner aus Neuseeland von den Gesellschaftern besonders hofiert werden. Großzügig werden Champagner und Kaviar gereicht, ohne auf die Kosten zu schauen. Die Gesellschafter schöpfen aus dem Vollen, und bereits nach einigen Jahren baut sich jeder von ihnen ein Haus.

Gut Ding will Weile haben

Erst jetzt ist es mir möglich, im Hotel St. Raphael in der Adenauer Allee zu kündigen. Vier Jahre stand ich unter Vertrag und bin froh, dass ich im Hotel gut versichert war. Meinen Firmenwagen, den Mercedes 190 E, kaufe ich für

2.200 DM aus dem Firmenkapital Herrn Gerst ab. Freundschaftlich nimmt er beim Abschied meine Hand in seine Hände und meint:

»Schön, Erich, dass es dir wieder besser geht und du neue Perspektiven hast. Viel Spaß mit dem Auto. Es hat sich bereits im ersten Jahr deiner Tätigkeit bezahlt gemacht. Du hast hervorragend gewirtschaftet und ich bin mit deiner Arbeit sehr zufrieden.«

Dankbar für die Zeit im Raphael bleiben wir langjährige gute Freunde. Die Vision, meine Kreativ-Küche Hamburg in die Tat umzusetzen, inspiriert mich weiterhin.

Nach fünf Jahren beschließe ich die Kündigung aus dem Lehramt. Herr Panz, der neue Direktor der Gewerbeschule, bedauert meinen Rücktritt: »Wir werden Sie im Schuldienst vermissen!«

Als ich ihm die Gründe für meine Entscheidung mitteile, wird er blass und meint: »Wenn Sie eine eigene Kochschule gründen und meine Lehrer abwerben, haben Sie ab sofort Schulverbot.«

In gewisser Hinsicht verstehe ich seine Befürchtung, da ich im Schuldienst bei den Lehrern beliebt bin. Jedoch bin ich über seine Engstirnigkeit etwas befremdet. »Sie müssen sich keine Sorgen machen. Es ist nicht mein Ziel, Ihre Lehrer abzuwerben«, versichere ich ihm.

Die Stelle als Dozent für die Küchenmeister sowie mein langjähriges Engagement in Innsbruck nehme ich weiterhin wahr. Seit bereits 14 Jahren bin ich einmal jährlich als Dozent im Wirtschaftsförderungsinstitut (WIFI) Innsbruck tätig, wo ich zwei Wochen angehende Küchenmeister ausbilde. Die künftigen Meister besuchen jeweils vormittags den theoretischen Unterricht. Der Praxisunterricht, inklusive der Besprechung der Exponate, geht bis 20 Uhr. Für die Intensivseminare sind die Teilnehmenden bei mir freigestellt und dürfen die Prüfung neben ihrer regulären Arbeit im Hotel oder Restaurant absolvieren.

Für die österreichische Meisterprüfung wird eine Prüfungsmappe verlangt, deren Bestandteil die Erstellung einer kalten Meisterschauplatte sowie acht Vorspeisen beinhaltet. Ein mehrsprachiges Meistermenü in Englisch und Französisch ist ebenfalls Teil der Prüfungsmappe, welches auf einer Speisekarte präsentiert wird.

Ich genieße die jährlichen Aufenthalte in Österreich und es macht mir große Freude, mein Wissen sowie meine Erfahrungen an die angehenden Küchenmeister weiterzugeben. Doch nicht nur die Arbeit mit den Kollegen beflügelt mich. Auch der Kontakt zu Jung und Alt, die Interesse am Kochen haben. Deshalb gebe ich während meines Aufenthaltes Abendkurse für Amateure in der Volkshochschule Innsbruck. Die Seminare sind jedes Mal sofort ausverkauft, und es bildet sich eine regelrechte Fan-Gemeinde, die mich noch später jahrelang begleitet.

Träume nicht dein Leben, lebe deinen Traum
Es gibt für mich kein Zurück!

An dem Punkt, an dem ich heute stehe, setze ich alles auf eine Karte. Mein Traum von der Kreativ-Küche Hamburg soll Wirklichkeit werden. Ich habe genug, nur davon zu träumen. Mein Gesundheitszustand ist stabil und erlaubt es mir, die nötigen Schritte einzuleiten.

Ich entwickle die Akquise, das Angebot und das Seminarprogramm von Grund auf neu. Der Entwurf, den ich in der Reha bereits erstellt habe, dient mir als Vorlage, um die Ziele des Unternehmens klar zu formulieren.

»Ich finde es großartig, dass du deine Idee umsetzt. Wenn du Unterstützung für die Anmeldung beim Gewerbeamt brauchst, lass es mich wissen«, bestärkt mich ein Freund aus der Branche. Ich verliere keine Zeit, eine Präsentation mit Rezepten und Kalkulationen zu erstellen und arbeite Tag und Nacht an der Umsetzung des Projekts. Und dann passiert es!

Als ich wieder einmal vertieft an meinem Computer arbeite, ruft Elfriede aus der Küche: »Wenn du dich selbstständig machst, dann lasse ich mich scheiden!«

Ich höre zwar ihre Stimme, aber ihre Worte dringen nicht in mein Bewusstsein. Ich schreibe weiter, ohne zu antworten. Zu diesem Zeitpunkt befinde ich mich in einer Parallelwelt. Zwischen meinem Traum und mir gibt es keinen Zwischenraum. Wer versucht, in diesen Raum einzutreten, versagt bitterlich. Hinzu kommt, dass ich mittlerweile in ganz Deutschland als Seminarleiter unterwegs bin und vom Ehrgeiz getrieben nur das Beste geben will. Die frühkindliche Prämisse *Erst musst du leisten, dann kannst du fordern* leitet mich. Ich erkenne nicht, dass ich erneut Opfer meiner eigenen Erziehung werde und bin fest davon überzeugt, dass ich alles richtig mache. Schließlich will ich nur das Beste! Ich habe gelernt, mich nicht unterkriegen zu lassen und zu kämpfen!

Der Erfolg gibt mir recht. Es interessieren sich immer mehr Menschen für das neue Konzept. Die Hauptaktionäre Maas und Borck empfangen Besuche von unzähligen Gästen, für die ich neue Rezepte kreiere. Täglich improvisiere ich auf dem Campingkocher der kleinen Büroküche und scheine der Einzige zu sein, der erkennt, unter welch schweren Bedingungen ich arbeite.

Geduld macht sich bezahlt – oder auch nicht?

Geduld macht sich bezahlt! Das habe ich spätestens in der Reha gelernt. Nach drei Jahren Ausdauer und Warten ist es endlich so weit. Die Kreativ-Küche wird Wirklichkeit. Die Umbauarbeiten starten im Frühjahr 1995. Im 90 Quadratmeter freien Raum der Agentur wird eine Küche gebaut. Die Installation des Elektroanschlusses von der Hauptstraße in die 4. Etage ist aufwendig und kostet 45.000 DM. Hinzu kommen rund 30.000 DM für die Abwasseranlage sowie 35.000 DM für das Mobiliar – ohne Ceranfelder und Backöfen. Das Budget ist überzogen, doch ich lasse mich nicht entmutigen. Aller Anfang ist schwer, sage ich mir und gebe die Hoffnung nicht auf.

Innert kürzester Zeit gewinnt die Agentur namhafte Firmen, die uns modernste neue Geräte kostenlos zur Verfügung stellen und einbauen. Wenn die Geräte abgeschrieben sind, kann die Kreativküche sie veräußern und wir bekommen neue. Ein guter Deal! Als Gegenleistung schule ich die Firmenmitarbeitenden der jeweiligen Sponsoren und veranstalte Kochkurse für Profis und Amateure. So manche Nacht verbringe ich damit, Faltprospekte mit Seminarplänen zu verschieden Themen zu erarbeiten und zu drucken.

Das Resultat lässt sich sehen. Zufrieden stoße ich mit den Hauptaktionären an. »Die Kreativ-Küche kann sich sehen lassen!«, prosten sie mir zu.

Innert kurzer Zeit werben wir stille Teilhaber an, sodass die Agentur über ein zusätzliches Unternehmenskapital von 100.000 DM verfügt. Es läuft so weit alles zu meiner Zufriedenheit. Die Arbeit in der Kreativ-Küche nimmt Fahrt auf und wir akquirieren neue Aufträge. Einmal monatlich fahre ich nach Kulmbach in die Gewürzfirma Raps, um für die Großküchenleiter der Firma Pedus Seminare zu geben. Die Seminare zum Thema Neuseeland-Lamm und Gewürze sind über Monate ausgebucht und boomen zur Zufriedenheit aller.

Als ich wieder einmal zu einem Firmenseminar in Kulmbach unterwegs bin, fällt mir eine Person besonders ins Auge. Sie ist mit ihren Mitarbeitenden aus Leipzig angereist, und innert kurzer Zeit erkenne ich, wie gut sie ihre Truppe im Griff hat. Ihre Beiträge beleben die Diskussion des Seminars und sind ein echter Mehrwert. Der Zufall will es, dass ich bei der Bierprobe im Kulmbacher Hof neben ihr sitze. Alle sind nach dem Seminar dazu eingeladen. Angeregt komme ich mit der Chefin der Gruppe, Gisela Grzeschik, ins Gespräch. In den höchsten Tönen schwärmt sie mir von der Messestadt Leipzig vor.

Da ich bisher keine Kontakte zum Osten habe, lädt sie mich spontan ein: »Sie können mich gerne in Leipzig besuchen kommen. Es ist eine sehenswerte Stadt, vielleicht haben Sie bereits vom Völkerschlachtdenkmal gehört.«

Die Stimmung ist entspannt und alle freuen sich auf den kommenden Seminartag. »Wir hoffen, morgen können wir mit Neuseeland-Lamm experimentieren«, meint ein junger Teilnehmer.

Am nächsten Morgen ist es sonnig und lautes Vogelgezwitscher dringt durch das offene Fenster der Seminarküche. Ich begrüße die Schar und erkläre ihnen die bevorstehende Gruppenarbeit: »Ihre Aufgabe ist es, zum Mittagessen Neuseeland-Lamm vorzubereiten. Beachten Sie die Gewürzzusammenstellung und vergessen Sie nicht, dass dies eine Gruppenarbeit ist. Zum Abschluss des Seminars bekommen Sie Ihre persönliche Urkunde.«

Die Teilnehmenden sammeln sich und teilen die Aufgaben auf. Kräuter wie Rosmarin, Thymian, Knoblauch, Zitrone und bunte Gewürze aus dem Raps-Sortiment erfüllen den Raum mit ihrem Duft und müssen zu einer guten Mischung vorbereitet werden.

»Erst das Fleisch abtupfen, dann einölen und mit den feinen Gewürzen einreiben«, meint ein motivierter Seminarteilnehmer, während die anderen das aufgetaute Neuseeland-Lamm begutachten.

Nachdem das Fleisch präpariert und in die passende Form gelegt ist, wird es in den Ofen geschoben, um langsam zu schmoren. In der Zwischenzeit bereitet eine Gruppe die Beilagen vor. Alle warten gespannt auf das Ergebnis.

Endlich ist das Essen fertig. Das knusprige Lamm verbreitet einen köstlichen Duft in der Küche, und den Teilnehmenden läuft das Wasser im Mund zusammen.

Nach dem Essen und der Vergabe der Urkunden bedanken sich alle überschwänglich: »Das war eines der besten Seminare, die wir bisher hatten. Wir freuen uns schon auf das nächste Mal!«

Ich bin glücklich. Die Arbeit als Seminarleiter macht mir Freude und ich bin dankbar, mein Wissen weitergeben zu können. Als ich mich von der Chefin der Gruppe, Frau Grzeschik, verabschiede, beschließen wir, dass ich sie in Leipzig besuchen komme. Aus dieser zufälligen Begegnung in Kulmbach entwickelt sich eine langjährige Freundschaft auf Augenhöhe und in gegenseitigem Respekt.

Der Schein trügt

Die Kreativ-Küche jagt ein Erfolg nach dem anderen. Doch in der Zusammenarbeit zwischen Maas und Borck gibt es immer wieder Unstimmigkeiten. Herr Borck macht die Buchhaltung für die Agentur und die Kreativ-Küche. Alles läuft so weit gut, bis zu dem Tag, an dem ich eine laute Auseinandersetzung zwischen den beiden Hauptaktionären vernehme. Sie haben kräftige Differenzen und reden durcheinander. Ich bekomme nur Wortfetzen mit: »So gehts nicht weiter. Schau dir das Budget an … was glaubst du eigentlich … damit ist jetzt Schluss!« Nach dem Disput breitet sich in den Büroräumen eine Wolke undurchdringlichen Schweigens aus.

Ich beschließe, mich nicht einzumischen. Mit dem Tagesgeschäft habe ich genug zu tun.

Es vergehen rund zwei Wochen, als Herr Maas plötzlich bedrückt in mein Büro kommt. »Herr Borck hat die Firma ab sofort verlassen. Seine Unternehmensanteile hat er ohne mein Wissen von der Bank abgebucht und aus der Firma gezogen.«

»Was?«, frage ich ungläubig, ohne mir der Konsequenzen bewusst zu sein.

»Ja, sein Büro ist leer. Seine Anteile sind weg. Es ist ein massiver Vertrauensbruch! Und die Liquidität unseres Unternehmens ist dramatisch geschmälert«, hüstelt er gereizt.

Obwohl mich die Nachricht schockiert, bewahre ich Ruhe. Heldenhaft sage ich: »Wir lassen uns nicht unterkriegen. Ich halte zu dir! Wir werden das Geschäft auch ohne ihn meistern.«

Überrascht über meine Zuversicht stimmt er mir zu. Doch der Schein trügt! Schnell erkenne ich, dass Maas nicht mit Geld umgehen kann. Er verschönert die Buchhaltung und schöpft aus dem Vollen. Mit seinem Firmenwagen, einem protzigen Range Rover, fährt er private Rallyes und bucht die Leasinggebühr vom Firmenkonto ab. Es dauert nicht lange und die Bombe platzt. Die

Neuseeland Competition beschließt, das Budget für die Agentur auf 200.000 DM zu kürzen. »Es bleibt offen, ob im Folgejahr die Zusammenarbeit mit Maas verlängert wird«, so ihre Mitteilung. Dann, Anfang März, 1995 kündigt der Auftraggeber die Zusammenarbeit mit der Agentur Maas. Ab sofort ist kein Geld mehr in der Kasse. Eine Woche später sitze ich allein in den Büroräumen der Agentur. Maas ist verschwunden, abgetaucht. Ich weiß nicht, wo er ist. An seiner Privatadresse ist er unauffindbar.

Da sitze ich nun, mitten im Desaster, mitten im zurückgelassenen Chaos. Täglich türmen sich neue Zahlungsaufforderungen auf dem Schreibtisch der ehemaligen Hauptaktionäre. Das Telefon klingelt unaufhörlich, und widerwillig beschließe ich, den Hörer abzunehmen. Eine unbekannte Stimme dringt in mein Ohr.

»Wir benötigen den zweiten Autoschlüssel vom Range Rover. Herr Maas bezahlt schon länger keine Leasingraten mehr. Wir müssen das Fahrzeug einziehen. Bitte suchen Sie den Schlüssel vom Firmenwagen und händigen Sie ihn uns aus. Herr Maas ist unauffindbar.«

Aufgewühlt suche ich nach dem Schlüssel. Ich bin wütend. »Das kann doch wohl nicht wahr sein! Jetzt bin ich noch in diese kriminellen Energien verwickelt.« Endlich finde ich den Schlüssel unter einem Stapel von Papieren in seinem Schreibtisch und händige ihn der Leasingagentur aus. Kurze Zeit später wird das Fahrzeug auf dem Parkplatz eines Einkaufszentrums sichergestellt und abgeschleppt.

Es folgen Tage und Wochen erneuter Unsicherheit und Sorgen. Als Minderheitsgesellschafter bin ich nun für alles verantwortlich und werde unbarmherzig zur Kasse gebeten. Doch ohne Zugriff auf die Bankkonten bin ich zahlungsunfähig.

Die stillen Gesellschafter rücken mir auf die Pelle. Sie wollen Erfolge sehen. Ich versuche, ihnen die Situation zu erklären, wehre mich, soweit ich kann, und bemühe mich um eine Kostenoptimierung. Mit dem Vermieter verhandle ich einen neuen passablen Mietvertrag aus. Die aktuelle Monatsmiete von 3.200 DM für 200 Quadratmeter kann ich nicht aus dem Boden stemmen.

»Angesichts Ihrer misslichen Lage biete ich Ihnen für 1500 DM pro Monat 100 Quadratmeter an«, kommt er mir entgegen. Um den Schaden zu mindern, bewerbe ich Kochseminare, doch von Umsatz ist nicht zu reden. Inzwischen steht mir das Wasser zum Hals. Diverse Anwälte machen mir mit Mahnschreiben und Geldforderungen die Hölle heiß. Maas bleibt verschwunden. Er hat sich von seiner Familie getrennt und ist untergetaucht. Ich bin nicht untergetaucht – aber zwischen Elfriede und mir kriselt es gewaltig.

Aufgeben oder Weitermachen

»Ohne mich! Dann lasse ich mich scheiden«, signalisiert Elfriede im April 1995, als ich ihr unterbreite, dass ich von nun an, als alleiniger Geschäftsführer und selbstständig Erwerbender weiterarbeite. Ich nehme ihre Worte erneut nicht ernst. *Das hat sie im Affekt schon öfter gesagt*, denke ich. Doch einige Wochen später erkenne ich, dass ich mit Zitronen gehandelt habe, wie es sprichwörtlich heißt. Mein riskantes Vorhaben geht nach hinten los.

Es ist ein warmer Frühlingstag, als ich einen Brief von einer Anwaltskanzlei aus dem Briefkasten nehme. Er enthält den Antrag auf Ehescheidung. Ich spüre, wie meine Knie nachgeben und ich mich setzen muss. Natürlich weiß ich, dass unsere Ehe schweren Prüfungen ausgesetzt ist. *Doch bisher haben wir immer zusammengehalten und es irgendwie geschafft!*, denke ich in kindlicher Naivität und in der Hoffnung, dass es diesmal ebenso ist. Doch schnell realisiere ich, dass Elfriede nicht mit sich reden lässt. Sie will die Scheidung!

»Die Gesundheit angeschlagen, der Betrieb pleite, die Ehe kaputt«, rekapituliere ich in dieser ausweglosen Situation. Erneut stehe ich vor der Entscheidung: Entweder gebe ich auf und blase Trübsal oder ich stehe auf und mache weiter. Aufgeben ist für mich keine Option! Dann könnte ich mir gleich eine Kugel in den Kopf schießen. Doch das liegt mir fern und kommt für mich nicht infrage.

Ich entscheide mich, trotz der Niederlagen weiterzumachen. Kaum fasse ich den Entschluss, erwachen neue Kräfte in mir. Ich fühle mich in den kommenden Tagen, Wochen und Monaten in einem regelrechten Adrenalinrausch. Nie hätte ich gedacht, dass ich die Alleinherrschaft und Freiheit in der ehemaligen Agentur Maas und Borck so genieße. Ich nutze sämtliche Räume der Geschäftsfläche, denn es gibt niemanden, den ich fragen muss. Die Seminare florieren und ich bin froh, Platz für die Bewirtung der Gäste zu haben. Dank der Mundpropaganda füllen sich die Seminare kontinuierlich. Es entsteht eine regelrechte Fan-Gruppe. Einerseits ist das gut für den Umsatz, andrerseits bin ich gezwungen, jedes Seminar neu zu planen, damit sich das Thema nicht wiederholt.

Bereits nach drei Monaten bin ich finanziell im Plus. Im Mittelpunkt der Seminare steht jeweils ein 4-Gang-Menü: Mit Fisch oder Fleisch im Hauptgang, Vorspeise, Suppe oder Salat sowie einem Dessert. Ein gefüllter Warenkorb steht für die Teilnehmenden zur Verfügung, aus dem sie sich eigenständig bedienen können, um gemeinsam das Menü vorzubereiten. Anschließend genießen wir das köstliche Mahl in gemütlicher Runde mit Getränken nach Wahl. Zum Abschluss gibt es eine gemeinsame Auswertung, und alle Teilnehmenden erhalten ein Rezeptheft zum Mitnehmen. Das Konzept findet großen Anklang und entwickelt sich konstant weiter.

Der langwierige, schmutzige Scheidungsprozess zieht sich über drei Jahre hin. Im September 1998 sind wir rechtlich geschieden. Ich verliere die Hälfte meiner dürftigen Rentenansprüche. Zusätzlich muss ich 20.000 DM als Bonus zahlen für die dreizehn Jahre, in denen Elfriede aufgrund der Kinder nicht arbeiten konnte. Dies ist das traurige Ende unserer 30-jährigen Ehe, in der wir viele schöne, aber auch schwere Momente zusammen gemeistert haben.

Erfolg hat seinen Preis

Glücklicherweise war ich in meinem Leben nie von Geld getrieben. Bisher lautete meine Priorität: Mir selbst treu zu bleiben, meine Ideen umsetzen und, egal was ich mache, einen Standard von Qualität und Excellence einhalten. Auch auf mich allein gestellt gebe ich alles, um diesen Werten treu zu bleiben. Doch dazu braucht es die nötigen Finanzen und eine stabile Grundlage.

Ich entscheide, den Traditionsunternehmen Eloma und Küppersbusch meine Schulungsräume für ihre Personalschulung zur Verfügung zu stellen. Diese sichere und regelmäßige Einnahmequelle entlastet mich und gibt mir neuen Freiraum. Für die Nutzung der Räumlichkeiten sowie meiner Seminartätigkeit schreibe ich ab sofort Rechnungen und erwirtschafte rund

60.000 DM Umsatz. Mein erster Erfolg als selbstständiger Unternehmer. Dies gibt mir Auftrieb. Bereits im zweiten Jahr erwirtschafte ich 95.000 DM Umsatz. Die stillen Gesellschafter klopfen mit der Forderung an die Tür, ausbezahlt zu werden. Ich nehme mir einen Anwalt, um eine passable Rückzahlung über mehrere Jahre zu vereinbaren.

Das Geschäft nimmt seinen Lauf und der Umsatz steigt kontinuierlich. Ich stehe vor neuen Herausforderungen: Mehr Umsatz bedeutet größere Dienstleistung und bessere Qualität. Um den Standard wahren zu können, stelle ich zusätzlich einen Koch und einen Buchhalter ein. Im dritten Jahr meiner Selbstständigkeit öffnen sich neue Möglichkeiten: Das Bildungszentrum Grone möchte meine Räume mieten und mich als Dozent für die Erwachsenenbildung übernehmen. Dies ist die eigentliche Geburtsstunde meiner Kreativ-Küche Hamburg. Ich bin überglücklich!

Die volle Miete und ein regelmäßiges Einkommen in meinem eigenen Unternehmen sind sicher. Der Vermieter ist froh, dass ich so fleißig und erfolgreich bin. Doch jeder Erfolg hat seinen Preis. Mein Tagesablauf beginnt morgens um 6 Uhr mit dem Einkauf im Großhandel. Anschließend baue ich neun Kochplätze mit Materialien für die Schüler auf. Von 8 Uhr morgens bis 15 Uhr absolviere ich den Unterricht. Danach bereiten wir alles für das Abendseminar vor, welches gegen 23 Uhr endet, und säubern die Küche für den nächsten Tag. Gegen 2 Uhr morgens falle ich ins Bett.

»Erneut bin ich im Hamsterrad der Routinearbeit gefangen. Was kann ich ändern, ohne den Erfolg zu gefährden?«, frage ich mich, als ich eines Nachts erste Schlafstörungen wahrnehme. Gleich am nächsten Tag handle ich. Ich stelle eine Aushilfe zum Abwaschen für die Abendveranstaltungen ein und halte Ausschau nach einem größeren Auto für den Transport der Lebensmittel. Das beste Angebot zum Leasen kommt aus Leipzig.

»Wir bieten Ihnen für Ihren Mercedes 190 E 10.000 DM und Sie erhalten einen neuen VW Sharan. Ein perfektes Auto zum Transport Ihrer Ware.«

Den Mercedes, mein geliebtes erstes Auto, gebe ich ab und erhalte einen nigelnagelneuen VW Sharan.

Das Firmenauto eröffnet neue Möglichkeiten. Von nun an bin ich flexibel und kann Speisen für ein Catering ausliefern. Eine lukrative Einnahmequelle.

Je mehr das Unternehmen wächst, desto mehr Investitionen sind zu tätigen. Als Nächstes investiere ich in ein gebrauchtes, begehbares Kühlhaus 7.500 DM. Ein wahrer Glückskauf, denn alle Teile sind wie neu und ohne Gebrauchsspuren.

Nun steht meiner Idee, größere Events zu planen, nichts mehr im Wege. Die Kochkurse für Amateure florieren und die Nachfrage steigt stetig. Der Dezember ist der umsatzstärkste Monat. Ich entwickle ein Konzept für Firmenevents, die großes Interesse wecken. Teams unterschiedlicher Firmen nutzen die Kreativ-Küche, um gemeinsam Plätzchen zu backen oder ein Festmenü zu kochen. Diese interaktive Zusammenarbeit fördert den Teamgeist in den Unternehmen und macht Spaß. Jeder Teilnehmende bekommt eine ausführliche Rezeptmappe und eine Tüte mit den gebackenen Keksen zum Mitnehmen nach Hause. Die Nachfrage ist groß, sodass ich das Seminar vormittags durchführe und abends wiederhole.

In diesem Monat verbuche ich 23 Seminare dieser Art. Für mich ein enormer Erfolg, auch wenn er seinen Preis hat. Dafür belohne ich mich und schließe die Kreativ-Küche zwischen Weihnachten und Neujahr. Das erste Mal seit langer Zeit.

Ins kalte Wasser springen

Heute ist ein Tag, an dem ich ins kalte Wasser springe. Ich wurde angefragt, beim Frühstücksfernsehen des Norddeutschen Rundfunks (NDR) aufzutreten. Als ich am frühen Morgen zum Studio losfahre, ist es noch dunkel. Ich bin aufgeregt, und je näher ich komme, desto nervöser werde ich. Ich stand noch nie vor der Kamera und habe null Ahnung, worauf ich achten muss.

Als ich das Büro des NDR betrete, kommt das Aufnahmeteam auf mich zu und begrüßt mich herzlich. Sie sind sehr hilfsbereit und begleiten mich zum Set des Studios. Die Vorbereitungen laufen auf Hochtouren, und bald schon ist mein Kochstudio perfekt vorbereitet. Alle Zutaten und Kochutensilien sind in Reichweite. Ich koche gebratenes Lammrückenfilet mit Rotweinschalotten auf Apfelwirsing mit Kartoffelplätzchen.

Insgesamt habe ich acht Minuten Sendezeit, in der ich vorführen, kochen und beraten kann. Meine Nervosität steigt: Drei, zwei, eins, null … Der Kameramann gibt mir zu verstehen, dass ich starten kann. Adrenalin schießt durch meinen Körper. Die Aufzeichnung beginnt. Die Kamera ist auf mich gerichtet. Meine ganze Konzentration fokussiert sich nun auf das Kochen. Während ich die einzelnen Schritte vorführe, informiere ich den Moderator über das, was ich tue. Es ist schwer, gleichzeitig zu kochen und den Blick auf die Kamera zu richten. Ich gebe mein Bestes!

Duft breitet sich im Studio aus, und ich bin erleichtert, dass alles rund läuft. Die Crew ermutigt mich, weiterzumachen, und zeigt mir einen erhobenen Daumen, während ich das Resultat präsentiere und letzte Tipps gebe. Dann endlich kommt das Zeichen, mich von den Zuschauern und Zuschauerinnen zu verabschieden. Ich sehe das rote Licht und weiß, dass die Sendezeit vorbei ist. »Puh, es ist geschafft!«, stöhne ich erleichtert. Die Crew klatscht Beifall und der Kameramann ruft mir zu: »Dafür, dass Sie ein blutiger Anfänger sind, haben Sie es großartig gemacht. Sie waren perfekt in der Zeit. Alles lief wie am Schnürchen.«

Nach dieser Feuertaufe folgen unzählige Fernsehauftritte beim NDR, Hamburg 1, TV Berlin. Die Sendungen sind ein echter Erfolg und das Publikum ist begeistert.

Mit der Zeit gewöhne ich mich daran, morgens um 5.30 Uhr im Studio anzutreten, mich vorzubereiten, in die Maske zu gehen und dann um Punkt 8.00 Uhr morgens live auf Sendung zu kochen. Insgesamt mache ich rund 200 Sendungen live vor der Kamera. Das ist die beste Werbung für die Kreativ-Küche und unbezahlbar! Ich bekomme zwar keine Gage und stelle zudem kostenlos das Material zur Verfügung. Aber unbezahlte Werbung im Fernsehen ist Gold wert. Dank der Auftritte bin ich als Koch populär geworden.
»Kenne ich Sie nicht vom Fernsehen?«, fragen mich immer wieder wildfremde Menschen auf der Straße.

Blütezeit

Die Kreativ-Küche Hamburg ist inzwischen zu einer Marke geworden. Wir können uns vor Aufträgen nicht retten und der Jahresumsatz steigt ständig. Die

Eurest Akademie Frankfurt ermöglicht mir, ein Trainerzertifikat in der CMA (Central Marketing Agentur) zu absolvieren. Während dieser Zeit unterrichte und trainiere ich in den Schulungsräumen der Akademie. Die Seminare sind vom Unternehmen gefördert und finanziert.

Der sympathische und kompetente Küchenleiter Torsten Haas unterstützt mich, wo er kann. Er kümmert sich darum, dass die Ware pünktlich vor Ort ist, wenn die Teilnehmenden aus den verschiedenen Betrieben der Eurest- oder Aramark-Gruppen erscheinen. Innerhalb der vier Jahre entwickeln wir Rezepturen für Großküchen und Aktionen, die bundesweit als Paket von einer zentralen Marketing-Agentur angeboten werden.

Für die Kreativ-Küche stelle ich zusätzlich einen Koch ein, denn ich brauche dringend Unterstützung. Sebastian Friedrich ist talentiert, fleißig und lernt schnell. Nach kurzer Zeit ist mir klar: Sebastian kann ich unbekümmert als Seminarleiter und in Kochkursen einsetzen. Er ist kompetent, zuverlässig und versteht sein Fach. Dankend nimmt er die Herausforderung an und schnell entwickeln wir uns zu einem Dream-Team. In gesamt Deutschland bedienen wir zwölf Messen im Jahr und präsentieren Kochshows. Wir entwickeln neue Produkte für die Firmen Mecklenburger Backstuben, Kühne, Packfisch, Daloon, Bonduelle, Peka sowie Feinfrost und führen Weiterbildungen für Erwachsene in der Schule Grone durch.

Es ist die Blütezeit der Kreativ-Küche Hamburg und das 10. Jahr meiner Selbstständigkeit. Alle Investoren haben ihr Geld bekommen und ich bin frei von jeglichen Schulden. Dies entlastet mich enorm und ermöglicht mir, eine ausführliche Bestandsaufnahme der Firma zu machen. Nach reiflicher Überlegung beschließe ich, den Vertrag mit meinem Geschäftsführer Baldamus aufzulösen. Ich kündige ihm fristgerecht. Es folgt ein zäher Nervenkrieg, den ich dank juristischem Beistand bewältige. Sein Anwalt behauptet, dass die Kreativ-Küche Hamburg ohne ihn insolvent ist. Ich komme aus dem Prozess unbeschadet heraus und das Geschäft boomt weiterhin.

Als ich 1995 meinen Traum von der Kreativ-Küche Hamburg in die Welt setzte, war er noch eine zarte Knospe. Inzwischen ist die Knospe zu einer Blüte herangewachsen. Eine florierende Kreativ-Küche hat sich entwickelt. Termine, Reisen, Seminare und Medienverpflichtungen füllen die Tage aus. Manchmal sehne ich mich nach den ruhigen Tagen in der Küche eines Restaurants. Doch ein Traum will gelebt sein – mit all seinen Konsequenzen. In den Jahren meiner Selbstständigkeit habe ich gelernt, mich anzupassen und ständig weiterzuentwickeln. Täglich erweitere ich das Repertoire, um neue Gerichte und kulinarische Einflüsse zu kreieren.

Verheerende Wendung

Inzwischen bin ich im dreizehnten Geschäftsjahr. Die Leidenschaft, Menschen für das Kochen zu begeistern, ist ungetrübt. Doch die wirtschaftliche Lage vieler Firmen hat sich verändert. Die Phase des Aufschwungs nach der Jahrhundertwende ist vorbei. Die globale Finanzkrise von 2008 hat erhebliche Auswirkungen auf die Zahlungsmoral der Unternehmen, mit denen wir zusammenarbeiten. Viele Unternehmen sehen sich plötzlich mit finanziellen Schwierigkeiten konfrontiert. Oftmals warte ich bis zu drei Monaten auf das Geld. Es wird Mode, dass sich Firmen eigenmächtig Zahlungsziele bis zu 70 Tagen einräumen. Ob ich es will oder nicht, ich muss mich beugen. Für die Materialkosten der Veranstaltungen trete ich in Vorkasse. Dieser schleichende Prozess verändert maßgeblich die Geschäftswelt. Vor allem kleine Firmen wie die Kreativ-Küche können sich Außenstände von 40.000 Euro im Monat nicht dauerhaft leisten.

In einem Gespräch mit meinem Bankberater rät dieser mir: »Fordern Sie die ausstehenden Zahlungen vierzehntägig per Mahnung ein oder gehen Sie gegebenenfalls gerichtlich vor.«

Ab sofort leisten wir nur gegen Vorkasse. Glücklicherweise bin ich als zertifizierter CMA-Trainer bei Großunternehmen gefragt. Von der EDEKA-Kette werde ich angefragt, den norddeutschen Kunden im Supermarkt Bio-Gutfleisch anzubieten und sie über die tiergerechte Haltung aufzuklären. Ich bin fast täglich in verschiedenen Märkten unterwegs. Drei bis vier in der Woche; der jeweilige Auf- und Abbau von Stand mit Grill zehrt an den Kräften. Eine strenge Zeit! Glücklicherweise hält Sebastian in der Kreativ-Küche die Stellung und führt die Seminare der Grone Schule durch. Trotz schwieriger Wirtschaftslage ist die Nachfrage nach Weiterbildungen groß. Und dank der zusätzlichen Einnahmen als CMA-Trainer halten wir uns gut über Wasser. Doch dann kommt eine verheerende Wendung. Die CMA (Centrale Marketing-Gesellschaft der deutschen Agrarwirtschaft) wird vom Bundeskartellamt verklagt. Die Strafen betreffen verbotene Absprachen bei Produkten. Die Machtverhältnisse zwischen Händlern und Herstellern bei der Beschaffung von Nahrungs- und Genussmitteln stehen im Fokus, und die Geldstrafe des Kartellamtes im Lebensmitteleinzelhandel geht ins Unermessliche. Die CMA verliert den Prozess. Sie muss immense Gelder an die Produzenten zurückzahlen. Kurze Zeit später melden sie Insolvenz und ich bin kein CMA-Trainer mehr. Die Umsatzgaranten von der Eurest-Akademie und EDEKA mit einer Einnahme von 80.000 Euro fallen als regelmäßiger Jahresumsatz weg.

Ich verfalle in Schockstarre und begreife erst nach und nach den Ernst der Lage. Meine Bemühungen, andere Kunden zu akquirieren, scheitern. Die EDEKA-Märkte versichern mir, weitere Veranstaltungen bei mir zu buchen, doch ich warte vergeblich. Es geschieht nichts. Auch die Erwachsenenbildung Grone verspricht, mit der Kreativ-Küche zusammenzuarbeiten. Die Tage vergehen. Alle Nachfragen bleiben unbeantwortet. Nur leere Worte! Schlagartig wird mir klar: Für die Weiterbildungen werden keine Gelder mehr generiert.

So geht es nicht weiter

In dieser aussichtslosen Lage sehe ich mich gezwungen, eine Lösung zu finden. Ich vermiete meinen Mitarbeiter Sebastian Friedrich an Rainer Bothe im Ballett-Zentrum von Jon Neumaier. So kann ich ihm wenigsten seinen Monatslohn garantieren. Rainer Bothe ist einer meiner Meisterschüler. Er unterstützt die Kreativ-Küche und meinen Engpass, wo er kann. Seine Auszubildenden werden in regelmäßigen Abständen von mir mit Praxisseminaren auf die Abschlussprüfung vorbereitet. Außerdem kauft er der Kreativ-Küche einige Gerätschaften ab, die noch neuwertig und abbezahlt sind. Das hilft, einige Monate zu überbrücken.

Dann kommt die Grone-Schule erneut auf mich zu. Es zeichnet sich eine Zusammenarbeit ab, und wir vereinbaren einen Termin für die Durchführung einer neuen Seminarreihe. Das Projekt muss von der EU noch abgesegnet werden, und ich bin sicher, dass es zum Abschluss kommt. Ein Lichtblick am Horizont. Monate vergehen und ich warte. Den Termin der Buchung halte ich frei. Eine Woche vor dem vereinbarten Termin bekomme ich eine Absage, weil alle EU-Gelder kurzfristig gestrichen wurden. Das war es! Ich weiß nicht mehr ein noch aus, bin mit meinem Latein am Ende und fertig mit der Welt!

Nahestehende Freunde stellen mir 20.000 Euro Soforthilfe zur Verfügung. Um die Seminarräume attraktiver zu machen, lasse ich alle Teppichböden entfernen und lege neues Laminat. Nach der altbewährten Hoffnung, dass sich jede Investition bezahlt macht, hoffe ich, neuen Wind in die Segel zu bekommen. Die verbleibenden Kunden sind begeistert.

punkt.genau

Die Lage ist hoffnungslos. Das Konstrukt der Kreativ-Küche bricht auseinander und ich bin verzweifelt.

»Erich, konsultiere doch eine Beraterfirma. Vielleicht kann sie dir helfen. Gib jetzt nicht auf!«, meint ein guter Freund zu mir, dessen Worte ich mir zu Herzen nehme.

Am Donnerstag vereinbare ich ein unverbindliches Gespräch mit der Beratungsfirma *punkt.genau*.

»Da lässt sich eine Lösung finden!«, versichert mir der Berater zuversichtlich, nachdem ich ihm die Lage geschildert habe. Er erscheint mir sympathisch und zeigt mir Wege mit Zukunftsaussichten auf. Ich fühle mich ernst genommen und verstanden und hege die Hoffnung, den Weg aus der Krise zu schaffen.

»Fokussieren Sie sich auf ihr Kerngeschäft. Wir übernehmen die Buchhaltung und regulieren die Forderungen vom Finanzamt. Dann sind Sie vom finanziellen Alltagsdruck entbunden«, erklärt er. Die Ausführungen sind schlüssig, und ich unterschreibe einen Jahresvertrag mit der Firma. Mein gesamtes Sparguthaben von 80.000 Euro wird als Rücklage eingefroren.

Der Berater verhandelt eine neue Zahlungsregelung mit den bestehenden Firmen der Kreativ-Küche. Das Finanzamt wird ruhiggestellt und alle Verbindlichkeiten werden in Ratenzahlungen umgewandelt. Als vorübergehende Maßnahme erhält das Personal nur den halben Lohn. Um Kosten zu sparen, soll ich alles, was Geld kostet, streichen. Das heißt Autoleasing, Personal, Hilfspersonal.

Das Geschäftsgebaren der Beratungsfirma macht mich stutzig. *Wie soll das funktionieren? Ohne Investition kein Gewinn, das kann nicht gut gehen*, realisiere ich entsetzt, als ich meinem Steuerberater davon erzähle. Die Effizienz der Firma ist gleich null, bestätigt er mir, als es bereits zu spät ist. Nach Ablauf des Jahresvertrages mit der Beratungsfirma punkt.genau sind weder die großartigen Zukunftsvisionen eingetreten noch der erfolgreiche Weiterbestand der Firma garantiert.

Zum Abschluss erhalte ich eine dokumentarische Firmendarstellung und einen diffusen Jahresabschluss. Mein Sparguthaben über 80.000 Euro ist nach einem Jahr aufgebraucht und verloren.

»Um viel Geld leichter und um eine Erfahrung reicher, da lag ich punktgenau daneben«, konstatiere ich, als ich die Abschlussdokumentation in der Hand halte.

Unerwartete Begegnung

Trübsal blasen ist keine Lösung. Meine bisherige Lebenserfahrung hat mich gelehrt, dass es immer weiter geht. Doch wie? Dies ist eine unbekannte Variable.

Heute benötige ich meine gesamte Kraft für das bevorstehende Seminar. Seit vielen Jahren führe ich im Gewürzmuseum Hamburg ein vierteiliges Seminar durch. Es ist eine sehr beliebte Seminarreihe, die immer ausgebucht ist. Die nostalgische Atmosphäre im historischen Viertel der Speicherstadt verleiht mir ein eigenartiges Gefühl von Sicherheit und Vertrautheit.

»Hier scheint die Zeit zu stehen«, sinniere ich vor mich hin, während ich an den roten Backsteingebäuden aus dem 19. Jahrhundert in Richtung Museum laufe. Der alte Charme erinnert an die industrielle Vergangenheit Hamburgs. Damals glaubte man noch an die Kraft des Einzelnen. Heute glaubt man an das Schönreden von Beratern. Ich bin immer noch wütend, der Firma punkt.genau so fahrlässig vertraut zu haben. Doch ich habe keine Zeit, mich über etwas zu ärgern, was ich nicht ändern kann.

Ein vertrauter Duft steigt mir in die Nase, als ich die Tür zum Gewürzmuseum öffne. Die exotischen Aromen ziehen meine Aufmerksamkeit in den Bann. Ich begebe mich direkt zum Seminarraum, durch einen Raum mit dunklen Holzmöbeln, stimmungsvoller Beleuchtung und duftenden Gewürzen. Heute koche ich ein Mehrgang-Menü rund um die Kartoffel. Eine Knolle, die oftmals unterschätzt wird und viel zu bieten hat. Dazu hören die Teilnehmenden eine Lesung vom bekannten deutschen Kabarettisten und Schriftsteller Joachim Ringelnatz.

Langsam trudeln die Seminargäste ein und der Raum füllt sich. Wie vom Blitz getroffen sehe ich ein vertrautes Gesicht vor mir: »Margarete, bist du es?«, frage ich überrascht.

»Wie schön, dich wiederzusehen, Erich. Wie lange ist es her? Sicher mehr als zwanzig Jahre«, erwidert Margarete ebenso erstaunt, und wir begrüßen und umarmen uns wie in alten Zeiten. Seit über zwanzig Jahren haben wir uns weder gesprochen noch gesehen, und nun steht Margarete, unsere langjährige Freundin, inmitten des Gewürzmuseums.

»Lass uns nach dem Seminar zusammen quatschen«, flüstere ich ihr zu, da es Zeit ist, zu beginnen. Die Freude über unser Wiedersehen beflügelt mich, und gut gelaunt koche ich ein köstliches Menü zur Zufriedenheit aller Anwesenden.

Das muss wohl so sein! Das ist Bestimmung, denke ich ganz beseelt, als Margarete auf mich zukommt, nachdem der letzte Teilnehmer den Raum verlässt. Ich kann es kaum erwarten, mich mit ihr auszutauschen. Während ich mit Romina, meiner Auszubildenden, aufräume, erzählt mir Margarete in Kürze, was es Neues gibt.

»Peter ist verstorben. Ich wohne nicht mehr in Bielefeld, sondern in Hamm«, erzählt sie mir in Kurzversion. Ich wusste nicht, dass ihr Ehemann gestorben ist.

»Du kannst mit uns mitfahren, wenn du willst. Es liegt auf dem Weg, und Romina fahre ich ohnehin nach Hause«, biete ich ihr an.

Während der Fahrt erzählt Margarete von ihrem Sohn: »Matthias ist schon lange ausgezogen und glücklich mit Claudia verheiratet. Er ist Architekt und sie wohnen in Friedberg. Beide sind erfolgreich und Claudia erwartet ihr erstes Kind.«

Ich freue mich, dass ihr Sohn bald Vater wird, und erzähle ihr von den vielen

Veränderungen und meiner Selbstständigkeit. Wir könnten stundenlang weiterreden. Doch in Hamm angekommen, verabschieden wir uns.

»Lass uns bald treffen. Ich habe deine Telefonnummer. Ich melde mich bald«, verspreche ich Margarete und fahre weiter, um Romina zu Hause abzusetzen.

Bereits einige Stunden später rufe ich Margarete an. Wir haben uns viel zu erzählen und verstehen uns wie am ersten Tag. Ich erzähle ihr, dass ich am frühen Morgen das Leasing-Auto von meinem ehemaligen Geschäftsführer Baldamus nach Pinneberg zurückbringen muss. Spontan sagt sie: »Soll ich dich von Pinneberg abholen und nach Hause fahren? Du hast ja dann kein Auto mehr.« Freudig nehme ich das Angebot an.

Auf der Rückfahrt nach Hamburg führen wir ein angeregtes Gespräch, und nach bereits dreißig Minuten sind wir in Hamm. »Wollen wir bei mir noch etwas trinken? Dann können wir entspannt weiterreden«, meint Margarete einladend.

Ich bejahe, und wir verbringen wundervolle Stunden voller Harmonie. Als sie in die Küche geht, um etwas zum Trinken zu holen, denke ich verklärt: *Sie ist mir wirklich vom Himmel geschickt worden. Der Austausch heilt meine verwundete Seele, und ich brauche nichts vor ihr zu verstecken.*

Wir unterhalten uns bis in die frühen Morgenstunden. Irgendwann fallen mir die Augen zu und ich schlafe erschöpft auf der Couch ein. Von diesem Tag an sehen wir uns fast täglich und genießen jede freie Minute miteinander.

»Mit dir ist das geteilte Leid halbes Leid und die geteilte Freude doppelte Freude«, bekenne ich, als wir an meinem freien Tag einen Spaziergang machen. Ihr geht es ebenso.

Von Tag zu Tag wächst die Zuneigung zwischen uns, und ungetrübt von den beruflichen Belastungen genießen wir das Zusammensein. Ein Jahr lang leben wir ständig auf Sprung und mit Reisetasche. Entweder bin ich bei Margarete oder sie ist bei mir. Mit der Zeit zehrt es an den Nerven.

»Was hältst du davon, wenn wir zusammenziehen?«, frage ich sie eines schönen Abends. »Kannst du dir vorstellen, zu mir zu ziehen?«

Margarete antwortet: »Ich bin ja sowieso die meiste Zeit bei dir. Und deine Wohnung hat einen schönen Garten mit unverbauter Sicht. Für meine

Wohnung finden wir sicherlich sofort einen Nachmieter.«

Bereits zwei Monate später ziehen wir als Paar zusammen. Ihre Einrichtung im Biedermeierstil nimmt sie größtenteils mit, und wir erschaffen uns ein gemütliches Zuhause. Margarete ist sich für keine Arbeit zu schade. Sie übernimmt Besorgungen, hilft mir unermüdlich in der Kreativ-Küche und beklagt sich nie, wenn wir erst spät in der Nacht von der Arbeit nach Hause fahren.

An einem gemütlichen Abend in der Adventszeit, bei schimmerndem Kerzenlicht und einem Gläschen Rotwein, frage ich sie spontan und ohne lange darüber nachzudenken: »Willst du meine Frau werden?«

Es ist kein Antrag, mehr ein Abtasten. Doch dann bin ich überrascht, als ich ihr Gesicht sehe. Ihr Mund verzieht sich zu einem Lächeln und ihre Augen funkeln mir entgegen, als sie mir antwortet: »Das kann ich mir gut vorstellen.«

Das hatten wir noch nie

Kurz vor Weihnachten 2010 führe ich eines meiner beliebten Vorweihnachtskochseminare durch. Plötzlich in der Pause überfällt mich eine Teilnehmerin mit der Frage: »Könnten Sie sich vorstellen, in einem Theaterstück als Koch mitzuwirken?«

Ich schaue sie verdutzt an. Als sie mich weiterhin fragend anblickt, antworte ich ihr: »Warum nicht?« Es heißt immer, man kann so viel, wie man sich zutraut. »Was haben Sie sich vorgestellt?«, will ich wissen.

»Die Hamburger Kammerspiele führen das Stück *Pasta e Basta* auf. Es handelt sich um einen amüsanten italienischen Liederabend, in der Carolin Fortenbacher die Hauptrolle spielt. Für dieses Stück suchen wir einen Laiendarsteller als Koch. Ihre Aufgabe würde darin bestehen, ihre Lieblingspasta auf der Bühne zu kochen und dem Publikum Probierportionen zu reichen.« Und schmeichelnd fährt sie fort: »Sie wären die geeignete Besetzung: professionell, humorvoll und sympathisch.«

»Das klingt gut! Das mache ich!«

Bereits am kommenden Tag teilt sie mir telefonisch die Termine mit. Die Handlung des Stücks spielt in der Küche eines italienischen Restaurants. Im

1. Akt singt das Personal fröhlich und hantiert in der Küche herum. Plötzlich klingelt das Telefon. Der Küchenchef nimmt ab und ruft verzweifelt: Der Koch ist krank! Wir brauchen sofort eine Vertretung. Dann komme ich auf die Bühne. Zu Songs von Gianna Nannini, Adriano Celentano und weiteren italienischen Ohrwürmern muss das Küchenpersonal plötzlich mit einer unangemeldet hereinspazierenden Amtskontrolleurin fertig werden. Carolin Fortenbacher kontrolliert meine Personalien und begutachtet die Hygiene in der Küche. Die gesamte Küchencrew und ich als Koch betören die Dame vom Amt mit Pasta und Musik. Die Kontrolleurin ist begeistert und verschwindet mit mir von der Bühne. Im 2. Akt verteile ich Kostproben im Publikum und es wird fröhlich gesungen und musiziert. »Das wird eine lustige Abwechslung«, versichere ich Margarete, als ich von meiner Theaterprobe erzähle. »Danach können wir noch zu zweit feiern«, verspreche ich ihr.

Zum Jahreswechsel sind beide Vorstellungen komplett ausverkauft. Als ich am 31. Dezember morgens aufwache, habe ich eine zündende Idee: Ich mache Margarete heute Abend einen Heiratsantrag. Ohne zu wissen, ob dies möglich ist, gehe ich noch am gleichen Vormittag einen Ring kaufen. Margarete ahnt nichts. Als die Vorstellung beginnt, sehe ich Margarete mit einigen unserer Freunde mitten im Publikum. Sie amüsieren sich köstlich. Die erste Vorstellung ist ein Bombenerfolg. Als nach dem 1. Akt Carolin Fortenbacher mit mir von der Bühne verschwindet, ruft sie dem Publikum zu: »Die Nudel schnappe ich mir.« Das Publikum grölt vor Begeisterung.

Ich freue mich auf die Spätvorstellung. Um Punkt 23.45 Uhr gibt es eine halbstündige Pause. Ich nehme Herrn Winkler, den Leiter des Ensembles, zur Seite. »Ich habe eine verrückte Idee! Ich möchte meiner Partnerin einen Heiratsantrag auf der Bühne machen. Ist das möglich?«, frage ich ihn.

Er schaut mich ernst an, verharrt einen Augenblick und verdeutlicht mit einem fragenden Unterton: »Das ist dann kein Theater. Das ist dann für immer!« Ich lache ihn an und bestätige: »Ja, das ist das Ziel!«

Herr Winkler findet die Aktion mutig: »Ich sage Bescheid, wie wir entscheiden! Das hatten wir noch nie! Aber die Idee ist großartig.«

Die Champagnerkorken knallen und ich stoße mit der gesamten Crew, unseren Freunden und Margarete an. Bevor die Aufführung weitergeht, nimmt mich Carolin Fortenbacher zur Seite. »Wenn ich das Lied Azzurro singe, weißt du, dass danach dein Einsatz ist!« Mein Herz klopft bis zu den Schläfen und das Blut schießt mir in den Kopf, als die letzten Töne des Liedes verklingen. Wie in Trance greife ich zum Mikrofon und lade Margarete ein, auf die Bühne zu kommen. Ich sehe, wie einer unserer Freunde sie anstößt. Später erfahre ich, dass er sie zum Aufstehen ermunterte: *Margarete du bist gemeint!* Danach sehe ich, wie sie plötzlich verschwindet. Gelächter ertönt: »Sie bekam es mit der Angst zu tun und ist verschwunden«, höre ich es aus dem Publikum rufen. Plötzlich kommt sie von hinten auf die Bühne und stellt sich neben mich. Ich schaue ihr in die Augen und nehme ihre Hand.

»Wir kennen uns seit mehr als 38 Jahren als Freunde. Heute möchte ich dich fragen, ob du meine Frau werden willst.«

Sie schaut mich an, schweigt einen Moment und bringt von Emotionen überwältigt nur ein Wort heraus: »Ja!«

Es ist so still im Saal, dass man eine herabfallende Stecknadel hören würde. Die Luft knistert, denn alle wissen, dass es nichts mehr braucht als dieses magische Wort Ja. Erst in diesem Moment spüre ich, dass meine Hand zittert. Ich nehme die Schatulle, die ich zuvor aus der Kochjacke genommen habe, und stecke ihr den goldenen Ring an den Finger. Plötzlich nimmt sie das Mikrofon und sagt: »Ich bin sehr glücklich mit dir und möchte deine Frau werden.«

Dröhnender Applaus ertönt. Überglücklich küssen wir uns. Ein letzter Song ertönt, und am Ende der Show stehen Margarete und ich in der Mitte der Schauspieler und verneigen uns mit ihnen vor dem gesamten Publikum. Als wir von der Bühne gehen, flüstere ich Margarete ins Ohr: »Dies ist kein Theater. Du machst mich heute zum glücklichsten Menschen der Welt.«

An der Bar sprechen uns einige Zuschauer an und beteuern:

»Mir kamen die Tränen.« »So etwas habe ich noch nie erlebt.« »Ich wünsche Ihnen alles Glück der Welt.« Wir sind dermaßen umlagert, dass wir vergessen, uns Getränke zu holen. Zu Hause prosten wir uns mit einem Glas Milch erschöpft an und fallen schließlich gegen drei Uhr morgens in einen glücklichen und erholsamen Schlaf.

Ein rauschendes Fest

Wir beginnen das neue Jahr mit Zuversicht. Doch die Liquidität meiner Firma ist nicht mehr gegeben. Im März beschließe ich, dem ein Ende zu machen. Lieber ein Ende mit Schrecken als ein Schrecken ohne Ende, so meine Devise.

Ich stehe seit einem Monat in Mietschulden und mir steht das Wasser bis zum Hals. Ich kann weder Löhne, Krankenkasse noch Sozialversicherungen zahlen. Der Vermieter ist mir zwar wohlgesonnen, doch aufgrund der ausstehenden unbezahlten Rechnungen erscheint plötzlich der Gerichtsvollzieher vor der Tür. Ich sehe keinen anderen Ausweg, als das halbe Inventar der Kreativ-Küche im Wert von rund 7.000 Euro zu verpfänden. Damit verschaffe ich mir Luft, um die weiteren Schritte einzuleiten und die Abmeldung der Firma vorzubereiten.

Eines Morgens wird mir plötzlich ohne Vorwarnung der Strom abgestellt, da der Abschlag von 200 Euro aussteht. Es handelt sich um kleine Beträge, doch wenn die Behörden sich auf einen eingeschossen haben, gibt es kein Erbarmen. Ich zapfe meinen Notgroschen an und muss den dreifachen Betrag zahlen, um wieder Strom zu haben.

»Jetzt ist definitiv Schluss«, erkläre ich Margarete. »Ich lasse mir das Glück mit dir nicht kaputtmachen! Bevor ich die Kreativ-Küche schließe, feiern wir Hochzeit.« Wir beschließen, am 13. Mai 2011 zu heiraten und in den Räumen der Kreativ-Küche ein rauschendes Fest mit Freunden aus nah und fern zu feiern. Wir werden reichlich beschenkt. Mein Freund und Kollege, Rainer Bothe, spendiert uns ein Flying Büffet mit vielen Köstlichkeiten, und während der ganzen Feier servieren seine Mitarbeiter die feinsten Delikatessen. Die Konditorei Klaus Lange offeriert Kuchen und ausgelesene Dessert Kreationen. Unsere Gäste lassen uns hochleben und beschenken uns großzügig.

»Schön, dass ihr alle gekommen seid«, bedanke ich mich bei unseren Freunden. »Wir fühlen uns geehrt. Es ist für mich ein besonderer Moment. Zum einen, weil ich mich auf das Leben mit Margarete freue, zum anderen, weil unsere Hochzeit die letzte Veranstaltung in der Kreativ-Küche ist. Nach 16 Jahren schließe ich die Firma, um mich neuen Aufgaben zu widmen. Ein Toast auf euch und unsere Zukunft!«

Viele Freunde haben mich in den letzten Jahren eng begleitet und wissen, was ich hinter mir habe. Sie gratulieren uns herzlich.

»Prost! Nur das Beste für euch zwei!« – »Lasst euch nicht unterkriegen!« – »Ihr habt es verdient, glücklich zu sein!« – »Ihr schafft das!« – »Du hast schon ganz andere Gipfel erklommen. Denk an deinen Sieg nach der Diagnose!«

Der Zuspruch unserer Freunde tut gut und lässt mich an diesem Abend die schwierigen Zeiten vergessen. Als frisch vermähltes Paar fahren wir am frühen Morgen glücklich und voller Zuversicht nach Hause. Von nun an kann es nur besser werden. So viele Menschen stehen uns bei und gönnen uns unser gemeinsames Glück.

Alles hat einmal ein Ende

Gleich am Montag beginnen wir tatkräftig mit den Räumungsarbeiten in der Kreativ-Küche. Das Büromobiliar entsorge ich, die Kochbuchbibliothek verschenke ich an Rainer Bothe und die voll eingerichtete Küche im geschätzten Wert von 100.000 Euro übergebe ich meinem Vermieter.

Mitte Juni ist es so weit und es heißt, Abschied zu nehmen.

»Alles hat einmal ein Ende«, sage ich mit einem Wermutstropfen, als ich ein letztes Mal durch die Räume gehe. »Ich durfte viel lernen. Ich habe viel erreicht! Hatte großartige und auch beschissene Zeiten. Doch alles in allem bin ich froh, mir immer treu geblieben zu sein.« Ich verabschiede mich dankend von meinem Vermieter und übergebe ihm den Schlüssel. »Danke, dass Sie mir stets entgegengekommen sind.«

Auch er bedankt sich bei mir und nimmt mich in den Arm. »Schade, dass es so gekommen ist. Selbstverständlich sind Ihre Mietschulden mit dem großzügigen Inventarwert beglichen. Ich wünsche Ihnen beiden alles Gute für Ihre gemeinsame Zukunft.«

Margarete unterstützt mich bei den vielen Behördengängen: Abmeldung beim Gewerbeamt, Reglungen mit dem Pfändungsamt, Klärung mit der Krankenkasse und den Sozialversicherungen. Diese nervenzehrende Zeit raubt mir viel Energie und ich brauche Kraft und Vertrauen. Insgesamt stehe ich mit 45.000 Euro in Schuld.

Sowie ich einen neuen Job habe, will ich den gesamten Betrag in Raten abzahlen. Die Kreativ-Küche Hamburg ist nach 16 Jahren zwar Geschichte! Doch meine Liebe zum Kochen ist in mir wie eh und je lebendig.

Ich stehe auf

Ich habe keine andere Wahl. Entweder bleibe ich am Boden liegen oder ich stehe auf. Für mich gibt es nur die zweite Option. Ich stehe auf! Nicht nur aus Verpflichtung Margarete gegenüber, sondern auch mir selbst. Ich bin kein Verlierer, selbst wenn ich in meinem Leben viel verloren habe. Ich bin kein Betrüger, auch wenn ich oft betrogen wurde. Ich bin kein Gewinner, auch wenn ich viel gewonnen habe. Denn eines kann mir keiner nehmen: Meine Würde! Egal wie die Umstände um mich herum sind. Ich weiß, wer ich bin. Ich weiß, was ich kann. Ich weiß, dass es immer weiter geht.

Bereits einen Monat nach der Schließung der Kreativ-Küche habe ich einen neuen Job. Mein Freund und Kollege Rainer Bothe stellt mich als Mitarbeiter in seiner Kreativen Gemeinschaftsverpflegung ein. So bin ich als Angestellter weiterhin versichert. Erleichtert über diese Möglichkeit, mache ich neue Erfahrungen in einer Großküche und im Catering. Wir stellen täglich viertausend Speisen für die Schul- und Kitaverpflegung her. Ein neues Universum erschließt sich mir. Es braucht eine perfekte Logistik, um den Einkauf langfristig zu steuern und zu planen, die Rezepte zu erstellen und den Transport der Speisen zu garantieren. Ich befinde mich täglich in einem Prozess des Umdenkens und Lernens. Lange Planung ist erforderlich, und neue Herausforderungen wie die Allergie-Küche sind zu berücksichtigen. Dies alles ist eine Wissenschaft für sich. Es erfordert effiziente Schulung der Mitarbeitenden und großes Fachwissen in der Allergieforschung von Lebensmitteln.

Ich bin von der Effizienz der Abläufe beeindruckt, als ich das erste Mal in einer Schule bei der Essensausgabe dabei bin. Die Ausgabe erfolgt streng getaktet und in minutiösen Abläufen. Rund 400 Essen sind in einer Stunde angerichtet und abgewickelt. Nach dem Essen stellen die Schüler das Geschirr auf einem Rollwagen zusammen.

Rainer Bothe betritt mit seiner Kreativen Gemeinschaftsverpflegung ein neues Feld. Es ist eine Pionierzeit für gesundes Essen. Sein Augenmerk liegt auf der biologischen Herstellung von Speisen. Es ist weitläufig bekannt, dass bei der Speisenzubereitung viele Zusatzstoffe benutzt werden. Rund 321 davon und mehr als 2500 Aromastoffe sind in der EU zugelassen. Um dieser Tatsache entgegenzuwirken und um Speisen frisch und gesund vorzubereiten, bemüht sich Rainer Bothe, Bioqualität anzubieten. Dies ist nicht einfach, denn viele Produkte sind nicht in Bioqualität lieferbar. Jedes Rezept, welches nicht der Bionorm entspricht, muss für den Kunden transparent sein.

Die Leiter der Schulen und der Kindertagesstätten geben jeden Morgen kurz nach 8 Uhr die Essenszahlen bekannt. Die Köche und Mitarbeiter sind bereits um 6 Uhr morgens in der Produktion, um die Lieferkette zu garantieren. Sowie die Küche die effektive Essenszahl gemeldet bekommt, beginnt sie die Behälter zu füllen. Anschließend wird die Ware sicher verstaut, in Transportfahrzeuge geladen und zu den Schulen geliefert. Schließlich fahren um 10 Uhr morgens 25 Fahrzeuge zur Auslieferung vom Hof. Einige Köche sind für die Essensausgabe verantwortlich und andere bereiten die Lieferung für den nächsten Tag vor.

»Heute müssen 30 Kisten frische Biopaprika in Würfel geschnitten werden. Dies braucht vier Personen, die rund fünf Stunden damit beschäftigt sind«, erklärt mir Rainer, während wir den Logistikplan zusammen durchgehen.

Die Geschäftsleitung besteht darauf, dass die Vorbereitung mit der größten Sorgfalt und nach höchsten Hygienestandards durchgeführt wird. Bei jeder Zubereitung werden Rückstellmuster gepackt, beschriftet und eingefroren. Eine enorme logistische Leistung.

Die Biowaren sind in Extrakühlräumen gelagert und lückenlos dokumentiert. Um das Gütesiegel-Zertifikat zu erhalten, gibt Rainer Bothe viel Geld aus. Er beauftragt für mehrere Tage Kontrolleure, welche die Rezepte und die Bionachweise akribisch prüfen. Die Hygiene-Regeln sind streng und werden von der eingestellten Ökotrophologin kontrolliert.

Das gesamte Team ist gut eingespielt, routiniert und arbeitet ausgesprochen verlässlich. Doch die Logistik der Auslieferung bringt jeden Tag neue Herausforderungen. Plötzlich sind über Nacht neue Baustellen auf den Straßen oder die Route ist durch einen Unfall blockiert. Für die Fahrer bedeutet dies täglich Stress. Die gesamte Organisation läuft ab wie ein Uhrwerk: kochen, packen, laden, ausliefern, Essen verteilen, Schmutzgeschirr verladen und zur Reinigung in die Firma zurückfahren. Inzwischen ist die logistische Planung für mich Routine geworden. Meine Raten zahle ich weiterhin ab, und ich arbeite neben der Kreativen Gemeinschaftsverpflegung bei Rainer Bothe als freier Mitarbeiter für Unilever. Dort folge ich meiner alten Leidenschaft: der Liebe zur Kochkunst.

EPILOG

Die Liebe zur Kochkunst

Die Liebe zur Kochkunst ist wie ein Virus in mich hineingepflanzt. So wie am ersten Tag meiner Lehre im Hotel Central, so ist diese Liebe noch heute lebendig. Durch jede Etappe meiner verschiedenen Tätigkeiten ist sie gewachsen. Sie hat mich in meinem Berufsleben immer begleitet und bis hinauf zu einem Michelin-Stern geführt. Diese Liebe ist auch im dunklen Tal meiner Krankheit nie erloschen. Sie war Antriebskraft, um den Traum von der Kreativ-Küche zu verwirklichen. Sie ist dafür verantwortlich, dass ich Tausende von Menschen mit meinen Gerichten und Kreationen glücklich machen durfte und viele Menschen noch heute meine Freunde sind. Sie war mir Wegweiser, stets vorwärtszugehen und mich weiterzubilden. Sie war mir Gefährtin, wenn alles verloren schien und ich mich neuen Herausforderungen stellen musste. Sie gab mir Kraft, als ich privat und beruflich vor dem Aus stand. Und sie hat mir im Gewürzmuseum Hamburg meine neue Partnerin geschenkt, mit der ich inzwischen viele Jahre verheiratet bin.

Die Liebe hat mich gelehrt, dass Erfolg, Ruhm und Kampf nicht das Wichtigste im Leben sind. Sondern, dass ich lernen durfte, Ja zu sagen.

Ja zu allem, was schief gegangen ist.

Ja zu allem, was ich bis heute nicht verstehe.

Ja zu allem, was hätte anders laufen können.

Ja zu meinen Eltern, die nicht anders konnten, als mich zu lehren: *Erst musst du was leisten, dann kannst du fordern.* Sie selbst sind Opfer dieser strengen Erziehungsmethoden.

Dank meines Vaters, dem Lehrer, durfte ich lernen, was Ehrgeiz, Fleiß, Verlässlichkeit und Mut sind. Dank ihm durfte ich erkennen, dass nicht Gewalt und Unterdrückung zu Hochleistungen führen, sondern der unerschütterliche Glaube an sich selbst. Ich durfte erfahren, dass es Mut braucht, neue Wege zu beschreiten und in eine unbekannte Zukunft zu gehen. Heute weiß ich, dass Respekt, Toleranz, Mut und der Glaube an das Gute im Leben ungeahnte Fähigkeiten und Möglichkeiten zum Erblühen bringen. Und dass es, trotz Niederlagen und Verlusten, das Wichtigste ist, seine eigene Würde zu bewahren. Ich bin unendlich stolz und dankbar, dass meine Tochter Monika aus dem Rotlichtmilieu ausgestiegen ist, und ein geregeltes Leben in Würde als Altenpflegerin führt. Dank der vielen schönen und bitteren Erfahrungen kann ich loslassen, was nicht zu ändern ist und annehmen, was ist. Ich bin dankbar, für alles, was ich in meiner Kindheit mit meinen Eltern und Geschwistern, meiner ersten großen Liebe zu Elfriede, mit meinen Kindern und in meinem Beruf geliebt, durchlitten und durchlebt habe. Denn all das hat mich zu dem gemacht, der ich heute bin. Ich bin dankbar und freue mich auf ein weiteres Abenteuer des Lebens.

Gestern erhielt ich eine Anfrage meiner ehemaligen Schuldirektorin Marianne Daub von der Grone-Schule: »Erich, könntest du dir vorstellen, in der Türkei ausgebildete Köche für ein neues, gehobenes Feinschmeckerrestaurant zu trainieren?«

ENDE